民商法论丛
Civil and Commercial Law Series

● 朱晓东 著

Precontract in Chinese Law

中国预约合同制度研究

北京大学出版社
PEKING UNIVERSITY PRESS

图书在版编目(CIP)数据

中国预约合同制度研究/朱晓东著. —北京:北京大学出版社,2020.11
(民商法论丛)
ISBN 978-7-301-31472-2

Ⅰ.①中… Ⅱ.①朱… Ⅲ.①合同法—研究—中国 Ⅳ.①D923.64

中国版本图书馆 CIP 数据核字(2020)第 135134 号

书　　　名	中国预约合同制度研究 ZHONGGUO YUYUE HETONG ZHIDU YANJIU
著作责任者	朱晓东　著
责 任 编 辑	周　菲
标 准 书 号	ISBN 978-7-301-31472-2
出 版 发 行	北京大学出版社
地　　　址	北京市海淀区成府路 205 号　100871
网　　　址	http://www.pup.cn
电 子 信 箱	law@pup.pku.edu.cn
新 浪 微 博	@北京大学出版社　@北大出版社法律图书
电　　　话	邮购部 010-62752015　发行部 010-62750672　编辑部 010-62752027
印 刷 者	三河市博文印刷有限公司
经 销 者	新华书店
	965 毫米×1300 毫米　16 开本　20.5 印张　435 千字 2020 年 11 月第 1 版　2020 年 11 月第 1 次印刷
定　　　价	58.00 元

未经许可,不得以任何方式复制或抄袭本书之部分或全部内容。
版权所有,侵权必究
举报电话: 010-62752024　电子信箱: fd@pup.pku.edu.cn
图书如有印装质量问题,请与出版部联系,电话: 010-62756370

序

美国曾经的最高法院大法官本杰明·卡多佐（Benjamin N. Cardozo）曾形象地比喻说："法律如旅者，夜宿之时，必为晓行做准备。"（The law, like the traveler, must be ready for the morrow.）他以此来说明法律拥有内在的生长力量。我国合同法的发展恰是明证。从《民法通则》的第85条、第88条等几个条文，到20世纪八九十年代的三大合同法，再到20世纪末包含两大法系精华的统一《合同法》，我国合同法始终不间断地迭代更新。经过这么多年的社会实践，随着商业交易结构的日趋复杂，交易方式不断推陈出新，合同司法实践日益丰富深入，我们恰逢其时地开始进行民法典合同编的立法工作，全面梳理交易实践中的新情况、新问题，以期在未来合同立法中做出正确的、妥当的、具有法律智慧的回应。

预约在我国以往的合同立法中尚无明文规定。但显然，预约无论在境内交易还是涉外交易中均已屡见不鲜，比如在合同谈判阶段由双方拟定的各种形式的意向书、备忘录、合同大纲等。预约，既包含实体权利义务内容，也包含磋商程序内容，在商业交易中起到了组织和协调合同谈判各方当事人诚信磋商的作用，如路线图一般引导他们通向缔约之门，即我多次强调的合同法应有的组织经济功能的具体体现。《最高人民法院关于审理买卖合同纠纷案件适用法律问题的解释》第2条原则性地规定了预约合同。对此，我曾在《预约合同若干问题研究》一文中对该司法解释条款进行了相关评述，在肯定该司法解释对审判实践的积极作用的同时，也提出了一些商榷意见供法学界和实务界继续讨论。在《民法典》"合同编"立法方面，我主张和建议在《民法典》"合同编"中对预约合同作出明文规定，对当事人之间的先合同状态给予足够的法律关照，充分发挥预约合同天然具有的自发组织磋商、促进交易的制度价值。

本书是朱晓东在其博士学位论文《预约及其类型化研究》的基础上写作完成的。朱晓东是我指导的民法学专业博士研究生，在攻读博士学位之前他已经从事商事诉讼和担任仲裁律师多年。他的理论功底较为扎实，又有较为丰富的律师实务经验。因此在选题时，我建议和鼓励他将预约作为博士学位论文研究题目，并期望他能够结合理论和实践，多读民法经典文献、多读比较法资料、多读我国相关司法案例，对我国预约合同制度作出广泛、深入和细致的研究。"读书之乐乐何如？绿满窗前草不除。"在长达两年有余的研究期间，朱晓东经常将其阅读所得向我报告、与我讨论，其论文几易其稿，其间不乏因思路调整而大幅删改的经历，但是他时常乐在其中，这是一种唯学人方可探知的阅读之乐、思辨之乐、明理之乐。最终他的博士学位论文顺利通过答辩，并被评为当年中国人民大学法学院优秀博士学位论文。

作者在本书中关于预约合同制度的一些观点比较新颖，也有一些观点值得进一步探讨。但是，正所谓"水尝无华，相荡乃成涟漪"，我希望本书的出版可以为我国预约合同制度的研究积攒一些有广度的素材，积累一些有深度的想法，哪怕引起学术批评和辩论，对于我们的合同法学研究也是有益的。

是为序。

中国人民大学

王利明　教授

二〇一八年七月

目　　录

绪论　预约疑题及解答思路 …………………………………………（1）

第一章　预约的概述 ……………………………………………（18）
　　第一节　预约的概念 ………………………………………（20）
　　第二节　预约的历史流变 …………………………………（49）
　　第三节　预约的价值理念 …………………………………（75）

第二章　预约的法律构造 ………………………………………（85）
　　第一节　预约的构成 ………………………………………（86）
　　第二节　预约的生效 ………………………………………（112）
　　第三节　预约的效力 ………………………………………（119）
　　第四节　预约合同义务群 …………………………………（135）

第三章　预约的类型化 …………………………………………（157）
　　第一节　类型化的方法论 …………………………………（157）
　　第二节　预约的类型化转向 ………………………………（165）

第四章　预约的内部类型序列 …………………………………（182）
　　第一节　关于预约的内部类型的观点 ……………………（182）
　　第二节　预约的类型扩张 …………………………………（190）

第五章　预约的外部类型序列 ………………………………………（206）
　　第一节　预约与本约的关系 ………………………………………（207）
　　第二节　预约与意向书的关系 ……………………………………（231）

第六章　预约的违约责任 ……………………………………………（248）
　　第一节　预约违约责任的构成 ……………………………………（248）
　　第二节　违反预约的强制履行 ……………………………………（255）
　　第三节　违反预约的损害赔偿 ……………………………………（268）
　　第四节　预约违约责任与缔约过失责任 …………………………（287）
　　第五节　预约与定金 ………………………………………………（294）

结语　我国预约合同的法典化 ………………………………………（303）

参考文献 ………………………………………………………………（311）

绪论　预约疑题及解答思路

一、预约疑题的研究意义

（一）预约的疑题

预约，是指约定将来订立合同的合同，是缔约之约（agreement to agree）。其概念看似简单明了，实则暗藏重大理论争议。美国学者 Stephen R. Volk 将其喻为"魔鬼的发明（an invention of the devil）"。① 德国学者 Schlossmanns 认为，如果一个预约所追求的本约就像"孵化鸡蛋里的小鸡"一样确定，"预约"就没有必要存在。② 西班牙学者 Alguer 认为，预约是将一些公认复杂的法律概念混合起来，如债、意思表示等，并将每一个概念的法律性质人为加以改变后产生的理论。③ 我国台湾地区的黄茂荣教授也对预约含有敌意，认为"所成立之契约无预约或本约之别"，在司法实务上承认预约"不是一个好的榜样"。④

历来关于预约的理论争议存在于预约的存在合理性（预约本身是否具有逻辑自洽性？预约制度是否有存在的必要？）、预约的要件（预约的合意是关于什么的合意？预约是否需要有缔约意图？预约的确定性的界限何在？预约是否以约定期限为必要？预约是否是要式行为？）、预约的效力（究竟是

---

① Stephen R. Volk & Melissa McMahon,"Letter of Intent-Getty and Beyond", 16 Inst. On Sec. Reg.(Vol.1)(1984), at 445.
② 汤文平:《论预约在法教义学体系中的地位——以类型序列之建构为基础》,载《中外法学》2014 年第 4 期。
③ Alguer,J., Ensayos varios sobre temas fundamentales de derecho civil, en Revista Jurídica de Cataluña, XXXVII (1931),at 12. 转引自唐晓晴:《预约合同法律制度研究》,澳门大学法学院 2004 年版,第 72 页。
④ 黄茂荣:《债法总论》（第一册）,中国政法大学出版社 2003 年版,第 105 页。

产生缔约义务还是产生磋商义务?)、预约与本约的关系(预约与本约之间是一元化还是二元化关系?是否具有无因性?)、预约与其他先合同协议的关系(如何判断预约与意向书的区别?),以及预约的违约责任(预约是否可以强制履行?预约的赔偿范围是履行利益还是信赖利益?预约违约责任与缔约过失责任的关系是什么?解约定金和立约定金对预约制度有何影响?)等几个方面。

  本书不是针对预约的泛泛研究,而是试图追问上述关于预约的理论疑题。然而,基于一个法律制度内在的系统自适性,预约的上述不同方面的理论问题并不是孤立的,而是联动的,换言之,这些理论问题几乎弥散至预约的全部制度细节。因此,本书的研究对象是基于问题意识而推及预约的整体制度,并冀图在制度整体层面解决这些相互关联的理论问题。

  解决上述理论疑题的有效途径之一在于运用类型化的方法论对预约进行崭新的研究。为此,本书特别讨论了从韦伯、考夫曼到拉伦茨的类型化的方法论思想,并且将之与以往的法教义学的方法论进行对比,从而发现,类型化的方法论比较适合于预约制度的研究。以类型化的观点来看,预约不再是一个边界分明的"概念",而是一个边界模糊的"类型",其内部与外部联通而形成流动的缔约过程的类型化序列。预约基于其法律规范的中心价值所确定的特征而汇聚为一个群落,使预约与缔约过程序列中的其他法律构造,包括本约、意向书等先合同协议,形成构成要件和法律效果上的区分。这种区分尽管清楚到足以进行司法上的判断,但是仍然存在流动的脉络连接。而在预约的内部也应当区分不同的子类型,当这些不同的子类型凭借其基于事物的本质而发生有差异的效力时,原有的预约的很多理论争议均可以基于对不同子类型的分别适用而得到一定程度上的化解。综合而言,本书的研究对象在整体上是通过类型化的方法对预约的理论问题提供一种解答思路。

  (二)研究预约疑题的意义

  1. 问题的时代背景

  预约起源于罗马法,经历中世纪注释法学派的提炼和近代民法学的研究,被《法国民法典》以及受此影响的其他"大法典"所继受。然而长期以来,预约又是民法上的冷知识,因为合同自由和缔约过失责任这两项功盖寰宇的原则和制度,预约长期处于法律的无风带,并未显露其在理论研究上的必要性。

20世纪70年代以后,世界整体经济增速上升,导致交易模式的全新变化。这表现为交易模式日益复杂化,全球化趋势明显,磋商谈判的过程延长和专家化,缔约阶段的成本投入不断提高,在磋商过程中产生了不同种类的先合同协议,传统的要约——承诺模式难以对这种以磋商为中心的缔约过程作出深刻解释。美国合同判例史上著名的Pennzoil v. Texaco案发生于所谓"大并购时代"的1984年①,就是按照这种现代缔约交易方式进行的,导致争讼的环节恰恰发生在双方律师将起草好的协议备忘录交给董事会审批的过程中,而这个过程中的很多不经意的细节被法院和陪审团详细审视,并作出了高达103亿美元的赔偿判决。该案结果激发了法律家们的研究热情和深刻反思,从而使此前属于法律灰色地带的磋商以及在磋商阶段产生的先合同协议,逐渐在法律视野中得到显现。

我国自1992年起启动市场经济的新型经济增长模式,整个社会的商业化进程不断推进、蔓延。一个后果是因此带动了交易方式的转变和深化,作为后发的市场经济国家,通过磋商谈判并形成大量过程文件的缔约模式很快被国人接受并身体力行,这些大量过程文件中就包含预约和意向书等先合同协议。另一个后果是房地产市场持续多年的火热增长,预售商品房许可制度产生了购房预约的交易模式,而商品房价格的不断上涨催生了大量购房预约争议,促使最高人民法院分别在2003年出台了《最高人民法院关于审理商品房买卖合同纠纷案件适用法律若干问题的解释》(以下简称"《商品房买卖合同司法解释》"),在2012年出台了《最高人民法院关于审理买卖合同纠纷案件适用法律问题的解释》(以下简称"《买卖合同司法解释》"),以回应社会经济实践和司法审判的需要。上述司法解释的出台又催生了法学理论上大量关于预约的研究成果。可以说,我国预约理论研究天然具有回应司法实务需要的特点。

2. 研究的意义

本书之所以将预约作为研究对象,是基于该研究在如下方面具有重要意义:

---

① Harvy L. Temkin, "When does the 'Fat Lady' Sing?: an Analysis of 'Agreement in Principle'", *Corporate Acquisitions*, *Fordham Law Review*, Vol.55(1986), at 128.

(1) 证成预约制度的存在合理性

在大陆法系,德国民法学自 19 世纪中期即根据注释法学派对预约概念(pactum de contrahendo)的提炼,推演出整套预约理论体系,然而因萨维尼等人的反对,《德国民法典》在起草时经过多次争议,最后的主流观点仍然是不需要在《德国民法典》中对预约进行专门规定。至今,如弗卢梅、梅迪库斯等学者仍然对于预约存在的合理性存有怀疑。在法国、西班牙等国家均有学者认为古老的买卖预约制度歧义甚多。对此,在德国、瑞士等国家均有学者提出对预约制度进行彻底改造。

在英美法系,与大陆法系的预约可以比较的对应制度为临时协议(preliminary agreement),泛指先于合同成立的协议群落,包括意向书(letter of intent)、安慰函(letter of comfort)、协议备忘录(memorandum of agreement)、条款清单(term sheet)等。上述临时协议在法制史上的很长时间里基于普通法的"全有全无"原则被认为不具有法律约束力,而处于法律的黑暗地带,后来随着现代磋商交易模式的发展,尤其是美国法上的禁反言原则(promisory estoppel)和磋商中一般诚信义务理论(negotiation in good faith theory)的发展,法院认可部分临时协议的法律约束力。而这种变革在未完成之前却造成了更多的争论和不确定。

我国合同法作为后发法域,前述大陆法系和英美法系关于预约和临时协议的争论均在我国理论研究上有所映射。由此,我国合同法学上尽管普遍承认预约的存在必要性,但是其内在制度矛盾仍然需要理论体系上的有效纾解,从而在理论上证成预约制度的合理性。

(2) 回应预约理论中的争论问题

目前关于预约的一些重大理论问题争议,除上面讲过的预约的存在合理性之外,还存在于如下方面:预约的内容确定性、预约的形式、预约的效力、预约与本约之间的关系、预约与意向书(先合同协议)的关系、预约的强制履行、预约的损害赔偿范围,以及预约与缔约过失责任之间的关系。

本书认为,通过对预约的历史渊源和司法现状的研究,以预约的类型化为切入点可以对上述关于预约的理论问题给予有效回应。比如针对预约的确定性是否应该达到本约的程度的问题,可以将预约类型化为确定性程度较低的预约和确定性程度较高的预约,并根据不同的预约子类型,规定不同的确定性程度,产生相应的效力;关于预约的效力问题,目前存在应当缔约说、应当磋商说、内容决定说等不同看法,从类型化的观点来看,上述争论的观点并无错误,只不过不同观点所针对的对象不同;关于预约是否得以诉请实际履行,以及预约发生违约时,受损方是可以获得履行利益损失赔偿,还是仅能获得信赖利益损失赔偿等问题,均可以通过预约的类型化予以区分和解答。同时,本书通过预约的合同义务群理论解释预约的缔约义务和磋商义务的关系问题,其目的也在于回应和尝试解答关于预约的基本理论方面的部分争论。

(3) 为司法实践提供实用性学术资源

我国关于预约已经有三个司法解释的相关条款:《买卖合同司法解释》第2条(买卖合同预约),《商品房买卖合同司法解释》第4、5条(商品房买卖合同预约),和《最高人民法院关于适用〈中华人民共和国担保法〉若干问题的解释》(以下简称"《担保法司法解释》")第115条(立约定金)。其中《买卖合同司法解释》第2条依规定可准用于其他有偿合同的预约,因而具有上位法的属性。同时,最高人民法院公报案例中也选择了若干预约案例,如在学界广泛研究讨论的"仲崇清案""张励案"。上述司法解释和公报案例对于司法实践起到了一定的指导作用。

但是目前关于预约审判的司法现状仍然存在学术资源支持不力的问题。预约案件中面临的争议焦点,包括但不限于不同名目的先合同协议是否属于预约的判断标准,预约的效力是及于缔约请求权还是仅限于磋商请求权,如何将诉请强制缔约的案件合理疏导并引向损害赔偿,预约违约责任的损害赔偿责任范围如何确定,与缔约过失责任之间如何竞合,以及预约定金的处理问题等,前述司法解释并未给予明确规定,亟待学说助力。作者发现许多个案判决在说理部分引用了一些学者观点,反映了法官和律师在疑难案件上对法学理论的依赖性和信任感。但同时,作者也发现,法院在预约案件的审判倾向上更愿意采取避重就轻(比如回避或拒绝当事人关于强制缔约的诉请)和模糊化(对损害赔偿金额普遍采取酌定的方式)的处理方式,这是学术供给不充分导致司法说理不透彻的结果。我国理论界关于预约的研究从海量司法审判案例中汲取营养,继而应当反哺司法,为预约案件的法律实务提供智识上的支持,尤其是提供既照顾到现有法律体系又兼具实操性的理论素材。

二、预约的理论研究现状

(一)国外预约理论研究现状

在大陆法系方面,德国法学于 19 世纪中叶由学者 Thöl 从中世纪注释法学中的拉丁语词 pactum de contrahendo 中提炼德语的预约概念(Vorvertrag),并由 Degenkolb 在 1887 年出版的 Zur Lehre vom Vorvertrag 一书中创建预约的基本理论。但是在 1896 年《德国民法典》中并无预约的专门规定,因而德国后世预约理论研究主要针对学说和判例进行。预约理论在民法学体系上主要被置于合同法总论部分,梅迪库斯将其作为合同订立的缔约强制之一种,而弗卢梅则将其作为合同成立的环节进行研究。预约的纯学术研究在一定程度上导致德国法的预约概念限定严格,预约必须达到相当确定的程度,否则无效,而且预约当事人负担应当缔约的债务,并可强制履行。这带来两方面的问题:其一是交易实践中,预约应用极少;其二是在理论思辨上,预约存在的必要性遭到怀疑。晚近德国学者 Freitag 在"'Specific performance' und 'causa-Lehre' uber alles im Recht des Vorvertrags?"一文中提出对预约理论的革新,建议将确定性较低的预约纳入预约范畴,并将预约的效力原则上界定为磋商义务,而非缔约义务,预约的违约责任以损害赔偿为原则,慎用强制缔约程序。[①] 在比较法方面,德国著名比较法学者 Hein Kötz 在 European Contract Law 中介绍和讨论了德国法上的预约与欧洲其他国家的先合同协议以及先合同责任问题。[②]

法国法学对于预约的研究起源于《法国民法典》起草以前,法国民法之父鲍狄埃在其著作 Traite du pret a usage et du precaire 中讨论了要物契约的预约问题。《法国民法典》在第 1589、1590 条中规定了买卖合同预约(promesse de vente)及其定金,并规定了当事人对预约的反悔权。在法学研究上存在对预约的争论,持批判说的学者不断质疑预约反悔权与契约严

---

① Freitag,"'Specific performance' und 'causa-Lehre' uber alles im Recht des Vorvertrags?" AcP 207(2007),at 306. 转引自叶新民:《预约效力的十字路口——简评"最高法院"2011 年度台上字第二○七六号民事判决》,载《月旦裁判时报》2012 年第 18 期,第 39 页。

② Hein Kötz and Axel Flessner, European Contract Law, Volume one: Formation, Validity, and Content of Contracts; Contract and Third Parties, translated by Tony Weir, Oxford University Press, 2002, at 35.

守原则不符,不能称其为合同,而持赞成说的学者认为反悔权的设计恰恰是预约区别于本约的独特效力所在。晚近法国法学受到英美法的影响,提出了新的预约概念 avant-contract,作为立法上的买卖合同预约(单务预约)与不动产预备合同(双务预约)的上位概念,同时涵盖其他先合同协议。本书主要通过比较法学者 Paula Giliker 所著的 *Pre-contractual Liability in English and French Law* 一书[①],以及 Nadia E. Nedzel 所著的"A Comparative Study of Good Faith, Fair Dealing, and Precontractual Liability"一文[②],认识和研究法国法上的预约以及先合同责任问题,两部理论作品主要对法国法和英美法的先合同责任制度进行比较研究。

在英美法中,学者主要是从临时协议(preliminary agreement)和未完成合同(incomplete contract)的角度讨论预约,即针对缔约过程中为缔结最终协议而产生的各类不完整的先合同协议进行研究。针对英美法传统的"全有全无"原则,美国学者 Knapp 在其发表于 1969 年的"Enforcing the Contract to Bargain"一文中较早讨论了对于先合同协议的法律保护问题。之后,美国学者和律师 Harvey L. Temkin 在 1986 年发表论文主张,如果存在临时协议,当事人可以合理预见到他们彼此将互负诚信行事的义务以图达成最终的具有确定性的合同,最终是否能够达成此合同则在所不问。[③] 美国学者 Fansworth 在 1987 年发表了经典论文"Precontractual Liability and Preliminary Agreements: Fair Dealing and Failed Negotiations",提出了在传统普通法体系下,临时协议也可以被赋予法律约束力,并根据禁反言原则或者一般诚信原则提供救济。[④] Alan Schwartz 和 Robert E. Scott 在 2007 年发表了经典论文"Precontractual Liability and Prelininary Agreement",

---

① Paula Giliker, *Pre-contractual Liability in English and French Law*, Kluwer Law International, 2002.
② Nadia E. Nedzel, "A Comparative Study of Good Faith, Fair Dealing, and Precontractual Liability", *Tulane European & Civil Law Forum*, Vol. 97 (1997).
③ Harvy L. Temkin, "When does the 'Fat Lady' Sing?: an Analysis of 'Agreement in Principle' in Corporate Acquisitions", *Fordham Law Review*, Vol. 55(1986), at 152-153.
④ E. Allan Farnsworth, "Precontractual Liability and Preliminary Agreements: Fair Dealing and Failed Negotiations", *Columbia Law Review* Vol. 87(1987), at 217.

从鼓励交易和保护信赖角度出发提出应当赋予临时协议法律约束力的观点。①

（二）国内预约理论研究现状

从历史上看，相比法国法以及英美法系，我国当代民法理论受德国法影响更多。② 预约在《德国民法典》上并无规定，因此德国关于预约的学说著述相对较少，不若《法国民法典》设有买卖合同预约之规定，并影响拉丁法系以及日本法均设预约规定而引发法学上的较多研究。因此，在 2003 年之前，我国民法研究上甚少讨论预约问题。2003 年最高人民法院《商品房买卖合同司法解释》以第 4、5 条规定商品房买卖合同预约，但仅涉及预约定金返还和预约拟制本约两个局部问题③，并未形成预约之基本制度规范，及至 2012 年最高人民法院颁布《买卖合同司法解释》，以第 2 条规定了预约的基本法律构造，包括构成要件、类型、性质和违约责任，但是未明确规定预约的效力以及违约责任中的强制履行问题。④ 无论如何，司法审判既然有法可依，就

---

① Alan Schwartz & Robert Scott, "Precontractual Liability and Preliminary Agreement", 120 *Harv. L. Rev.* 661(2007).

② 欲说明预约的理论研究现状需回视我国民法理论的继受脉络。自1911年《大清民律草案》及至1929年《中华民国民法典》，民法基本理论承袭欧陆，梅仲协谓："现行民法，采德国立法例者，十之六七；瑞士立法例者，十之三四；而法日苏联之成法，亦尝撷取一二。"1949 年起我国大陆民法理论借鉴苏联民法较多，于八九十年代开始兼采欧陆和英美法律理论。中国加入《联合国国际货物销售合同公约》，以及《涉外经济合同法》的颁布都证明我国民法理论的后发优势，以大陆法系为主，兼采英美法系可为我所用之制度，不拘于法系传统。另表我国台湾地区"民法"之发展，如王泽鉴教授所回顾，20世纪60年代台湾法学专业留学生多赴德留学并回台湾致力于民法学发展，开启了台湾法学的德国化传统。该传统至今未衰，而且在一定程度上助力和影响了我国大陆民法理论的发展。

③ 最高人民法院《商品房买卖合同司法解释》第 4 条规定了预约的定金问题："出卖人通过认购、订购、预订等方式向买受人收受定金作为订立商品房买卖合同担保的，如果因当事人一方原因未能订立商品房买卖合同，应当按照法律关于定金的规定处理；因不可归责于当事人双方的事由，导致商品房买卖合同未能订立的，出卖人应当将定金返还买受人。"第 5 条规定了预约拟制本约的问题："商品房的认购、订购、预订等协议具备《商品房销售管理办法》第十六条规定的商品房买卖合同的主要内容，并且出卖人已经按照约定收受购房款的，该协议应当认定为商品房买卖合同。"

④ 最高人民法院《买卖合同司法解释》第 2 条具备法律规范的要件——后果构造，建立了预约的基本法律制度。该条规定："当事人签订认购书、订购书、预订书、意向书、备忘录等预约合同，约定在将来一定期限内订立买卖合同，一方不履行订立买卖合同的义务，对方请求其承担预约合同违约责任或者要求解除预约合同并主张损害赔偿，人民法院应予支持。"

立刻在实务上产生了大量鲜活的预约案例。成文法律渊源和大量的司法案例为预约的理论研究提供了问题靶向和解决方案素材。我国大陆理论界在《买卖合同司法解释》出台后对预约的理论研究迅速增加,在法学专业期刊发表的关于预约的论文数以百计。主要文献资料包括王利明教授的《预约合同若干问题研究——我国司法解释相关规定述评》[①],梁慧星教授的《预约合同解释规则——买卖合同解释(法释〔2012〕8号)第二条解读》[②]。文献引用量较多的理论研究作品除前述两篇论文之外,还包括陆青的《〈买卖合同司法解释〉第2条评析》[③],汤文平的《论预约在法教义学体系中的地位——以类型序列之建构为基础》,后者提出了以类型化的方法研究预约以及先合同制度的可能性[④]。在最新的优秀研究成果中,耿利航的《预约合同效力和违约救济的实证考察与应然路径》以司法案例统计方法研究我国关于预约的司法审判规律和倾向性意见,具有较强的实证性[⑤]。特别提及,年轻学者黄淑丹的《论预约的违约损害赔偿范围——以预约效力的弹性化认定为中心》对预约的效力和损害赔偿范围的讨论比较深入[⑥]。从整体上看,我国大陆关于预约的理论研究对预约的存在合理性、构成要件的分歧不大,但是在预约的判断、预约的效力和预约的赔偿责任等实务问题方面则成争鸣之势,在多个问题上尚未形成统一学说。在预约的判断问题上,学说上可以分为疑约从本和疑约从预两种理论;在预约的效力问题上,各种观点可以归为应当缔约说、应当磋商说,以及内容决定说等学说;关于预约的责任,参考文献中通常会讨论预约的实际履行(强制缔约),赔偿责任究为信赖利益赔偿、还是履行利益赔偿等问题。

---

① 王利明:《预约合同若干问题研究——我国司法解释相关规定述评》,载《法商研究》2014年第1期。
② 梁慧星:《预约合同解释规则——买卖合同解释(法释〔2012〕8号)第二条解读》,载中国法学网 http://www.iolaw.org.cn/showArticle.aspx?id=3462,2016年6月24日访问。
③ 陆青:《〈买卖合同司法解释〉第2条评析》,载《法学家》2013年第3期。
④ 汤文平:《论预约在法教义学体系中的地位——以类型序列之建构为基础》,载《中外法学》2014年第4期。
⑤ 耿利航:《预约合同效力和违约救济的实证考察与应然路径》,载《法学研究》2016年第5期。
⑥ 黄淑丹:《论预约的违约损害赔偿范围——以预约效力的弹性化认定为中心》,载《研究生法学》2015年第1期。

我国台湾法学继受德国法学,对预约研究相对不多。前有王泽鉴教授在《债法原理》中扼要讨论了预约理论以及在我国台湾地区的"司法适用"问题,后有吴从周所著《论预约:探寻德国法之发展并综合分析台湾"最高法院"相关判决》①、叶新民所著《预约效力的十字路口——简评"最高法院"2011年度台上字第二〇七六号民事判决》②,以及林诚二教授所著《预约之认定与不履行之损害赔偿范围——"最高法院"2014年度台上字第一九八一号民事判决评释》等几篇详细讨论德国法以及我国台湾地区预约理论和实务的文章。③ 另外,黄茂荣、黄立等教授对预约的理论价值评价较低,认为预约仅作为概念上的合同分类之一,其仅有的价值在于降低要物契约和要式契约的要物性和要式性,并认为在要物契约和要式契约逐渐减少的情况下,预约逐渐失去存在意义。相较于我国台湾学者的预约研究承袭的是德国法传统,我国澳门学者的预约研究承袭的则是法国法传统。这里需要特别提及澳门大学的唐晓晴所著《预约合同法律制度研究》一书,该书基于《澳门民法典》的预约制度上溯至葡萄牙民法和法国民法上的预约制度,很大程度上丰富了我国预约理论研究的素材和学说。

(三)我国关于预约理论研究存在的问题

目前我国民法学理论上关于预约的研究已经相当丰富,在理论体系上兼顾与其他先合同制度的衔接和融洽,在实证研究上注意对于现实司法实务的指导和借鉴,在比较法上对不同法系的主要国家的预约制度进行了挖掘和研究。但是,本书考虑,目前预约理论研究仍然方兴未艾,有一些需要理论突破的方面:

(1)预约理论仍待深植

我国预约理论研究因实务需要而兴起,目前仍然主要围绕最高人民法院相关司法解释的解释和适用而展开,因此虽具实务情怀,但理论深度不足。首先,预约理论需要深植于合同法的根本价值和基础理论,将预约建立

---

① 参见吴从周:《论预约:探寻德国法之发展并综合分析台湾"最高法院"相关判决》,载《台湾大学法学论丛》第42卷特刊。
② 参见叶新民:《预约效力的十字路口——简评"最高法院"2011年度台上字第二〇七六号民事判决》,载《月旦裁判时报》2012年第18期。
③ 参见林诚二:《预约之认定与不履行之损害赔偿范围——"最高法院"2014年度台上字第一九八一号民事判决评释》,载《月旦裁判时报》2015年第5期。

在合同的积极自由(freedom to contract)和消极自由(freedom not to contract)之间的衡平关系、契约自由与诚信原则(信赖保护)之间的衡平关系的价值基础上,并研究与预约相关的合同的缔约意图、确定性、合同形式、合同义务群和合同原因等基本合同法理论。其次,预约理论应当深植于对"民法上的人"的人性体察,对于磋商中的合理民法人的坚定与犹豫予以学术关怀和体认,以此为出发点对"磋商""反悔"等民法理论概念予以深入研究。

(2) 预约研究的方法论需要突破

我国目前的预约研究大多数围绕预约本身进行法教义学范式的研究,但是已经有学者开始尝试以类型化的方法论对预约进行研究。该种新的研究方法将预约还原为流动的缔约过程中的"中途小站",并以此将预约内部"流动化",按照缔约的过程建立从缔约接触到缔约磋商、从较浅的磋商到较深的磋商、从较少的信赖到较多的信赖、从较低程度的预约向较高程度的预约逐渐过渡的类型化序列,并以此为预约研究提供新的研究视角。

(3) 比较法研究应当关注制度所处的法律背景

我国民法学作为后发法域,习惯采用比较法的方法对某一制度问题进行研究,在预约上也是如此。目前关于预约的比较法研究仍然多针对某一预约的局部问题进行,但是,比较法的方法论要求在整个法律运行的背景下理解法律制度,如德国法关于预约的确定性的要求是与其民事诉讼法上的强制缔约制度相互衔接的;而在法国基于方式性债务不能强制履行的理念,并无强制缔约程序,自然对于预约的确定性程度不作过高要求。质言之,只有了解一国的整体的预约制度,以及该国的合同法理念和社会交易习惯,才能"理解地同情"该国就某一制度的具体和局部的法律规范,才能避免"寻章摘句老雕虫"式地制造孤立的、无营养的区别的比较法研究的积弊。

三、对预约疑题的解答思路

(一) 研究方法

1. 法教义学的研究方法

如欲法学成为一门科学,其方法在于将法律建立为一个不受外在规章、时空变幻所影响的领域。法教义学是近代"科学主义"对法学方法论的影响所致,其追求在科学的基础上整理法律知识,找出其法则,创造出概念,厘清不同概念之间的渊源、联系和区别,将各种概念、法则通过逻辑媒介,组成有机关联的知识体系,这一知识体系通过法律原则——制度——规则——概念逐级建构,并遵循自身的体系逻辑获得自足。①法教义学在后世引发了来自利益法学、目的法学和价值法学的大量批评,其根本原因在于法教义学将法律与生活进行隔离,从而导致法律的目的性和价值性被剥离。尽管存在上述批评,法教义学仍然是现代大陆法系法学研究的基本研究方法,舍此不足以论证法律知识的科学性和正确性。而且,将法律知识进行概念化和体系化在大多数情况下仍然是合理的,脱离概念和体系,这些法律知识将丧失法理性论证的基础,甚至无法做到准确描述。本书通过法教义学的研究方法对预约概念、构成要件、预约合同义务群体系、违约责任进行研究,并梳理预约与意向书、本约,预约违约责任与缔约过失责任,预约履行利益与预约信赖利益等相近概念之间的区别,根据合同义务群理论建构缔约和磋商的主从合同义务体系,以及对于不同类型的预约的构成、效力和违约责任建立体系化的阶梯。应该说,尽管本书的创新点在于通过类型化研究预约,但是本书的基础研究方法仍然是法教义学的方法。

2. 类型化的研究方法

如本书题目所言,本书创新性地采用了类型化的研究方法。类型化的研究方法起源于德国法学和社会学,是基于马克斯·韦伯的"理想类型"方法的问世而奠定基础,在法学领域,由考夫曼、莱嫩等学者加以阐释并发展,由拉伦茨进行整理集成,并将之融入价值法学的理论体系,提出通过中心价值导向来指导类型化的研究的观念。类型化的研究方法在现代法学研究领域已经是非常重要的法学研究方法。类型化的研究方法(或类型理论)与概念思维相对,主要认为:(1)首先,现实生活现象是流动的、连续的,是"或多或少"的,而概念法学所倡导的法学概念的基础是"非此即彼"的形式逻辑思维,因此法学概念无法解释外延边际的疑难案型。类型理论是对概念的僵化性的有效缓解方式。在类型学看来,现实生活现象可以通过以中心价值为导向的规范思维总结一些特征,这些特征构成一个类型的内核,然后通过这些特征研究可以以之"类推"的社会现象。(2)其次,在法律研究和法律适用上,概念思维使用的是三段论的形式思维逻辑方式,该种思维逻辑的理

---

① 关于德国法教义学的流变,参见陈辉:《德国法教义学的结构与演变》,载《环球法律评论》2017年第1期。

论痛点在于,大前提是应然判断,而小前提是实然判断,推理过程的本质是将实然判断代入应然判断,既然两种判断不同,是否可以代入?这一"休谟难题"在形式逻辑的理念之下很难解释。类型理论提供了一个较为新颖的解释,即应然判断是对规范的解释,而对规范的解释必然涉及对中心价值或事物的本质的理解。同时,实然判断是对事实的解释,但是该事实也不是单纯的事实,而是经过规范的分析和观察的事实,该种分析和观察同样包含了价值或事物的本质。因此,应然判断和实然判断是可以通过在事实与规范之间的"目光顾盼流转"而进行等置和比较的。(3)最后,类型化方法论基于对社会现象的流动性、"或多或少"性的理解,主张不同的类型之间可以根据某一项法律特征的多寡程度进行排序,并认为在类型序列中存在有意义的脉络联系,且基于该脉络联系,在相邻的类型之间保持边际开放,又基于该边际开放而允许中间类型的存在,这有助于对一些有关概念辨析的疑难法律问题的分析和研究。①

本书将通过类型化的方法对预约概念进行类型化解构,即将预约概念中的限定要素抽离,而按照预约可能涵盖的可讨论的对象重新界定预约。继而,本书将对预约可能涵盖的对象按照与本约的关系进行类型序列的排列,并且分别讨论各个子类型预约的要件、判断、效力、责任等。

3. 比较法的研究方法

德国比较法学家 Ernst Rabel 提出,比较法应当以"功能"和"背景"为核心方法。② 功能(function)的方法,是指在比较法上的比较对象的选取上,不应简单拘泥于文字的相同或类似,而是通过功能标准确定比较对象。比如,对于大陆法系的预约概念,在英美法上不应当简单根据词义选取 precontract(中世纪的婚约)作为比较对象,而应当选取同为在缔约过程中形成的协议的 preliminary agreement 作为比较对象,尽管后者与预约在语词上并无相似之处。功能方法认为,如果不了解一个法律规范的功能,就无法彻底了解该法律规范。德国比较法学家茨威格和克茨指出,比较法中的功能进

---

① 比如拉伦茨所举的期待权的例子。对于期待权,与其将其作为物权抑或债权,不如将之视为物权与债权所组成的序列中间的类型,即承认期待权或多或少具有某些物权的特征,也或多或少具有某些债权的特征。

② Mary Ann Glendon, Michael Wallace Gordon, Paolo G. Carozza, *Comparative Legal Traditions in a Nutshell*, 2nd edition, West Group, 1999. at 9-12.

路聚焦于隐藏在概念之下的真实生活问题是如何解决的。① 背景(context)的方法,是指对一个法律制度的理解应当在其所处的法律系统和社会系统中进行,如果不了解该法律制度所在的系统背景,则无法了解它为什么是这样的,以及它如何发挥功能。对于预约的比较法研究而言,如果不了解不同法律体系在合同法基本理念方面的不同,就无法理解该法律体系里的预约的真实一面。罗马法基于债因观念对合同的理解,德国法基于法律行为理论对合同的理解,法国法基于合意主义对合同的理解,英美法基于对价理念对合同的理解,均对预约的制度价值,以及效力强度得出不同的推衍结论。最后应当注意,背景的理解方法与功能的比较方法是融合在一起的,质言之,比较法的主要工作在于对法律制度在其"背景中的功能"进行比较研究。以比较法的方法对预约进行研究,无论是从历史纵深方向进行研究,比如从罗马法到中世纪到近现代民法中的预约,抑或是从横向比较方面进行研究,比如比较德国法、法国法以及英国法、美国法中的预约(临时协议),都可以通过背景和功能方法理解预约真实存在的样子,并聚焦于不同时代和地域的法律家们如何立足于其时其地的背景解决预约这一相同问题。由此,我们可以对我国法律体系中已经出现了什么样子的预约,以及应该出现什么样子的预约作出有价值的分析。

4. 其他研究方法

本书还辅助使用了历史的研究方法和社会实证的研究方法。本书通过历史的研究方法对预约的历史演变进行梳理,就现代预约制度与罗马法和中世纪法学之间的关系进行了一定程度的分析,并提出了一些关于预约的法制史的观点,比如罗马法上的两重买卖结构对现代预约制度的影响,定金在预约的法制史上的特殊地位等。同时,本书对预约在我国司法实践中的适用采取了社会实证的研究方法,即收集了我国各级法院审理的与预约有关的三百余个案例,并以预约制度的理论争议问题为轴,对上述案例进行比对、归类和分析,从而得出了一些我国司法实践中关于预约案件审理的立场选择的倾向性观点,比如本书通过司法案例研究发现,我国法院对预约的概念范围采取了模糊化、开放性的态度,在预约的效力上的主流审判原则是赋

---

① Mary Ann Glendon, Michael Wallace Gordon, Paolo G. Carozza, *Comparative Legal Traditions in a Nutshell*, 2nd edition, West Group, 1999. at 9-12.

予预约以磋商义务,而非缔约义务等。

(二)本书思路

(1)在比较法上澄清不同法系中的预约的本来面目。本书在第一章对不同法律体系中的预约的概念进行比较和分析,着重于对预约概念与该法系有关预约的整体制度以及历史脉络进行分析。作者认为法律概念中蕴含着法律的规范目的,因而本书并未止步于不同法系的预约的学理上的文义,而是深入概念背后所蕴藏的内在法律目的。于此,本书发现,德国法与法国法的预约概念的区别乃源于两国的物权变动主义的区别。本书又比较了大陆法系的预约概念和英美法系的临时协议概念,指出大陆法系的预约和本约二元化范式,以及英美法系的临时协议和最终协议一元化范式,这两大范式差异的原因在于两大法系关于缔约过程的观念的差异。大陆法系基于"债"的观念,认为缔约过程中已经构成了当事人之间的债的关系;而英美法系基于"对价"的观念,认为磋商中的当事人之间尚未形成对价,因此不可能受到合同的约束,从而否定了临时协议的独立性。①

(2)对传统的德国法范式的预约概念进行批评并提出对预约概念进行类型化扩张的思路。本书发现德国法上的预约概念是一个以概念法学为方法论进行的纯逻辑演绎的封闭体系,其过于看重预约本身作为一个合同的概念,故而德国法上的预约拥有一个独立合同所应具有的全部构成要件和效力,预约与本约的连接点仅限于预约的强制缔约,而这也是基于契约严守观念得出的必然结论。德国法的预约概念从要件上排斥了大量确定性不足的预约,从性质上排除了选择权合同这一与预约极为贴近的法律构造。德国预约在理论上的纯洁导致预约在交易实践中比较少见。本书从交易实践的需要出发,指出大量确定性不足的预约才是预约的常态,而这更需要法律加以调整。一方面,从我国司法案例考察可见,确定性的要求并非法院区分预约与非预约的关键,法院在实务上普遍承认确定性不足的预约。另一方面,选择权合同在现代交易实践中被大量应用,在理论构造上与预约几无不同,在司法实践中也多通过预约制度解决。日本法上的预约完结权更适应现代交易的清晰简便的需要,极大丰富和拓展了预约的实践应用范围。所

---

① 后文将提及,美国法后来在理论上企图拓展出一个全有和全无之间的中间地带,即让临时协议具有以诚信磋商为内容的约束力,然而司法实践对此并未全面认同。

以,本书认为应当将选择权合同纳入预约概念,或者作为"准预约",准用预约制度的规范。

(3) 提出预约的合同义务群观点并对"磋商"进行了初步的理论研究。 本书在整理预约的理论文献时发现,两大法系的预约(临时协议)的实务与学说的发展均向"磋商"这一概念推进。德国法上的预约由于在构成要件上对确定性的要求极高,已经没有磋商的必要,因此其忽视了预约和本约之间的一个必要连接点——"磋商"。晚近由德国学者 Freitag 和瑞士学者 Bucher 提出了降低预约的确定性要件,并将预约的效力限于磋商而非缔约的学说,即代表大陆法系尤其是德国法上的预约制度的革新趋势。在英美法系,以美国法为代表,近几十年来在学说和判例上通过扩张适用禁反言原则和诚信磋商原则,经常将临时协议的效力指向诚信磋商义务。在我国司法上,法院更愿意认可预约具有请求磋商的效力,而非请求缔约的效力。因而本书立足于该理论和实务的趋势,对"磋商"的法律概念进行初步的系统性研究,并将磋商义务作为预约的从合同义务,与缔结本约的主合同义务以及其他附随义务构成预约的合同义务群。

(4) 对缔约阶段进行类型化序列的排列并据此研究预约的法律特征。 区别于台湾地区学者,我国大陆学者已经开始使用类型化的方法研究预约,以解释预约理论上的疑难问题。本书主要运用类型化的方法对预约概念进行解构并尝试透过预约的类型化对相关预约的理论争议进行分析和解答。比如,对于请求缔约说和请求磋商说的争议,通过将预约进行类型化可以较好地作出解释。又如,对于预约违约责任的损害赔偿究竟赔偿本约履行利益还是其他利益(如本约的信赖利益,或预约的信赖利益)的问题也可以通过类型化的方法进行讨论。而且通过预约的类型化,可以较好地对预约拟制本约(《买卖合同司法解释》第 5 条)作出解释,并能使预约制度与意向书等非预约先合同协议,以及缔约过失责任等法律构造在法学体系上得到妥适安放。

(5) 对预约与本约之间的原因关系进行了分析和阐发。 本书初步提出了预约与本约的原因理论框架,即预约与本约之间具有清偿原因关系,同时本约作为债权合同其内在具有取得原因关系。根据图勒的复合原因理论,本约具有双重原因。本约以有因性为原则,以无因性为例外。上述对于预约的原因理论的研究,对实务中预约违法是否影响本约效力、第三人预约中的本约是否因预约无效而无效以及独立保函(信用证)与申请开立保函(信用证)之间的无因性关系具有理论指导作用。本书还提出确定性较低的预约与嗣后订立的本约之间因其原因关系稀薄而无因化的观点,以避免本约受之前预约无效的影响。

(6) 对预约违约责任的实际履行提出调节阀的思路。本书对预约违约责任中的强制履行制度提出辩证的观点。一方面,本书赞成在预约制度中保留强制履行制度,以贯彻大陆法系合同法的基本原则,也能对违约方起到阻吓作用。另一方面,鉴于我国本约的确定性程度要求较低,大量预约如果进入强制履行程序会增加法院的处理难度,难以保障司法公平。故此本书探讨了强制履行的"调节阀"机制,即通过一系列制度设计,如确定性要求、情事变更、本约生效要件、与有原因、给付不能等,将大部分强制履行的诉请引导向损害赔偿。

(7) 归纳和整理预约违约损害赔偿的计算体系。关于预约违约的损害赔偿范围,国内理论较多集中在本约的履行利益和本约的信赖利益范畴,而并未从预约的角度加以界定。本书认为应当立足于预约的履行利益和预约的信赖利益界定损害赔偿范围,并借鉴富勒的信赖利益损害赔偿的观点,在确定性较低的预约无法确定履行利益范围时,以信赖利益损失的计算方法代替履行利益损失的计算方法。但是本书不同意最高人民法院《买卖合同司法解释》起草小组关于信赖利益赔偿不包括机会损失的观点,而是主张在按照信赖利益损失方法计算损害赔偿时,应当包括成本费用和缔约机会损失。这也符合我国目前司法实践的倾向性观点。

(8) 特别强调定金在预约制度史上的特殊地位。本书在对预约的法制史的研究中发现,定金制度在罗马法中产生之初即与预约息息相关,表现为在罗马法的形式主义合同思想体系内通过定金附约的方式对预约的约束力进行证明和调整。同时,不完全定金附约(解约定金)与预约的"悔约权"制度具有密切关联,这一点在《法国民法典》中得到近乎完整的承继,迄今具有交易实践上的生命力。我国的解约定金制度则承继德国法的思路,尽管允许当事人通过适用解约定金规则解除合同,但是仍然赋予对方当事人在解约定金之外继续主张损害赔偿的权利,这就大大限制了解约定金的预设解约赔偿金额的制度功能。本书对此制度提出批评,主张在适用解约定金规则而解除合同的情形下,除解约定金之外不应在当事人之间再发生损害赔偿关系。当然,解约权(悔约权)的行使受到信赖保护原则的限制,自不待言。

第一章　预约的概述

林清玄在散文《可以预约的雪》里写道:"我们可以预约明年秋天山上的菅芒花开,但我们怎能预约菅芒花开时,我们的人生有什么变化呢?"[①]阅读该文我们不禁要问:作家为何在文中使用了"预约"而不是"约定"呢? 预约与约定的区别何在? 在语言意境上,"预约"一词不如"约定"笃定,它隐含了一种矛盾:有可预,也有不可期。尽管这里的预约不是法律概念,而是日常用法,但是考察一个法律概念的日常用法仍然有助于我们理解此法律概念,因为日常语言是"我们由之出发的最初之言"。[②] 凯尔森(Hans Kelsen)也曾指出:"对一个概念下定义的任何企图,必须要将表示该概念的这个词的通常用法当作它的出发点。"[③]

我们可以简单讨论下预约在日常生活中的用法。在日常生活中,既有社交场合的预约,也有社会交易习惯上的预约,还有发生法律效果的预约。社交场合的预约,比如学生与教授通过电话预约论文指导时间,不会发生法律效果,但从礼节上来说,如一方提前撤销预约应表达歉意,否则对方会感到不满。还有社会交易习惯上的预约,比如银行储户要到银行提取大额现金,一般需要提前打电话与银行预约,银行将为此预留足够的现金。在日常生活中,发生法律效果的预约也很多见。比如通过网络预约高档酒店房间,酒店要求预约者交纳当日房费作为保证金,不入住则没收;房地产开发公司在取得预售许可证之前会与意向客户签订购房意向书并收取订金或诚意金,一方反悔的根据约定处理,如无约定一般会全额退还订金或诚意金。另外,也有将预约视为一种服务的情形,如医院自身或第三方平台为患者提供

---

① 林清玄:《可以预约的雪》,载《散文选刊》1999年第4期。
② 陈嘉映:《简明语言哲学》,中国人民大学出版社2003年版,第158页。
③ 〔奥〕凯尔森:《法与国家的一般理论》,沈宗灵译,商务印书馆2013年版,第31页。

预约挂号服务。①

日常英语中关于预约的词汇包括 make an order, make an appointment, booking, reservation。其中 make an order, make an appointment 是从预约一方的角度来说的, order 的常用语义是命令, appointment 的常用语义是指定, 这些都表明预约者在预约时具有一定的请求和主张。而 booking, reservation 是从被预约方的角度来说的, 其中 reservation 的常用语义是保留, 即被预约方应当为预约方保留提供商品或服务的机会(比如优先购买新上市手机)、时间(比如律师咨询)、地方(比如酒店房间)等, 具有一定的义务内涵, 而 booking 的常用语义是书簿, 可以引申为对预约的记录。

由上, 我们可以总结出日常生活中的预约的形象:(1)预约中包含了请求和接受请求的互动关系;(2)预约具有价值, 可以帮助预约双方有效地筹划未来的时间和资源;(3)预约相较于正式的约定显得不确定, 当事人之间均有预约可能无法实现的心理准备;(4)预约会产生信赖, 社会公认违背预约会产生不利后果, 比如名誉的贬低, 或者订金被没收。总而言之, 预约在常人心目中既有一定的不确定性, 也有一定的严肃性。

以下本书将阐述法学上的预约。为了呼应法学的三大经典范式:法教义学、历史法学和自然法学, 本章试图对预约的法律概念、历史流变以及概念背后的思想价值进行初步研究。

---

① 通过相对比较知名的中文网络搜索引擎 www.baidu.com(百度搜索)、www.so.com(360搜索)搜索关键词"预约", 均可以发现, 在网络上使用"预约"一词最多的场景是医院预约挂号, 其次是预约购买机票、预约购买智能手机新产品等。上述通过网络搜索引擎搜索关键词的方式, 类似于一种实验。因为这些网络搜索引擎在对搜索结果进行排序时利用了大数算法的规则, 即将网络用户搜索该关键词后在搜索结果中浏览最多的网页排在更前面, 浏览量小的网页相对排在后面。所以, 通过上述网络搜索引擎的检索实验, 可以看到网络用户相对频繁使用该关键词的生活场景。当然, 有些网络搜索引擎采取了竞价排名的方式确定搜索结果的排序, 在一定程度上可能干扰到了上述了解网络用户使用场景的频繁度的结果的客观性。但是, 该种竞价排名也体现了社会上对某一关键词的认知程度。这是因为, 竞价排名交易的操作方式是由竞价者选择某一关键词, 并通过向搜索引擎付费的方式, 请求搜索引擎将其指定的网页置于该关键词搜索结果的前列。而竞价者为了节省费用, 往往会选择最贴近自己指定的网页的内容的关键词进行付费, 有时也会选择最贴近竞争对手的关键词进行付费, 从而将本来可能搜索到竞争对手的网络浏览量尽量招揽到自己指定的网页中来, 达到竞争目的。但是, 竞价排名者在选择上述关键词时, 其实也体现了其对网络用户对某一关键词的理解的把握和认知, 从另一侧面反映了社会上对某一关键词的应用场景的普遍描述。

第一节 预约的概念

预约的概念,可以概括为约定将来订立一定合同之合同,即缔约之约。①

法律概念在抽象过程中,是被"构想"(拉伦茨语)而进入法律体系的,不同的"构想"方式会导致法律概念的范式差异,本章将讨论比较法上的预约概念的三种范式:(1)德国法的预约建立在逻辑推演之上,将预约与本约二分对立,并将预约构想为债权合同之一种;(2)《法国民法典》上的买卖预约则被构想为替代未来所有权转移合同的合意,未来所有权转移时买卖预约自动成为本约;(3)在英美法上,"预约"(agreement to agree)被构想为最终合同形成过程中产生的临时协议,处于向最终合同过渡的临时阶段。本章最后将讨论中国法理论和实践中的预约概念。本章特别注意这些不同的预约概念中的如下要素:其一,预约是否属于有效合同;其二,预约与本约的关系;其三,预约概念的指向是缔结本约还是磋商过程。

一、比较法上的预约概念范式

德国比较法学家恩斯特·拉贝尔(Ernst Rabel)认为比较法律制度时,应当从法律概念中脱身出来,关注不同法律体系对相同法律问题的解决方式,到底是哪些法律制度在其所处的法律体系内达到了解决该法律问题的功能(function),从而可以对具有相同功能的对应物进行比较。同时,从比较法的角度分析法律概念,应当将其置于其所处的法律体系和时空背景

---

① 王利明:《预约合同若干问题研究——我国司法解释相关规定述评》,载《法商研究》2014年第1期;史尚宽:《债法总论》,中国政法大学出版社2000年版,第12页;郑玉波:《民法债编总论》,台湾三民书局2002年版,第42页;王泽鉴:《债法原理(第一册):基本理论·债之发生》,中国政法大学出版社2001年版,第147页;梁慧星:《预约合同解释规则——买卖合同解释(法释〔2012〕8号)第二条解读》,载中国法学网 http://www.iolaw.org.cn/showArticle.aspx?id=3462,2016年6月24日访问。

(context)内进行"同情地理解"。① 所以,对法律概念的比较并非对不同法系或法族的学说或立法进行罗列,仅作字面比较,而是深入概念背后的法学范式,了解该概念与其所处的法律体系之间的"意义脉络"。本书分别讨论大陆法系的德国法族、法国法族以及英美法系三者不同的预约概念,并分析其背后的概念范式。

(一)德国法的预约概念范式

本书讨论德国法非限于德国一国,而是泛指德国法族。法族(legal family)是具有法律继受关系的不同法域的合称。德国法族即指德国法以及继受德国民法立法和学说的法域,主要包括德语国家如奥地利、瑞士,以及主要接受德国法学的其他语系国家和地区,如日本、我国台湾地区。但日本在预约制度上效法《法国民法典》,因此将在法国法族中讨论。

1. 德国法

德国法上的预约(Vorvertrag),是指设定一方或双方当事人缔结另一个合同(即本约,Hauptvertrag)的债法上义务的合同。② 德国法上的预约具有抽象性和体系性特点,但是由于其过度抽象而导致在实际生活中使用极少。③

在《德国民法典》起草过程中,主流意见认为在民法典中规定预约的必要性不足。④ 因而在《德国民法典》中并无预约的一般规定,仅在第610条提及消费借贷预约。因此,德国司法实践中基本上是按照学说理解预约概念

---

① Mary Ann Glendon, Michael Wallace Gordon, Paolo G. Carozza, *Comparative Legal Traditions in a Nutshell*, 2nd edition, West Group, 1999. at 9, 12. 该书介绍,以"功能"(function)和"背景"(context)为核心的比较法方法论是由拉贝尔提出的,该方法论认为,如果不了解一个法律规范的功能就不了解该法律规范,如果不了解该法律规范所在的系统背景,则无法了解它如何发挥功能。该书中还引用了德国比较法学家茨威格和克茨的名言,即比较法中的功能进路聚焦于隐藏在概念体系之下的真实生活问题是如何解决的。

② 〔德〕迪特尔·梅迪库斯:《德国债法总论》,杜景林、卢谌译,法律出版社2004年版,第67页;汤文平:《德国预约制度研究》,载《北方法学》2012年第1期。

③ 唐晓晴:《预约合同法律制度研究》,澳门大学法学院2004年版,第64页。

④ Werner Flume, Das Rechtsgeschäft, 1979, s.613/4. 转引自汤文平:《德国预约制度研究》,载《北方法学》2012年第1期。

的。① 德国预约理论的创建者 Degenkolb 认为,既然预约的义务就是缔结本约行为,则预约在法律上应可强制履行。② 准此理论,《德国民事诉讼法典》第 894 条规定了预约的强制履行程序。而后,该强制缔约程序的立法又反过来影响了学理上对预约的"构想"。在预约概念建立初期,预约仅作为一种逻辑上的存在被当作一种特殊的有名合同,而在立法上肯认预约的强制履行程序之下,学者普遍将预约作为一种"缔约强制"事由看待,与受约束的要约、选择权契约以及消费者合同、公益性合同中的强制缔约制度相提并论。

德国法上,预约是具有严格法律要件的抽象概念:预约是一个具有法律效力的合同,预约与本约彼此严格二分独立,缔结本约即为预约的履行,预约使当事人获得请求对方缔结本约的请求权,并可以请求法院强制对方缔结本约。为此,预约应当具有与本约一样的内容确定性,不具有该种确定性的预约无效。如果本约对于形式要件有要求的,预约也应当符合上述要求。由此,德国法学从概念上排除了一系列与预约类似的协议:首先,德国法不承认仅具有缔约意向的意向书、备忘录、条款大纲、君子协议等属于预约,而是属于草约(punktation);其次,德国法不承认单纯规定谈判磋商中的权利义务而不指向缔约义务的合同属于预约,比如独家谈判协议、保密协议,这被称为预备协议(Vorfeldvertrag)③;复次,德国法将发生缔约形成权的合

---

① 德国帝国法院在 1907 年的一例判决中指出:"德国民法典虽然未对预约作一个一般性的规定,但它立基于契约自由的基础之上","如无特别反对理由,预约是可能存在的"。吴从周:《论预约:探寻德国法之发展并综合分析台湾"最高法院"相关判决》,载《台湾大学法学论丛》第 42 卷特刊。

② 梅迪库斯在其《德国债法总论》的"缔约自由的限制"一章中讨论预约以及其他限制缔约自由的法律构造。参见〔德〕迪特尔·梅迪库斯:《德国债法总论》,杜景林、卢谌译,法律出版社 2004 年版,第 67 页。

③ M. Luttee, Der Letter of Intent 9 (1982), at 35, see Ralph B. Lake, "Letters of Intent: a Comparative Examination under English, U. S., French, and West German Law", *George Washington Journal of International Law and Economics*, Vol. 18, Issue 2 (1984), at 345. 日本学者蓝田寿夫在《契約・予約・予備の契約・契約締結上の過失(河本一郎教授退職記念号)》中将 Vorfeldvertrag 翻译为"预备の契约"。See Fujita Hisao: Vertrag, Vorvertrag, Vorfeldvertrag und culpa in contrahendo (Essays dedicated to Doctor Professor Ichiro Kawamoto in Commemoration of his Retirement)[Online], The law and politics review 25(1), 1995, at 359, Available from http://ci. nii. ac. jp/naid/110000432945/ [Accessed: 4 Apr. 2017].

同,比如选择权合同、买回权合同、优先权合同排除在预约之外;再次,德国法将性质属于本约的合同排除在外,如附停止条件合同;最后,德国法将不存在合同形式的单方行为排除在预约之外,比如受约束的要约。可见,德国法上的预约概念在构成要件上非常严格,从而将预约限定于最精确、也是最狭窄的范围之内。这与德国法长期的概念法学传统具有直接关系:法学概念的精确界定,与其说是为了精准确定生活事实的法律关系,毋宁说是为了保持法律体系的逻辑一致性。①

2. 奥地利法

奥地利最先将预约的一般概念规定在民法典中,该法第936条规定预约是指"以未来要订立一个合同为内容的约定"②。该条文明确规定,预约应当约定订立本约的期限(无约定则适用一年除斥期间),以及本约的本质性内容,如果嗣后发生合同落空或任何一方的信赖丧失,则预约不生效力。该法律规定基本上沿袭了德国预约学说并将之立法化,因而具有严格的法律构成要件。相应地,奥地利《执行法》第376条规定了预约的强制缔约程序。

相比较于德国法,奥地利法的预约概念的新意在于,以约定订立本约期限为要素,并且预约可以根据情事变更失去拘束力。但是与此同时,也造成了预约效力存在较大不确定性的问题,如当事人遗忘约定的订立本约时间如何处理,或者如何认定是否发生情事变更以及信赖丧失等。也许因此,在奥地利的交易实践中预约应用较少。③

3. 瑞士法

早期瑞士在司法上并未将预约与本约严格区分,如瑞士法院认定,只要当事人在合同必备要素达成完全合致之前,比如在买卖合同中尚未就买卖价金与标的达成合致,该先行订立的合同即为预约。④ 这意味着,如果必备要素约定完整,则为本约,预约仅为本约缔结过程中的一个临时形态,而非

---

① 〔德〕卡尔·拉伦茨:《法学方法论》,陈爱娥译,商务印书馆2003年版,第320页。

② 《奥地利普通民法典》,周友军、杨垠红译,清华大学出版社2013年版,第153页。该译文与吴从周译文有所不同,该译文为"确定了未来订立合同的时间以及该合同的本质性条款",吴从周译文为"订约之时间确定作为契约之主要部分",差异在于本约的确定性是否作为预约有效的要件。

③ 唐晓晴:《预约合同法律制度研究》,澳门大学法学院2004年版,第56页。

④ 吴从周:《论预约:探寻德国法之发展并综合分析台湾"最高法院"相关判决》,载《台湾大学法学论丛》第42卷特刊。

独立于本约的合同。而在1911年修订的《瑞士债法典》第22条则明确区分预约与本约,并规定了预约的一般概念:"双方当事人可以通过合同形式约定在将来订立合同。"同条规定预约应采与本约相同的形式要件,但以该形式要件的立法目的在于保护当事人为限。瑞士《民事诉讼法典》第78条规定了与德国法相同的执行预约的强制缔约程序。在瑞士法的学说和司法判例上,普遍承认预约的存在及其法律效力,但司法实务上出现较多的是双方约定一方与第三方签订本约的预约情形,学说上普遍肯认该种第三人预约存在的必要性。但是关于双方之间约定未来签订本约的预约情形,则与德国法学上的情况一样争议不断。①

通说上,瑞士法与德国法一致,预约与本约属于彼此独立的两个合同,预约需要具有本约内容的确定性,而且当事人可以请求法院强制缔约,或要求损害赔偿。但瑞士法上对德国法式的严格预约概念的批评比德国本土猛烈,有代表性者如瑞士学者Eugen Bucher认为预约的功能不仅在于积极缔结本约,而且在于消极地限制对方不得为妨碍本约订立的行为,如果聚焦于该消极防御功能上,则预约的效力指向并非请求相对方缔结本约,而是请求相对方善意磋商。按此,预约并不发生强制缔约效力,而仅在违约时可以诉请损害赔偿。这样,预约才可以彻底与本约相互分离,因两者的权利义务的指向根本不同。另外,瑞士法上的预约,在概念外延上与德国法不同,包括买回权预约。②

(二)法国法的预约概念范式

1804年《法国民法典》影响深远,开启了历史上的大民法典时代。③ 典型的法国法族除法国自身外,还包括欧洲部分国家,如意大利、西班牙、葡萄牙等,以及拉美和非洲的部分国家,《日本民法典》早期在一定程度上也借鉴了《法国民法典》。该些国家的民法典均参照和借鉴了《法国民法典》的内

---

① 吴从周:《论预约:探寻德国法之发展并综合分析台湾"最高法院"相关判决》,载《台湾大学法学论丛》第42卷特刊;汤文平:《瑞士预约制度研究》,载《西部法学评论》2011年第4期。

② 《瑞士债法典》第216条第2项规定:"约定对某土地有买卖或买回权之预约及契约,非经公证不生效力。"

③ 〔日〕我妻荣:《我妻荣民法讲义I:新订民法总则》,于敏译,中国法制出版社2008年版,第6页。

容,同时也引进了法国民法上的买卖预约概念。但是,《法国民法典》上的买卖预约在理论逻辑上存在模糊不清的问题,已如前述,该问题在法族内其他国家也存在。本书主要介绍法国法、意大利法和日本法上的预约,后两国法律均继受了法国法上的买卖预约制度,但是先后对买卖预约进行了德国法式的改造,具有一定的鲜明特点。

1. 法国法

(1)《法国民法典》上的买卖预约

《法国民法典》最早在民事立法中规定了预约,即《法国民法典》第1589条的"买卖预约"(promesse de vente)。《法国民法典》第1589条规定:"买卖预约,在双方当事人对物与价金已相互同意、取得合意时,即等于买卖。"

该"买卖预约"的规定与《法国民法典》所采物权变动主义密切相关。法国民法对买卖合同标的物之所有权转移采合意主义①,但是在实践中,买卖合意达成时,出卖人可能仍然希望在买方履行一定义务的条件下才转移所有权,囿于合意主义的限制,实践中的当事人转而将转移所有权之前的买卖合意称为"买卖预约",而在转移所有权时才成立买卖本约。因此《法国民法典》上的"买卖预约"实质上是对物权变动的合意主义缺陷的一种补救途径。②

《法国民法典》上的买卖预约,在性质上与德国法上通过纯思辨产生的预约概念完全不同,具有如下特点:

其一,买卖预约原指出卖人的单方允诺(法语 promesse de vente 的字面含义为"出卖的承诺"),并非严格意义上的预约合同。即仅出卖人承担缔约义务,而买受人并不承担缔约义务,仅具有缔约选择权。仅在"以定金为之者"才成为预约合同,或双务预约。③ 因此,买卖预约的法律性质属于或基本近似于后世的选择权合同。

其二,买卖预约具有临时性特征,不必遵守契约严守原则,当事人可以

---

① 《法国民法典》第1583条规定"当事人对标的物与价金协议一致,买卖即告成立,买受人取得所有权"。
② 唐晓晴:《预约合同法律制度研究》,澳门大学法学院2004年版,第45页。
③ 后来在1967年关于期房买卖合同制度中,立法上使用了"预备合同"概念,此为双方之间互为承诺缔结本约的双务合同。参见《法国民法典》,罗结珍译,法律出版社2005年版,第1203页;唐晓晴:《预约合同法律制度研究》,澳门大学法学院2004年版,第61页。

通过放弃定金或双方返还定金而解除预约。① 法国法学上通过强调买卖预约的临时性，而将之区别于本约的正式性，后者适用契约严守原则。正是基于预约的该种临时性，法国法并不存在预约的强制缔约程序，预约的违约方仅负损害赔偿之责。②

其三，买卖预约与本约并未完全隔离。按照《法国民法典》第1589条的规定，当买卖预约的双方在未来达成标的物和价金的合意时，不需要另外订立买卖合同，买卖预约即"转化"为本约。③ 若双方当事人达成买卖合意时对标的物和价金均已有明确约定，但是暂时不希望转移所有权，而是希望未来再转移所有权（完成买卖）的，则法国学者基本认为该买卖预约即为买卖本约。④ 这也反映了法国法上对于买卖预约和本约并未严格对立区分的特点。

(2) 法国法上的广义预约 avant-contract

在学说上，法国法上存在与买卖预约不同的广义预约（avant-contract，直译为先合同），其为与本约相对的概念，可以泛指在正式合同缔结之前双方达成的各种规范缔约阶段的先合同协议和单方承诺，按照法国学者Mousseron的列举，包括双方预约承诺（promesse bilatérale or synallagmatique de contracter）、单方预约承诺（promesse unilatérale de contracter）、优先权协定（pacte de préférence）、原则合意（accord de principe）、中间合同（contrats intérimaires，如预约保单）、部分合同（contrats partiels，即仅对本约的部分条款达成合致的预约），以及同意磋商的合意（accord de négocier）。⑤ 可见法国法上广义预约的范围远较德国法为宽泛，类似于英美法上的临时协议（preliminary agreement）。

法国合同法以合意主义为原则（le principe de consensualisme），只要当事人之间达成合意，并且愿意受其约束，则并不因合同形式等合意以外的因素影响合同效力。⑥ 正因如此，法国法并不要求预约需要具有内容确定性、

---

① 《法国民法典》第1590条规定："如买卖的预约以定金为之者，当事人任何一方均得以下列方式解除之：交付定金者，抛弃其定金；收受定金者，加倍返还其所收的定金。"
② 唐晓晴：《预约合同法律制度研究》，澳门大学法学院2004年版，第63页。
③ 《法国民法典》，罗结珍译，法律出版社2005年版，第1200页。
④ 唐晓晴：《预约合同法律制度研究》，澳门大学法学院2004年版，第63页。
⑤ Paula Giliker, "Pre-contractual Liability in English and French Law", Kluwer Law International (2002), at 42.
⑥ 张民安：《法国民法》，清华大学出版社2015年版，第318页。

期限或者采取必要的形式。而且,《法国民法典》第 1101 条遵循罗马法,区分了合同(contract)和协议(convention)①,合同引起债的发生的效力,而协议可以产生包括债的发生、转让、消灭以及他们希望得到的法律效果②。因此,合同并非当事人之间的给付法律关系的唯一发生原因,即使达不到合同的缔约意图强度、确定性程度等要求的协议,也同样可以有效而发生当事人意愿的法律效果。以意向书为例,对于一份仅表达缔结本约意向的意向书,通常其条款非常不完整,而且仅规定当事人愿意进行谈判而已,在德国法的传统概念下无法将其视为预约,因为根据该意向书无法请求订立本约。但是在法国法下,除非当事人明确排除缔约效力,否则完全可以承认该意向书具有预约的效力,只不过该预约的效力不是缔结本约,而是进行磋商。③ 换言之,与英美法羁绊于临时协议是否具有合同约束力的难题完全不同,法国法强调对当事人真实合意的尊重,在能够确定合同内容并且能够解释其约定的义务的情况下,法国法对于一份广义预约并无严格的构成要件的要求,而倾向于认可其具有法律约束力。④

2. 意大利法

意大利法上的预约是指约定一方或双方负有缔结契约义务的预备合同。⑤ 1865 年《意大利民法典》原无买卖预约制度,但是因为意大利民法在学说上继受法国民法,所以在学说和交易实践中均认可法国式的买卖预约,但在法律适用上同样碰到了预约与本约是否具有独立性的问题。意大利法

---

① 在罗马法上,反映当事人的合意的词语与契约不同,被称为"协议"(conventio)。古罗马法学家乌尔比安在其著作《告示评注》第 4 卷中认为:协议是一个属概念,它适用于并来源于一切为缔结或谈妥交易在行为人之间达成同意的事情。

② 尹田:《法国现代合同法:契约自由与社会公正的冲突与平衡》(第二版),法律出版社 2009 年版,第 6 页。

③ Nadia E. Nedzel, "A Comparative Study of Good Faith, Fair Dealing, and Precontractual Liability", *Tulane European & Civil Law Forum*, Vol. 97(1997), at 126. 法国法学者警告说,如果在法国签署一份意向书而不希望其具有法律约束力,则应当采取明文排除约束力的方式。参见 Paula Giliker, "Pre-contractual Liability in English and French Law", *Kluwer Law International* (2002), at 52。

④ Nadia E. Nedzel, "A Comparative Study of Good Faith, Fair Dealing, and Precontractual Liability", *Tulane European & Civil Law Forum*, Vol. 97(1997), at 126; Paula Giliker, "Pre-contractual Liability in English and French Law", *Kluwer Law International* (2002), at 8。

⑤ 《意大利民法典》,陈国柱译,中国人民大学出版社 2010 年版,第 249、518 页。

学家 Leonardo Coviello 借鉴德国预约理论的研究,提出买卖预约是一个独立于本约的合同的主张。之后意大利上诉法院在 1921 年的一个判例中指出,预约与本约不同,买卖合同的转移所有权的意思表示仅能在本约中作出。该判例明确了预约与本约的独立性和其间的显著区别,即预约产生债,而本约产生物权变动。① 1942 年《意大利民法典》第 1351 条规定了预约,并在第 2932 条规定了预约的强制缔约程序。因为意大利民法与法国一样采取物权变动的合意主义,本约强制缔结不仅意味着合同生效,而且自动发生物权变动效果,为了避免因此而产生的不公平情形,《意大利民法典》第 2931 条特别规定原告方在未履行自己给付义务或未采取法定形式给付的情况下,不得请求强制缔约。意大利法上的预约概念是以德国法上的预约理论改造法国法上的买卖预约的比较法经典案例之一,深值玩味。但由于物权变动模式上的立场不同,其对于中国预约理论的借鉴意义不大。

3. 日本法

日本法学说上认为,预约是当事人约定将来订立一定内容的契约的契约。②《日本民法典》第 556 条规定了类似《法国民法典》的买卖预约,同时,日本法与法国法一样采取物权变动的合意主义。基于买卖预约对其他有偿合同的准用性③,该买卖预约可以作为一般的抽象预约看待,而不限于买卖。因此,日本法的买卖预约也是为了缓解物权合意主义导致的买卖合同与所有权转移无法分离的缺陷而设计的。但是,关于预约与本约是否同一的问题,日本法基本采德国法理论,严格区分预约和本约。日本法学说上有两种本约成立的方式:

(1) 承诺请求权:即根据预约有权要求缔结本约的一方可以在希望缔结本约时向对方发出成立本约的要约,对方有义务作出承诺,如果对方不作

---

① 唐晓晴:《预约合同法律制度研究》,澳门大学法学院 2004 年版,第 51 页。
② 〔日〕我妻荣:《我妻荣民法讲义 V1:债权各论》(上卷),徐慧译,中国法制出版社 2008 年版,第 47 页。
③ 《日本民法典》第 559 条规定:"本节的规定(指买卖总则)准用于买卖以外的有偿合同。但是,该有偿合同的性质不允许的,不在此限。"参见《日本民法典》,王爱群译,法律出版社 2014 年版,第 95 页。

出承诺,则该方可以诉请法院强制对方承诺。① 该种承诺请求权与德国法以及其他规定强制缔约的立法例比较相似,即仍然需要通过一个诉讼程序完成本约的缔结。

(2)缔约完结权:这是《日本民法典》第556条规定的很有特色的预约制度。因预约权利人请求对方作出缔结本约的承诺,然后再诉请履行本约是"走没用的弯路"(我妻荣语)。当预约需要具备本约的主要之点时,当事人可以在预约中约定一方或双方享有缔结本约的完结权,在该方行使完结权时,本约即成立。② 在学理上认为,该缔约完结权属于形成权。这意味着,预约不需要借助诉讼程序即可完成本约的缔结,如果违约方不履行本约,缔约完结权一方起诉时仅为确认本约的效力并可以诉请实际履行。而且在日本法上,该缔约完结权经"假登记"后可以使在未来买卖合同成立后受让的物权产生对抗第三人的效力,这属于物权取得权,并且可以不经义务人同意即对外转让。未经假登记的缔约完结权也可以不经对方同意而转让,但欲获得对抗效力则需通知义务人。③

可见,日本法上预约的概念外延比德国法要广泛,其中包括产生形成权的预约。在日本法上,约定缔约完结权的预约是最典型的预约。由于预约完结权的强大效力,其在日本的金融领域适用广泛:对于融资中让与担保的买回权(类似于我国金融交易中的明股实债协议)、赎回权,以及事先约定的抵押代物清偿权,当事人均按照缔约完结权的方式设计交易。④

(三)英美法的预约概念范式

1. 英美法的预约对应物

在不看重学术思辨、但长于决疑术思维的英美法系,其实难以找到一个与大陆法系的预约(德国法的 Vorvertrag 或者法国法的 promesse de ven-

---

① 《日本民法典》第414条第二段但书规定:"就以法律行为为标的的债务,可以通过诉讼代替债务人作出意思表示。"参见《日本民法典》,王爱群译,法律出版社2014年版,第74页。
② 〔日〕我妻荣:《我妻荣民法讲义V2:债权各论》(中卷一),徐进、李又又译,中国法制出版社2008年版,第40页。
③ 同上书,第40页。
④ 同上书,第38页。

te)①完全对应的法律概念。我们分别讨论以下英美法的可对照概念,以分析其是否适宜作为本书所讨论的预约的比较对象:

(1) **前合同(precontract)**。德国比较法学家 Hein Kotz 和 Axel Flessner 合著的《欧洲合同法》的英译本使用 precontract 表示预约。② 该词语在《布莱克法律辞典》中的定义是指一个合同,该合同对一方当事人产生约束,使其不得与非对方当事人的第三人签署类似的合同。在历史上,该定义被用于指称对结婚的承诺。该种承诺使承诺人不得与非被承诺人的第三人缔结婚姻。这种法律制度经过几轮消失又复苏,最终在 1752 年被废除。③ 根据《元照英美法词典》,precontract 可以翻译为预约和教会法时期的婚约,是指"在订立契约前订立的契约"④。但是,在英美法系,基本不会使用 precontract 一词讨论与预约有关的案型,甚至该词本身在现代法学领域已经很少被使用。其实,大陆法系国家包括我国的学者普遍将 precontract 作为预约的英译词,正是看中该词在现代英美法里缺乏对应的制度内容,以该词指代预约恰可反映大陆法系的预约概念与英美法系的临时协议、缔约之约等概念的差异。但是,在比较法上却决然不能将大陆法系的预约与 precontract 进行比较,否则只能得出英美法无预约这一简单但不准确的结论。

(2) **缔约之约 (agreement to agree, contract to contract, contract to make a contract)**。《布莱克法律辞典》解释 agreement to agree,包含两个含义:第一个含义是指规定双方当事人进行磋商并达成一个合同的协议(但该协议本身并无法律约束力),尤其是指双方磋商达成一个最终合同的草约,

---

① Ralph B. Lake, "Letters of Intent: a Comparative Examination under English, U. S. , French, and West German Law", *George Washington Journal of International Law and Economics*, Vol. 18, Issue 2 (1984), at 345.

② Hein Kotz and Axel Flessner, *European Contract Law*, Volume one: Formation, Validity, and Content of Contracts; Contract and Third Parties, translated by Tony Weir, Oxford University Press, 2002, at 35.

③ Bryan A. Garner, *Black's Law Dictionary*, Eighth Edition, West, a Thomson Business, at 347.

④ 薛波主编,潘汉典总审订:《元照英美法词典》(缩印本),北京大学出版社 2013 年版,第 1077 页。在大陆法系,婚约通常会被作为预约,或至少是与预约类似的法律构造看待。我妻荣即认为婚约属于预约。见〔日〕我妻荣:《我妻荣民法讲义 V2:债权各论》(中卷一),徐进、李又又译,中国法制出版社 2008 年版,第 48 页。史尚宽亦认为婚约属于预约。见史尚宽:《债法总论》,中国政法大学出版社 2000 年版,第 13 页。

但是双方仅希望在签署最终合同时受到法律约束;第二个含义是指一个具有法律约束力的协议,该协议具有确定性也具有对价,但是留有并未完全谈妥的条款。① 上述两个含义都属于下文中 Farnsworth 提出的"临时协议"的范畴,第一个含义是指 preliminary agreement to negotiate(同意磋商的协议);第二个含义是指 preliminary agreement with open terms,或者 incomplete agreement(含有空白条款的合同)。Contract to contract② 或 contract to make a contract 一般是指选择权合同(option),也可能指含有空白条款留待未来磋商确定的合同。③

(3) **临时协议(preliminary agreement)**。大陆法系关于预约的案件,都起因于缔约前双方之间达成的一些协议,比如意向书、君子协议、约定未来通过磋商签署本约的协议。这些先合同协议在英美法院中多用"临时协议"一词概括。按照 Farnsworth 的认识,英美法中的临时协议是指"任何在缔约阶段产生的为了最终形成一个后续协议的协议","无论是否具有法律约束力"都可以称为这种临时协议。④ 该临时协议的范围显然比预约的概念要宽泛。Farnsworth 认为临时协议通常包括以下几种类型:第一,存在空白条款的临时协议(preliminary agreement with open terms);第二,同意继续谈判的临时协议(preliminary agreement to negotiate);第三,同意未来采取某一交易的临时协议(agreement to engage in a transaction);第四,规定谈判阶段的程序性事项的临时协议(stop-gap agreement),比如关于谈判费用分担、谈判过程中的义务的协议;第五,双方已经达成全部合同条款,仅约定未来签署合同作为证明文件的临时协议。⑤

---

① Bryan A. Garner, *Black's Law Dictionary*, Eighth Edition, West, a Thomson Business, at 74.

② 《元照英美法词典》中收录了 contract to contract,其定义指"基于有效对价,合同双方当事人同意在其中一方选定的将来某个特定时间,按合同规定的条款,订立另一个特定的合同"。但是在相关英语文献中更多使用 agreement to agree,而很少使用 contract to contract。参见薛波主编,潘汉典总审订:《元照英美法词典》(缩印版),北京大学出版社 2013 年版,第 314 页。

③ H.G. Beale, *Chitty on Contracts*, Thirteenth Edition, 商务印书馆 2012 年影印版, at 221.

④ E. Allan Farnsworth, "Precontractual Liability and Preliminary Agreements: Fair Dealing and Failed Negotiations", *Columbia Law Review* Vol. 87(1987), at 249.

⑤ 同上。

其中第三种类型,即同意未来采取某一交易的临时协议,最为符合德国法上的预约概念,因为按照 Farnsworth 的解释,该类型的临时协议本身即已经构成了一个最终合同,独立于后续签署的合同,完全可以适用普通法传统原则处理。此类协议也是大陆法系认可的预约类型中最为典型的,两大法系对此种预约的处理并无很大分歧。而第四、五类临时协议则不符合大陆法系关于预约的概念。

Farnsworth 特别讨论的第一种类型,即存在空白条款的临时协议,以及第二种类型,即同意继续谈判的临时协议,并不属于大陆法所称的预约的中心类型,但是按照大陆法系的预约概念,这些临时协议处于预约概念的涵摄范围之内,都是关于未来达成最终协议(或者说本约)的协议,属于预约的边缘类型。这些容易产生争议的临时协议在缔约意图和条款的确定性上都与一个成熟协议具有"或多或少"(而不是非此即彼)的差别,其作为临时协议是否具备预约应有的法律效力,经常难以清晰地说明。这些临时协议在法律适用上面临的疑难问题,对于大陆法中的预约来说同样存在。我们都知道,法律的疑难问题往往并非存在于一个法律概念或法律规范的中心案型,而是存在于那些边缘案型。正因如此,本书将英美法系的临时协议作为与大陆法的预约的对应物,这样不仅更具有比较法上的价值和意义,而且有助于讨论大陆法的预约概念在概念边界上的模糊和不确定之处。

(4) 意向书(letter of intent)。在英美法上,意向书在一些法学作品里被作为临时协议的代名词。广义的意向书包括意向备忘录、条款清单、安慰函等。意向书是指一种书面陈述,记载计划未来达成合同或协议的当事人之间对合同内容的阶段性的理解,是一种不具有承诺效力的阶段性的书面文件。意向书不发生法律约束力,也不阻碍一方当事人与第三人进行合同谈判。商人们通常不认为其受意向书的约束,法院也不会要求强制执行。但是在个别情况下,法院也可能发现一份意向书已经构成了具有法律效力的承诺,此时的意向书相当于最终协议,可以诉请履行。①

综上,本书认为,在英美法系的合同法制度中,与大陆法系的预约相似并具有比较价值的制度主要是临时协议,缔约之约以及意向书等概念均可

---

① Bryan A. Garner, *Black's Law Dictionary*, Eighth Edition, West, a Thomson Business, at 924.

以纳入临时协议的概念范畴,而 precontract 一词可以作为大陆法系的预约的英译词,但不具有比较法上的意义。[①]

2. 临时协议

英美法关于缔结合同阶段的观念是,合同的缔结是法律责任从无到有的"开关",是合同的"光辉时刻"(dramatic event)。[②] 在合同缔结之前,磋商具有射幸性,原则上法律不限制当事人的磋商自由。在最终合同缔结之前当事人可能签署一系列先于合同的协议,在英美法上被称为临时协议,临时协议处于向最终合同的流动状态,如果其本身不构成最终协议,则不具有法律效力,这被称为"全有全无"原则。如英国历史中著名的丹宁勋爵在 Courtney & Fairbairn Ltd v. Tolaini Brothers(Hotel) Ltd 一案的判决中认为,对于涉案协议,"没有人能够判断该磋商将来成功或失败;也没有人能够判断即使双方谈判成功,谈判的结果到底是什么样子。在我看来,一个关于将来进行谈判的协议,和同意达成协议的协议一样,在法律上都不是合同"[③]。在著名的先例 May and Butcher Ltd v. R. 案中,合同当事人达成的一个关于户外帐篷产品买卖的合同中,将价格条款规定为"将来随时约定(shall be agreed upon from time to time)"。上议院法官拒绝承认这种"缔约之约"的有效性。Buchmaster 大法官在判决中论述道:"长久以来,合同

[①] 此外,英美法中的缔约允诺与大陆法的单方预约具有一定的相似性。在英美法院处理的少数案件中,如果缔约一方在缔约过程中对相对方作出了关于缔约的允诺(specific promise during the negotiation),而导致相对方信赖其将会缔约而付出成本,最终却因未能缔约而遭受损失的,信赖该允诺的相对方可以要求作出承诺的缔约一方给予信赖利益的赔偿。在著名的 Hoffman v. Red Owl Store,26 Wis. 2d 683, 133 N.W. 2d 267(1965)一案中,威斯康星州最高法院认定,希望成为连锁加盟方的原告信赖被告作出的只要交纳 1.8 万美元就可以加盟的允诺,并为此卖掉了自己的店铺,承租了新的店铺,结果最终因被告提高加盟费而导致缔约失败,尽管该允诺无法构成要约,在当事人之间没有合同产生,但是原告仍然有权获得信赖利益的损害赔偿。该种缔约过程中所作出的关于缔约的允诺,也很类似于大陆法中的预约。在英美法上,该类允诺因没有对价而不构成最终协议,通常来说不具有合同约束力。对于该种缔约约定,英美法学者将其纳入临时协议考虑。

[②] Ralph B. Lake, "Letters of Intent: a Comparative Examination under English, U.S., French, and West German Law",*Geo. Wash. L. Int'l L. & Econ*, Vol. 18, at 342.

[③] Courtney & Fairbairn Ltd v. Tolaini Brothers(Hotel) Ltd[1975] 1 WLR 297 at 301. 后来,一系列判例遵循了该案的规则,包括 Mallozzi v. Carapelli SpA[1976], Albion Sugar Co. Ltd v. Williams Tankers Ltd[1977], Star Steamship Society v. Beogradska Plovidba[1988] 等。

法的基本原则都是,如果两方当事人在订立合同时将一些合同的关键部分留在以后处理,就意味着还不存在任何合同。"但是,如果临时协议在内容上已经具备了缔结最终合同的全部必要条款,则英美法系国家的法院会将该协议直接作为本约,认可其具有法律拘束力。①

可见,在英美法系国家的法院判决中很少将这些中间状态的临时协议认定为产生请求缔结本约的债权的"预约",而是从是否成立本约的角度去看待这些临时协议。尽管很少有比较法的著作提及此点,但是该英美法的特有思路已经被一些国内学者察觉。② 正因如此,在最终协议并未签署的情况下,英美法原则上不认可临时协议的法律约束力。但是在特殊情况下,法院也可能认为临时协议具有法律效力,比如规定了保密条款、锁定谈判条款等的关于谈判缔约安排的临时协议,但此类协议的效力并非缔结本约的效力,而仅是关于谈判的安排的效力。另外,法院也可能认可签署临时协议的一方当事人根据侵权、禁反言或者不当得利返还等理由请求对方给予损害赔偿,但这上述理由并非基于合同上的权利。

二、不同预约概念范式的比较

(一) 英美法系与大陆法系的比较

比较法并非比较某一个相同语词在不同法系的区别,而是聚焦于不同法系的同类型案件的解决方式的异同。③ 英美法系视角下的临时协议在概念的内涵和外延上与大陆法系的预约概念并不对等(法国学说上的 avant-contract 除外),但是两者构成解决同类案件的对应物,对于同类案件的解决具有相同或类似的功能,因而在比较法上成为可比较的对象,已如前述。

从前面的分析可见,英美法系的临时协议与大陆法系的预约之间的核心区别在于,英美法系的临时协议是预约本约一元化的,而大陆法系的预约则是预约本约二元化的。以下详细分析它们之间的区别:

---

① H. G. Beale, *Chitty on Contracts*, Thirteenth Edition, 商务印书馆 2012 年影印版, at 219.

② 耿利航:《预约合同效力和违约救济的实证考察与应然路径》,载《法学研究》2016 年第 5 期。

③ Mary Ann Glendon, Michael Wallace Gordon, Paolo G. Carozza, *Comparative Legal Traditions in a Nutshell*, Second Edition, West Group, 1999, at 9.

1. 一元化和二元化

从预约与本约(临时协议与最终协议)的关系上看,英美法系采取一元化立场。英美法系的临时协议被视为一个最终协议的临时形态,法院判断其效力时并不会将其视为一个独立的合同,而是审视其是否已经具备一个最终协议的要素,法院区分临时协议和最终协议并非因为它们之间具有彼此独立的对立关系,而仅仅是为了将那些没有成为最终协议的临时协议与成为最终协议的临时协议相互区分而已。

相较而言,大陆法系对预约取二元化立场,预约与本约之间在逻辑上区分而对立。预约或本约的成立、生效和履行三阶段均遵循各自的逻辑和要件。尽管两者之间存在牵连关系,比如预约应达到本约内容的确定性、预约无效可能导致本约无效等,但是均不影响两个合同之间的独立性。但这一点在《法国民法典》的买卖预约上有一定例外性,《法国民法典》规定了买卖预约在买卖合意达成时自动"转化"为买卖本约,模糊了二者之间的独立性,这在法律适用上也带来了很大困扰,而 1967 年《法国民法典》修改时规定了不动产转让的预备合同,则属于具有清晰的独立性的预约。

2. "全有全无"与中间地带

在预约效力的认定上,英美法系的临时协议遵循"全有全无"原则,即要么发生本约的效力,要么不发生任何效力,中间没有灰色地带。[①] 其背后的法律理念在于,英美合同法的核心在于"博弈(bargain)",博弈形成对价,而对价是英美法上的法律约束力的根源。在博弈没有完成之前,对价无从产生。正因如此,英美法系对所有在缔结最终合同之前的协议保持警惕态度,担心因此影响当事人的磋商自由(博弈的自由)。英美法系信奉的磋商自由实质是一种消极自由,而非积极自由,换言之,是在磋商阶段排斥法律干涉的自由,而非积极追求合同的自由。

一方面,大陆法系的预约,是介于不具有任何效力的临时协议(如典型的意向书)和已经具有约束力的本约之间的一种"中间"协议,该协议对于确定性和缔约意图的要求均可能低于本约。其背后的法律理念在于,大陆法

---

① Paula Giliker, *Pre-contractual Liability in English and French Law*, Kluwer Law International (2002), at 32.

系合同法的核心在于当事人之间的债,即法律关系,而非博弈或对价。① 而法律关系不仅存在于合同成立之后,也存在于合同成立之前,所以大陆法系比英美法系更容易接受先合同协议的约束力。在德国法,基于契约自由原则,当事人有意愿订立这种中间协议的,只要其具备预约的构成要件,则法律上完全认可其为预约的效力,而非否定其为预约或者直接认定其为本约;法国法上的 avant-contract,其范围与英美法的临时协议大体一致,但是在对这些合同的友好性上,二者有天壤之别,在法国法上即使仅规定了磋商义务而未规定当事人应当缔结本约的先合同协议,也完全可能被视为有效合同。② 总之,在英美法系的"全有全无"原则造成的合同真空地带,大陆法系却承认各种各样的预约形态并赋予其法律约束力。

而另一方面,大陆法系对于预约制度所关心的"应当磋商"效力还是"应当缔约"效力,以及违反预约责任是导致"实际履行"还是"损害赔偿"等问题,在英美法系却并不重要,因为在英美法系按照"全有全无"原则,法院一旦认可临时协议的效力,即直接将该临时协议视为最终合同(相当于本约),而一般不会考虑是否还需要磋商的问题。英美法系对于磋商的诚信要求始终保持谨慎态度,一般纳入禁反言原则或侵权责任中加以考虑;在违约责任方面,英美法系在普通法上以损害赔偿为原则,以实际履行为例外,所以当事人违反临时协议约定的磋商义务而造成合同最终未能签署的,英美法系国家的法院一般仅考虑损害赔偿责任。

3. 合同权利和缔约权利

在预约的法律性质上,英美法系的临时协议一旦被法院认定具有法律约束力,则直接发生最终协议的效力,在英美法系的范式内并没有提炼出一个预约或者缔约请求权的抽象概念。在英美法系发生的临时协议案件中,原告一般均直接请求履行最终协议(相当于本约)或者因被告违反最终协议的条款而要求损害赔偿,即临时协议产生的是本约项下的权利。相比较于大陆法系先请求缔约再请求履行本约的两阶段诉讼,英美法系的临时协议

---

① Ralph B. Lake, "Letters of Intent: a Comparative Examination under English, U. S., French, and West German Law", *George Washington Journal of International Law and Economics*, Vol. 18, Issue 2 (1984), at 342.

② Nadia E. Nedzel, "A Comparative Study of Good Faith, Fair Dealing, and Precontractual Liability", *Tulane European & Civil Law Forum*, Vol. 97(1997), at 126.

制度显得更为简便、有效率。

在大陆法系的预约范式下,预约与本约二分,因而产生不同的权利。本约产生的是由本约条款约定的合同权利,而预约产生的仅是缔结本约的权利,无论是德国法的缔约请求权还是日本法的缔约完结权,均指向缔结本约,而不能越过缔结本约而指向本约之履行。但是也需要注意,对于上述逻辑推演造成的诉讼不便利的弊端,德国法允许当事人在诉请缔结本约的同时合并诉请履行本约,日本法则设置"缔约完结权"制度,当事人通过意思表示行使形成权,在逻辑上先行缔结本约,然后直接诉请履行本约,也达到了越过缔结本约阶段的目的。

(二)德国法与法国法的比较

德国法和法国法之间关于预约的差异,不亚于两大法系之间的差异。两者之间的相似性仅在于承认预约与本约之间的二元分立,其余方面基本不同。德国法和法国法均没有在民法典中规定预约的一般制度,而是在学理上形成各自的预约范式,学理范式的形成非朝夕之功,其背后有深邃的历史和制度成因。

(1)物权变动模式的影响。物权变动模式存在法国法和德国法之差别。法国法以债权合同的合意为物权变动的唯一要件,买卖合同成立时标的物的所有权即发生转移,不需转移占有或者登记;而德国法则以物权合同的合意及公示为物权变动的要件,买卖合同成立时当事人之间发生转移标的物所有权的债,而不发生所有权的转移,所有权的转移在当事人另行达成所有权转移的合意并履行交付占有或登记之后才会发生。按法国法,如当事人在买卖时不愿意现时转让所有权,则不能签订买卖合同,但又需要通过合同约束相对人,所以产生了《法国民法典》上固有的"买卖预约"概念,其创建的目的在于解决物权变动模式产生的延后转移所有权的问题。而在德国法上,根据其物权变动模式,延后转移所有权问题完全可以在买卖合同中自由约定,是故买卖合同之预约并无特别要求,仅需凭当事人基于契约自由创设即可。

(2)合同解释理论的影响。合同解释理论在法国法和德国法上有较大不同。法国法主要采主观真意解释论,探求当事人的缔约真意并予以尊重,主张"合同为其所愿"。① 而德国法采客观解释论,即按照当事人表示出来的客观意思进行解释。相比较而言,法国法对于预约(这里指 avant-contract)更具有友好性,只要可以发现当事人之间具有对缔约阶段进行安排的合意,无论其是否约定缔结本约的义务,均可以成立有效预约。而在德国法上,预约具有严格的构成要件,并且必须具有明确的缔约意图以及相当于本约的确定性,否则预约无效。

(3) 强制缔约制度的影响。德国法上规定了强制缔约制度,而法国法上并无强制缔约制度。因此,在德国法上,预约必须具备相当于本约的确定性,否则法院无法适用强制缔约制度,此时预约无效。而法国的法院在面对预约时则无此负担,其完全可以不考虑强制缔约问题,而倾向于通过损害赔偿制度解决预约违约问题,因而法国法上的预约概念的外延更为宽泛。

(4) 缔约过失责任的影响。德国法上早在 1861 年即由耶林创设了缔约过失理论,并经由判例学说发展成熟,在缔约阶段一方违反诚信原则加害于他方的,需负损害赔偿责任,该理论基础在于当事人之间在缔约阶段接触即形成合同关系,当事人之间的义务形态从消极义务变为积极义务。② 而在法国法上,学理上不承认缔约过失责任,认为缔约过失理论的前提是将缔约之人想象为圣人并遵循诚信原则,这是一种不可能的杜撰。为此,法国法仅通过侵权法调整缔约阶段的恶意磋商行为,并要求存在侵权法上过错的一方承担侵权赔偿责任。质言之,在法国法上仍然认为缔约阶段的义务属于消极义务范畴。③ 比较来说,德国法(按照积极义务要求缔约当事人)对于整个缔约阶段的诚信要求高于法国法(按照消极义务要求缔约当事人)。因为

---

① Terre etc., Les Obligations 6, no.93. 转引自欧洲民法典研究组、欧盟现行私法研究组编著,〔德〕克里斯蒂安·冯·巴尔,埃里克·克莱夫主编:《欧洲私法的原则、定义与示范规则:欧洲示范民法典草案(全译本)》,朱文龙等译,法律出版社 2014 年版,第 258 页。

② Nadia E. Nedzel, "A Comparative Study of Good Faith, Fair Dealing, and Precontractual Liability", *Tulane European & Civil Law Forum*, Vol.97 (1997), at 112;王泽鉴:《债法原理(第一册):基本理论·债之发生》,中国政法大学出版社 2001 年版,第 231 页。

③ Nadia E. Nedzel, "A Comparative Study of Good Faith, Fair Dealing, and Precontractual Liability", *Tulane European & Civil Law Forum*, Vol.97 (1997), at 114. 王泽鉴有不同观点,其认为法国不采缔约过失责任的原因在于法国的侵权法采概括主义,侵害纯财产利益的同样适用侵权赔偿的范围,而法国侵权法的适用范围大于德国法,故无须缔约过失责任。见同上书,第 232 页。

缔约过失责任制度的存在,德国法上的预约外延被限制在严格的法律要件之下,大量先合同协议被排除在预约之外,那些不属于预约的先合同协议自然可以受到缔约过失责任制度的调整。而对于法国法而言,侵权法对于缔约当事人的保护力度较小,而通过将大量不同成熟度的先合同协议纳入预约范畴并赋予其合同效力,可以使缔约当事人获得合同法的保护,包括默示的合同诚信履行的义务等。① 可以说,法国法上的预约制度在一定程度上替代了德国法上的缔约过失责任的制度功能。

(5) **形成权理论的影响**。德国法将形成权与请求权相区分,形成权不需要请求义务人给付,也不需要在义务人不给付的情况下诉请法院强制执行,仅凭单方意思表示即可以变更当事人间的法律关系。而在法国法上并无形成权与请求权之划分,主要采取物权、债权之划分。② 在德国法上,预约初为逻辑思辨之产物,预约产生的权利为请求缔约的权利,即请求权;按此严格的法律要件,选择权合同、优先权合同等约定一方之缔结本约的形成权的合同,均不作为预约。③ 而在法国法上并无请求权和形成权的区分,因此选择权合同可以作为典型的预约。值得一提的是,在兼采德国法和法国法的日本民法中,恰恰是通过缔约完结权(学说上认其为形成权)重塑了预约制度,从而使其提高了在交易实践中的活跃度。相较而言,德国法由于追求概念体系的严谨性而忽视了制度功能的同一性。在交易实践中,当事人在考虑将来如何达成本约时,并无请求权和形成权的概念之分。但从实益上看,对于权利人而言,通过形成权缔约的程序显较通过请求权缔约的程序简便,因此权利人往往会选择通过形成权的行使来缔结本约,而不愿意选择请求权方式。德国法将预约限于通过请求权缔约的合同,客观上导致预约在交易上较少被使用。

---

① Nadia E. Nedzel, "A Comparative Study of Good Faith, Fair Dealing, and Precontractual Liability", *Tulane European & Civil Law Forum*, Vol. 97(1997), at 127.
② 张民安:《法国民法》,清华大学出版社2015年版,第63页。
③ 拉伦茨在《法学方法论》中特别讨论了先买权合同中通过形成权缔结买卖合同的制度,分析德国法为何将先买权视为形成权,而不纳入预约制度或其他法律制度框架来处理。参见〔德〕卡尔·拉伦茨:《法学方法论》,陈爱娥译,商务印书馆2003年版,第322页。

三、中国法的预约概念

（一）司法解释和"立法"：属于大陆法系

中国立法上没有关于预约的规定，但在司法解释中存在关于预约的规定。《商品房买卖合同司法解释》第 4 条、第 5 条规定了商品房买卖合同的预约，即认购、订购、预订商品房的合同，违反上述合同可以适用定金罚则，如果上述预约具备本约应有的主要内容，且当事人已开始履行的，则视为本约。《买卖合同司法解释》第 2 条规定了买卖合同预约，即约定在将来一定期限内订立买卖合同的认购书、订购书、预订书、意向书、备忘录等合同，违约方需承担违约责任。《担保法司法解释》第 117 条规定了立约定金，用于担保预约关于订立本约的债权实现。通说认为，上述司法解释即为中国预约合同制度的基本规定。尤其是《买卖合同司法解释》，根据其第 45 条的规定，权利转让合同和其他有偿合同可以适用该司法解释。这意味着，买卖合同预约的规定具有抽象性，即适用于其他买卖合同之外的有偿合同的预约。①

我国台湾地区"民法"并无预约的一般性规定。1999 年台湾"债法"修正，在第 465 条之一、第 475 条之一，增订使用借贷预约与消费借贷预约。第 465 条之一规定"使用借贷预约成立后，预约贷与人得撤销其约定。但预约借用人已请求履行预约而预约贷与人未实时撤销者，不在此限"。该条"立法理由书"说明："预约为约定负担订立本约之义务的契约。通常在要式或要物契约始有其存在价值。使用借贷为要物契约，常先有契约之订立，惟其亦为无偿契约，故于预约成立后，预约贷与人如不欲受预约之约束，法律应许其撤销预约，始为合理。"②第 475 条之一规定："消费借贷之预约，其约定之消费借贷有利息或其他报偿，当事人之一方于预约成立后，成为无支付能力者，预约贷与人得撤销其预约。消费借贷之预约，其约定之消费借贷为无报偿者，准用第四百六十五条之一之规定。"另外，学说上有认为第 972 条规定的婚约也属于预约。③ 台湾地区"民法"沿循德国立法例，在使用借贷和

---

① 孙超：《预约条款的性质识别及效力认定》，载《人民司法》2016 年第 11 期。
② 陈自强：《民法讲义 I：契约之成立与生效》，法律出版社 2002 年版，第 89 页。
③ 黄立：《民法债编总论》，中国政法大学出版社 2002 年版，第 49 页。

消费借贷中规定了预约,并无预约的抽象规定。使用借贷和无偿消费借贷的预约原则上可以在借贷合同生效前(交付借贷物前)撤销,有偿消费借贷则原则上不得撤销,仅一方当事人无支付能力时,贷与人可以撤销预约。①在台湾"司法"实务中和学说上,均认当事人可以基于契约自由原则针对使用借贷与消费借贷以外的其他合同缔结预约,并无形式、期限上的特别限制。此外,台湾"强制执行法"第130条规定了强制缔约程序:"命债务人为一定之意思表示之判决确定或其他与确定判决有同一效力之执行名义成立者,视为自其确定或成立时,债务人已为意思表示。"

我国香港特别行政区因法律传统上沿用英美法,并无预约的立法规定。

我国澳门特别行政区《澳门民法典》第404—407条规定了一般性的预约合同制度,第404条规定预约合同的概念为"某人基于一协议而有义务订立特定合同者",第405条规定单务预约,第406条规定预约转让,第407条规定预约的物权效力。《澳门民法典》之所以特别规定预约,是经由葡萄牙民法而延续法国法买卖预约的传统,即买卖合同标的物的所有权转移自合同成立生效时转移,因而在买卖合同成立生效之前当事人一般需要订立预约合同。为了确保届时不动产买卖合同如愿成立,避免第三人善意取得之介入,预约合同得通过登记获得对抗第三人的效力。但是特别应当注意,《澳门民法典》沿循《葡萄牙民法典》1966年的新法模式,将预约之体系层级提高至"债编通则"的"合同一般规定",并非如《法国民法典》仅在合同法分则的买卖合同层级规定买卖预约。

(二)学说:主要继受德国法

在学说上,中国法学主要继受德国法,因此对预约同样采取二元论范式。王利明教授对预约的定义为,当事人约定为在将来一定期限内订立合同而达成的允诺或协议。② 史尚宽认为,预约,谓约定将来订立一定契约之契约。③ 郑玉波认为,预约乃约定将来成立一定契约之契约,本约为履行预

---

① 陈自强:《民法讲义I:契约之成立与生效》,法律出版社2002,第89页。

② 王利明:《预约合同若干问题研究——我国司法解释相关规定述评》,载《法商研究》2014年第1期。该文中所引用的前述预约的概念,转引自德国法学家 Werk 的文章 in Münchener Kommentar zum BGB, Vor § 145, Rn. 60。

③ 史尚宽:《债法总论》,中国政法大学出版社2000年版,第12页。

约而成立之契约。① 王泽鉴基本沿用了郑玉波对预约的定义。② 梁慧星采日本我妻荣的定义方式,认为预约是使当事人间产生将来订立本约(正式合同)之债权债务的合同。③ 陈自强认为,预约与本约相对,预约指当事人约定将来应订立一定的契约,预约当事人履行预约的约定而订立的契约就是本约。④

在以上大多数中文合同法著作中,传统的合同法著作多将预约置于教科书合同法总则中的"合同的分类"部分加以讨论,而较新的合同法著作多将预约安放在合同的缔结部分进行讨论。⑤ 这反映传统的合同法著作多将预约作为一种与本约相对的合同类型看待,但是并未对其在缔约上的功能和价值进行特别的审视,而新的合同法著作则更为强调预约在合同缔结阶段的功能和价值,并将其与其他缔约阶段的先合同协议加以比较讨论。

附带提及,学说上对于是否存在单务预约存有不同见解。(1) 否定单务预约说。按简单逻辑推理,本约非双方缔结不能完成,因此预约中缔结本约的债务必然是双方之债务。黄立认为预约所创制者为双务的缔约义务,故而排除优先权协议⑥、要约义务⑦等为预约。⑧ 最高人民法院民事审判第二庭编著的《最高人民法院关于买卖合同司法解释理解与适用》一书中,也

---

① 郑玉波:《民法债编总论》,台湾三民书局2002年版,第42页。
② 王泽鉴:《债法原理(第一册):基本理论·债之发生》,中国政法大学出版社2001年版,第147页。
③ 梁慧星:《预约合同解释规则——买卖合同解释(法释〔2012〕8号)第二条解读》,载中国法学网,http://www.iolaw.org.cn/showArticle.aspx?id=3462,2016年6月24日访问。
④ 陈自强:《民法讲义Ⅰ:契约之成立与生效》,法律出版社2002年版,第87页。
⑤ 黄茂荣在《债法总论》(第一册)中则是在契约之缔结部分进行的讨论。参见黄茂荣:《债法总论》(第一册),中国政法大学出版社2003年版,第105页。黄立在《民法债编总论》中也是如此。参见黄立:《民法债编总论》,中国政法大学出版社2002年版,第48页。梅迪库斯在《德国债法总论》中将预约放在契约自由的限制一章讨论,突出强调预约的履行属于缔约强制的一种。参见〔德〕迪特尔·梅迪库斯:《德国债法总论》,杜景林、卢谌译,法律出版社2004年版,第67页。
⑥ 德语名称为 Vorkaufsrecht,即附双重停止条件的买卖契约(出卖人同意出售,继而买方行使优先权),该优先权为形成权。
⑦ 德语名称为 Anbietungspflicht,即双方协议约定,一方出售某物时必须向相对方发出要约,相对方有权决定是否承诺以缔结合同。
⑧ 黄立:《民法债编总论》,中国政法大学出版社2002年版,第51页。

明确认为优先权协议仅赋予一方订立特定合同的优先权,只为一方固定交易机会,与预约本旨不符,预约的本旨在于约束双方当事人均具有缔结本约的义务。(2)承认单务预约说。王泽鉴认为既存在双务预约,也存在单务预约,单务预约是指仅当事人一方负担订立本约的债务。①梁慧星参考日本买卖预约完结权的规定,强调单务预约的重要制度价值,认为单务预约是指享有预约完结权的一方一旦表示缔结本约的意思,相对方有义务对此承诺而成立买卖合同。②

(三)司法实践:存在模糊性和开放性

因为我国不存在关于预约的立法,面对形形色色的预约或者类似预约的在缔约阶段达成的协议,我国法院没有采用"先合同协议"或者"临时协议"这种在法学理论上并未充分讨论过的概念,而是概括性地使用"预约"概念来称呼,这就导致了司法实践中预约概念的泛化和模糊化。但与此同时,也使司法实践中的预约概念相对比较开放,并不局限于德国法那种严格意义的预约,在思路上更为贴近法国法的 avant-contract。

1. 预约概念的泛化

在司法实践中,法院可以笼统地将各种先于本约达成的协议称为预约,包括意向书、框架协议、预约协议、认购书等。《买卖合同司法解释》第 2 条更是推动了这种概念的泛化。在可以查询到的预约案例中,有名为预约的《出让国有土地使用权预约合同》③、《农作物种子预约生产合同》④;并有名称类似于本约的协议,如《购房协议书》⑤;也有符合典型预约的其他名称的

---

① 王泽鉴:《债法原理(第一册):基本理论·债之发生》,中国政法大学出版社 2001 年版,第 147 页。
② 梁慧星:《预约合同解释规则——买卖合同解释(法释〔2012〕8 号)第二条解读》,载中国法学网,http://www.iolaw.org.cn/showArticle.aspx?id=3462,2016 年 6 月 24 日访问。
③ 汕头市中级人民法院(2015)汕中法立民终字第 29 号"汕头市澄海区国土资源局与汕头市龙湖区新溪镇十一合村民委员会建设用地使用权纠纷二审"民事裁定书。
④ 赤峰市中级人民法院(2015)赤商终字第 57 号"扎鲁特旗北优种业科技有限公司与赤峰建农种子有限责任公司种植、养殖回收合同纠纷一案"民事判决书。
⑤ 最高人民法院(2013)民提字第 90 号"成都迅捷连锁有限公司与四川蜀都实业有限责任公司等房屋买卖合同纠纷"民事判决书。本书以下简称"成都迅捷案"。

协议如《商品房认购协议书》①、《转让土地意向书》②；另有框架协议③；还有《委托设计合同》中的签订施工协议优先权条款、《优先购买权协议书》等优先权协议。④

在最高人民法院公报案例"成都迅捷连锁有限公司与四川蜀都实业有限责任公司等房屋买卖合同纠纷案"中，最高人民法院在判决中总结了预约的概念，比较有代表性："预约是指将来订立一定契约的契约。预约的形态多种多样，有的预约条款非常简略，仅表达了当事人之间有将来订立本约的意思，至于本约规定什么内容留待以后磋商决定；有的预约条款则非常详尽，将未来本约应该规定的内容几乎都在预约中作了明确约定。"该案中，原告与被告签订了一份《购房协议书》，明确预定了双方拟进行购买的房屋的位置、面积和价款，但是又约定"双方应就购房合同即付款方式等问题在本

---

① 最高人民法院(2016)最高法民申180号"陕西安同实业发展有限公司（以下简称安同公司）因与被申请人王梅商品房预约合同纠纷再审"民事裁定书。

② 广西壮族自治区高级人民法院(2013)桂民申字第1号"宾业锋与博白县华维物业贸易有限责任公司土地使用权转让合同纠纷再审"民事裁定书。法院认为："意向书也明确了双方当事人的基本情况及所转让土地的地址、四至及面积、价格等，这表明双方当事人经过磋商，就条件成就时实际进行土地转让的主要内容达成了合意，对将来正式签订土地转让合同进行了预先的安排，并以书面形式确定，因此，该《转让土地意向书》是具有法律效力的预约合同。"

③ 福建省漳州市中级人民法院(2016)闽06民终1940号"洪龙辉与福建海峡两岸农产品物流城发展有限公司商品房预约合同纠纷二审"民事判决书。法院认为："案涉框架协议是当事人依法订立的合同，是当事人的真实意思表示，对当事人具有法律约束力，框架协议也是当事人为达成商品房买卖合同而签订的预约合同，其成立、效力及违约责任的认定均应独立于商品房买卖合同。因此，应当依据框架协议的约定追究违约责任。根据双方的诉辩意见，本案的争议焦点有两个：1. 海峡物流城公司是否应当按照框架协议的约定，为洪龙辉办理认购手续、签订买卖合同？2. 海峡物流城公司是否应当承担逾期签约违约赔偿金？关于第一个争议焦点：1. 框架协议第4.A项仅约定了农博汇会员商户办理认购的相关事项，并未约定海峡物流城公司在认购阶段应当承担的责任，即办理认购不是海峡物流城公司的法定或约定义务。2. 根据框架协议第4.A、C项约定，洪龙辉至今未办理认购手续、进场装修手续，故第4.E项关于认购后3个月内签订商品房买卖合同的约定无法继续履行。3. 当事人依法享有自愿订立合同的权利。从框架协议的内容看，并未约定房屋的面积、付款方式、交房时间等具体交易条件，故双方仅负有磋商的义务，并无必须缔约的义务，如果继续履行，将剥夺当事人的契约自由。因此，洪龙辉提出海峡物流城公司应按协议约定为其办理认购手续以及签订商品房买卖合同的上诉请求及理由缺乏事实和法律依据，本院不予支持。"

④ 无锡市中级人民法院二审(2015)锡商终字第0556号"李昇与无锡星海房地产开发有限公司商品房预约合同纠纷二审"民事判决书。

协议原则下进行具体磋商","双方就该宗房屋买卖合同签订时,本协议自动失效。"就此,法院认为该购房协议书尽管没有预约字样,也应认定为预约。最高人民法院上述案例对于预约的概念理解超出了严格的预约概念,尽管其首先将预约定义为"将来订立一定契约的契约",但是继而又举例说明"仅表达了当事人之间有将来订立本约的意思,至于本约规定什么内容留待以后磋商决定"也是预约,其实此类"预约"并不符合严格的预约概念,而具有典型的意向书的特征。由此管窥,中国司法实践中对于预约的概念是非常泛化的。

2. 预约标准的冲突

概念具有界定作用,即将此物与彼物进行区分。在概念泛化的情况下,不同法院在不同的案件中界定预约的标准很容易发生冲突。

（1）关于意向书是否预约的认定标准

在中国司法实践中,意向书被认定为预约的情形很多,但是并非任何意向书都被作为预约看待,而且评价标准不一。最高人民法院公报案例"仲崇清诉上海市金轩大邸房地产项目开发有限公司合同纠纷二审"案中,原告购房人与被告房地产公司签署的《商铺认购意向书》中仅约定了面积,未约定具体的房号,法院也无法确认具体购买商铺的位置,但是仍然承认该意向书属于预约。[①] 而在最高人民法院审理的"澳华资产管理有限公司与洋浦经济开发区管理委员会国有土地使用权转让纠纷案"中,最高人民法院认定双方之间的《投资意向书》不是有效合同,当然也不是预约,其认为"意向书的性质及效力不能一概而论,应结合具体情形判断",涉案意向书"对于是否必须置换成功以及置换土地具体位置和面积均未作出明确约定,不具备合同的主要条款",因此其性质为"磋商性、谈判性文件,不具备合同的基本要素,没有为双方设定民事权利义务,双方当事人之间并未形成民事法律关系"。[②] 上述两个案例中,同样是意向书,且同样均未具体规定本约的标的物,但是前一案例认定为预约,并且具有约束双方进行磋商的效力,而后一案例则不

[①] 上海市第二中级人民法院(2007)沪二中民二(民)终字第1125号民事判决书。本书将其简称为"仲崇清案"。

[②] 最高人民法院(2014)民申字第263号民事判决书。

认定为预约。

（2）关于优先权协议是否属于预约

对于优先权协议，来自法院的观点也有不同。在最高人民法院民事审判第二庭编著的著作中认为，预约应当与优先权协议相区分，因为优先权仅约定一方具有缔约优先权，这与预约为双方固定交易机会的本旨不符，且优先权一方并无缔约或磋商的义务，此与预约的含义不符。① 法院也有案例据此认为优先权协议并非预约。② 而在同样由最高人民法院中国应用法学研究所编撰的《人民法院案例选》中选取的"北京优高雅装饰工程有限公司诉北京亨利戴艺术家居有限公司违反预约合同案"中，原告与被告签订的《委托设计合同》中除委托设计事项之外，另约定，原告可在同等条件下"优先承揽"被告商场装修施工，但是被告在未告知原告的情况下与第三方签订装修施工合同，法院认定被告违反合同义务，应当赔偿原告商场装修施工合同的利润。③ 在"曾昭座、陈娟与广西柳江恒泽房地产开发有限公司房屋买卖合同纠纷案"中，法院认为，《盛世花园内部认购意向书》主要是对曾昭座交纳诚意金，恒泽公司为其保留房屋"优先购买权"作出约定，对房屋的单价、交付时间、交付条件等均未涉及，故该意向书属于商品房预约合同性质，双方还需要另行订立正式的商品房买卖合同后才能实现对讼争的房屋买卖的交易目的。④ 在"李昇与无锡星海房地产开发有限公司商品房预约合同案"中，

---

① 最高人民法院民事审判第二庭编著：《最高人民法院关于买卖合同司法解释理解与适用》，人民法院出版社 2016 年版，第 67 页。

② 江苏省高级人民法院(2015)苏审二民申字第 00598 号"常州华丰建设开发有限公司与常州晟宇投资发展有限公司房屋拆迁安置补偿合同纠纷一案"民事裁定书。法院认为："华丰公司赋予晟宇公司优先优惠购买新建商铺的权利，对于晟宇公司而言，其只享有权利，而无必须缔结本约或为缔结本约必须进行磋商的义务，故该约定并非华丰公司所称预约合同，其主张以预约及本约关系处理涉案纠纷，并无依据。"

③ 北京市第二中级人民法院(2007)二民中字第 01756 号民事判决书，载《人民法院案例选》2009 年第 1 辑。《人民法院案例选》对此案例的评析认为该优先权条款属于预约合同。

④ 广西壮族自治区高级人民法院(2015)桂民申字第 827 号民事裁定书。

二审法院认为该案《优先购买权协议书》属于预约合同。① 在"唐小红与重庆市名爵实业有限公司商品房预约合同案"中,二审法院认为一份约定"甲方取得该房屋的商品房预售许可证后两个月内,乙方有优先选择购买该房屋的权利"的《房屋选定合同》,在法律性质上应当认定为商品房预约合同。②

3. 预约构成的模糊性

在预约的构成上,大陆法系尤其是德国法,要求预约具有内容上的确定性和相应的缔约意图。而在司法实践上,上述构成要件的适用则显得相对模糊。在本约的内容的确定性方面,有些案例中的预约并不具有明确的本约内容,也可以作为预约看待。作为最高人民法院公报案例的最高人民法院审结的"武汉泓博集团有限责任公司与中南财经政法大学租赁合同纠纷再审案"中,涉案协议对租赁面积、租金、租期等内容均未作约定,最高人民法院认为该协议属于预约,当事人依据该预约取得的权利实质是要求对方进行磋商的权利。③ 在缔约意图方面,有些案例中的预约仅表示具有合作意

---

① 无锡市中级人民法院二审(2015)锡商终字第0556号"李昇与无锡星海房地产开发有限公司商品房预约合同纠纷二审"民事判决书。二审法院认为该案《优先购买权协议书》签订后,星海公司由于意志之外的原因至今无法取得土地,本约签约条件没有成就,这属于预约协议履行的商业风险。判断星海公司对预约协议的解除是否存在过错,关键是考量双方当事人签订协议时能否对商业风险有充分的预见。李昇应对预约协议商业风险应有充分预见能力:1. 从预约协议签订的时机看,《优先购买权协议书》签订时,星海公司仅仅与国土局签订了国有土地使用权出让合同,并没有实际取得土地,更没有开发建设,涉案房屋尚不具备商品房预售的物质条件。众所周知,开发商在土地拆迁、工程建设,商品房出售等众多环节每一处均有可能遭遇不可预见风险,无法预计房屋交付时间,所以《优先购买权协议书》中没有框定本约签署的合理时间,说明双方均无法预见本约签署的时间,且预计到本约签署时间可能超出合理的期限。2. 从预约协议对解除条件的约定看,双方虽然没有明确约定李昇可以随时解除预约协议,但是从协议条款"优先购买期内,若乙方(李昇)未行使优先购买权与甲方(星海公司)签订商品房买卖合同的,视为乙方自动放弃优先购买权"看,其中包含两层含义:(1)预约协议的目的是为李昇设定权利,李昇可以随时选择放弃权利,解除预约协议。(2)即使在优先购买权行使期内,李昇仍可放弃优先购买权,两者从其轻,在优先购买权行使期前,李昇更可以随时解除预约协议。预约协议赋予李昇随时解除协议的权利,李昇可以通过选择行使或放弃权利,控制预约协议的履行风险。也就是说,李昇预见的履行风险实际发生后,可以权衡利弊通过解除合同控制履约成本。

② 重庆市第一中级人民法院(2014)渝一中法民终字第01700号"唐小红与重庆市名爵实业有限公司商品房预约合同案"判决书。

③ 最高人民法院〔2014〕民申字第1893号"武汉泓博集团有限责任公司与中南财经政法大学租赁合同纠纷再审"判决书。

向,未明确约定具有缔约请求权,仍然可以作为预约。在最高人民法院审理的"安徽蓝鼎控股集团有限公司与上海载和实业投资有限公司股权转让纠纷二审案"中,最高人民法院认定一份当事人明确表明"仅作为双方合作意向"的意向书,属于预约合同。①

4. 预约效力的开放性

就预约的效力而言,司法实践的态度并不拘泥于严格的"应当缔结本约",如在最高人民法院公报案例"张励与被告徐州市同力创展房地产有限公司商品房预售合同纠纷案"中,法院认为:"预约合同的目的在于当事人对将来签订特定合同的相关事项进行规划,其主要意义就在于为当事人设定了按照公平、诚信原则进行磋商以达成本约合同的义务;本约合同则是对双方特定权利义务的明确约定。预约合同既可以是明确本约合同的订约行为,也可以是对本约合同的内容进行预先设定,其中对经协商一致设定的本约内容,将来签订的本约合同应予直接确认,其他事项则留待订立本约合同时继续磋商。"②上述判决对于预约的效力同时提及缔约和磋商,并且将二者不分轩轾,融为一体。在其他案例中,法院根据不同案件既可以认定预约具有缔结本约的效力,也可以认定预约具有请求磋商的效力,体现出在预约的效力上的开放态度。如温州市中级人民法院审理的"陈建新、温州世贸房地产开发有限公司因商品房买卖预约合同纠纷案",法院最终判决:"温州世贸房地产开发有限公司于本判决生效后十日内与陈建新签订《商品房买卖合同》。"③而在最高人民法院公报案例"戴雪飞诉华新公司商品房订购协议定金纠纷二审案"中,二审法院改判认为,预约合同的意义在于为"继续进行磋商"创造条件,本案双方已有磋商行为,本约未能达成并不能归责于原告,因此判决被告返还定金。根据该案二审判决的说法,预约当事人仅具有诚信

---

① 最高人民法院〔2015〕民二终字第143号"安徽蓝鼎控股集团有限公司与上海载和实业投资有限公司股权转让纠纷二审"判决书。该案中的双方当事人签署了一份《股权转让意向书》,同时又签署一份《谅解备忘录》约定前述《股权转让意向书》"仅作为双方合作意向,其最终的履行,双方将另行签订正式股权转让协议作为依据。"

② 徐州市泉山区人民法院"张励与被告徐州市同力创展房地产有限公司商品房预售合同纠纷案"判决书。本书简称"张励案"。

③ 温州市中级人民法院(2009)浙温民终字第22号二审民事判决书。

磋商的义务,而并无签署本约的义务。① 又如"珠海万里路企业有限公司诉珠海海辰泰房地产开发有限公司商品房买卖合同纠纷案"中,法院认为,双方签订商品房预约合同之后,在继续磋商阶段,原告不同意将转让款冲抵购房款,的确违反了预约合同,但是中国法律上并无强制缔约的现行法依据,因此即使一方违反预约合同,也不能要求强制缔结本约。② 可见,在司法实践中,法院并未完全拘泥于中国学者在学理上对预约的概念界定,而是具有一定的开放性,这种冲破概念法学藩篱贴近生活事实的司法态度固然充满实践智慧,但是反过来与学理上关于预约的概念体系殊不协调,造成理论与实践脱节,需要理论上的反思和研究,以对司法实践中的做法是否应当参考、应当改进,还是应当摒弃等问题作出学理评价。

第二节 预约的历史流变

一个法律概念的历史研究,其目的不在于单纯的皓首穷经,而在于"依据旧的法律文本对现代法律问题作理想化的思考"③。预约常见于生活日常,适用"日光底下无新事"原则,因此有必要回顾自罗马法以来关于预约的法律规则和观念的嬗变,挖掘历史上关于预约问题如何解决的多面向选择,从而与当代的预约问题建立"共时性"的意义联络。

一、罗马法上的预约雏形

预约为缔约之约,不可能脱离契约而单独起源。罗马语"契约(contractus)"一词有两层意思:一层意思是指有形的合意(conventio),另一层是指债因(causae obligationum)。④ 起初契约仅作为一个合意的事实存在,及至

---

① 苏州市中级人民法院"戴雪飞诉华新公司商品房订购协议定金纠纷二审案"判决书。本书简称"戴雪飞案"。
② 广东省珠海市中级人民法院(2008)珠中法民一终字第104号民事判决书。
③ 〔美〕罗斯科·庞德:《法律史解释》,邓正来译,中国法制出版社2002年版,第28页。
④ 〔意〕彼德罗·彭梵得:《罗马法教科书》(修订版),黄风译,中国政法大学出版社2005年版,第233页。

盖尤斯在《盖尤斯法学阶梯》中表述:"债或者产生于契约,或者产生于私犯"(3.88)①,契约被作为债因看待,此时才使其与债的概念相互分离,获得法律上的独立意义。② 但即便在契约作为法律概念出现之后,在罗马法学家的论述中很少见到关于预约的"法言"。③ 根据注释法学派对罗马法的研究,罗马法上存在一种为缔结契约而订立的简约④——pactum de ineundo contractu 或者 pactum de contrahendo。⑤ 但是实际上并无更多史料支持这个观点。以至于有学者认为,在罗马法中并无预约的概念。⑥

尽管很难有充分史料断言现代预约制度起源于罗马法,但如果深入罗马人的世界,借助于"同情之理解"(陈寅恪语),还是可以找到预约的"影像"或"雏形"。本书主要介绍诺成买卖、消费借贷、婚约、定金附约中的预约雏形。

(一) 诺成买卖(compravendita)

在罗马法中,转移所有权的买卖应当采取要式或诉讼的方式,包括要式买卖(mancipatio,曼兮帕蓄,用于转让要式物)和拟诉弃权(既可用于转让要式物,也可以转让略式物)。其中的要式买卖通过"铜块和秤式"(per aes et

---

① 在早期罗马法,并不存在抽象的契约的概念,而仅是在社会生活中产生了契约的事实现象,此时的罗马法仅关注因契约而发生的债,而不是契约本身。成熟期的罗马法中,契约与债的关系得到了澄清。参见〔古罗马〕盖尤斯:《盖尤斯法学阶梯》,黄风译,中国政法大学出版社2008年版,第162—163页。

② 徐涤宇:《合同概念的历史变迁及其解释》,载《法学研究》2004年第2期。

③ 葡萄牙学者 Eduardo Vera Crus Pinto 认为《学说汇纂》中的少数章节,包括 D.18,1,75,19,1,22,5,45,1,122,3 中的 pactum 即属于关于买卖预约的讨论。参见唐晓晴:《澳门预约合同法律制度》,中国社会科学院2003年博士学位论文,第3页。

④ 罗马法上真正具有现代契约萌芽的法律构造是"简约"(pactum),尤其是纯粹通过意思合致而达成,不需要其他形式要件的"裸体简约"(nudum pactum)。"裸体简约"是指在法定形式之外达成的协议,并不发生转让权利的法律效果,也不能赋予债权人以诉权,这在罗马法上属于"自然债务",简约的订约人仅享有抗辩权。学者形象地将这种裸体简约称为"盾",而非"矛"。参见〔英〕冈特·特雷特尔:《二十世纪合同法的几个里程碑》,杨帆译,易继明校,北京大学出版社2009年版,第17页。

⑤ Maria Luisa Murillo, Formay Nulidad del Precontrato, Eunsa Ediciones Universidad de Navarra, S. A., Pamplona,1993, at 21. 转引自唐晓晴:《预约合同法律制度研究》,澳门大学法学院2004年版,第34页。德国法19世纪开始的关于预约理论的研究即从该词汇进行逻辑演绎,并得出了德国传统的预约理论体系。参见吴从周:《论预约:探寻德国法之发展并综合分析台湾"最高法院"相关判决》,载《台湾大学法学论丛》第42卷特刊。

⑥ 史尚宽:《债法总论》,中国政法大学出版社2000年版,第14页;钱玉林:《预约合同初论》,载《甘肃政法学院学报》2003年第4期。

libram)进行,具有极强的仪式感和象征性。但该种买卖可以发生当事人希望的法律效果,即转移买卖标的物的所有权。① 要式买卖并非如后世所说仅为物权变动行为,它同样是一种买卖,关于买卖中与所有权转让无关的事务可以通过要式买卖的附加简约(leges mancipii, pacta)加以约定。②

  要式买卖的程序烦琐复杂,由于受万民法的影响,市民法上后来普遍承认诺成买卖(compravendita),即出卖人向买受人允诺在接受相应的价款之后向后者永远转让物的占有并提供对占有的保障。③ 诺成买卖没有形式要求,口头和书面均可。但是与要式买卖的根本区别在于,诺成买卖仅产生占有转移的债,并不属于转让所有权的买卖。事实上,诺成买卖可以被用来买卖未来存在的物,或者第三人的物④,在这些情况下在诺成买卖缔结时也无法转让所有权。如果在标的物可能的情况下,买卖双方希望发生所有权的转移,则应当另行通过市民法规定的要式买卖方式完成。如果既想利用诺成买卖的便捷,又想达到要式买卖的转让所有权的效果,罗马人会采取两阶段买卖,即先达成诺成买卖使买方获得占有诉权,并通过附加要式口约约定卖方负担"所有权权利瑕疵担保"义务(satisdatio secundum mancipium,如受第三人追夺,则卖方双倍返还价金),而卖方可以据此取得价金。在条件成熟时或标的可能时,双方再通过要式买卖转让所有权。⑤ 在诺成买卖和要

---

  ① 〔意〕彼德罗·彭梵得:《罗马法教科书》(修订版),黄风译,中国政法大学出版社2005年版,第162页。

  ② 同上。

  ③ 保罗说:"买卖契约属于万民法的范畴,以合意完成"。参见〔古罗马〕保罗:《论告示》33编,D,18,1,1,2,载〔意〕桑德罗·斯奇巴尼选编:《契约之债与准契约之债》,丁玫译,中国政法大学出版社1998年版,第129页。

  ④ 乌尔比安说:"出卖他人的物毫无疑问是可以的。"参见〔意〕彼德罗·彭梵得:《罗马法教科书》(修订版),黄风译,中国政法大学出版社2005年版,第285页。

  ⑤ 早在诺成买卖出现之前,当事人在缔结要式买卖前同样肯定存在一个在先的契约,约定价金支付等事宜,只不过在诺成买卖被法律认可之前,这种在先的契约只能以简约方式存在,并且没有诉权。参见jörs-Kunkel-Wenger, Römisches Recht, 3. Aufl., 1949, §54(2) aα, S. 93. 转引自顾祝轩:《民法概念史·债权》,法律出版社2016年版,第432页。此外,日耳曼法上也采取两阶段买卖方式。因为日耳曼法的买卖契约为要物契约,卖方交付标的物时买卖契约才成立。基尔克(Gierke)认为该要物契约属于责任契约性质,而非债务契约,在买卖契约缔结前尚有一个设定债务的无形式契约,"其物之授予,原属对其既存之债务,设定责任之行为也"。该债务契约在日耳曼法上可以无形式,也可采取信约形式(Fides Facta)。参见李宜琛:《日耳曼法概说》,中国政法大学出版社2003年版,第121页。

式买卖之间非常重要的联系是,诺成买卖可以成为要式买卖中的权利转移的原因。① 申言之,要式买卖中的"给"这一行为的原因就在诺成买卖之中,因为根据诺成买卖转移金钱的所有权构成了一个在先的给付,该在先的给付成为要式买卖的基于交换正义的正当原因。②

同时诺成买卖上还可能附带"择优解除简约"(in diem addictio),即如果出卖人遇到出价更高的买主,则有权解除买卖;以及"退货简约"(pactum displicentiae),即如果买方不再喜欢这个物,则认为买卖尚未缔结或解除。③ 由于要式买卖并未发生,所以上述简约使得双方在诺成买卖达成后获得了取消买卖的灵活性。

诺成买卖与买卖预约并不完全相同,尤其是诺成买卖的卖方并无进行要式买卖的债务。④ 但也有学者认为,上述诺成买卖和要式买卖的两阶段交易,隐隐地与预约和本约的二元构造具有模糊的相似之处。⑤ 尤其与《法国民法典》第1589条规定的买卖预约与第1583条规定的"合意主义"买卖合同之间的二元构造遥遥对望。作者认为上述这种近似意味深长。客观地看,尽管诺成买卖中卖方并未承诺将来一定进行一个要式买卖,但是通过诺成买卖加要式口约的方式,卖方一般没有动力去"一物二卖",只能配合买方完成要式买卖。所以诺成买卖实际上起到了约束卖方订立要式买卖的作用。⑥ 可以说在罗马法上的买卖交易中,诺成买卖达到了买卖预约的固定交易机会的制度功能。而且,当事人一般会通过一些简约附加在要式买卖做成前退出交易的安排,也反映了预约的"犹疑感"以及悔约的习惯法基础。

(二) 消费借贷(pactum de mutuo dando)

在古罗马,消费借贷(mutuum)最早的形式为借贷简约(pactum),主要

---

① 〔意〕彼德罗·彭梵得:《罗马法教科书》(修订版),黄风译,中国政法大学出版社2005年版,第284页。
② 娄爱华:《论罗马法中合同概念的形成》,载徐涤宇、〔意〕桑德罗·斯奇巴尼主编:《罗马法与共同法》(第二辑),法律出版社2012年版,第304页。
③ 〔意〕彼德罗·彭梵得:《罗马法教科书》(修订版),黄风译,中国政法大学出版社2005年版,第287页。
④ 同上书,第284页。
⑤ 在德国法下,该二元构造可以被理解为债权行为与物权行为的分离。参见唐晓晴:《预约合同法律制度研究》,澳门大学法学院2004年版,第37页。
⑥ 〔意〕彼德罗·彭梵得:《罗马法教科书》(修订版),黄风译,中国政法大学出版社2005年版,第286页。

适用于邻里朋友之间的简单资金拆借,债权人并不收取利息。简约不具有法律予以保护的形式,因而也称为裸体简约(nudum pactum),即出借人对于借用人返还借用物并无诉权保护。但是随着社会的发展,邻里朋友的关系逐渐不再牢固,争议不断产生。在公元前3世纪左右,《西利亚法》赋予简约借贷以"请求给付之诉"(condictio)的诉求,简约借贷从而受到严法诉讼的保护。① 出借人获得该种诉权的条件遵循了消费借贷的习惯法,即仅在出借人向借用人转移借用物或金钱时才能获得诉权保护,因而物的交付被作为债的缔结原因,而非之前的简约。盖尤斯称之为"通过物缔结的债"②,从而成为要物契约的滥觞。③ 罗马法上的要物契约在观念上与现代要物契约存在本质区别,现代要物契约理论是以意志论为中心的,即要物契约的成立或生效遵循"合意+物之交付"两个要件,而在罗马法上,"合意"仅为债的一种缔结方式,与通过"物"(要物契约)、"语言"(债务口约和要式口约等)、"文字"(文字契约)的缔结方式相并列,"合意"并未被提拔为整个契约理论的王者地位。而物作为债的缔结方式,与合意并无任何关系。④ 所以,在罗马法的消费借贷,随着消费借贷被赋予诉权,简约(pactum,当事人的约定)和消费借贷(mutuum,作为债的缔结原因)被分离。

上述借贷简约与消费借贷相分离的结构,在商业消费借贷出现后则更为明显。在商业消费借贷中,借用人希望提前约束出借人,在借用人需要时,出借人会准时进行借贷,同时出借人会提前与借用人约定借贷利息。该

---

① 王华胜:《契约形成中的道德意思因素——以要物契约为线索》,法律出版社2015年版,第71页。

② 盖尤斯认为:"我们首先来看看那些产生于契约的债。这样的债有四种:债的缔结或者通过物,或者通过语言,或者通过文字,或者通过合意。"(3.89),这四种债分别称为实物契约、口头契约、文字契约、合意契约。其实上述全部契约类型都具有强烈的形式主义或要物主义倾向,即使是名为"合意契约"的契约,也采取类型强制主义,当事人不得基于意思自治任意订立该种合意契约。后来借助于实物契约的观念而发展出来的无名契约,也如同实物契约一样,需要以实物交付作为契约产生诉权的前提条件。参见赵毅:《"意思"的诞生——基于罗马法教义学的考察》,载《北方法学》2016年第6期。

③ 盖尤斯在讨论因物缔结的债时仅讨论了消费借贷和非债清偿,而没有讨论其他契约。但是通说认为罗马法上的要物契约包括消费借贷、使用借贷、寄托、质押和信托。参见〔意〕彼德罗·彭梵得:《罗马法教科书》(修订版),黄风译,中国政法大学出版社2005年版,第277页以下。

④ 刘家安:《"要物合同"概念之探究》,载《比较法研究》2011年第4期。

种约定即为交付借用物之约定(pactum de mutuo dando),即消费借贷的预约。① 研究者认为,当事人订立消费借贷预约的原因主要是因为出借人不愿意受到将来必须借贷的债务约束,而是希望在消费借贷发生之前均可反悔。② 这种借贷的预约与借贷契约之间的双重结构,在通过要式口约约定利息时更为明显。消费借贷(mutuum)受严法诉讼保护,基于诉讼程序的严格性,借贷利息不受保护。因此在商业信贷业务中,出借人和借用人在通过金钱交付成立消费借贷的同时,需要订立一份要式口约(stipulatio)约定借贷到期后的本息返还条款。而在罗马法上,要式口约具有债的更新(navatio)的功能,借用人通过要式口约而承担的本息返还义务不再是消费借贷(mutuum)项下的债务,而转变为要式口约项下的新债。罗马法学家认为,通过债的更新,出借人未来仅需通过要式口约之诉一种诉讼程序就可以达到要求返还本金和利息的结果,而不需要先通过消费借贷的请求给付之诉追索本金,再通过要式口约之诉追索利息。③ 如此纵观上述罗马商业信贷模式可以看出,借用人和出借人先通过简约达成未来信贷的约定,然后通过消费借贷和要式口约达成法律保护的借贷契约。前者就像一个预约,而后者像一个本约。

罗马法上的要物契约均有此种在先的简约存在。后世法律研究者多认为在这种要物契约前订立的简约即为预约的起源,其目的在于缓解要物契约的要物性。④

(三) 婚约(sponsalia)

研究罗马法的学者通常认为,罗马法上的婚约(sponsalia)是指男女结为夫妻的预约。⑤ 我们是否可以类比婚约和预约呢? 应该承认,罗马法的结

---

① 陈自强:《整合中之契约法》,北京大学出版社 2012 年版,第 27 页。
② 王华胜:《契约形成中的道德意思因素——以要物契约为线索》,法律出版社 2015 年版,第 76 页。
③ Adolf Berger, "Encyclopedic Dictionary of Roman Law", *The American Philosophical Society*, 1953, at. 600. 转引自同上书,第 78 页。意大利 Raffaele Rascio 即认为本约相对于预约属于债的更新。转引自唐晓晴:《预约合同法律制度研究》,澳门大学法学院 2004 年版,第 75 页。
④ 黄茂荣:《债法总论》(第一册),中国政法大学出版社 2003 年版,第 105 页。
⑤ 周枏:《罗马法原论》(上册),商务印书馆 2014 年版,第 193 页。史尚宽认为,婚约属于预约范畴。参见史尚宽:《债法总论》,中国政法大学出版社 2000 年版,第 13 页。

婚并非契约。但是婚姻必须具有持续的"婚意"（affectio）①，所以结婚与契约一样属于双方适法行为。如果结婚可以与契约类比，则相应的，预约可以与婚约类比。

罗马法上的婚约不是结婚的必要条件，但是在习惯法上则广泛存在婚约。婚约具有一定的条件，需要男女都长到 7 岁以上，且由双方家长同意。但是婚约不需要任何法律上的形式，而仅按照风俗习惯办理。关于婚约的效力包括三个方面：其一，婚约具有一定的法律效力，悔婚导致本人或家长受"丧廉耻"宣告，并且在订婚时收受的礼物应当返还，定金（arrha）可以没收；其二，婚约在某些方面使得双方享有类似于婚姻的权利和义务，比如有婚约的未婚夫可以像已婚丈夫一样，针对侮辱未婚妻的人提起诉讼，免除涉及对方的作证义务，即使婚约解除，一方也不得再与对方的直系亲属订婚或结婚；其三，婚约不得强制履行，也不得要求损害赔偿，即使婚约中规定了罚金，也不得主张赔偿，但是守约方可以要求对方返还其因为信赖婚约而作出的给付（赠礼和定金），违背婚约方不得要求退回给付。②

（四）定金附约（Arrha）

罗马法上的定金通常被用于契约的附约，分为两种：其一为完全定金附约，是指以收取定金证明契约的成立；其二为不完全定金附约，是指给付定金一方有权通过放弃定金而不受契约约束。③ 罗马法上的定金主要被用于诺成买卖或婚约的附约，而非用于要式买卖或结婚的附约，因为对于要式买卖和结婚而言，不需要定金证明债的成立（要式合同的债必须严格按照罗马法约定的方式缔结），也不能通过定金解除（要式合同的解除只能通过另一个要式合同完成）。

---

① Affectio 也代表合意，但这个词语所反映的意愿比 consensus 本身更具有伦理感情因素。见〔意〕彼德罗·彭梵得：《罗马法教科书》（修订版），黄风译，中国政法大学出版社 2005 年版，第 108 页。

② 其主要原因是当时罗马市民社会的主流伦理感情厌恶对婚姻的强迫，法言有云"构成婚姻的不是媾和而是合意（Nuptias non concubitus, sed consensus facit）"。参见周枏：《罗马法原论》（上册），商务印书馆 2014 年版，第 193—194 页。〔意〕彼德罗·彭梵得：《罗马法教科书》（修订版），黄风译，中国政法大学出版社 2005 年版，第 108 页。

③ 周枏：《罗马法原论》（下册），商务印书馆 2014 年版，第 885 页。

不完全定金附约起到确保未来缔结要式买卖或者结婚的作用,注释法学派将不完全定金附约看作预备合同(contrato in itinere)。在诺成买卖定金附约的情况下,如果是买方支付定金的,买方可以放弃定金而解除诺成买卖,不再缔结要式买卖。周枏认为,罗马法上如无特约,当定金在缔约前交付时,如支付定金一方不缔结合同,将牺牲定金;如果收取定金一方不缔约的,应向交付定金一方双倍返还定金。此时定金视为不能订约的法定赔偿。① 如前所述,诺成买卖与要式买卖之间,婚约与结婚之间,存在类似预约和本约的二元结构,由此意义上说,定金具有证明预约的约束力,或确保本约缔结的功能。其中,不完全定金附约产生的"悔约"功能(解除权保留)对后世影响很大,即当事人可以定金为代价反悔,不再缔结本约,包括不再缔结要式买卖,或者不再结婚。该种制度设计被全盘纳入《法国民法典》第1590条的买卖预约定金之中,并且被认为是预约与本约之间的重大区别,预约可以一定代价悔约(penitencial),而不需遵守"契约严守"(pacta sunt servanda)原则。②

二、大陆法系关于预约的理论建构和立法发展

(一) 中世纪注释法学以及教会法对预约理论的影响

1. 注释法学派的"穿衣简约"理论与预约概念的产生

罗马帝国灭亡后,大约在11、12世纪期间,中世纪的注释法学家在罗马法的残篇上开始构建合同的一般理论,亦即解释为什么合同可以产生债的约束力的问题。注释法学家阿库修斯针对《学说汇纂》中的简约进行了分析,他们发现简约产生的法律效果属于自然债务,不能得到诉权保护,仅可以作为诉讼中的抗辩理由。但是同时他们发现,在罗马法后期,如果简约具备市民法上的形式,则可以具备法律约束力。前者称为"裸体简约"(nudum pactum),而后者称为"穿衣简约"(pacta vestita)。阿库修斯进一步认为,简约是否具有法律约束力的关键在于是否"穿衣",这个"衣服"是指罗马法市民法上契约的"原因"(causa)。后来的注释法学家补充认为,这个原因包括

---

① 周枏:《罗马法原论》(下册),商务印书馆2014年版,第886页。
② 唐晓晴:《预约合同法律制度研究》,澳门大学法学院2004年版,第47页。

要物契约中的物、要式口约中的言词、书面契约中的文字、合意契约中的合意、附加简约中的连贯一致,以及无名契约中的在先给付。只要具备法律上的形式和原因,则简约即可以缔结市民法上的债。① 后期评注法学派的巴托鲁斯进一步将简约的原因归纳为交换(针对有偿契约)和慷慨的美德(针对无偿契约)。② 值得特别注意的是,后世的预约的拉丁语源 pactum de contrahendo 就是由注释法学家从罗马法资料中提炼出来的,其直译为"缔约的简约"。③ 从前文对罗马法上的要物借贷契约的预约的介绍可知,在罗马法上大量的预约早期均为简约。注释法学派和评注法学派关于简约的效力(外衣)的研究,也在某种程度上为预约概念植入了有效性的根据,为预约及其他简约获得法律效力做好了理论铺垫。

2. 教会法中的道德神学对预约效力的影响

中世纪道德哲学对于契约法史的意义在于通过古希腊伦理学和神学为契约注入了神圣的意味,而非如罗马法学家或注释法学派以交换等经济原因作为合同应当遵守的正当性根据。托马斯·阿奎那认为允诺具有约束力的原因在于"履行诺言不仅是践行诚实的美德,也是自然法的要求"。④ 基督神学家克莱曼特认为契约的形式并不重要,比如宣誓,他说"没有必要通过宣誓来确认允诺之言,因为对于基督徒而言,履行约定指示是一种绝对的义务"。据此理论,教会法承认无原因或形式的简约的约束力,并可以受到诉权保护。⑤

依照教会法的上述规定,预约如果已经达成,即使在市民法上不具有形式或原因,也应当严格遵守。在中世纪,教会法规定婚约(precontract)的双方当事人均禁止与第三人缔结婚姻关系。教会法庭有权强令婚约双方当事人结婚。任何一方与非婚约相对方的其他第三人结婚的,该违约方与第三

---

① 徐涤宇:《原因理论研究——关于合同(法律行为)效力正当性的一种说明模式》,中国政法大学出版社2005年版,第73页。
② 同上书,第74—75页。
③ 唐晓晴:《澳门预约合同法律制度》,中国社会科学院2003年博士学位论文,第5页。
④ 黄美玲:《允诺原则之历史解释》,载《环球法律评论》2014年第5期。
⑤ 教会法承认"只要允诺具有道德上的合法性并且不侵犯第三人的权利,即使在市民法中不具有效力,其本身也产生一种债"。同上文,第57页。

人的婚姻关系自始无效。①基于教会法对于允诺或简约必须遵守的原则，罗马法上的婚约不能强制执行的制度，以及诺成买卖附带的可以解除买卖的附约，以及定金附约规定的悔约权利，均属违法。

(二)《法国民法典》对罗马法预约的继受

17—18世纪时，法国国内各地分别使用罗马法、习惯法和日耳曼法，法国法学家从这个时间开始以罗马法为核心梳理和统一法国民法。他们中的代表人物"法国民法典之父"Pothier在其著作中讨论了使用借贷预约，在讨论中遵循了罗马法的方式。Pothier认为，在使用借贷合同中，如果借用人没有收到借用物，则不可能产生返还的义务，因此使用借贷仍然是一种要物契约。如果在使用借贷合同成立前，出借方答应将某物在某一段时间内借给借用方使用，该协议属于裸体简约，其与借贷合同不同，仅仅是一份"借贷合同的预约"。②

1804年《法国民法典》并未规定借贷预约，而是在第1589条规定了"买卖预约"(promesse de vente)。"买卖预约，在双方当事人对物与价金已相互同意、取得合意时，即等于买卖。"该买卖预约的性质为卖方单方给予买方的预约允诺，允诺在将来进行买卖。这个买卖预约与《法国民法典》第1583条规定的买卖合同的关系，以及与罗马法上的诺成买卖与要式买卖的关系是非常类似的。《法国民法典》第1583条规定："当事人对标的物与价金协议一致，买卖即告成立，买受人取得所有权。"这意味着买卖合同本约与所有权转移是同时发生的，这与罗马法上的要式买卖发生同时所有权转移的结构基本相同。与罗马人面临的问题一样，法国人因为各种原因不愿意或者无法即时转移所有权的，则不会即时缔结买卖合同，而是缔结买卖预约，约定将来缔结买卖合同转移所有权。

《法国民法典》同时继受了罗马法关于不完全定金附约的制度，在《法国

---

① 薛波主编，潘汉典总审订：《元照英美法词典》(缩印版)，北京大学出版社2013年版，第1077页。

② Pothier, Traite du pret a usage et du precaire, en "Oeuvres", Vol. 4, Paris, 1835, at 4. 转引自唐晓晴：《预约合同法律制度研究》，澳门大学法学院2004年版，第41页。唐晓晴对于Pothier的论述转引自Juan B. Jordano Barea, La Categotria de los Contratos Reales, Bosch, 1958, at 29.

民法典》第 1590 条规定:"买卖预约以定金为之者,缔约当事人任何一方均得以下列方式自主解除之:支付定金者抛弃定金;收受定金者,双倍返还其收受的定金。"按照法国法院判例的解释,该条法律准许买卖预约的当事人对其作出的预约有反悔的权利。但恶意行使悔约权者,悔约无效。① 上述定金悔约的规定与罗马法上的不完全定金附约制度如出一辙。一方面证明《法国民法典》对罗马法的继受,另一方面证明罗马法上的诺成买卖、不完全定金附约的确是后世预约制度的雏形。

(三) 德国法学家对预约理论的建构

现代德国法学的预约理论建立于 19 世纪后期。预约(Vorvertrag)的概念最早由德国法学者 Heinrich Thöl 在 1854 年出版的 Das Handelsrecht 一书中提出。在当时,其实益在于对于要物契约的预先约定,该预约相对于要物契约具有独立性。② 1887 年,Degenkolb 出版 Zur Lehre vom Vorvertrag 一书专门讨论了预约概念,他从中世纪注释法学中的 pactum de contrahendo 一词进行纯粹的逻辑推演,其中的 pactum 指罗马法上的简约,contrahere 指缔约行为,整个词就是指"关于缔约的简约"。按此,其推演出了预约的法学概念,是指以受拘束的意思而订立的一种合同,并以该合同为基础承担缔约行为的义务。③ Degenkolb 认为预约概念在逻辑上完全成立,将来有义务缔约的意思表示区别于缔约行为的意思表示,即使将来重复再作一次缔约,无论是否有意义,在逻辑上仍是可能的。④ 而且,Degenkolb 认为,既然预约的义务就是缔结本约的协力行为,那么预约在

---

① 《法国民法典》,罗结珍译,法律出版社 2005 年版,第 1208 页。
② 〔德〕维尔纳·弗卢梅:《法律行为论》,迟颖译,法律出版社 2013 年版,第 734 页;唐晓晴:《预约合同法律制度研究》,澳门大学法学院 2004 年版,第 64 页。
③ 德国法上的预约概念由谁最早提出有不同说法,一说是由 Heinrich Thöl 在 1854 年出版的 Das Handelsrecht 一书中提出,参见唐晓晴:《预约合同法律制度研究》,澳门大学法学院 2004 年版,第 64 页。另一说是由 Degenkolb 在 1887 年出版的 Zur Lehre vom Vorvertrag 一书中提出。参见吴从周:《论预约:探寻德国法之发展并综合分析台湾"最高法院"相关判决》,载《台湾大学法学论丛》第 42 卷特刊。
④ 吴从周:《论预约:探寻德国法之发展并综合分析台湾"最高法院"相关判决》,载《台湾大学法学论丛》第 42 卷特刊。

法律上可以强制履行①。

在《德国民法典》的起草过程中,主流意见认为在民法典中规定预约的必要性不足。② 因而在《德国民法典》中并无预约的一般规定,而仅有第610条消费借贷的规定中隐藏预约的意思。③ 在《德国民法典》颁布后的德国司法实践中基本上是按照学说理论理解"预约"概念。④ 德国法与法国法的不同之处在于不承认预约的悔约权,而反倒像教会法一样贯彻预约必须遵守的原则。由此,《德国民事诉讼法典》第894条规定了预约的强制履行程序,即当违约方未履行缔约义务的,法院可以通过判决代替违约方作出意思表示以缔结本约。

(四)现代民法典关于预约的立法状况

《法国民法典》规定了买卖预约,效法《法国民法典》的国家立法例均仅在买卖合同中约定预约,早期采此立法例者多为采意思主义物权变动模式的国家。《奥地利民法典》和《瑞士债法典》将预约提升至合同总则部分,并规定预约的一般性抽象概念,即该预约规定可以适用于一切合同,而非单单适用于买卖合同,于是形成了区别于法国的第二种预约立法例传统,新近的民法典大多采此立法例。综上,目前世界上关于预约的立法例可以大体上分为:具体预约立法例和抽象预约立法例。

1. 具体预约立法例

具体预约立法例起源于1804年《法国民法典》的买卖预约,这是法制史上最早规定预约的立法例。其后,《美国路易斯安那州民法典》(2008年修订版)在"买卖合同"的预备买卖协议(Agreement Preparatory to Sale)下规

---

① 梅迪库斯在其《德国债法总论》中在缔约自由的限制一章讨论预约以及其他限制缔约自由的法律构造。参见〔德〕迪特尔·梅迪库斯:《德国债法总论》,杜景林、卢谌译,法律出版社2004年版,第67页。
② Werner Flume, Das Rechtsgeschäft, 1979, s.613/4. 转引自汤文平:《德国预约制度研究》,载《北方法学》2012年第1期。
③ 《德国民法典》第610条规定:"合同另一方的财产状况明显受损害而危及返还请求权的,在产生疑问时,约定贷款的人可以撤回其约定。"原《德国民法典》中的消费借贷为要物合同,由此推论,"约定贷款"即为消费借贷预约。
④ 德国帝国法院在1907年的一例判决中指出:"德国民法典虽然未对预约做一个一般性的规定,但它立基于契约自由的基础之上","如无特别反对理由,预约是可能存在的"。吴从周:《论预约:探寻德国法之发展并综合分析台湾"最高法院"相关判决》,载《台湾大学法学论丛》第42卷特刊。

定选择权合同(Option)、买卖合同预约(Contract to Sale)和优先权合同(Right of First Refusal)。第 2623、2624 条规定了买卖合同预约。① 1852 年《秘鲁民法典》第 1333 条规定了买卖预约许诺,评论者认为其超越《法国民法典》的买卖预约之处在于区分了买卖预约许诺(预约)和买卖(本约)②,但是在 1965 年修法时转向抽象预约立法例。1867 年《葡萄牙民法典》第 1548 条沿用了《法国民法典》中的买卖预约规定③,但 1966 年《葡萄牙民法典》则采取了抽象预约立法例。1889 年《西班牙民法典》第 1451 条规定了买卖合同预约,但是条文非常模糊,西班牙学者 Cantero 指出"没有任何概念比第 1451 条在法律解释上造成更多矛盾的了",在学说和司法判例均无法形成共识或通说。④ 1898 年《日本民法典》第 556 条效仿《法国民法典》规

---

① SECTION 2—CONTRACT TO SELL Art. 2623. An agreement whereby one party promises to sell and the other promises to buy a thing at a later time, or upon the happening of a condition, or upon performance of some obligation by either party, is a bilateral promise of sale or contract to sell. Such an agreement gives either party the right to demand specific performance.

A contract to sell must set forth the thing and the price, and meet the formal requirements of the sale it contemplates. [Acts 1993, No. 841, §1, eff. Jan. 1, 1995]

Art. 2624. A sum given by the buyer to the seller in connection with a contract to sell is regarded to be a deposit on account of the price, unless the parties have expressly provided otherwise.

If the parties stipulate that a sum given by the buyer to the seller is earnest money, either party may recede from the contract, but the buyer who chooses to recede must forfeit the earnest money, and the seller who so chooses must return the earnest money plus an equal amount.

When earnest money has been given and a party fails to perform for reasons other than a fortuitous event, that party will be regarded as receding from the contract. [Acts 1993, No. 841, §1, eff. Jan. 1, 1995]. 中文译文参见《路易斯安那州民法典》,娄爱华译,胡秀梅校,厦门大学出版社 2010 年版,第 294 页。

② 1852 年《秘鲁民法典》第 1333 条规定:"买卖的相互许诺自各许诺人对标的物及价金均有协定时起产生约束力,然而并非出卖,也不会向买受人转移支配、风险或收益。"转引自唐晓晴:《预约合同法律制度研究》,澳门大学法学院 2004 年版,第 58 页。

③ 1867 年《葡萄牙民法典》第 1548 条规定:"买卖的单纯相互许诺当附有特定的标的物及确定的价金时,构成纯粹的事实给付的协议,将受一方合同的法律规定"。

④ 1889 年《西班牙民法典》第 1451 条规定:"当出卖或购买的许诺对标的物及价金达成协议,两方立约人均有权互相请求合同的履行。但凡买卖的许诺履行不能,买受人及出卖人将根据实际情况适用本篇关于债和合同的规定。"转引自唐晓晴:《预约合同法律制度研究》,澳门大学法学院 2004 年版,第 53 页。

定了买卖合同预约①,同时,《日本民法典》第 589 条规定了消费借贷预约②。1925 年《泰王国民商法典》第 454 条规定了买卖合同预约。③ 1950 年《菲律宾民法典》第 1479 条规定了买卖合同预约允诺。④《韩国民法典》(2007 年修订版)第 564 条规定了买卖合同预约⑤,该预约条文直承《日本民法典》。

2. 抽象预约立法例

抽象预约立法例超脱了《法国民法典》的买卖预约传统,通过立法建立了抽象的预约合同制度,并将预约从合同法分则提升到合同法总则或债法总则的地位,一般会规定预约的概念、确定性、期限、形式、效力。也有的立法例仅在合同形式的部分规定了预约的形式,并未对预约作一般性规定,但

---

① 1898 年《日本民法典》第 556 条规定:"(1) 买卖一方的预约,自相对人表示完成买卖的意思时起,发生效力。(2) 前项的意思表示未确定期间时,预约人可以确定相当的期间,催告相对人就所指定期间内是否完成买卖做出确切回答。如果相对人在该期间内没有确切答复时,买卖一方的预约丧失其效力。"渠涛编译:《最新日本民法:日本民法典》,法律出版社 2006 年版,第 122 页。

② 《日本民法典》第 589 条规定了消费借贷预约:"消费借贷的预约,于日后当事人一方收到破产程序开始的决定时,丧失其效力。"《日本民法典》,王爱群译,法律出版社 2014 年版,第 99 页。

③ 1925 年《泰王国民商法典》第 454 条规定了买卖合同预约:"一方当事人先做出将买或将卖的允诺,当另一方当事人做出完成买卖意愿的通知且该通知到达受允诺方时,该允诺始发生买卖的效力。如果允诺没有规定上述通知做出的期限,允诺方可规定合理的期限并告知另一方当事人让其在上述规定的期限内做出是否让买卖完成的确定答复。如果在上述规定的期限内没有收到确定的答复,先前做出的允诺失效。"《泰王国民商法典》,周喜梅译,中国法制出版社 2013 年版,第 94 页。

④ 1950 年《菲律宾民法典》第 1479 条规定:"以确定价金买和卖特定物的允诺,可以相互请求。如果不同于价金的约因支持被接受的以确定价金买或卖确定物的单方允诺,此等允诺约束允诺人。"《菲律宾民法典》,蒋军洲译,厦门大学出版社 2011 年版,第 193 页。

⑤ 《韩国民法典》(2007 年修订版)第 564 条规定:"(一) 单方预约买卖,在相对人作出完成买卖的意思表示时,发生效力。(二) 为确定前款的意思表示期间的,预约人可指定合理的期限,催告相对人作出是否完成买卖的答复。(三) 预约人在前款规定的期间内未得到答复的,预约丧失其效力。"第 565 条规定解约金:"(一) 买卖契约的一方当事人在订立契约时以契约金、保证金的名义将金钱交付于相对人,若当事人之间无其他约定,在当事人一方着手履行前,交付人可抛弃契约金、受理人可双倍偿还契约金而解除买卖契约。(二) 第五百五十一条规定,不适用于前款规定的情形。"《韩国最新民法典》,崔吉子译,北京大学出版社 2010 年版,第 205 页。但该译本第 565 条第 2 款所引条款数为"五百五十五",似嫌不通。参考《日本民法典》相应条款,该条款的含义应是排除了解除合同的损害赔偿规定,故条款数应为"五百五十一"。又查韩国政府网站民法典英文译本,该条所引数目为第 551 条。因此本注所引译本的翻译可能因条文数目变化等原因存在不准确之处。

是考虑到此类立法例仍然将预约视为抽象的预约,因此一并归类。

抽象预约立法例的开篇者为1811年《奥地利民法典》(2012年修订版),其在"合同与法律行为的一般规则"第936条规定了预约①,并在《奥地利执行规章》第367条规定了强制缔约制度②。1857年《智利民法典》在"债的效力"第1554条规定了预约应采取书面形式,预约约定的本约应合法并达到对本约"详细约定"的确定性程度。根据其第1553条的规定,违反预约者可以请求实际履行。③ 1911年《瑞士债法典》在"契约之债"第22条规定了一般性的预约概念,以及预约的形式要件。④ 同时,《瑞士债法典》还有三处是关于债权让与预约、不动产买卖预约和保证预约的特别规定,主要针对上述预约的形式要件作出要求。⑤《瑞士民事诉讼法典》第78条规定了执行预约的强制缔约程序。1942年《意大利民法典》在契约法一般规定中的"契约的方式"第1351条规定了预约,该条仅规定了预约的方式问题,严格说,并不能称之为预约的一般性规定。但《意大利民法典》第2932条第1款规

---

① 1811年(2012年修订版)《奥地利民法典》在"合同与法律行为的一般规则"第936条规定:"只有确定了未来订立合同的时间以及该合同的本质性条款,并且明示确定的目的或者具体情况所表明的目的没有因嗣后的情况改变而落空,并且一方或另一方当事人嗣后没有失去其信赖,以未来要订立一个合同为内容的约定才具有约束力。此种约定的执行最迟必须在约定的订立本约的时间点到来后一年内主张,否则,该权利消灭。"《奥地利普通民法典》,周友军、杨垠红译,周友军校,清华大学出版社2013年版,第153页。

② 唐晓晴:《预约合同法律制度研究》,澳门大学法学院2004年版,第108页。

③ 1857年《智利民法典》在"债的效力"第1554条规定:"订立合同的允诺并不产生任何债,但以下情节同时成立时,不在此限:1. 允诺以书面形式作成;2. 允诺订立的并非法律宣告无效的合同;3. 允诺包含有能确定合同订立时间的期限或条件;4. 允诺中已对所承诺的合同进行了详细约定,仅缺乏使合同成立的物之让渡或法律规定的程式。此等情节同时成立时,适用前条规定。"该"适用前条规定"是指第1553条的规定,即"如为作为之债,而债务人构成迟延,则在赔偿迟延损害之外,债权人还可依其选择请求下列三事项之一:1. 催告债务人履行约定的行为;2. 获准委托第三人履行该行为,其费用由债务人负担;3. 债务人赔偿违约所致损害"。参见《智利民法典》,徐涤宇译,北京大学出版社2014年版,第243页。

④ 1911年《瑞士债法典》第22条规定:"1. 得依契约,使当事人负担在将来订立一定契约的义务。2. 法律为保护契约当事人而规定将来所要订立的契约需采用一定形式始生效力者,订立预约亦应采用该形式。"参见《瑞士债务法》,戴永盛译,中国政法大学出版社2016年版,第10页。

⑤ 1911年《瑞士债法典》第165条第2项规定:"债权让与的预约无任何特别方式。"第216条第2项规定:"约定对某土地有买卖或买回权之预约及契约,非经公证不生效力。"第493条第6款规定:"有关设立保证的特别授权,以及承诺向合同对方或者第三人提供保证的允诺,都需要采用与保证相同的形式。"

定了强制缔约制度。① 1948 年《埃及民法典》在"合同的要件"第 101 条规定了预约的概念,预约需满足内容确定和期限确定的要求,否则无效,以及在形式上应采取与本约法律要求相同的形式。第 102 条规定了强制缔约制度。② 1960 年《埃塞俄比亚民法典》在"合同的形式"第 1721 条规定了预约的形式应当采取与本约相同的形式③,这与《意大利民法典》的预约立法例相似。1965 年《秘鲁民法典》第 1414—1425 通过 12 个条文规范了预约制度,包括预约的一般概念、给付内容、缔约期限及其延续、违约责任、选择合同、预约的形式等。④ 世界上关于预约的立法例鲜有比秘鲁更为详尽者。1966 年《葡萄牙民法典》在"债编通则"的"合同一般规定"部分规定预约,该法第 410 条规定了预约比照本约的原则,但预约的形式除外。该法第 411 条规定了单务预约,以期限性为必要。第 412 条规定了预约权利义务的转让,第

---

① 1942 年《意大利民法典》第 1351 条规定:"预备契约,不以与法律关于其终局的契约规定的同一方式而为场合,无效。"第 2932 条第 1 款规定:"负有缔结契约义务的人未履行义务的场合,在有可能且不被权原名义排除时,其他当事人可得取得使未缔结的契约产生效果的判决。"《意大利民法典》,陈国柱译,中国人民大学出版社 2010 年版,第 249 页。

② 1948 年《埃及民法典》第 101 条规定:"如当事人双方或一方同意于将来订立某一特定合同,仅在所有有关合同的基本条款以及订立合同的日期均已确定时,该预约发生效力。法律规定必须采用特定形式订立合同的,订立该合同的预约亦应采取此等形式。"第 102 条规定:"预约合同的当事人一方拒绝履行合同,且他方缔约当事人对他提起诉讼要求强制执行允诺的,如合同的成立要件尤其是形式要件具备,法院应以判决取代合同。"《埃及民法典》,黄文煌译,蒋军洲校,厦门大学出版社 2008 年版,第 13 页。以《埃及民法典》为蓝本的民法典包括 1949 年《叙利亚民法典》、1951 年《伊拉克民法典》、1954 年《利比亚民法典》、1971 年《卡塔尔民法典》、1973 年《索马里民法典》、1975 年《阿尔及利亚民法典》、1976 年《约旦民法典》、1971 年《苏丹民法典》、1980 年《科威特民法典》、1985 年《阿联酋民法典》。参见徐国栋:《〈埃及民法典〉绪言》,载《埃及民法典》,黄文煌译,蒋军洲校,厦门大学出版社 2008 年版,第 22 页。

③ 1960 年《埃塞俄比亚民法典》第 1721 条规定:"预约合同应以为本合同规定的形式订立。"《埃塞俄比亚民法典》,薛军译,厦门大学出版社 2013 年版,第 224 页。

④ 1966 年《秘鲁民法典》第 1414 条规定:"通过订立合同的协议,当事人是自己承担在将来订立一个确定性合同的义务。"第 1415 条规定:"订立合同的协议应至少包含本约合同的要素。"第 1416 条规定:"订立合同协议的期限不多于一年。任何超越限制者将缩减为此一期限。没有约定期限者适用本条所定之最高期限。"第 1417 条规定:"订立合同的协议到期之际可以更新。更新之期限不得超过第 1416 条所定之最高期限,但可连续发生。"第 1418 条规定:"无合理解释而拒绝履行缔结本约之义务者将使另一方约人选择性地拥有下列权利:1. 透过诉讼请求缔结本约。2. 要求使订立合同之协议不产生效力。无论任一情况均有权获得损害赔偿。"第 1425 条规定:"没有以相同于本约合同之法定方式缔结之预约合同无效。"唐晓晴:《预约合同法律制度研究》,澳门大学法学院 2004 年版,第 59—60 页。

413条规定了不动产或特殊动产转让预约可依双方合意及登记取得物权效力。① 1975年《阿尔及利亚民法典》在"合同的条件"第71条规定了预约的一般概念、内容确定和期限确定的要求,以及采取与本约相同形式。第72条规定了强制缔约制度。② 1994年《俄罗斯民法典》在"合同的概念与条件"第429条规定了预约的一般概念,预约形式上采取主合同的形式,如主合同无规定则为书面形式,预约内容应包括主合同的实质性条款,预约应规定订立合同的期限,如未规定则默认为1年。第445条第4款、第446条规定了通过诉讼强制缔约的制度。③ 1998年《土库曼斯坦民法典》在"合同的订立"

---

① 1966年《葡萄牙民法典》第410条规定:"某人基于一协议而有义务订立特定合同者,该协议适用有关本约合同之法律规定;但当中涉及本约合同方式之规定或因本身存在之理由而不应延伸适用于预约合同之规定除外。"该法第411条规定:"如预约合同只拘束一方当事人,且未定出约束之有效期间,则法院得应许诺人之申请,定出他方当事人行使权利之期间,该期间结束时权利即告失效。"《葡萄牙民法典》,唐晓晴译,北京大学出版社2009年版,第75页。

② 1975年《阿尔及利亚民法典》在"合同的条件"第71条规定:"只有在合同的基本条款及订立合同的具体日期已确定时,当事人就双方或一方同意于将来订立特定合同达成的协议方具有效力。当法律规定合同必须采用特定形式时,对当事人间的协议,适用前款之规定。"第72条规定:"如果当事人一方拒绝订立其有义务订立的合同,经相对方请求,在订立合同的条件尤其是形式条件齐备的情况下,法院可以判决代替合同。"《阿尔及利亚民法典》,尹田译,厦门大学出版社2013年版,第9—10页。

③ 1994年《俄罗斯民法典》第429条规定:"1. 根据预约合同,当事人承担义务依预约合同规定的条款在将来签订关于转移财产、完成工作或者提供服务的合同(主合同)。2. 预约合同的形式应采取对主合同规定的形式而签订,如果没有规定主合同的形式时,则以书面形式签订。预约合同不按规定形式的,自始无效。3. 预约合同应当包含决定主合同的标的,以及其他实质性条款的条款。4. 在预约合同中应规定当事人必须签订主合同的期限。如果在预约合同中没有确定该期限,则主合同应当在预约合同签订之日的1年内签订。5. 当签订了预约合同的一方当事人拒绝订立主合同时,适用本法典第445条第4款规定的规则。6. 如果直至当事人应当订立主合同的期限届满之时主合同没有签订或者一方当事人没有向另一方当事人发出订立主合同的建议,则预约合同规定的义务终止。"第445条第4款规定:"根据本法典或者其他法律有义务签订合同的一方拒绝签订合同时,另一方当事人有权向法院提出强制签订合同的请求。无正当理由拒绝签订合同的一方,应当向对方赔偿因此造成的损失。"第446条规定:"如签订合同出现的分歧根据本法典第445条的规定或者根据双方协议交由法院审理时,则当事人有分歧的合同条款根据法院的判决确定。"《俄罗斯联邦民法典》,黄道秀译,北京大学出版社2007年版,第175、179页。

第 341 条第 3 款规定了预约的概念和形式适用本约的要求。① 2002 年《巴西民法典》"合同总论"的"一般规定"第 462 条规定了预约在确定性上包括本约实质性条款,第 463 条规定了订立本约的期限,并规定预约应登记。第 464 条规定了强制缔约制度,具有新意之处在于,法官在强制缔约时并不重新拟定本约,而是将该预约确认为本约。第 465 条规定了预约违约责任中的损害赔偿方式。第 466 条规定了单方预约的情况下,债权人超过指定期限或合理期限未表示缔约的,单方预约失效。②

总结上述立法例可以看出,第一,除《德国民法典》之外,世界上主要的民法典普遍在立法中规定了预约;第二,采意思主义物权变动模式的国家一般都承继了《法国民法典》的买卖预约立法例;第三,较新的民法典多会采取抽象预约的立法例。

三、英美法系关于临时协议的历史沿革

(一) 1677 年《防止欺诈条例》中的备忘录

在关于预约的研究中,很少有研究者关注到英国法上的 1677 年《防止欺诈条例》(An Act for the Prevention of Frauds and Perjuries,也可以称为 Statute of Frauds)中的"备忘录"。③ 有鉴于口头契约容易出现诉讼欺诈,英

---

① 1998 年《土库曼斯坦民法典》"合同的订立"第 341 条第 3 款规定:"可以合同设定订立将来合同的义务。为合同规定的形式同样足于预约合同。"《土库曼斯坦民法典》,魏磊杰、朱淼、杨秋颜译,蒋军洲校,厦门大学出版社 2016 年版,第 72 页。

② 2002 年《巴西民法典》第 462 条规定:"预约合同,除形式要求外,应包括导致合同成立的所有实质性要件。"第 463 条规定:"按前条规定订立预约合同后,只要其中未包括反悔条款,当事人的任一方都有权要求订立本合同,并给他方指定订立此等合同的期限。预约合同应提交给有权的登记机构。"第 464 条规定:"上述期限经过后,基于利害关系人的请求,法官可代未参与订立本合同的当事人为意思表示,确认此预约合同为本合同,但此举与债的性质相悖的,不在此限。"第 465 条规定:"如缔约人未履行预约合同,他方可认为它已被解除,并可请求赔偿损失和损害。"第 466 条规定:"如合同的承诺方是单方的,债权人应在预先规定的期限内,或在无此种期限的情形,在债务人合理指定的期限内,表示其意愿,否则此等承诺无效。"《巴西新民法典》,齐云译,徐国栋审校,中国法制出版社 2009 年版,第 68—69 页。

③ 柯宾认为缔约过程中形成的临时协议应当被理解为该种备忘录。参见〔美〕A. L. 柯宾:《柯宾论合同》(一卷版)(上册),王卫国、徐国栋、夏登峻译,中国大百科全书出版社 1997 年版,第 62 页。

国国会在1677年通过《防止欺诈条例》①,规定若干种类的契约,如果是通过口头达成的,但是无书面记录(note)或备忘录(memorandum)证明的,则不具有法律约束力。其中包括遗产管理人或执行人承诺清偿死者债务的契约、承诺代为清偿的契约、以结婚为对价的契约、不动产买卖契约,及合同履行期限自口头承诺时起超过1年的契约。《防止欺诈条例》第4条规定,对于上述口头契约,双方当事人应当通过在协议协商过程中签署的备忘录作为证据,而且该备忘录应当符合《防止欺诈条例》规定的格式,比如应当由当事人或其代理人签字,备忘录应当载明契约协商过程中形成的条款。在英国,该条例也存在一些弊端,比如无法就备忘录进行举证的善意的口头缔约的当事人即无法获得胜诉。最终,英国在1954年废止该条例的第4条。②

《防止欺诈条例》中的备忘录,其本身并非合同。按照《防止欺诈条例》,备忘录所证明的最终合同是口头达成的。英国法认为,备忘录本身在合同效力上并无法律强制力,但是如果在《防止欺诈条例》规定的若干合同类型中使用,则获得证据上的效力,可以证明口头契约的存在,并且可以根据该备忘录认定双方之间的合同义务。英国法院关于《防止欺诈条例》第4条所称的备忘录,其形式可以是一份或多份合并起来可以拼成合同内容的电报、遗嘱、信函,但是必须是书面文件,而且需要记录契约的当事人、标的、对价,以及重要的必备条款。如果在备忘录中缺乏一些不太重要的条款,或者记载存在轻微笔误,都不影响其效力,但是一旦法院认为备忘录缺乏重要条款,则将裁判该契约不成立。③ 严格地说,《防止欺诈条例》中的备忘录并非

---

① 在初期英国普通法上,原则上契约应当以书面形式订立,尤其是盖印契约(contract under seal)不需要对价即可有效,而口头契约不能得到王座法庭的认可。但是,由于后来发展出大量不同种类的令状,在这些令状诉讼中,只要诉讼当事人可以找到符合条件的证人,可以证明口头契约的存在,则法院可以承认其效力。1671年发生了一件诉讼欺诈事件:一个证人作伪证证明当事人之间存在一个合同,但是事后证明该合同根本不存在,然而恰恰根据该证人的证词,原告获得了执行一个不存在的合同的判决。参见杨桢:《英美契约法论》,北京大学出版社2000年版,第195页。

② 上述《防止欺诈条例》后来被美国继受,美国很多州的法院在判决时采纳了上述条例的内容。美国后来通过合同法学者的发展,逐渐消解了备忘录的独特功能,而以书面协议形式代替。

③ 比如在1947年发生的Hawkins v. Price一案中,法院认为双方关于不动产买卖的备忘录中,并未约定腾房日期,因此不认可该备忘录的效力。参见杨桢:《英美契约法论》,北京大学出版社2000年版,第195页。

临时协议,而是在缔约过程中形成的书面证据,但是这种认为备忘录仅具有临时性质且不具有法律约束力的观念影响了英美法后来对临时协议的态度。

(二) 普通法的"全有全无"原则的演变

英国普通法上有法谚曰"缔约之约非约(the so-called 'contract to make a contract' is not a contract at all)"。① 英国法在历史上一直不承认临时协议的法律约束力,因为根据英国普通法的传统理论,在最终合同签署之前的先合同协议不具有法律约束力,这被称为"全有全无"原则。② 英美法学者 Alan Schwartz 和 Robert Scott 研究了英国法院历史上的 30 个判例,其结论为在合同谈判阶段双方达成的协议,如果最后没有达成最终的合同,则法院不会判决这些临时协议的义务人承担合同责任。因为在临时协议达成时,双方的这种"早期信赖(early reliance)"在法律上不值得保护。③ 在 1857 年发生的 Ridgway v. Wharton 一案中,法官 Lord Wensleydale 判决认为:"一个承诺达成协议的协议,如果没有确定的达成合意的条款,它存在一个内在的矛盾。如果说在协议中约定在未来达成协议,这是很荒唐的。"在 1934 年发生的 May and Butcher Ltd v. R. 一案中,Buchmaster 大法官在判决中论述道:"长久以来,合同法的基本原则都是,如果两方当事人在订立合同时将一些合同关键部分留在以后处理,就意味着还不存在任何合同。"在 1975 年发生的另一个由著名的 Denning 大法官判决的先例 Courtney & Fairbairn Ltd v. Tolaini Brothers(Hotel) Ltd 案中,涉案合同中约定双方当事人应当就合同关键条款进行协商,该案受理法院基于与前述同样的理由拒绝承认这个合同的效力。在该案中,被告 Tolaini 公司是一个房地产开发商,其与原告承包商 Countney 公司约定,在被告获得项目融资之后,将与原告谈判确定一个公平合理的合同价格("fair and reasonable contract sums")。后来该项目融资已经完成,而且双方也的确进行过磋商谈判,但是最终未就合同价格达成一致。被告最后与第三方达成了项目建设承包合同。原告起诉被告要求执行他们之间的合同约定。Denning 大法官

---

① Knapp, "Enforcing the Contract to Bargain", 44 *N.Y.U. L. Rev.* (1969), at 673-674.
② Robert E. Scott jody S. Kraus, *Contract Law and Theory*, at 282.
③ Alan Schwartz & Robert Scott, "Precontractual Liability and Preliminary Agreement", 120 *Harv. L. Rev.* (2007), at 661.

指出"本案合同太过不确定,因而不具有约束力。没有任何法院能够估算原告的损失,因为没有人能够判断该磋商是否能够成功或失败;也没有人能够判断即使双方谈判成功,谈判的结果到底是什么样子。在我看来,一个关于将来进行谈判的协议,和承诺达成协议的协议一样,在法律上都不是合同。"① 上述英国法院不承认临时协议的裁判原则,也即"全有全无"原则。②

我们也应看到,随着英国法的发展,英国法院在一定程度上也可以承认临时协议的有效性,但前提是根据各种证据可以反映出当事人具有最终缔结合同的意图。其中一种情况是,当事人之间已经实际履行合同,并且形成了对临时协议未决条款的解决机制,则法院可以承认该协议的有效性。发生在 1934 年的 Foley v. Classique Coaches Ltd. 一案中,双方当事人签署了一份供货协议约定"价格实时确定",法院关注到本案双方当事人在诉讼之前已经开始履行该协议,并且已经长达 3 年的时间,因此法院认为双方的真意在于在合同履行过程中实时根据合理的水平确定货物价格,该价格可以根据协议条款通过仲裁来确定。在 1988 年的一个类似的案例 Didymi Corp. v. Atlantic Lines and Navigation Co. 案中,双方协议约定"船租应当根据双方协议约定降低",尽管双方最后没有约定,法院仍然认可了该协议的有效性,因为双方履行该协议已经长达 5 年的时间,并且一直没有争议。法官推断在双方当事人之间已经确定按照一个公平合理的租金价格履行合同。此外一种情况是,如果当事人之间在临时协议中约定了特别明确的合同条款,只要其没有声明该协议不具有法律约束力,则法院应当承认其效力。比如 California Food Service Corp. v. Great Am. Ins. 一案。③

(三) Pennzoil v. Texaco 及"全有全无"原则向缔约意图的转变

在英美法关于临时协议的判例史上,任何研究者都无法绕开著名的 Pennzoil v. Texaco 一案④,不仅因为其骇人的最终结果——103 亿美元的

---

① Courtney & Fairbairn Ltd v. Tolaini Brothers(Hotel) Ltd[1975] 1 WLR 297 at 301. 后来,一系列判例遵循了该案的规则,包括 Mallozzi v. Carapelli SpA[1976]、Albion Sugar Co. Ltd v. Williams Tankers Ltd[1977]、Star Steamship Society v. Beogradska Plovidba[1988]等。

② Paula Giliker, *Pre-contractual Liability in English and French Law*, Kluwer Law International, 2002, at 32.

③ 杨桢:《英美契约法论》,北京大学出版社 2000 年版,第 31 页。

④ Pennzoil v. Texaco, 481 U.S. 1 (1987).

赔偿金,而且因为该判例确认了一份在正式协议签署之前达成的协议备忘录(memorandum agreement)具有合同效力,而在此之前根据"全有全无"原则,此类临时协议都是没有法律拘束力的。该判决作出后,美国律师和学者均感到震惊,甚至有研究者将备忘录称为"魔鬼的发明"("an invention of the devil")。①

案件仅仅发生于 1983—1984 年跨年的几天之内。1983 年 12 月 28 日,原告 Pennzoil 向 Getty Oil 发出收购要约,以每股 100 美元的价格收购其 1600 万股股票。紧接着,Pennzoil 与 Gordon(持有 40.2%股权的信托受益权)和另一个股东 J. Paul Getty Museum(持股比例 11.8%)接洽收购事宜,1984 年 1 月 1 日到 2 日,Pennzoil 与 Gordon 和 J. Paul Getty Museum 签署了一份反映各方关于收购 Getty Oil 的一致意见的协议备忘录(Memorandum of Agreement)。该协议备忘录规定,收购后 Pennzoil 与 Gordon 将分别持有 3/7 和 4/7 的股份,按此拥有和运营 Getty Oil。为此,Pennzoil 将以 110 美元价格收购 J. Paul Getty Museum 所持股票及其他在外流通股等。该协议备忘录规定该备忘录需要经过 Getty Oil 的董事会批准,如果未得到批准该备忘录将失效。

1984 年 1 月 2 日,该份协议备忘录被提交给 GettyOil 的董事会。1 月 3 日凌晨董事会结束时,董事会投票通过并形成了一个反要约,建议称收购价格为 110 美元另加 5 美元未来利益分配权(stub),并递交给 Pennzoil。1 月 4 日,Getty Oil 和 J. Paul Getty Museum 向公众发布了新闻稿,称 Pennzoil 和 Getty Oil 达成了一项关于收购的原则的协议备忘录,但 Getty Oil 给出的 110 美元另加 5 美元 stub 的反要约还没有被 Pennzoil 接受。该新闻稿发布称,双方的交易取决于双方签署的最终的并购协议("the transaction is subject to execution of a definitive merger agreement")。

1 月 4 日,Texaco 出场。当天 Texaco 的董事会在得知 Pennzoil 准备收购 Getty Oil 的消息后紧急讨论并决定开始收购 Getty Oil 100%的股票。

1 月 5 日,Pennzoil 的律师开始与 Getty Oil 的律师接洽并讨论起草正

---

① "in most cases, a letter of intent is an invention of the devil and should be avoided at all costs."See Stephen R. Volk & Melissa McMahon, "Letter of intent-Getty and beyond", 16 Inst On. Sec. Reg. Vol.1(1984), at 445.

式的并购协议。而同一天，在 Texaco 这边已经开始迅速与 J. Paul Getty Museum 和 Gordon 谈判，并与对方达成 125 美元的收购价格，为此双方签署了一份备忘录。1 月 6 日，Getty Oil 董事会投票通过了 Texaco 的交易价格，并同意撤回对 Pennzoil 的反建议。当天，Texaco 与 Getty Oil 签署正式的合并协议。1 月 6 日，Pennzoil 向 Getty Oil 发电报要求其遵守双方协议，继而在特拉华州法院以第三人侵害债权为由起诉 Texaco。

特拉华州法院认为，认定 Texaco 是否构成侵权行为，关键在于认定 Pennzoil 与 Getty Oil 之间是否存在合同关系，进而其核心焦点问题就是，Pennzoil 与 Getty Oil 于 1 月 2 日签署的协议备忘录是否构成一份合同。特别需要指出的是，该协议备忘录仅仅是一份备忘录，并未规定全部合同细节，而且该备忘录规定需要取得 Getty Oil 董事会的批准，从双方新闻稿中显示，双方将另行签署一份正式的收购协议，该交易将取决于该正式协议。该协议备忘录是否构成一份具有法律约束力的合同？特拉华州法院在本案二审判决中整理了美国法关于临时协议中的缔约意图的判例和理论，并判决：尽管存在上述种种显示该协议备忘录并非最终协议的事实，但是，从该协议备忘录以及事后双方的行为，可以看出双方之间具有"缔约意图"，因而构成一份具有约束力的合同。本案历经四年审理，最终法院判决 Texaco 的侵权成立，应当赔偿 Pennzoil 损失补偿、惩罚性违约金以及利息，总计 103 亿美元。

该判例的结果带来了法律界和并购顾问行业的巨大震惊，因为当时，行业内根据"全有全无"原则普遍认为一份等待批准或者取决于未来正式协议的备忘录，是不具备法律约束力的文件。[1] 该判例对于临时协议和"全有全无"原则的发展来说是具有法制史意义的案件，不仅因为该案当时是美国合同案件中赔偿金额最高的案件，也是因为，该判例成为一个硕大的地标，代表着美国法出现了与英国法对待临时协议不同的倾向。美国法原来一直承袭英国普通法的"全有全无"原则，在最终合同签署之前，类似本案中备忘录的临时协议一般不具有法律约束力。但是在 20 世纪 70—80 年代，与英国不同，美国市场经历了一个空前的历史性的大并购时代。根据统计，仅 1984 年一年，美国境内发生了约 2500 起公司并购交易，并购金额超过 1220

---

[1] Andrew R. Klein, "Devil's Advocate: Salvaging the Letter of Intent", *Emory Law Journal*, Vol. 37, at 142.

亿美元。① 大并购时代带来了交易磋商方式的深刻变革,并购交易的磋商过程中普遍采用意向书、备忘录等临时协议模式,传统的要约—承诺理论难以对上述以磋商为核心的缔约过程作出合理解释。根据 Pennzoil 案法官的梳理,当时在美国很多州已经产生了大量关于临时协议的约束力的判例。这些判例形成了一个总体倾向,即不再简单遵守"全有全无"原则,而是以当事人的"缔约意图"为核心判断磋商过程中的临时协议是否具备法律约束力。

(四)英美法的诚信磋商义务理论的发展

基于"全有全无"原则,英美法一般不承认缔约过程中的临时协议具有法律约束力,该种法律约束力是指最终协议的法律约束力,但是临时协议是否可以发生缔约过程中的特定的法律约束力?是否可以约束当事人进行诚信的磋商?这就需要考察英美法对待诚信磋商义务(obligation of negotiation in good faith)的态度。

英国法因贯彻"全有全无"原则,不承认磋商中的诚信义务。在 1957 年的 William Lacey(Hounslow) Ltd. v. Davis 一案中,英国法院将缔约当事人参加磋商比喻为一个赌局(gamble),磋商成本是商业的必要开支,言外之意成败本来就不确定。② 英国上议院在 1992 年判决的著名案例 Walford v. Miles 一案中重申英国法上不存在诚信磋商义务。该案中,买方和卖方就一个资产转让协议进行磋商,为此,当事人双方签署了一份"Lock-out"协议(排他性谈判协议,但该协议因未约定期限而无效),约定卖方按照 200 万英镑将该资产标的售予买方,同时约定该交易是否成功"subject to contract(取决于最后的合同)"。后来卖方未通知买方将该资产标的转售给第三方。买方为此起诉卖方索赔利润损失 100 万英镑。法院认为,双方之间并不存在进行磋商的义务,因而不支持原告的诉请,而是判令被告就因为错误陈述而给原告造成的缔约费用损失,向原告赔偿 700 英镑。③ 该判例的原则遭到了学者的广泛批评。Atiyah 认为,如果当事人在合同成立前的临时协议中约定双方应当履行诚信磋商的义务,法院应当支持这种与最终合同

---

① Harvy L. Temkin, "When does the 'Fat Lady' Sing: an Analysis of 'Agreement in Principle' in Corporate Acquisitions", *Fordham Law Review*, Vol. 55(1986), at 128.

② William Lacey(Hounslow) Ltd. V. Davis, [1957]2 All ER 712, [1957] 1 WLR. 932, 934(QB1957).

③ Walford v Miles, Neil (1992) 108 L. Q. R. 405.

明显不同的协议。① Edwin Peel 认为,如果什么是诚信磋商的标准难以确定,至少可以确定什么是不诚信的磋商行为,即不能采取武断的(arbitrarily)、恣意的(capriciously)和不合理的(unreasonably)行为。②

美国法相比英国法来说,对诚信磋商义务更具友好态度。1952 年美国《统一商法典》第 1-203 条规定:"每个合同或本法范围内的义务都课加诚信履行或执行他们的义务"。该诚信原则条文非常类似于大陆法系民法典上的诚信原则。《统一商法典》的起草主持人卢埃林 1928 年曾在德国莱比锡大学任教,研究者认为该法典中的诚信原则条文就是通过卢埃林从德国法引入的。③ 美国《第二次合同法重述》第 205 条重申了合同履行的诚信义务。④ 上述文件均未明确将诚信义务延伸到合同前阶段。但是美国《第二次合同法重述》官方评论认为,磋商中的诚信原则在重述中是被承认的,可以通过欺诈、胁迫等规定处理,如果不存在临时协议,也可以通过侵权法和返还法处理。⑤ 而在存在临时协议的情况下,则可以适用禁反言原则保护相对方的信赖利益,或者根据《统一商法典》或《第二次合同法重述》中的原则认定临时协议当事人具有诚信磋商的义务。如 1968 年特拉华州法院在 Itek Corp. v. Chicago Aerial Industries 一案中认可一份意向书中关于双方当事人"经合理的努力达成合同"的条款具有约束力,当事人负有诚信地尝试达成最终合同的义务("obliged each side to attempt in good faith to reach final and formal agreement")⑥,1971 年纽约州法院在 American Cyanamid Co. v. Elizabeth Arden Sales Corp. 一案

---

① P. S. Atiyah, *Introduction to the Law of Contract*, Sixth Edition, Oxford University Press 2016, at 44.

② Edwin Peel, *Agreement to Negotiate in Good Faith*, *Contract Formation and Parties*, edited by Andrew Burrows & Edwin Peel, Oxford University Press 2010, at 51-52.

③ 徐国栋:《英语世界中的诚信原则》,载《环球法律评论》2004 年秋季号。

④ § 205 Duty Good Faith and Fair Dealing "Every contract imposes upon each party a duty of good faith and fair dealing in its performance and its enforcement."

⑤ James E. Byrne(Editor), *Contracts Texts*: *Restatement 2d Contracts. US UCC Article 2 & The CISG*, Institute of International Banking Law & Practice,Inc. (2015), at 237.

⑥ Itek Corp. V. Chicago Aerial Industries, 248 A. 2d 625(Del. 1968). 本案意向书条文为双方当事人"shall make every reasonable effort to agree upon and have prepared. . . a contract providing for the foregoing purchase". 参见 E. Allan Farnsworth, "Precontractual Liability and Preliminary Agreements: Fair Dealing and Failed Negotiations", *Columbia Law Review*, Vol. 87(1987), at 265.

的裁定中暗示临时协议具有诚信磋商的效力。① Farnsworth 较早地对诚信磋商义务进行了法律研究,其批评了英美普通法中的"全有全无"原则的问题,并提出在完全自由的磋商和最终合同缔结之间存在着一个中间阶段(intermediate regimes),该中间阶段的显著特点是当事人会签署一些与磋商和缔约有关的临时协议,最主要的是不完全条款协议(agreement with open terms)和同意磋商的协议(agreement to negotiate)。② Knapp 主张美国法院应当承认在没有合同和最终合同之间存在一个中间地带(middle ground),在这个中间地带签署的磋商协议(contract to bargain)应当具有合同拘束力,这有利于增强司法裁判的确定性,并间接有利于增加商人的可预期性。③

美国法院在是否认可临时协议中的一般性磋商诚信原则的问题上一直存在两极分化的态势,无法形成统一认识。④ 在近年的司法判例上,仍然还有法院不愿意支持 agreement to agree 和 agreement to negotiate 这种临时协议的法律约束力。⑤

---

① American Cyanamid Co. v. Elizabeth Arden Sales Corp. 331 F. Supp. 597(S. D. N. Y. 1971).

② E. Allan Farnsworth,"Precontractual Liability and Preliminary Agreements: Fair Dealing and Failed Negotiations", *Columbia Law Review*, Vol. 87(1987), at 249.

③ Charles L. Knapp,"Enforcing the Contract to Bargain", 44 *N. Y. U. L. Rev.* 673,679 (1969), cited in Mark K. Johnson,"Enforceability of Precontractual Agreements in Illinois: the Need for a Middle Ground", *Chicago-Kent Law Review*, Vol. 68(1993), at 967.

④ E. Allan Farnsworth,"Precontractual Liability and Preliminary Agreements: Fair Dealing and Failed Negotiations", *Columbia Law Review* Vol. 87(1987), at 265.

⑤ Steven P. Otillar & Charles Wiley Armbrust,"A letter of intent is the invention of the devil [that] should be avoided at all costs."—Stephen R. Volk, Esq. regarding the now (in) famous Texaco-Pennzoil case(2016), Available from https://www.akingump.com/en/experience/industries/energy/speaking-energy/a-letter-of-intent-is-the-invention-of-the-devil-that-should-be.html[Accessed: 4 Feb. 2017]; Brad Reid, Agreements to Agree Create Legal Problems(2014), Available from http://www.huffingtonpost.com/brad-reid/agreements-to-agree-creat_b_4568655.html. [Accessed: 4 Feb. 2017]

第三节　预约的价值理念

耶林在《法律的目的》中指出"目的是法律的创造者"。任何法律均以其所欲实现的目的或保护的利益为"导引之星"。[①] 星野英一指出,当解释法律时存在利益衡量时,应当把握法律的价值判断。[②] 在预约的价值理念方面,本书揭示预约制度的理念应当处于契约自由、诚信原则和信赖保护三者的平衡之中。

一、契约自由原则

（一）契约自由原则概述

通说认为,契约自由包括订约自由、选择相对人的自由、合同内容自由、合同订立方式自由等方面。[③] 对契约自由原则的理解一直都是多面向的,其中最为常见的理解角度是将契约自由作为私法自治在合同法中的适用,如梅因关于"从身份向契约"的进化论的论断,或如法国历史学家腾克所认为的,"合同法就是为一个自由主义时代而设计的"。[④] 但是本书所关注的是,契约自由原则解决的是合同的效力正当性问题。[⑤]

在罗马法中,如果希望契约可以获得诉讼保护的债,则需要按照契约的严格形式和类型缔结(如曼兮帕蓄中的铜秤方式),这些契约的形式和类型限定并不是为了限制契约自由,而是为契约提供了获得诉讼保护的正当性依据。中世纪注释法学派和评注法学派提出了"简约"通过穿衣获得法律效力的原因理论,这个原因理论可以归纳为交换正义(有偿契约)和慷慨的美

[①] 梁上上:《利益衡量论》(第二版),法律出版社 2016 年版,第 23 页。
[②] 同上书,第 45 页。
[③] 〔德〕迪特尔·梅迪库斯:《德国债法总论》,杜景林、卢谌译,法律出版社 2004 年版,第 61 页。
[④] 转引自〔美〕詹姆斯·戈德雷:《现代合同理论的哲学起源》,张家勇译,法律出版社 2006 年版,第 269 页。
[⑤] 王海燕:《论合同的约束力基础》,西南政法大学 2014 年博士学位论文,第 33 页。

德(无偿契约)。"简约"是罗马法上最为符合近现代契约气质的对应物[①],穿衣简约理论的目的并非为了限制简约中蕴含的契约自由,而在于为契约提供效力正当性的支持。近代大陆法系契约自由原则理念的基础来自意志论的哲学思想,即强调自我意识(ego)以及个人意思是生命的基本事实,并以此为其承担责任提供效力基础。康德认为"意志作为理性生命的因果性",必须是自由的,只要理性的人自由地将意志置于实践之中,他就必须承担其行为的后果。基于意志论,德国法学家在18—19世纪创造了法律行为理论,认为法律行为是个人意志的可以改变外界法律关系的"具有决定性的行为"(拉伦茨语),这使得意思表示与法律规范以及生效判决并无区别。[②] 由此可以看出,不同于罗马法和中世纪以形式和美德作为合同效力源泉的外在赋能方式,近代契约自由原则以缔约人的意志本身通过内在赋能的方式即可以使契约获得合法性。[③]

但是,在现代法律的社会化过程中,团体主义思想对近代契约自由原则提出了挑战,"契约自由的衰落""契约的死亡""契约正义"等批判理论应运而生,批评者认为意志论并不能解决合同法的基本问题,合同为何受约束?以及为何有些合同不能受到约束?[④] 在法律基本原则的冲突层面,契约自由原则已经不像近代契约理论那样被视为合同法的唯一的首要的基本原则,而是受到了来自诚信原则和信赖原则的挑战和限制。

(二)积极自由与消极自由

在18—19世纪法国和德国个人主义思想和理性哲学兴起的同时期,英国一直延续着其保守自由主义的传统,洛克、边沁、密尔都处于这一脉络

---

① 简约在罗马法中并不是非法行为,其具有自然法的效力,同时可以在诉讼中作为恶意抗辩的理由,当其附着于采取市民法形式的契约时,具有市民法契约的效力。因此,罗马法并未排斥简约所代表的契约自由精神,而仅是认为简约并不具有市民法上的效力正当性的理由。
② 〔德〕卡尔·拉伦茨:《德国民法通论》(下册),王晓晔、邵建东、程建英、徐国建、谢怀栻译,法律出版社2003年版,第453页。
③ 转引自〔美〕詹姆斯·戈德雷:《现代合同理论的哲学起源》,张家勇译,法律出版社2006年版,第269页。
④ 同上书,第八章、第九章和中文版序。

中。① 此一脉络的哲学家们一方面强调个人的自由选择是对个人最有利的，社会允许自由选择可以增进社会的最大福利，同时，在另一方面他们主张应该存在最低限度的不可侵犯的个人自由领域。② 以赛亚·柏林将这两种自由分别称为积极自由和消极自由，积极自由是指"去做……"的自由，而消极自由是指"免于……"的自由。③ 柏林认为卢梭、康德创造的自由意志传统主要塑造的是积极自由的方面，但是这种积极自由追求的所谓超验的"善""理性"或"自由的法律"容易导致自由与权威被同一，从而缩小和剥夺消极自由的范围。④ 消极自由，即最低限度地排除干涉的个人领地，是"必须要求的绝对的立场"。⑤ 英国普通法传统中，对于磋商自由的不干涉，以及对禁反言原则的慎用，都与这种消极自由的观念息息相关。

（三）预约的契约自由和本约的契约自由

预约作为一个合同类型，无疑应当遵循契约自由原则。但是问题的复杂性在于，预约是关于缔结本约的约定。而契约自由原则应一体适用于本约。在预约的契约自由和本约的契约自由之间存在着紧张关系：

一方面，如果从预约的契约自由着眼，预约的契约自由意味着法律强制预约的法律效果的实现，而预约的法律效果在于缔结本约，这意味着，本约的意思表示是被预约所强制限定的，在预约义务人拒绝缔结本约的情况下，法律将通过诉讼程序强制该预约当事人缔结本约，并以判决代替预约义务人的意思表示，此时本约的契约自由实际上受到了剥夺。正是基于此原因，产生了两个重要的关于预约制度的争议：其一，预约是否可以强制履行；其二，本约是否属于一个真正的合同。关于第一个问题，产生了预约的效力的"应当缔约说"和"应当磋商说"的争论，对此本书将在第二章第三节"预约的效力"部分讨论。而关于第二个问题，则直接质疑预约和本约的二元独立架构，即预约与本约是一个合同，还是两个合同，对此本书将在第五章第一节

---

① 保守自由主义哲学家还可以包括法国的贡斯当和托克维尔。参见〔英〕以赛亚·柏林：《两种自由概念》，载〔英〕以赛亚·柏林：《自由论》（修订版），胡传胜译，译林出版社2011年版，第172页。

② Williston, "Freedom of Contract", *Cornel Law Quarterly*, 6(1921), at 366.

③ 〔英〕以赛亚·柏林：《自由论》（修订版），胡传胜译，译林出版社2011年版，第179页。

④ 积极自由的观念会"导致一种规定好了的生活，并常常成为残酷暴政的华丽伪装"。参见同上书，第179、197页。

⑤ 同上书，第213页。

"预约与本约的关系"部分讨论。

另一方面,如果从本约的契约自由着眼,循着"自由意志——合同效力正当性——合同责任"的理论思路,本约的缔结就像一个责任开关,在本约缔结之前当事人不应当受到合同责任的约束,此即为从契约自由原则衍生出来的磋商自由原则(Freedom of Negotiation)。如英国传统普通法认为的,磋商中的当事人必须承受磋商失败这个"赌局"。① 预约仅为本约缔结过程中的"中途小站",本应处于本约缔结前的责任空白区,此时出现的预约,作为一个合同的效力合法性即存在疑问。在《法国民法典》规定的买卖预约定金制度,即为买卖预约设计了单方退出的出口,即当事人一方可以以抛弃定金或者双倍返还定金为代价,单方解除预约。这固然可以理解为当事人的约定解除权条款,而且在《法国民法典》上预约买卖定金并非强制性规范,而是任意性规范。但是应该承认,买卖预约定金作为一个立法规定的制度,一方面是为了回应习惯法中既存的预约"悔约权"的交易习惯,另一方面则表明法律对预约的效力的完全性并未提出和其他合同一样的"契约严守"要求,从而以预约的积极自由的牺牲呼应了本约的消极自由。因此,从本约的契约自由来看,预约的契约自由则是不完全的自由。

二、诚实信用原则

(一)诚实信用原则概述

诚实信用原则在罗马法上称为 bona fides(bona 意为善,fides 意为信)②,在罗马法上存在两个起源,其一为诚信诉讼,即在程式诉讼中裁判官根据原告诉请要求承办法官"依诚信"审理,承办法官遂可以适用善良、公平原则进行裁判;其二为物权法上的善意占有和时效取得制度,即在当事人善意地占有物时将发生有利于他的法律效果。③ 中世纪评注法学家基于道德

---

① E. Allan Farnsworth, "Precontractual Liability and Preliminary Agreements: Fair Dealing and Failed Negotiations", *Columbia Law Review*, Vol. 87(1987), at 221.
② 徐国栋:《诚信原则理论之反思》,载《清华法学》2012 年第 4 期。
③ 徐国栋:《客观诚信与主观诚信的对立统一问题——以罗马法为中心》,载《中国社会科学》2001 年第 6 期。有学者据此主张,诚实信用原则包括客观诚信和主观诚信:客观诚信,指在正直道德观念指导下的正当和端方的行为,以及不滥用权利,是后世民法主要继承和发展的诚信原则;主观诚信指对行为符合道德和法律的内心确定,即善意(不知情且不应当知情)。徐国栋:《诚实信用原则二题》,载《法学研究》2002 年第 4 期。

神学将诚实信用原则提高到道德层面,"教会法要求积极的诚信,仅不发生恶信是不够的"①。中世纪商人法庭通过适用商人的专业、合理的公平交易标准裁判案件,这种商人诚信被称为"有计谋而不诈欺"②。在大陆法系近现代民法立法中广泛采纳诚实信用原则,《法国民法典》中的诚实信用原则限于契约法③,《德国民法典》中的诚实信用原则则上升到债法地位④,《瑞士民法典》将诚实信用原则上升到全部民法的基本原则地位⑤。诚实信用原则在近现代民法中被称为帝王条款。在英美法系,美国法采纳诚实信用原则,《统一商法典》第1-203条规定:"每个合同或本法范围内的义务都课加诚信履行或执行他们的义务"⑥,美国《第二次合同法重述》也重复了上述原则。而在英国法上,诚实信用原则并未形成一般性的法律原则。诚实信用原则也是我国民法和合同法的基本原则之一。

诚实信用原则被视为交易道德的法律化。⑦ 诚实信用原则之所以位于民法的"巅峰"(梅迪库斯语),非仅因其站在伦理的制高点上,而且在于其对其他民法原则可以加以限制,并起到衡平作用,比如诚实信用原则通过赋予法官适用该抽象原则的自由裁量权对遵守法律的原则起到衡平作用,可以限制不公平的法律规定的适用范围;又如法官可以根据诚实信用原则为合同增加"默示条款"(imply terms),从而对契约自由原则起到衡平作用,可以限制合同中的不公平条款的效力,或为当事人补充他们之间从未合意的甚至从未考虑过的合同履行准据。

---

① 此言出自16世纪后半叶的法学家巴尔伽利。转引自徐国栋:《中世纪法学家对诚信原则的研究》,载《法学》2004年第6期。
② 此言出自16世纪法学家马伊诺。转引自同上。
③ 《法国民法典》第1134条规定:"契约应以善意履行之",第1135条规定:"契约不仅依其明示产生义务,并按照契约的性质,产生公平原则、习惯或法律所赋予的义务"。
④ 《德国民法典》第242条规定:"债务人须依诚实信用,并顾及交易惯例,履行给付"。
⑤ 《瑞士民法典》第2条规定了客观诚信原则:"1. 任何人在行使权利和履行义务时,都应当遵守诚实信用原则。2. 显然滥用权利的,不受法律之保护。"第3条规定了主观诚信原则:"1. 依据法律,如果权利的产生或生效必须以善意为前提,则应推定当事人为善意。2. 任何人,如果根据具体情形没有尽到必要的注意义务,不得主张其为善意。"参见《瑞士民法典》,于海涌、赵希璇译,唐伟玲校,法律出版社2016年版,第5页。
⑥ 据研究,主持起草《统一商法典》的美国法学家卢埃林,在将诚信原则植入立法的问题上,受到德国法的影响。参见徐国栋:《英语世界中的诚信原则》,载《环球法律评论》2004年秋季号。
⑦ 史尚宽:《债法总论》,中国政法大学出版社2000年版,第331页。

(二) 诚实信用原则作为预约磋商义务的基础

按照预约的传统理论，预约的履行仅在于本约的缔结，而该种理论导致预约范围的巨大限缩，而将一些确定性较低、无法按此缔结本约的预约排除在外，从而忽视了交易的实际。对于确定性较低的预约，仍然发生本约缔结的义务，但是其履行条件并未达到，需要通过双方当事人的磋商予以满足。因而磋商义务被置于预约的中心位置，由此而生的争议在于如果当事人并未明确约定进行磋商，磋商义务的正当性基础是什么？磋商如何界定？存在何种标准？司法上如何判定？当事人故意拖延磋商是否构成道德风险？根据本书的研究，磋商应当作为预约的从合同义务，该磋商义务本来就产生于诚信原则之上，其表现为：首先，诚实信用原则是磋商义务的正当性基础。预约中可能明确约定磋商条款，也可能没有约定。在预约中不包括磋商条款的情形，按照合同进行解释，本约缔结不可能不经过磋商阶段，即使合同没有约定，基于诚实信用原则，当事人之间应当负有经过平等磋商缔结合同的义务。《最高人民法院公报》案例"张励与被告徐州市同力创展房地产有限公司商品房预售合同纠纷案"即为著例，该案法院从购房预约中解释出来当事人之间的诚信磋商义务："预约合同的目的在于当事人对将来签订特定合同的相关事项进行规划，其主要意义就在于为当事人设定了按照公平、诚信原则进行磋商以达成本约合同的义务。"[①] 其次，诚实信用原则确定磋商义务的标准。磋商义务属于预约的从合同义务。从合同义务的履行标准，在当事人没有约定且法律亦无规定的情况下，应当根据诚实信用原则填补漏洞并确定当事人之间的行为规则，甚至在预约并未约定磋商字样的情形下，磋商义务可以通过诚实信用原则进行合同解释，并将其视为合同的默示条款；在预约对于磋商义务约定不明或者法律规定不明确的情况下，应当根据诚实信用原则予以补充和解释，以确定磋商的行为标准。[②] 比如在《最高人民法院公报》案例"仲崇清诉上海市金轩大邸房地产项目开发有限公司合同纠纷案"中，当事人在商品房预购书上并未规定磋商条款，但是法院仍然可以诚实信用原则为标准介入磋商过程，评判当事人之间的磋商行为是否符

[①] 徐州市泉山区人民法院"张励与被告徐州市同力创展房地产有限公司商品房预售合同纠纷案"判决书。

[②] 关于诚信原则的填补漏洞功能以及其他制度功能，参见王利明：《民法总则研究》，中国政法大学出版社2003年版，第125页。

合合同(实际上是是否符合诚实信用原则),如认定卖方未通知买方进行磋商即向第三人转售预约的房屋,则构成违反诚实信用原则的恶意磋商行为,因而判其承担损害赔偿责任。

三、信赖保护原则

(一)信赖保护原则的概述

信赖保护原则,起源于日耳曼法占有(Gewere)的以手护手原则[①],并在善意取得的正当性基础的论证中产生,从"权利外像说"(外观作为权利产生的基础)到"与因主义"(原权利人的可归责性)再到"善意信赖原则"(相对方的信赖的合理性),基本勾勒了信赖保护原则的内容,即如果当事人合理信赖某一表象法律事实,因此而采取行为或受到损失,即使该表象法律事实不符合真实情况,法律亦加以保护的原则。[②] 信赖保护原则是否如契约自由(私法自治)和诚实信用原则一样可以成为合同法乃至民法的基本原则,仍有待研究。[③] 法律上肯认的信赖保护,包括基于法技术而肯认的信赖保护和基于诚实信用原则而肯认的信赖保护[④],在前者需要法律明文规定,比如公示公信、善意取得、表意人错误、表见代理、票据无因性等制度;在后者不需要法律明文规定,比如

[①] 刘晓华:《私法上的信赖保护原则研究》,法律出版社2015年版,第35页。

[②] 参见刘晓华:同上书,第43页以下;孙鹏:《民法上信赖保护制度及其法的构成——在静的安全与交易安全之间》,载《西南民族大学学报(人文社科版)》2005年第7期。

[③] 我国民法通说并未将信赖保护作为民法基本原则之一,如王利明教授认为我国民法的基本原则主要包括平等原则、意思自治原则、公平原则、诚实信用原则、公序良俗原则。参见王利明:《民法总则研究》,中国政法大学出版社2003年版,第122页。德国学说上,如拉伦茨,将信赖保护作为民法的基本原则之一,但是其与诚信原则并未特别区分。参见[德]卡尔·拉伦茨:《德国民法通论》(上册),王晓晔、邵建东、程建英、徐国建、谢怀栻译,法律出版社2003年版,第58页。国内有学者主张将信赖保护作为民法基本原则。参见刘晓华:《论信赖保护原则在私法中的地位》,载《山东审判》2013年第4期。有学者认为信赖保护是我国民法上的重要私法原则。参见朱广新:《信赖保护理论及其研究述评》,载《法商研究》2007年第6期。也有学者认为,信赖保护原则是以诚实信用原则中的主观诚信原则为基础的。参见王焜:《积极的信赖保护——权利外观责任研究》,法律出版社2010年版,第72页。

[④] 德国学者Canaris将信赖保护责任区分为积极的信赖责任和消极的信赖责任,积极的信赖责任包括权利表象责任(Rechtsschengafung)和基于法伦理必要性的信赖责任(Vertrauenshaftung Krage rechtsethischer Notwendigkeit),前者范围包括表见代理、空白证书滥用、表见债权让与、商事登记上的表见代理、票据法上的表见权利等;后者范围是指基于诚实信用原则而发生的信赖责任,如故意行为、矛盾行为和得权等。参见刘晓华:《私法上的信赖保护原则研究》,法律出版社2015年版,第23页。

禁止自相矛盾(类似于英美法的禁反言原则)、失权和得权①。因此信赖保护原则与诚实信用原则存在交叉。狭义上的信赖保护原则仅适用于法律特别规定的信赖保护制度,如拉伦茨所提示的,该种信赖保护原则与诚信原则有所区别,不具有法律伦理基础,仅是为提高交易安全目的的法律技术手段。②

信赖保护原则是"有牙齿"的法律原则,体现于信赖责任。信赖责任可以分为积极信赖保护责任(positiver Vertrauensschutz)和消极信赖保护责任(negativer Vertrauensschutz)。积极的信赖保护责任,又称为权利表见责任(Rechtsscheinhalfung),即造成权利表象与真实权利状况不同的具有可归责原因的权利人对其造成的权利表象的责任③,导致合理信赖当事人获得与权利外观相符的权利或法律效果,从而导致原权利人丧失权利。换言之,权利外观相对于真实权利状况处于法律保护的优先次序上,即外观优越于法理(Rechtsscheintheorie),该种法理导致原权利人具有容忍义务(Dulden)。在制度层面包括表见代理、善意取得、登记公信力、善意清偿、债权的表见让与等。消极的信赖保护责任,又称为法律行为的信赖责任,是针对善意信赖人合理相信法律行为成立或生效而应当受到保护的情况。但是因为法律对此安排的优先顺序为真实优先于外观,因此产生合理信赖的当事人不能实际获得与法律行为成立或生效相同的效果,但是产生信赖利益损害赔偿请求权,目的在于使信赖一方恢复到未信赖法律行为成立或有效时的状态。在制度层面表现为缔约过失责任、错误意思表示撤销后的损害赔偿责任。④

信赖保护原则与契约自由原则既有冲突又有联系。所谓冲突,是因为契约自由系通过意思表示实现,并在意思表示所生法律效果之上建构当事人意欲的法律关系,但是,意思表示并非仅仅是人的表达方式,也是人与人

---

① 即当权利人长期不行使权利,或者无义务人长期按照有义务履行,造成相对方的合理信赖时,权利人可能失权,或者无权利人得权。参见〔德〕迪特尔·梅迪库斯:《德国民法总论》,邵建东译,法律出版社 2000 年版,第 117、119 页。
② 〔德〕卡尔·拉伦茨:《德国民法通论》(上册),王晓晔、邵建东、程建英、徐国建、谢怀栻译,法律出版社 2003 年版,第 60 页。
③ 拉伦茨认为权利表见责任是超越意思表示本身范围的"扩大了的责任",是对于法律行为交往过程中的作为和不作为而承担的责任。〔德〕卡尔·拉伦茨:《德国民法通论》(下册),王晓晔、邵建东、程建英、徐国建、谢怀栻译,法律出版社 2003 年版,第 886—887 页。
④ 王琨:《积极的信赖保护——权利外观责任研究》,法律出版社 2010 年版,第 77 页;王琨:《权利表见责任研究——以物权法善意取得为视角》,载《政治与法律》2007 年第 3 期。

的沟通方式①,因此意思表示与其法律效果所及之人存在关联,这种关联产生信赖,此信赖的发生具有独立的法律意义并值得法律保护,因而导致契约自由不可避免受到信赖保护的限制,信赖保护原则切割契约自由滋长的触手而确定其边界。所谓联系,在于信赖保护原则并非从外部剥夺契约自由的部分内容,而在于从内部确定意思表示主体的可归责性②,并以此作为信赖保护原则适用的基础,此即信赖保护理论大儒 Meyer 的与因主义理论的深意所在。③

(二)信赖保护对缔约阶段的规制和预约的效力

信赖保护原则的主要适用范围之一在于对缔约阶段的规制,包括要约方在规定期限或合理期限内未撤回要约,因欺诈、胁迫等原因订立合同但超过除斥期间未撤销合同,意思表示错误,以及缔约上的过失责任。其中,属于积极信赖保护责任的有:(1)对于要约方在规定期限内或合理期限内未撤销要约,对方当事人因信赖要约而予以承诺的,则尽管要约方已经不再同意缔结合同,法律上仍然拟制合同成立;(2)对于因欺诈、胁迫的原因订立的合同,受欺诈、胁迫一方享有合同撤销权,但是其未在法律规定的除斥期间内撤销合同的,则对方当事人可以要求其按照合同有效履行。属于消极信赖保护责任的有:(1)意思表示错误,合同当事人可以撤销其意思表示,但应当赔偿相对方信赖利益损失。但是如果表意人对于错误存在重大过失的,则可以不赋予表意人撤销权,对此我国合同法并无规定,如果立法上肯认此结论,则属于积极信赖责任④;(2)缔约过失责任,当事人在缔约阶段中未尽磋商方面的注意义务,存在恶意磋商行为,对于对方的信赖利益损失存在过错的,应当承担信赖利益损失的赔偿责任。⑤ 缔约过失责任以消极信赖

---

① 〔德〕卡尔·拉伦茨:《德国民法通论》(下册),王晓晔、邵建东、程建英、徐国建、谢怀栻译,法律出版社 2003 年版,第 455、456 页。
② 参见张家勇:《论前合同责任的归责标准》,载《法学家》2014 年第 1 期。
③ 关于 Meyer 的与因主义理论以及后继者 Jacobi 关于表意人造成意思表示外观的理论,参见刘晓华:《私法上的信赖保护原则研究》,法律出版社 2015 年版,第 37 页以下。
④ 冉克平:《论私法上的合意及其判定》,载《现代法学》2014 年第 5 期。
⑤ 缔约过失责任的理论基础既包括诚实信用原则,也保护信赖保护原则。有学者认为,基于诚实信用原则解释缔约过失责任,导致在责任要件上需要讨论过失人的注意义务和过失,而基于信赖保护原则解释,则在责任要件中需要考虑的是磋商的外观导致当事人的信赖,以及信赖的失望。参见刘晓华:《私法上的信赖保护原则研究》,法律出版社 2015 年版,第 183 页。也有学者认为,缔约过失责任的归责性建立在过失责任上,不需要以信赖保护原则作为独立的归责基础。参见朱广新:《信赖保护理论及其研究述评》,载《法商研究》2007 年第 6 期。

责任为原则,一般不承认积极信赖责任。但是对于恶意中断磋商而言,在较高级别的磋商阶段发生恶意中断磋商的,在有些国家的法院,可以认为当事人不得中断磋商而必须缔约,并因此判定恶意中断磋商的一方承担履行利益损害赔偿责任。

之所以信赖保护在缔约阶段发挥作用,其原因在于缔约阶段开启了当事人之间的"交易场所"(öffnung des geschä ftslikals)[①],因而通过缔约接触和磋商行为而发生一定的外观事实,并且使当事人之间互负注意义务以及交易安全保护义务。信赖保护责任的发生取决于一方的可归责性和另一方信赖的合理性(善意无过失),因此信赖保护责任根据缔约阶段呈现循序渐进的序列性,在较初级的缔约接触阶段,信赖保护责任主要围绕固有法益的保护而发生,而在磋商开始后,如双方签署意向书,尽管意向书并不会为双方当事人施加必须缔约的法律义务,但当事人将开始承担磋商缔约方面的注意义务,这是为了保护当事人对于基于磋商的表象而形成的信赖。

从本书的研究来看,预约存在于缔约阶段的序列之上,即在意向书和本约缔结之间的阶段。因为缔约阶段的深度序列与信赖保护的强度的序列相互平行,所以相比于意向书而言,预约位于缔约序列的更高阶段,应当获得更高的信赖保护程度;而相对于本约来说,预约仍然属于缔约序列的较低阶段,因而仍然可以允许当事人在法律规定的范围内悔约。同时,从预约的内部来看,预约中包括确定性程度较低的预约,以及确定性程度较高(达到本约标准)的预约。按照信赖保护随着缔约阶段而发生并逐渐加重的法理,在确定性程度较低的预约和确定性程度较高的预约之间,也会存在信赖保护责任的序列性变化。进而我们可以认为:对于确定性程度较低的预约,仅发生磋商的义务和预约的信赖利益损害赔偿;而对于确定性程度较高的预约,则不仅发生磋商的义务,而且发生缔结本约的义务,或者关于预约的履行利益(指向本约的履行利益)的损害赔偿。

---

① "交易场所的开启"是梅迪库斯的说法。参见李昊:《德国缔约过失责任的成文化》,载《清华法学》2010年第2期。

第二章 预约的法律构造

  法律构造(rechtsfigur)①一词,在我国的法学期刊上最早出现在2000年前后,新近的法学作品使用较多。本书用"法律构造"来指代预约作为一个法律概念背后的法律规范结构,如德国学者齐特尔曼所说,法律规范的性质在于,类比自然因果律,在事实要件与法律结果之间基于法律命令建立"法律因果性"。② 法律规范包括构成要件和法律后果以及他们之间的法律因果性,这种法律规范语义背后的因果结构即为本书所称的法律构造。之所以使用"法律构造",而不使用"法律结构"一词,其原因在于相较而言,法律构造更能体现法学思维上的动态的创造过程,或者像韦伯和拉伦茨所云的法学的"作品"。③

---

  ① "构造"的德语词figur和同源英语词figure的含义是造型、图像、体形、戏剧角色。在中国公开发表的法学文章中使用"法律构造"较早的如大陆民商法学者朱慈蕴。参见朱慈蕴:《论证券交易所与会员公司的法律关系——两者关系法律构造的问题点》,载《法商研究》2001年第3期。另外,黄茂荣在2002年出版的《债法总论》中使用"契约的构造"来讲述契约中双方权利义务的制衡关系,解释为"契约具有两造的结构"。黄茂荣:《债法总论》(第一册),中国政法大学出版社2003年版,第94页。
  ② 〔德〕卡尔·恩吉施:《法律思维导论》(修订版),郑永流译,法律出版社2014年版,第35页。
  ③ 中国学者汤文平认为法律构造一词借用自德文词汇"法律的构造和计划功能"(Organisation und Planungsfunktion),指立法者对某一领域表达立场之后,法律解释和续造必须尊重之。使用该词语时强调法律构造体现的法的安定价值。参见汤文平:《论预约在法教义学体系中的地位——以类型序列之建构为基础》,载《中外法学》2014年第4期。

第一节 预约的构成

构成要件,按照刑法学家贝林的说法,就像一个钩子,只有钩子在,才能把案件挂上去,他又说构成要件就像一个音乐作品的主旋律,尽管一个音乐作品还有很多其他音符,主旋律仍然对这部音乐作品起到了定调作用。① 拉伦茨在其《法学方法论》中认为,对于一个法律概念应当分析它的主要特征,这些特征必然经过了法律的规整,体现了法律规范的评价,因而具有价值导向。所以说,本书讨论预约的构成,并非单纯地在逻辑上分解预约的构成部分,而是通过分析法律的规范目的而对预约的主旋律和整体形象进行目的性的描述。

预约的构成要件与其他合同一样,需要"意思表示的合意"。意思表示的内部结构蕴含丰富,在构成上分为客观要件和主观要件:(1)客观要件即外在的表示行为,该行为并非无意识的行为,而是具有行为意思,即当事人自觉从事某行为的意思;(2)主观要件中包含:其一,目的意思,是指法律行为具体内容的要素,根据其法律性质区分为必备内容(要素)和非必备内容(常素和偶素);其二,法效意思,是指当事人愿意使自己的意思表示发生法律上的效力,并受意思表示的拘束。该法效意思中包含表示意思,即当事人认识到自己的意思表示具有法律上的意义。② 合同作为意思表示的合意并产生法律约束力,需要合意的意思表示具有一定的质素,不仅需要外在的合意的表示(agreement),而且需要具有目的意思,这要求合同应当具有一定的确定性(certainty),同时预约还需要具有法效意思,在合同的语境下即为预约的缔约意图(intent to contract)。

本书在绪论中已经分析,预约在其合同性质、确定性、缔约意图等方面均存有理论争点,因此本书在关于预约的构成部分,将对这些争点进行分析。

---

① 陈兴良:《构成要件论:从贝林到特拉伊宁》,载《当代刑法思潮论坛(第一卷):刑法体系与犯罪构造》,北京大学出版社2016年版。
② 王利明:《民法总则研究》,中国政法大学出版社2003年版,第536页以下。

一、预约的合意

(一) 合意的基本理论

合意(meeting of mind)①,在19世纪以来的现代合同法中处于毋庸置疑的核心地位,不同法律体系的合同法关于合同具有法律拘束力的理论均以合意为基础。罗马法的协议或合意概念(conventio)一开始在契约理论中并不处于中心位置②,但是在罗马法的发展过程中,其重要性逐渐上升,罗马法学家佩丢斯指出"本身不具有协议的活动,不论是通过物还是通过言辞达成,不产生合同,也不产生债"③。17世纪自然法学派的格劳秀斯提出"允诺从属于守诺人对允诺的接受"的思想④,在19世纪凭借海塞、萨维尼等德国法学家构建并完善的法律行为理论,"合同原则"(合同对于债的发生是必要的)得以最终确定⑤。在现代的大陆法系合同法中,合意是合同成立的根本标志。⑥ 合同成立后,除非存在法定的或意定的生效要件,合同成立时即具有法律效力,而非另行发生合同生效的阶段。⑦

在德国法上,对于意思表示的合意的判断,一般采取客观解释论,即考察当事人表示出来的意思是否构成合意,而不是探寻当事人的主观意图。⑧ 弗卢梅认为,合同的缔结"并不取决于合同双方当事人任何一方作为心理现象的意思,而是取决于其意思表示的行为"⑨。在法国法上,由于《法国民法

---

① 美国《第二次合同法重述》第17条将"合意"称为 mutual assent。美国学者 Edwin Peel 认为,meeting of mind 是指合同双方在客观上和主观上均达成一致;mutual assent 是指双方仅在客观上达成一致,后者代表客观解释论的立场,即按照第三方理性人的角度客观上理解的表意人的意思确定当事人之间是否达成合意,而不需考察当事人的主观真意。参见陈进:《意向书的法律效力探析》,载《法学论坛》2013年第1期。
② 赵毅:《"意思"的诞生——基于罗马法教义学的考察》,载《北方法学》2016年第6期。
③ 蒋军洲:《罗马法上要物合同的成立结构及其现代启示》,载《河北法学》2013年第6期。
④ 黄美玲:《允诺原则之历史解释》,载《环球法律评论》2014年第5期。
⑤ 徐涤宇:《合同概念的历史变迁及其解释》,载《法学研究》2004年第2期。
⑥ 王利明:《合同法研究》(第一卷)(修订版),中国人民大学出版社2011年版,第216页。
⑦ 易军:《我国立法不宜正面、积极地规定法律行为的生效要件——反思〈民法总则(草案)〉第121条的立法方式》,载《北航法律评论》2017年第1期。
⑧ 冉克平:《论私法上的合意及其判定》,载《现代法学》2014年第5期。
⑨ 〔德〕卡尔·拉伦茨:《德国民法通论》(下册),王晓晔、邵建东、程建英、徐国建、谢怀栻译,法律出版社2003年版,第734页。

典》第 1101 条"合同是一种合意"之规定,法国学者和法院相对而言更为强调当事人的真实意思的决定作用,仅在无法查清主观真意和客观表示之间是否一致的情况,或者当事人对于不一致存在过错的情况下,才按照客观表示决定合同内容。① 在英美法系,尤其是美国合同法,在《第一次合同法重述》中即基本接受萨维尼的法律行为客观解释论,在《第二次合同法重述》中重申了上述观念。例外的,沿循普通法关于盖印契约的传统(contract under seal),书面协议不需要意思表示合意。② 但是书面协议本身在外在表现形式上亦体现为合意,只不过不需要探究当事人内心的意思,这表明英美法系在合同合意的问题上也贯彻了客观解释论的立场。③

客观解释论并不严格符合契约自由的原则,因为当事人可能因表达能力不足,导致其签署的书面协议所体现的表面文义并非其真实意思。在特殊情况下,作为对客观解释论的缓冲,法律仍然会考虑当事人的真实意图。包括:(1) 隐藏的不合意。此时双方当事人均无可归责性,应当按照当事人的主观真意认定该合同不成立。(2) 错误,在中国合同法上为重大误解。当当事人的真实意思与表示出来的意思存在重大不一致时,合同成立,但是属于可撤销合同,有过错的当事人在合同被撤销后应当赔偿对方的信赖利益损失。④

按照单方法律行为的契约化解释论,单方法律行为可因特定相对人之行为而缔结合同,如悬赏广告、单方允诺。德国法上一般认为合同仅能产生于双方或多方当事人的合意,但也有学者主张可以根据合同理论解释单方

---

① Gregory Klass, "Intent to Contract", 95 *Va. L. Rev.* 1437(2009), at 1444. 另外,葡萄牙民法和卢森堡民法具有相同或类似规定。
② The American Law Institute, Restatement 2d of the Law: Contract, §17.
③ 美国关于客观解释论立场的判例是,在弗吉尼亚州最高法院 1954 年审理的 Lucy v. Zehmer 案中,法院明确普通法上的先例确立的法律规则是,主观精神上是否合意,对于合同的成立不是必要的。合同的成立需要当事人之间的合意,但是法院需要根据当事人通过其言语和行为传达给对方的意图来判断是否存在合意。如果从一个合理的标准来看,当事人的言语和行为表示出来了合意,那么他真实的未表示出来的意思到底如何并不重要。Lucy v. Zehmer, Supreme Court of Appeal of Virginia, 1954 196 Va. 493, 84 S. E. 2d 516
④ 冉克平:《论私法上的合意及其判定》,载《现代法学》2014 年第 5 期。

法律行为所形成的债之关系。① 学者认为这是泛契约化思想的产物,应值反思。② 王泽鉴认为,债依意定发生者以合同为原则,以单方行为为例外,对此例外应当从严解释。③

(二) 预约的合意

1. 预约是关于承担缔结本约的义务的合意

预约作为合同行为,其目的在于发生当事人合意追求的法律效果,该法律效果即为在当事人之间因合同而发生的债。预约所生的债即双方或一方负担缔结本约的义务。据此,我们可以将预约的合意分为两层内容:第一层是**预约本身的合意**,即关于承担未来缔结本约的义务的合意;第二层是**本约内容的合意**,即为了确认预约本身的合意,而必须对本约的意思表示中的目的意思(即本约的内容)达成合意。其实,关于本约目的意思的合意的说法并不准确。严格来说,在本约未缔结前,尚无发生本约的目的意思,而仅有本约将约定的权利义务的内容。尽管这些内容是在预约的意思表示中展现出来的,但是并不具有法律行为上的意义。所以称之为"本约内容的合意"更为准确。可以用普通买卖合同来类比,在铁矿石买卖合同中均会约定铁矿石的铁含量、湿度及硫、磷等化学物质含量,在大宗商品交易行业中,该条款被称为"货描条款"(货物描述之意)。铁矿石种类繁多,没有货描则根本无法确定双方买卖的是何种货物。如果该买卖合同未约定货描,则买卖合同难以成立。④ 预约合意中关于本约的内容的合意即类似于这种货描条款。如果在预约中对于关于本约的"货描"没有合意,则预约也无合意。

需要特别说明,此处的本约的内容的合意,与**本约合意**判然有别。本约合意是指在本约缔结时达成的合意,是本约成立的标志,而本约内容的合意,是包含在预约合意中的关于本约未来合意内容的合意。质言之,一个在

---

① 〔德〕迪特尔·梅迪库斯:《德国债法总论》,杜景林、卢谌译,法律出版社 2004 年版,第 55 页以下。

② 许中缘:《论民法中单方法律行为的体系化调整》,载《法学》2014 年第 7 期。

③ 王泽鉴:《悬赏广告法律性质之再检讨》,载《民法学说与判例研究》(第 2 卷),中国政法大学出版社 1998 年版,第 71 页以下。

④ 当然,该案例是假想的案例,现实中一般并不存在。如果现实中存在这样的合同,经常是因为买卖双方之间存在长期的合作关系,双方均清楚所交易的铁矿石的实际所指。如果发生争议,法院将根据双方之间的交易习惯填补当事人之间关于货描的合意内容,并按此决断案件。

预约合意之外,一个在预约合意之内。同时二者又具有联系,因为本约内容的合意正是本约合意的组成部分,即本约的标的。

如果将预约(合意)、本约(合意)、本约内容(合意)建构为一个可以理解的逻辑结构,则预约发生之债的标的为缔结本约之权利义务[①],此时本约之缔结为预约的债之客体,而本约内容为预约的债之标的物(而非标的)。又从本约角度观察,本约之债的标的为本约内容,本约之标的物为具体本约给付所涉之物、权利或行为。以图示之(见图1):

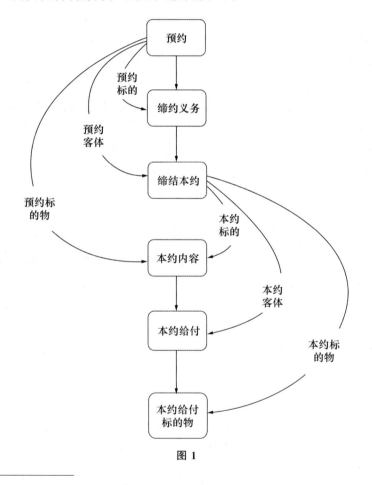

图 1

[①] 王利明教授即认为,本约与预约的标的不同之处在于,预约的标的是订立本约,因而预约与本约具有内容上的不同。参见王利明:《预约合同若干问题研究——我国司法解释相关规定述评》,载《法商研究》2014年第1期。

2. 预约合意的外在表示

预约作为抽象概念,其合意的表示原则上可以采取口头或书面等多种形式,对于单方预约允诺,可以通过意思实现(缔结本约)完成预约合意。有些国家的法律明确规定预约需要以书面形式作出[①],在交易实践中,书面形式是预约的合意的外在表示的最常见途径。书面预约有以协议方式体现的,比如订购书等。书面预约也可能存在于某一个完整协议的条款之中,比如在股权转让协议中约定将来签署股权回购协议。此时的股权转让协议属于一个完整协议,其本身并不是预约,但是其中关于未来签署股权回购协议的条款则属于预约,该预约对应的本约为股权回购协议。因此,预约并非均在缔约过程中发生,在复杂的存在时间跨度的交易结构中也经常发生,仅是其效力比较清晰,并不像缔约中的预约有如此多的争议。[②] 书面预约也有以单方信函方式体现的,比如单方选择权承诺函等。该信函以一方名义出具给另一方,但另一方也可以在该信函上签署,即形成预约协议,或者在实际缔结本约时通过意思实现完成预约。附带提及,有些在缔约过程中出现的协议,也具有合意的外观,比如协议标题大纲、条款清单,或者君子协议。但是上述协议或者因为其内容过于简单而被推定无缔约意图,或者因为当事人明确排除其法律约束力,均不属于预约。

上述常见的缔约阶段的协议形式,不能仅以协议标题确定其是否为预约,而应根据当事人在协议中所表达的意思表示来确定。比如意向书,具备预约缔约意图和本约主要条款的完全可以构成预约,而明确表示仅有缔约意向的则不构成预约,对此本书将在第五章第二节"预约与意向书的关系"部分专门讨论。在判断当事人之间是否存在合意时,应当采取客观解释论,即从一个理性人的角度对当事人的表示的客观方面予以理解,由此决定当事人之间是否存在预约的合意。

---

① 《俄罗斯民法典》第429条第2款规定:"预约合同的形式应采取对主合同规定的形式而签订,如果没有规定主合同的形式时,则以书面形式签订。预约合同不按规定形式的,自始无效。"《智利民法典》第1554条规定订立合同的允诺应当"以书面形式作成",否则"不产生任何债"。本书将在第二章第二节"预约的形式"部分讨论。

② Farnsworth将该种临时协议称为同意未来采取某一交易的临时协议(agreement to engage in a transaction)。参见 E. Allan Farnsworth, "Precontractual Liability and Preliminary Agreements: Fair Dealing and Failed Negotiations", *Columbia Law Review*, Vol. 87(1987), at 249.

3. 预约的不合意和错误

预约可能存在表面上具备合意形式,但是在当事人的主观上并未达成合意的情况。预约的不合意可以表现为公开的不合意和隐藏的不合意,以及错误。在公开的不合意的情况下,预约显然不成立。在隐藏的不合意的情况下,预约亦不成立。比如顾客根据其手中的旧菜单向餐馆电话预订酒席并达成预约,假设餐馆已经更换新菜单数月且对旧菜单散失在外并无过错,双方在签订正式酒席服务协议本约时发现双方对于菜品价格的理解完全不同,此时的预约存在隐藏的不合意,则双方之间并无预约。此外,预约可以因错误撤销。如买方签订商品房订购书后,发现其并未注意到订购书上载明的单价为建筑面积单价,而错误地以为是使用面积单价,则根据合同法之规定,他可以撤销预约,但是应当赔偿卖方的信赖利益损失。预约存在上述不合意或者因错误而撤销的,预约自始不存在,当然也不会发生当事人请求缔结本约的权利和义务。

4. 单方预约和单务预约

基于合同必要性原则,预约作为合同,应有双方当事人关于未来缔约的合意。但是在特别情况下,预约也可以通过单方法律行为作出,比如出卖人向买受人作出的未来在买受人愿意购买时以特定价格出售标的物的单方允诺。该预约允诺在买受人同意购买时即成为预约合同。该单方预约与无固定期限的或长期有效的要约应当加以区别。[①] 首先,单方预约在作出之后即发生法律效力,而要约在受要约人承诺之前可以撤销;其次,单方预约在相对方同意缔约时成立预约合同,而受要约人在承诺时则应当成立最终合同,而非预约合同。

单方预约与单务预约不同。单务预约是指仅一方当事人负有缔结本约的义务的预约,但仍然可能是双方预约。在日本法上,《日本民法典》第556

---

① 法国学者德莫隆伯(Demolomce)曾提出要约的预约合同学说,将要约解释为预约合同,即在要约中存在两个部分,一个是关于合同内容的表示,另一个是关于对方承诺期限的表示,在要约送达承诺人时,对于前者并不要求承诺人具有合意,但是对于后者则默示承诺人存在合意,故达成了一个合同行为。尽管该学说具有一定的思辨性,但是也因与要约的单方法律行为的主流观点不符,逐渐被抛弃。参见尹田:《法国现代合同法:契约自由与社会公正的冲突与平衡》(第二版),法律出版社 2009 年版,第 59 页。

条规定"买卖一方的预约"①,我妻荣在其《民法讲义》也因法典规定而提出"一方的预约"与"双方的预约"的概念区别②。有学者将其称为"单方预约"③,但是日本民法中的"一方的预约"是指根据一方的行使"缔约完结权"的意思表示即可以成立本约的预约,该种预约应当为"单务预约",而非"单方预约"。另有学者认为选择权合同或优先权合同属于单方预约,其理由在于一方当事人以单方意思表示赋予对方选择权或优先权,而另一方可以以行为表示承诺。④ 选择权合同和优先权合同之所以为合同,即因为双方之间已经就一方的选择权和优先权具有合意,此处的预约仍然为单务预约,而非单方预约。

(三)预约合意与本约合意的关系

基于预约的容许性,预约与本约判然有别。弗卢梅认为,预约从本约中分离出来,仅在预约与本约缔结的前提条件、合同约定以及合同关系上存在不同时,才有意义。⑤ 按此,预约合意并非本约合意。预约合意是指预约的意思表示的合意。而预约的意思表示的内容是负担缔结本约的债务,只要存在当事人应当在未来缔结本约的合意即为已足,至于缔结本约本身以及本约中约定的权利义务,并非预约合意的应有之义,但是如果当事人对本约的内容不存在合意,则预约的合意难以成立,因为此时双方当事人对于未来缔结本约的意思表示的内容没有一致意见,无法认定预约存在合意。以上主要是大陆法系,尤其是德国法上的预约概念的推演结果。而在英美法的临时协议概念里,不存在这样的区别。根据英美法的"全有全无"原则,对于临时协议的合意的认定是以本约为视角的,即只有达到本约的合意,临时协议才具有合同法上的意义,否则仅仅是自由磋商中的一个事实而已,仅在例外的情况下才具有法律约束力,比如基于禁反言原则在当事人之间发生诚

---

① 《日本民法典》,王爱群译,法律出版社2014年版,第94页。
② 〔日〕我妻荣:《我妻荣民法讲义V2:债权各论》(中卷一),徐进、李又又译,中国法制出版社2008年版,第36页。
③ 梁慧星:《预约合同解释规则——买卖合同解释(法释〔2012〕8号)第二条解读》,载中国法学网 http://www.iolaw.org.cn/showArticle.aspx?id=3462,2016年6月24日访问。
④ 吴颂明:《预约合同研究》,载梁慧星主编:《民商法论丛》(第17卷),金桥文化出版(香港)有限公司2000年版,第525页。
⑤ Flume, Das Rechtsgeschaft, 1979, S.614,转引自汤文平:《论预约在法教义学体系中的地位——以类型序列之建构为基础》,载《中外法学》2014年第4期。

信磋商的义务。

关于预约合意与本约合意的区分是否有意义,历来在理论上存在不同观点:(1) 无用循环论。在《法国民法典》规定买卖预约条款之后,预约合同备受质疑,批评者多认为预约的合意与本约的合意相同,本约的合意决定预约的合意,这是一种无用的循环(Circuitus inusilis),持该观点者如德国学者 Schlossmanns,意大利学者 Viterbo,瑞士学者 Merz,以及西班牙学者 Alguer 等,也因此,这些学者主张预约制度本身并无价值。① (2) 本约预约同一说。该学说认为本约与预约为同一个合同,两者的合意也为同一个合同。该学说又可分为两种学说:一种学说认为本约的合意被预约的合意所吸收,如意大利学者 Liugi Montesano;另一种学说认为预约的合意被本约的合意所吸收,如意大利学者 V. Grasso。② 该学说无疑符合英美法系关于临时协议的进路。(3) 独立合意说。该学说认为预约合意独立于本约合意,当事人就缔结本约达成合意,就可以认定预约本身成立。③ 该学说为承认预约制度的国家的通说。我国司法解释承认预约的独立效力,也认可预约应当具有区别于本约的独立的合意。④ 本书认为应采独立合意说。

预约合意和本约合意的区别在于:(1) 前者是预约的成立标志,后者是本约的成立标志;(2) 前者的内容仅指承担缔结本约的债务,后者是指缔结本约本身;(3) 前者关于本约的内容的约定乃是作为对于本约的描述,而非作为履行的约定,后者关于本约的内容的约定直接即为履行本约的约定。假如预约中约定了本约的内容并且约定按此履行,则该预约纵名为预约,实应为本约⑤;(4) 前者产生债的效力,即要求相对方缔结本约或者接受本约缔结的效力;后者可以产生债的效力也可以产生其他法律效力,端视该本约的法律性质为何,比如预约达成变更抚养权协议,该协议的合意乃发生身份权上的法律效力,而非债的效力。

同时,预约合意与本约合意两者之间存在紧密的联系和相互的影响关

---

① 唐晓晴:《澳门预约合同法律制度》,中国社会科学院 2003 年博士学位论文,第 63 页。
② 同上文,第 66 页。
③ 王利明:《合同法研究》(第一卷)(修订版),中国人民大学出版社 2011 年版,第 37 页。
④ 最高人民法院民事审判第二庭编著:《最高人民法院关于买卖合同司法解释理解与适用》,人民法院出版社 2016 年版,第 51 页。
⑤ 黄立:《民法债编总论》,中国政法大学出版社 2002 年版,第 49 页。

系:(1)本约合意是预约合意的法律效果,即当事人达成本约的合意正是预约合意所追求的法律效果。(2)本约不存在,则预约亦不存在。比如两人预约周末一起打羽毛球,因为一起运动并非本约,此时所谓日常语言中的预约并非法律上的预约。有学者称之为预约与本约的"比照原则",即认为预约应当比照本约之规定,如无本约存在,自然无预约。①(3)逻辑上推论,预约合意中必然包含本约合意的内容,缺少本约合意的内容,预约合意也不会存在。比如顾客根据餐厅旧菜单通过电话与餐厅预订酒席(预约),在顾客到餐厅点菜(本约)时,发现餐厅使用的新菜单菜品价格高出许多,因此在预约时双方之间实际上并未对本约中的内容达成一致,此时预约的合意也不存在。(4)本约合意的内容违反法律强制性规定或公序良俗时,法院当然禁止违法合同的缔结,此时预约因目的违法而无效。② 据有学者引述,葡萄牙最高法院曾在1981年的一个判决中认为一份以订立法律所禁止的本约为标的的预约无效。理由在于法律禁止订立之本约及于预约的禁止。③

二、预约的缔约意图

(一)缔约意图的基本理论

缔约意图是指当事人意欲形成有约束力的法律关系的意思。缔约意图体现契约自由的法律思想,契约自由意味着订约自由,订约自由以缔约意图为核心。如法国法学家卡尔波尼埃所说:"任何人都不可能被一项不符合其意愿的合同关系所约束,这是意思自治最基本的特征。"④更深层次而言,缔约意图意味着合同当事人愿意受到在自己的自由意志支配下行动所产生的法律后果的约束。这是一个完整的自由意志的展现过程。

在大陆法系,以德国法为代表,基本认可合同成立需要当事人有受契约约束的意思。⑤ 在意思表示理论中,缔约意图是指当事人具有受法律约束的

---

① 唐晓晴:《预约合同法律制度研究》,澳门大学法学院2004年版,第228页。
② 〔日〕我妻荣:《我妻荣民法讲义V1:债权各论》(上卷),徐慧译,中国法制出版社2008年版,第47页。
③ 唐晓晴:《预约合同法律制度研究》,澳门大学法学院2004年版,第229页。
④ 尹田:《法国现代合同法:契约自由与社会公正的冲突与平衡》(第二版),法律出版社2009年版,第42页。
⑤ 陈自强:《民法讲义I:契约之成立与生效》,法律出版社2002年版,第98页。

意思,即法效意思(Erfolgswille)。① 在法国法,同样认可缔约意图是合同的要件,即只有当事人表达了愿意受约束的意思后才能受到合同的约束,总结为一句名言就是"合同为其所愿"②。法国法学采纳了德国法的法律行为理论,并认为这是《法国民法典》的应有之义。由于《法国民法典》对合同的范围规定较窄,所以其对于与合同有关的意思表示均上溯到法律行为的理论加以理解。③ 法国民法认为,法律行为是行为人意欲发生法律效果并受其约束的行为,法律行为的要件中包括行为人必须具备的实施法律行为的意思。此实施法律行为的意思,在合同行为中即为缔约意图。④

英国法同样强调合同当事人应当具有缔约意图。通常来说,我们讨论英美国家的合同法,总认为约因是合同生效的核心条件,往往忽视了缔约意图的意义。其实,在英美法,合同具备约因不代表合同一定具有强制执行

---

① 梅迪库斯的《德国债法总论》《德国民法总论》以及拉伦茨的《德国民法通论》,均未在合同成立的部分讨论缔约意图,而是在总论中的法律行为部分讨论。在德国联邦法院判决的著名的"合伙买彩票"案件中,五个朋友约定合伙买彩票,每周每人出 10 马克,其中四位朋友都将自己的 10 马克交给第五位朋友去买彩票,每周买彩票之前他们会共同确定拟购买的彩票号码顺序。但是有一次第五位朋友忘了去买彩票,偏偏他们拟购买的彩票号码可以中 1 万马克的大奖。因此其他四位朋友起诉第五位朋友要求其赔偿 1 万马克。联邦最高法院认为本案的焦点问题就是,五位朋友在缔结共同购买彩票的约定时是否具有缔约意图,或者说受到法律约束的意图,法院认为,在中奖后分配奖金或者返还垫付彩票款的方面,上述朋友具有缔约意图,而对于如果耽误购买及承担赔偿责任方面,当事人没有缔约意图。参见〔德〕迪特尔·梅迪库斯:《德国民法总论》,邵建东译,法律出版社 2000 年版,第 155 页。另参见 Klass, "Intent to Contract",95 *Va. L. Rev.* 1437(2009), p1445. 作者作为美国法学者,也同意德国和奥地利法学上的缔约意图是通过法律行为理论来分析的。

② Terre 等,Les Obligations 6, no.93 转引自欧洲民法典研究组、欧盟现行私法研究组编著,〔德〕克里斯蒂安·冯·巴尔、埃里克·克莱夫主编:《欧洲私法的原则、定义与示范规则:欧洲示范民法典草案(全译本)》,朱文龙等译,法律出版社 2014 年版,第 258 页。

③ 张民安:《法国民法》,清华大学出版社 2015 年版,第 108 页。

④ Ralph B. Lake, "Letters of Intent: a Comparative Examination under English, U. S., French, and West German Law", *George Washington Journal of International Law and Economics*, Vol. 18, Issue 2 (1984), at 1444. 但其他一些大陆法系国家在立法中明文规定了缔约意图作为合同的必备条件。《奥地利民法典》第 861 条明确规定了合同是具备"创造法律关系意图"的双方或多方当事人之间的合意。《斯洛文尼亚民法典》第 15 条规定,当当事人具有形成"具有约束力的法律关系的意图",就合同的基本要素达成合意并符合其他进一步的要件时,合同即告成立。参见欧洲民法典研究组、欧盟现行私法研究组编著,〔德〕克里斯蒂安·冯·巴尔、埃里克·克莱夫主编:《欧洲私法的原则、定义与示范规则:欧洲示范民法典草案(全译本)》,朱文龙等译,法律出版社 2014 年版,第 258 页。

力,法律要求当事人必须具有缔结合同的意图,否则合同不能被强制执行。①在一些案件中,英国法官总结为"合同如要存在,必有缔约意图",这被学者称为"英国规则"。② 按照 Atiyah 的分析,通常来说缔约意图并不需要特别证明,但是在以下几种合同中必须证明缔约意图的存在:(1) 游戏表示;(2) 缔约阶段的临时协议;(3) 家庭内或社交场合的合同。英国法院在商事交易合同案件中,直接推定当事人之间具有缔约意图,而不需主张合同成立的一方加以证明。③ 美国法尽管在《第二次合同法重述》中明确宣示:"对于合同成立,无论是真实的还是表现出来的缔约意图都是不必要的。"④但在临时协议的场合则有不同,学者在总结美国法关于临时协议的判例时认为:"无论是临时的还是最终的不完整合同,在考虑其是否达成协议时,需要视他们是否具有缔约意图而定,至于他们事后是否能够对空白条款达成协议,

---

① 王泽鉴主编:《英美法导论》,北京大学出版社 2012 年版,第 199 页。

② Ralph B. Lake, "Letters of Intent: a Comparative Examination under English, U. S., French, and West German Law", *George Washington Journal of International Law and Economics*, Vol. 18, Issue 2 (1984), at 1447。1919 年,英国上诉法院判决的一个经典判例 Balfour v. Balfour,是一个关于丈夫与妻子约定每月给她 30 英镑生活费,但是嗣后食言的案例。法院认为丈夫在进行约定时并没有缔约意图,所以丈夫和妻子之间不具有法律上的合同关系。See Ralph B. Lake, "Letters of Intent: a Comparative Examination under English, U. S., French, and West German Law", *George Washington Journal of International Law and Economics*, Vol. 18, Issue 2 (1984), at 1437。

③ P. S. Atiyah, *Introduction to the Law of Contract*, Sixth Edition, Oxford University Press 2016, at 99;王泽鉴主编:《英美法导论》,北京大学出版社 2012 年版,第 199 页。

④ 美国学者认为这是因为美国法一开始就接受了 Williston 的客观解释论。Williston 是《第一次合同法重述》的重要起草者,其理论对美国合同法影响较大。但是美国法在《第二次合同法重述》中比 Williston 的客观解释论走得更远。在 Willison 看来,缔约意图是合同当事人承担责任的基础,因此缔约意图仍然是需要的,但是应当按照客观上表现出来的来判断,而不需要探查当事人的主观真实意思。然而,在美国法,就连客观表现出的缔约意图都是不必要的。比如一方当事人与另一方当事人口头约定,前者从后者那里以 100 元的价钱购买一本旧书,而双方当事人都认为这个买卖合同需要采取书面形式才能生效。这在德国法、法国法、英国法上或者 williston 本人看来,当事人之间不具有缔约意图,因而合同法律关系并不存在。但是在美国法上,上述合同完全是一个有效合同,因为当事人的缔约意图根本不是合同的必要生效条件。如美国合同法学家 Cobin 所认为的:合同一方用一头牛交换另一方的一头马,只要他们达成了合意(agreement),合同(contract)就成立了。不用去管这两个糊涂蛋是否听说过法律关系这回事,或者法律对合同的强制执行力。但是美国法官在司法审判中仍然会考察当事人的缔约意图。

在所不问。"①

（二）预约的缔约意图

1. 预约缔约意图的独立性

在英美法上，法官是从最终协议的角度来考察临时协议的缔约意图的，因此，临时协议的缔约意图与最终协议的缔约意图并无区别。在1987年的 Teachers Insurance and Annuity Association v. Tribune Co., Leval 案中，法官判决认为："在寻求一个临时协议是否应当具有合同约束力时，法院的任务是确定当事人在形成临时协议时的意图，以及他们对相对方的表示行为。法院必须谨慎，避免对没有缔约意图的人强加法律责任。对于那些合同条款不完整，需要未来的同意或需要未来另行签署合同文件的案例，可以推定当事人不存在缔约意图。但是，如果当事人确实具有缔约意图，法院不应阻止他们按照期望获得一份合同。"这里的"当事人希望获得的合同"是指最终协议（乃本约而非预约）。

与英美法相对立，大陆法系区分预约和本约，对于缔约意图需要区分预约的缔约意图和本约的缔约意图。预约的缔约意图，是指当事人希望受到法律上的约束，即约束双方未来缔结本约的意图。而本约的缔约意图则是当事人缔结本约并按照本约约定的内容实际履行的意图。预约的缔约意图与本约的缔约意图在同一时点互相排斥，在预约成立时，必须具有预约的缔约意图，而一定不能有本约的缔约意图。因为一旦具有本约的缔约意图，预约的目的已达，故预约的缔约意图被吞噬，仅保留本约的缔约意图即可。该种情况即为"名为预约，实为本约"，应当按照本约认定法律关系本质。如黄立认为，如将来按照预约履行而不需另订本约的，纵名为预约，仍非预约。我国台湾地区亦有"判例"佐证，当事人间约定土地买卖预约，但是其条款并非未来订立本约之条款，而是约定本属本约应规定的履行事项的，应认定为本约。② 在我国司法实践中，强调深究当事人是否具有本约缔约意图，以确定该预约是否可以拟制为本约。如《商品房买卖合同司法解释》第5条规定，商品房买卖预约具备本约的法定的主要内容，并且出卖人已经收受购房

---

① Ralph B. Lake "Letters of Intent: a Comparative Examination under English, U. S., French, and West German Law", *George Washington Journal of International Law and Economics*, Vol. 18, Issue 2 (1984), at 1451.

② 黄立：《民法债编总论》，中国政法大学出版社2002年版，第49页。

款的,应认定为本约的规定。此中的本约的缔约意图实际上是通过意思实现("出卖人收受购房款")来体现的。①

2. 预约缔约意图对于识别预约的作用

预约的其他构成要件,包括合意和确定性,均为预约的表象,孤立地看这些构成要件均无法判断预约是否成立,最终,这些要件都会归结到预约的缔约意图之上。所以,预约的缔约意图是预约构成要件的核心。具有缔约意图者,一般已经具备合意和确定性等要件,可以判断预约成立。不具有预约缔约意图,则预约不成立。此分为两种情形:(1)积极地规避缔约意图,即当事人在预约中约定了效力控制条款,约定预约不具有法律约束力,比如君子协议。此时显然不成立预约。(2)消极地规避缔约意图。即当事人在预约中并未明确约定排除法律约束力,但是根据法律上的判断可以得知其没有缔约意图。这又分为两种情况:其一,不存在同意缔结本约的意思表示。比如意向书,仅表达缔结本约的"意向",或者表示为"考虑缔结本约",则可以认定不存在预约的缔约意图。其二,在质素上不足以形成缔约意图。比如不具有本约内容的最基本的确定性(将在后文关于预约的确定性部分讨论),则无论当事人是否强烈表达了缔结本约的意思,也应当推论当事人不具有预约的缔约意图,比如约定"双方承诺建立战略性伙伴关系并签署关于铁矿石贸易的全球范围内的合作协议",但不约定合作的具体内容,虽双方当事人明确约定愿意缔结本约,但是对于本约内容并无约定。

综上所述,预约的缔约意图对界分预约与意向书起到核心作用:(1)不

---

① 最高人民法院(2013)民提字第 90 号"成都迅捷通讯连锁有限公司与四川蜀都实业有限责任公司等房屋买卖合同纠纷案"民事判决书。法官认为:"判断当事人之间订立的合同系本约还是预约的根本标准应当是当事人的意思表示,也就是说,当事人是否有意在将来订立一个新的合同,以最终明确在双方之间形成某种法律关系的具体内容。如果当事人存在明确的将来订立本约的意思,那么,即使预约的内容与本约已经十分接近,即使通过合同解释,从预约中可以推导出本约的全部内容,也应当尊重当事人的意思表示排除这种客观解释的可能性。"该案中,在预约合同签署后,买方支付了购房定金,卖方亦交付了房屋,双方通过履行行为达成了本约的合意,符合《合同法》第 37 条关于意思实现的规定,因而法院还是认定本案双方当事人在预约成立后,又成立了本约。需要注意,《商品房买卖合同司法解释》与最高人民法院上述案件的思路并不一致,前者认为,在存在履行行为的情况下,预约被视为本约,而后者认为预约并没有被视为本约,而是根据履行行为实现了本约的缔约意图。

具有预约缔约意图的,不成立预约,很可能属于意向书;(2) 具有预约的缔约意图,而不具有本约的缔约意图的,则为预约;(3) 具有预约的缔约意图,同时具有本约的缔约意图的,则视为本约。

(三) 预约缔约意图的判断标准

缔约意图是认定预约是否具有法律约束力的核心因素。按照类型化方法论思想来看,预约处于从前预约阶段向本约的流动状态,在预约的区间内,也会出现不同形式的预约,彼此差别很大,而同时在相邻序列上又难以区分。因此需要讨论关于缔约意图是否存在的判断标准。本书认为,这些标准可以包括:

其一,当事人的主观表达是否具有缔约意图。如果当事人之间明确表示某一预约具有法律约束力,或者不具有法律约束力,则法官应当按照当事人的明确意思表示来判断其是否具有缔约意图。当然,即使当事人明确某一预约具有法律约束力,法官也需要考察预约中的条款是否完备,是否可以用来强制执行。而对于当事人明确表示预约不具有法律约束力的,比如君子协议,则法官肯定不会认定该预约具有法律约束力。①

其二,区分商事合同和民事合同。因为从事商事交易的主要是"商人"。在这里商人是一个规范的事实类型,或者说具有一定的抽象性。法律上看待"商人",与其说指称其职业,不如说描述了一个这一类型的人的整体形象,比如精于计算,具有一定的资金实力,他进入商业交易时的行为准则并不是无偿施与或践履美德,而是为了通过交易谋求利润,同时他具有一定的对风险的识别、规避和承担的能力。这种"商人"的概念代表的法律的规范价值在于商事行为评价的客观化或外部化,即商法上所倡导的"权利外观主义"②。因此,在商事交易场合签署的临时协议或预约,应当推定当事人具有缔约意图。而民事合同的缔约过程往往发生在亲朋之间,在个案认定上应当更多探求当事人的真意,即是否具有预约的缔约意图。

其三,合同是否具有确定性。合同的确定性是经常与缔约意图相互关联的问题。因为如果合同条款高度不确定,缺少基本界定本约要素的内容,

---

① Scheck v. Francis, 26 N. Y. 2d 466.
② 刘晓华:《私法上的信赖保护原则研究》,山东大学 2013 年博士学位论文,第 92 页。

那么就难以认定当事人之间具有缔约意图。如英国1975年发生的Courtney & Fairbairn Ltd v. Tolaini Brothers(Hotel) Ltd案中,Denning大法官指出:"本案合同太过不确定,因而不具有约束力。"① 而如果合同条款已经谈判完毕并且主要条款完备,则即使当事人之间约定将来需要签署一份书面合同,该预约也是具有法律效力的合同。

其四,通过交易背景判断当事人是否已经愿意受到约束。通过交易背景,比如交易的复杂程度、双方在缔约过程中的表现等情况,可以在一定程度上判断当事人是否愿意受到预约的约束。一般来说,在复杂的交易中,当事人在缔约阶段会达成多个协议,这些协议都难以涵盖全部交易的关键内容,此种情况下,因为交易的复杂性,全部关键的环节均应达成一致,那么针对部分条款达成一致的,不应当认为当事人已经愿意受到法律约束。从现代律师业的发展程度来看,很多典型交易已具定型化的磋商程序和合同文件的签署流程,比如在谈判初期签订意向书和保密协议,在尽职调查之后签署框架协议和条款清单,又在合同签署前形成合同草稿,最终双方进行内部审批并签署正式合同。从上述交易流程,也可以看出当事人在该阶段的心理状态,并可以分析其是否已经具有缔约意图。在Pennzoil一案中,法官认定Pennzoil已经为合同谈判投入了大量金钱和人力,因此双方对所达成的协议备忘录应当具有缔约意图②,可作为实例参考。

三、预约的确定性

(一)确定性的基本理论

合同的合意,并非简单的当事人之间对任何事物的共同想法,而是为了创设合同效力做准备。因此合同的合意需要经过法律的规整,而法律要求当事人之间的合意在内容上需要具有一定程度的确定性,否则从一个客观理性人的角度来看,难以确定当事人之间的合意是否具有法律上的意义。没有确定性的合同无法被强制执行或者判定损害赔偿,如果法律赋予不具

---

① Courtney & Fairbairn Ltd v. Tolaini Brothers(Hotel) Ltd[1975] 1 WLR 297 at 301. 后来,一系列判例遵循了该案的规则,包括Mallozzi v. Carapelli SpA[1976]、Albion Sugar Co. Ltd v. Williams Tankers Ltd[1977]、Star Steamship Society v. Beogradska Plovidba[1988]等。

② Pennzoil v. Texaco, 481 U.S. 1 (1987).

有确定性的合意以合同效力,其实是对当事人的意思自治的违背。① 如 Atiyah 所说,"一个协议是指一个关于某些事情的协议(an agreement is an agreement about *something*)"②。通说认为,合同条款可以区分为必备条款和不必备条款,其划分应当根据合同类型确定。原则上,当事人应当在全部必备条款和非必备条款上均达成一致,当事人对于非必备条款未作规定的可以推定合意存在,但是如果当事人对于非必备条款明确未达成一致的,则应当认定没有合意存在。③

拉丁法谚曰:"Verba ita sunt intelligenda Ut res magis valeat quam pereat(宁使合同生存,毋使合同死亡)。"④《法国民法典》第 1157 条规定,在合同条款存在两种解释时,应以使该合同条款有效的意思理解,而不能以使该合同条款无效的意思理解。上述传统法律原则的现代诠释就是"鼓励交易"原则。无论是法学理论还是法律适用均应当朝向合同成立的方向解释合意。⑤ 现代合同法以鼓励交易为原则之一,所以在趋势上将法律认可的合意内容,即必备条款,限定在尽可能小的范围。法官在解释合同时也应当尽量促进合意的达成,所使用的解释方法就是向双方的合意中灌注法律上或习惯上已经成形的隐含条款,促成当事人之间就合同履行所必备的条款达成全部合意;在合同条款存在模糊性时,法官应当努力解释合同已经成立。⑥ 从鼓励交易的原则出发,理论上将"可确定性"视同为"确定性"。在法国民法上,任何合同客体如果有效,需要是确定的(déterminée),或者至少是能够确定的(déterminable)。⑦ 在英国合同法上,同样存在这种确定性的扩张解

---

① Jules L. Coleman et al., "A Bargaining Theory Approach to Default Provisions and Disclosure Rules in Contract Law", 12 *Harv. J. L. ＆ Pub. Pol'y* 639(1989) 转引自许德风:《意向书的法律效力问题》,载《法学》2007 年第 10 期。

② P. S. Atiyah, *Introduction to the Law of Contract*, Sixth Edition, Oxford University Press, 2016, at 42.

③ 陈自强:《民法讲义 I:契约之成立与生效》,法律出版社 2002 年版,第 96 页。

④ 英国 Wright 法官在 Hillas ＆ Co. Ltd. v. Arcos Ltd. 一案判决中为了证明法官可以为当事人填补具有不确定性的合同时引用了该法谚。Cited in P. S. Atiyah, *Introduction to the Law of Contract*, Sixth Edition, Oxford University Press, 2016, at 46.

⑤ 史尚宽:《债法总论》,中国政法大学出版社 2000 年版,第 16 页。

⑥ 王利明:《合同法研究》(第一卷)(修订版),中国人民大学出版社 2011 年版,第 212 页。

⑦ 张民安:《法国民法》,清华大学出版社 2015 年版,第 342 页。

释。Atiyah认为，如果合同现在不具有确定性，但是将来可以合理确定的（can later be ascertained with reasonable certainty），合同仍然有效。① 尤其是对于那些约定比较长远的未来事项的合同，从一个理性的商人的角度来说，不在现在决定未来时的价格、交货时间、数量，应当说是明智的，此时在合同中将一些合同必备的要素留待未来决定，不应导致现在的合同因缺乏确定性而无效。②

（二）预约的确定性

预约合意包含预约本身的合意，与预约中的本约内容的合意属于两个层面，相应地，预约的确定性也分为两个层面：第一，**预约本身的确定性**；第二，**本约内容的确定性**。

预约合意本身的确定性，是指关于缔结本约的意思表示的确定性。③ 首先，从其法效意思上看，当事人同意其缔结本约的义务具有法律约束力。法效意思上的确定性要求当事人表达明确的预约缔约意图，即缔结本约的确定性的承诺，这使预约区别于意向书。其次，从其目的意思上看，当事人明确表示其承担缔结具体本约的义务。如果当事人在一份买卖订购书中约定"货物价格，另行协商确定"，该"协商确定"并不代表双方必然会缔结一份合同，也有可能通过履行行为确定给付细节，那么上述协议就不具有预约的确定性，因而不能成为预约。另如当事人双方约定"未来共同设立一家公司"，设立公司固然需要签署出资协议，但是是否由双方当事人作为股东签署该出资协议，抑或隐名出资，抑或加入第三方股东均不可知，所以关于缔结本约的义务不具有确定性，因而预约不成立。④

大陆法系普遍认为预约应当具有本约内容上的确定性，但是对于预约

---

① P. S. Atiyah, *Introduction to the Law of Contract*, sixth edition, Oxford University Press, 2016, at 44.

② Id., at 46.

③ 国内也有学者认为，预约的标的不是买卖合同的标的物，而是订立本约的义务，因此预约的确定性并非指本约内容的确定性，而仅是指当事人是否存在确定的将来订立本约的意思。参见陆青：《〈买卖合同司法解释〉第2条评析》，载《法学家》2013年第3期。

④ 黄立：《民法债编总论》，中国政法大学出版社2002年版，第50页。

的确定性的判断标准则有不同学说①:

(1)与本约具有相同标准。该学说认为预约关于本约内容的约定的确定性程度应当达到本约标准。该学说为德国主流学说,《德国民法典起草动议书》中认为,仅当未来需要缔结的本约的内容已经确定时,预约才具有效力。②德国联邦最高法院在相关案例的判决中认为:预约必须达到在诉讼场合可就合同内容作出司法认定的确定性程度。德国学者的观点也是如此,以弗卢梅为例,其认为从意思自治原则出发,预约应当适用与本约的确定性相同的标准,如果关于本约的约定不完善,则预约无效。当事人不得经由预约而将本应由双方通过磋商谈判缔结的本约通过司法程序实现。③日本法与德国法基本一致,学者认为预约中仅具有本约的主要内容,或者制定了确定细节的标准即可。④在我国,司法实践中对本约的确定性的要求较低⑤,所以学者主张预约具有如上最低程度的确定性即可。比如史浩明、程俊认为,预约合同的内容至少应当包括当事人名称或者姓名、标的和数量。比如

---

① 英美法对临时协议采取"全有全无"原则,因此本约内容的确定性是临时协议是否具有法律约束力的关键因素。比如前文讨论过的 1857 年发生的英国 Ridgway v. Wharton 案中,法官 Lord Wensleydale 判决认为:"一个承诺达成协议的协议,如果没有确定的达成合意的条款,它存在一个内在的矛盾。如果说在协议中约定在未来达成协议,这是很荒唐的。"在 1934 年发生的 May and Butcher Ltd v. R. 案中,上议院法官拒绝承认这种 agreement to agree 合同的有效性,理由是合同价格条款存在空白。在 1975 年发生的 Courtney & Fairbairn Ltd v. Tolaini Brothers(Hotel) Ltd 案中,Denning 大法官指出"本案合同太过不确定,因而不具有约束力"。Courtney & Fairbairn Ltd v. Tolaini Brothers(Hotel) Ltd[1975] 1 WLR 297 at 301. 后来,一系列判例遵循了该案的规则,包括 Mallozzi v. Carapelli SpA[1976], Albion Sugar Co. Ltd v. Williams Tankers Ltd[1977], Star Steamship Society v. Beogradska Plovidba [1988]等。

② Mot. IS. 178 转引自 Munchener Kommentar/ Kramer, 2001,转引自汤文平:《德国预约制度研究》,载《北方法学》2012 年第 1 期。

③ Werner Flume, Das Rechtsgeschaft, 1979, s. 615 转引自同上文。

④ 〔日〕我妻荣:《我妻荣民法讲义 V1:债权各论》(上卷),徐慧译,中国法制出版社 2008 年版,第 47 页。

⑤ 我国《合同法》对于合同确定性的标准没有规定。《最高人民法院关于适用〈中华人民共和国合同法〉若干问题的解释(二)》第 1 条第 1 款规定:"当事人对合同是否成立存在争议,人民法院能够确定当事人名称或者姓名、标的和数量的,一般应当认定合同成立。但法律另有规定或者当事人另有约定的除外。"该规定中并未将价格和交货期作为合同必备条款,也并未包括基于合同性质判断的必备条款,以及基于当事人共同主观要求而应具备的条款。由此可见,我国法律对于合同的确定性的要求相对较低。

商品房买卖合同预约至少应当具备标的物房屋的基本情况(房屋的数量、坐落位置、层次、大致面积等)以及缔结本约的意思表示。①

(2) 低于本约确定性标准说。该学说认为,如果将包含本约合同必备条款的合同视作预约合同,将会导致预约合同与本约合同之间的混淆。对于具体合同类型的必备条款,应当由本约合同进行约定。预约合同的成立需要具备当事人、标的及未来订立本约合同的意思表示这三个必备要素。其中,标的主要是指当事人在将来所欲订立的合同类型及性质。而本约合同实际上是对预约合同中所约定订立的合同类型的落实。例如当事人在合同中只是约定"提货时有关价格问题面议",而不需要包含此类合同的主要内容(如买卖合同的价款等)。

(3) 本约要约的标准。该学说认为预约合同应具备两个基本要素:一是预约订立本合同的意思表示;二是构成本合同要约的要求。因此,预约中关于确定性的要求应当达到本约的要约的程度。有学者认为,预约当事人真实的意思表示是将来订立某个特定的合同,因此,预约合同规定内容应具备的要素,是嗣后当事人能据此订立本合同。由此推断,一项预约合同的构成应同时具备两个基本要素:一是预约订立本合同的意思表示,二是构成本合同要约的要求。

本书赞成上述第二种学说"低于本约确定性标准说",即预约可以仅具备基本的确定性,而不需达到本约的确定性程度。理由如下:其一,采取与本约具有相同标准说,是与预约的强制执行效力相关的。合同的确定性要求原本就是为了便于司法审判对合同内容进行辨识并强制执行,没有确定性的合同无法强制执行,因而也就不能赋予法律效力。德国的强制执行法中具有关于预约强制执行的明文规定,违反预约不缔结本约的,法院可以通过判决拟制当事人的本约意思表示以强制缔结本约,并进而判决实际履行本约,因此可以向法院提出诉请的预约均应当具备本约的确定性程度,否则法院无法确定其所要判决拟制的本约内容。而对于并未规定预约应当实际履行的法域,如法国法,则并不要求预约一定达到本约的确定性,因为确定损害赔偿,相比较于强制缔约,并不太依赖于本约的具体规定。因此,预约

---

① 史浩明、程俊:《论预约的法律效力及强制履行》,载《苏州大学学报(哲学社会科学版)》2013年第5期。

关于本约内容的确定性标准,本质上不是一个自足的问题,而是取决于本法域的法律体系中其他相关法律制度和学说。其二,假设并不关注强制缔约程序的重要性,而是假设损害赔偿和强制缔约均可以实现公平,则预约在本约内容的确定性上的确不需要具备与本约一样的确定性程度。而且,两者在本约内容确定性上的区别,恰恰反映了预约与本约的区分。其三,在交易实践中,预约往往不具备本约程度的确定性,否则当事人在多数情况下会选择直接缔结本约,或者附停止条件的本约,而不需要订立预约。如果以与本约一致的确定性作为界定预约是否存在的依据,将导致大量的交易实践中的预约被排除在外,进入单纯以缔约过失责任保护的范围,而失去当事人预想的通过预约(在缔约阶段产生合同约束)获得合同保护的机会。这显然不符合意思自治原则,而且可能产生不公平的情形,比如一方当事人预估其缔约失败时的缔约机会损失巨大,根据缔约过失责任的计算方法难以弥补,为此他决定在预约中约定高额的违约金(比如并购交易中的 break-up fee),此时如果仅因为预约的确定性程度较低而导致预约无效,进而导致违约金条款无效,则对于该方当事人明显不公平。

(三)预约的确定性的类型化

德国学者 Robert Freitag 主张对预约的确定性要求应当放宽,如当事人之间未能就本约中的价款或其他必备要素达成合致,不宜认定预约无效,而仍应使预约继续有效,仅其效力在于拘束双方继续进行磋商。[1] 有学者主张将预约区分为临时预约合同和确定预约合同。前者合同中的确定性较低,当事人可以反悔,但是仍然需要承担定金责任或者赔偿责任;后者合同中的确定性较高,当事人不得反悔,并可诉请缔约。[2]

本书认为,我们可以通过对预约进行类型化而区分不同的确定性标准,其目的在于尽量挽救濒临无效的预约。在交易实践中,很多预约达成时,即使是大型交易,双方往往均没有找律师或其他专业人士介入,此时达成预约的双方对于预约的法律制度的理解均不会很深入,但其主观意图仍然可能是希望所达成的预约获得一定法律拘束力,如果因为确定性而将大量预约抛至无效的深渊,关于当事人之间的权利义务均诉诸缔约过失责任解决,一

---

[1] Freitag,"Specific performance" und "causa-Lehre" uber alles im Recht des Vorvertrags? AcP 207(2007), at 306.

[2] 唐晓晴:《澳门预约合同法律制度》,中国社会科学院 2003 年博士学位论文,第 82 页。

方面罔顾当事人真意,另一方面浪费了预约作为一个基于合意产生的法律构造的功能,显然不是一个好的选择。通过类型化将预约的确定性予以区分对待,则不失为巧妙的选择:

首先,对于达到与本约相同的确定性的预约,当事人有权要求缔结本约。如前所述,预约确定性要求(指预约中本约内容的确定性)与该法律体系中的缔结强制制度具有直接关联,对于未达到本约程度的确定性的预约,根据《合同法》第110条关于"法律上或者事实上不能履行"的合同不得请求实际履行的规定,不得请求缔约。但什么是与本约相同的确定性程度呢?

《最高人民法院关于适用〈中华人民共和国合同法〉若干问题的解释(二)》(以下简称"《合同法司法解释二》")第1条规定合同成立的基本要素为当事人、标的和数量,其余条款可以由法院进行补充。在大陆法系一般认为还需包括价格条款。[①] 而在英美法系,尤其是美国统一商法典的规定,则不需要价格条款和数量条款。[②] 在英国法上,法院会考虑个案情况,如当事人之间存在一个有效合同,并已经按照交易惯例履行一段时间,则可以忽略价格条款。[③] 本书认为《合同法司法解释二》第1条关于合同成立的必备条

[①] 〔德〕卡尔·拉伦茨:《德国民法通论》(下册),王晓晔、邵建东、程建英、徐国建、谢怀栻译,法律出版社2003年版,第721页。德国法上认为价格应当确定。但是双方约定未来确定价格的,也视为具有确定性,毕竟双方表达了同意支付价格的合意,具体价格在发生争议时可由法院裁量确定。

[②] 如1934年的Foley v. Classique Coaches Ltd一案,双方当事人签署了一份供货协议约定"价格实时确定",法院关注到本案双方当事人在诉讼之前已经开始履行,并且已经长达3年的时间,因此法院认为双方的真意在于在合同履行过程中实时根据合理的水平确定货物价格,该价格可以根据协议条款通过仲裁来确定。参见许德风:《意向书的法律效力问题》,载《法学》2007年第10期。

[③] 在1988年的一个英国判例Didymi Corp. v. Atlantic Lines and Navigation Co.案中,双方协议约定"船租应当根据双方协议约定降低",尽管双方最后没有约定,法院仍然认可了该协议的有效性,因为双方履行该协议已经长达五年的时间,并且一直没有争议。法官推断在双方当事人之间已经确定按照一个公平合理的租金价格履行合同。上述案件中,双方当事人已经开始履行一个不确定的合同,并在合同履行过程中形成了解决此前未达成一致条款的问题的合意,因而,法官可以判断最终合同已经成立。其实,在存在一个有效合同,仅有部分条款不确定的情况下,德国法上也可以通过法院裁判公平合理的价格填补合同漏洞,这与重新订立一个合同时的确定性要求是完全不同的,在后者,无论是德国法院还是英国法院均可能认为合同无效,而拒绝填补合同条款。参见Hein Kötz and Axel Flessner, *European Contract Law*, *Volume one: Formation, Validity, and Content of Contracts; Contract and Third Parties*, translated by Tony Weir, Oxford University Press, 2002, at 48.

款(当事人、标的和数量)是适用于所有合同的最低限度的条款。① 但具体合同的确定性仍然需要根据个案具体衡量,很多类型的合同中的必备要素都会多于司法解释的三要素:在法律对于合同必备条款有规定时,应依规定,如《商品房销售管理办法》对商品房买卖合同的要素的规定;如无法律明确规定,则应当考虑基于合同性质客观上应具备的要素(Hauptpunkte des Vertrags, essentialia negotii)和尽管客观上并非要素,但是当事人在主观上根据意思表示解释认为合同应当具备的主观要素(subjecktiv essentiell)。② 客观要素包括司法解释三要素以及法律规定的合同要素,主观要素则因个案而不同,如商品房买卖预约订立时,双方均知晓买方购买商品房的目的在于加入卖方的返租收益项目,此时返租收益率则属于未来本约的主观要素,如对于返租收益率在预约中没有约定,通过其他途径也无法确定,则应当认为预约未达到本约的确定性程度。③ 对于达到本约确定性程度的预约,守约方有权要求违约方实际缔约,并得诉请法院强制缔约。④

其次,对于未达到本约的确定性程度,但具备基本的确定性的预约,当事人能请求磋商,而不得请求缔约。请求缔约仅为预约的实际履行方式之一,并非全部的实际履行方式,后文将阐述,磋商也是预约的效力之一,作为预约的从合同义务发生效力。因而当预约不具备本约的确定性程度时,当事人有权请求对方实际履行磋商义务,通过磋商对于本约未决条款达成一致,最终达到本约的确定性程度。但是在达到之前,当事人不得请求实际缔

---

① 《合同法司法解释(二)》的起草者曾就是否将"数量"排除在合同必备条款之外征询最高人民法院审判委员会民事行政专业委员会和全国人大法工委民法室的意见,也可以说明,起草者认为该条司法解释规定的是合同条款的最低限度的确定性。参见最高人民法院研究室编著:《最高人民法院关于合同法司法解释(二)理解与适用》,人民法院出版社2009年版,第15页。

② Herzog, Der VOrvertrag im schweizerischen und deutschen Schuldrecht, Zurich 1999, S.150f,转引自吴从周:《论预约:探寻德国法之发展并综合分析台湾"最高法院"相关判决》,载《台湾大学法学论丛》第42卷特刊。

③ "邹燕与无锡五洲龙胜商业有限公司商品房预约合同纠纷案"中,二审法院认为"本案商铺系包租投资型商铺,包租收入作为投资回报的主要形式理应成为本次交易的主要合同内容之一",该包租收入并非《商品房销售管理办法》规定的合同要素,但是属于"主观要素"。

④ 确定性达到本约程度的预约的损害赔偿范围,准确地说,应为预约履行利益,该履行利益的计算可以达到本约的履行利益。详见后文第六章第三节关于违反预约的损害赔偿的讨论。

结本约。如果对方当事人拒不磋商或者恶意拖延导致本约的确定性无法达成,此时不宜认定预约无效,而是应当认定预约不发生实际履行缔约义务的效力,但是可以因对方违背磋商义务而使其承担损害赔偿责任,该损害赔偿范围为预约的信赖利益,但大体上与本约的信赖利益相当。①

最后,不具备基本的确定性则预约不成立。即使未达到本约的确定性程度,预约仍然应当具有基本的确定性,否则可以认为预约本身不具有确定性,即不具有预约的缔约意图,故不能成立。该种基本的确定性根据合同类型的不同应有不同。基本的确定性要求,是指预约应当具备本约涉及的基本要素,包括合同类型、当事人、本约标的。相比较于本约的确定性程度,预约对于上述基本要素的约定程度可以较低,甚至只要具备上述要素的确定方法即可;对于合同类型,只需约定"甲方采矿权转让给乙方"即可,不需约定为买卖合同、互易合同或者项目公司股权转让合同;对于当事人,不需约定具体个人或企业名称,如双方约定"未来签署的股权转让合同的受让方将由预约当事人一方届时指定"即可;对于标的,不需要确定具体的特定化标的,如商品房订购书约定"买方有权在房屋建成后优先从底商楼层选择一间并签署本约"即可。如果预约不具备上述基本的确定性,比如并未规定本约的合同类型,或者当事人、标的之一种,并且不可能通过补充解释获得结果,则当事人在达成预约时主观上尚未明确本约的基本轮廓,导致预约本身不具备确定性,显然不能成立。比如当事人间签署《合作备忘录》约定"未来双方建立战略伙伴关系,并签署合作协议",未指明本约类型和本约标的,则不能成立预约。一方违反此类协议的,并不发生预约违约责任。但是,因为双方已经进入磋商阶段,因而如果一方存在磋商上的不诚信行为,如虚假磋商、恶意中断磋商,则应当承担缔约过失责任。此外,如果该协议具有缔约意图和关于其他权利义务的确定性,比如约定排他性磋商义务、保密义务,则属于具有确定性的意向书,违约方可能承担该意向书项下的违约责任。②

---

① 详见后文第六章第三节关于违反预约的损害赔偿的讨论。
② 详见后文第五章第二节关于意向书的讨论。

四、预约的期限

（一）司法解释关于期限的规定

理论上说，债相对于物权来说并非永久存续，均有其期限。但是，除非法律强制性规范规定（比如我国《合同法》关于租赁期限不得超过20年，超过部分无效的规定），基于意思自治原则，当事人可以在合同中自由约定合同的有效期和失效期。预约作为合同之一种，在法理上本无期限之强制性要求，中国目前的法律规定中也无预约需要具有期限的强制性规定。

预约的期限之所以成为问题，是因为对于《买卖合同司法解释》第2条的认识。该条有关预约使用了"约定在将来一定期限内订立买卖合同"的表述，表明预约具有期限性。最高人民法院民二庭在其编著的《最高人民法院关于买卖合同司法解释理解与适用》中阐述《买卖合同司法解释》第2条的预约意旨时，认为预约如果没有约定将来订立本约的期限，则其法律性质为本约。①

（二）预约期限的立法例

关于预约是否应有期限，在立法例上存在期限必要主义、期限不必要主义和合理确定主义三种做法。

1. 期限必要主义。即认为预约应有期限规定，比如《奥地利民法典》第936条要求预约应当确定未来订立合同的时间，且规定要求本约缔结权具有除斥期间，1年内不主张则权利消灭。《秘鲁民法典》第1416条规定，预约应当约定订立本约的期限，且该约定不得多于1年，超过1年的或者无规定的以1年为限。到期可以通过更新延长期限，每次延长不能超过1年。《智利民法典》第1554条规定，预约的必要条件之一是约定本约缔结的时间和条件。《俄罗斯民法典》第429条规定预约合同中应规定必须签订主合同的期限，否则主合同应当在预约合同签订之日的1年内签订。

2. 期限不必要主义。即认为预约不需要期限规定，比如德国民法、法国民法、瑞士民法、意大利民法、西班牙民法等，其中凡是规定预约者，均无期限之规定。

3. 合理确定主义。即认为预约不以规定缔结本约的期限为必要条件，

---

① 最高人民法院民事审判第二庭编著：《最高人民法院关于买卖合同司法解释理解与适用》，人民法院出版社2016年版，第52页。

但是赋予一方当事人催告对方在一定期间作出是否缔结本约的答复,或者请求确定合理期限的权利。如《日本民法典》第 556 条第 2 款规定:"没有对前款意思表示(指缔结本约,本书注)规定期间的,预约人可以规定一定的期间,催告相对人在该期间内作出是否完结买卖的确切答复。相对人在该期间内不作确切答复的,买卖一方的预约丧失效力。"①1966 年《葡萄牙民法典》第 411 条规定单务预约未定期限者,法院得应许诺人之申请,定出他方当事人行使权利之期间,该期间结束时权利即告失效。1925 年《泰王国民商法典》第 454 条规定,如果预约没有规定订立本约的期限,义务方可指定合理的期限并告知对方在上述合理期限内作出是否让买卖完成的确定答复。如果在上述规定的期限内没有收到确定的答复,义务人不再负有缔约义务。

纵观上述民法典,规定预约须有期限者为少数,不规定期限者为多数。而且主要民法典,例如德国、瑞士、法国、意大利等国的民法典及与中国民法具有较深继受渊源的国家民法典中均无期限之规定。

(三)预约的期限宜采合理确定主义

本书认为,不宜将期限作为预约成立要件。主要原因在于:其一,基于意思自治原则,当事人可以自由订立合同,为预约设定期限并不符合合同法的契约自由原则。其二,预约可以为各种合同而订立,不同合同的磋商时间难以统一,简单的货物买卖可能仅一个月左右即可订立本约,而国际大型并购则可能磋商一年以上,笼统地界定磋商时间难以适用于交易实践中纷繁复杂的交易类型。其三,规定期限容易规避,比如当事人可以在法定期限即将届满时另订新预约,或者在法律允许的情况下延长预约期限(如《秘鲁民法典》之规定),则关于期限之法律强制性规定易成具文。其四,预约期限之规定,并不足以作为区分本约和预约的标准。预约与本约的区分可以通过约定的意思表示进行解释得出,是否约定期限并不是关键因素。按照最高人民法院民二庭之观点,预约无期限规定即属于本约,该说法显然不合理,比如当事人在货物买卖预约中约定市场价格下跌至一定区间时订立本约,而市场价格下跌一事不可以准确时间预计,此种预约显然仍为预约无疑,不因无期限之规定即为本约。其五,规定预约须有期限的立法例,其立法理由可能在于促进交易完成,使社会迅速归于稳定,也可能在于避免缔约义务

---

① 《日本民法典》,王爱群译,法律出版社 2014 年版,第 94 页。

一方受到长期约束,导致不公平。但是,任何预约均非当事人必须订立,当事人自由订立预约系属对自己权利的处分,并愿意自负责任,无期限规定之预约如同无期限约定之合同,尽管可能导致当事人长时间受到约束,但是并无明显弊端,也不会为恶社会或违背公序良俗。其六,在中国的交易习惯中,当事人签订预约时并无必须设定缔结本约时间的习惯,如果法律规定预约必须具有期限否则无效,那么可能因为大量当事人不熟悉法律,而导致大量预约因无期限规定而被认定无效,也可能产生违约者借此逃避合同责任的情形。

当然,如果当事人在预约中基于意思自治约定订立本约的期限,则应当认可。① 当事人并未在预约中约定订立本约的期限的,考虑到当事人在长期磋商无果的情况下应当有权摆脱预约的束缚,因此法律可规定一方有权通过催告确定合理的期限,另一方不同意催告确定的期限的,催告方可以通过诉讼由法院确定合理的期限。该当事人意定的期限或者通过催告或法院诉讼程序确定的期限,一方面可以为判断当事人是否履行了磋商义务确定一个时间范围,另一方面可以作为预约失效的期限,在该期限届满后当事人可以不再受到该预约的束缚,有权另行寻找其他合作伙伴。

第二节 预约的生效

预约在生效问题上适用合同法一般规则,即原则上预约在成立时即生效,因此在前文讨论的预约构成要件具备的情况下,不需特别考虑预约的生效问题。但是基于预约与本约之间的牵连关系,当本约存在法律规定的生效条件时,预约之生效是否也应适用该生效条件,存在疑问,故在本部分特别予以讨论。

一、预约的形式

法律规定的合同形式要件属于成立要件还是生效要件,常有争论。通

---

① 如上海市浦东新区人民法院(2014)浦民二(商)初字第4155号"上海檀溪投资发展有限公司与上海张江火炬创业园投资开发有限公司股权转让纠纷一案"民事判决书中,一审法院认为涉案《股权转让意向书》系预约合同,现《股权转让意向书》有效期届满且双方未签署本约,故意向书于有效期届满之日终止,被告应当返还原告所交的意向金。

说认为,有法律明确规定者依照法律,如根据我国《合同法》第32条、第36条进行解释,法律规定或者约定采取书面形式的,书面形式为合同成立要件;如无法律明确规定则应当认为形式要件为生效要件,以避免当事人在补证要件时还需另外进行一次意思表示。而且书面形式的要求在于法律对合同的干涉和判断,而非以当事人真意为出发点,此比较符合效力要件的制度功能。① 因此,合同的形式要件有些为成立要件,有些为生效要件。本书暂采生效要件说,故在预约的生效部分讨论预约的方式问题。

(一) 合同形式概述

形式自由或方式自由是契约自由原则的要义之一,即法律原则上对合同不设法定形式要求,以要式规定为例外,当事人可以自由采取缔结合同的形式。② 按此,要式合同需要法律明文规定。

耶林曾比喻道:形式之于契约,如印文之于铸币。古代法均注重合同的形式,罗马法的契约缔结方式是发生债的原因,未以法律规定的方式缔结的合同,属于裸体简约,不具有债的效力。严法合同的方式包括早期的神前誓约、铜块和秤方式、立约证人、拟制诉讼、严格的问答、书面形式等。合同形式的历史发展呈现从形式向意志的进化方向,现代法学在法律行为或意思自治的体系背景内理解合同形式。③ 现代法律规定或学说上认可的合同形式已经大大减少,按照严肃程度排序为:沉默;行为;口头;书面;公证;登记;证人。按照常识理解,缔约时的当事人通常不会特别考虑未来发生争议的情形,有时会惧于承诺的责任而选择较轻的约束方式。因此,如果法律对合同形式不作任何限定,则当事人普遍会选择默示或口头的方式,即在前述关于合同形式的严肃性序列中选取最轻的形式。这种选择显然不是法律希望的,因为这只会导致当事人轻易然诺,又导致法院因缺乏证据而无法定分止争,进而滋长争讼和欺诈。如英国1677年《防止欺诈条例》为防杜因当时普

---

① 王利明:《合同法研究》(第一卷)(修订版),中国人民大学出版社2011年版,第33页;黄茂荣:《债法总论》(第一册),中国政法大学出版社2003年版,第116页,注94。

② 王利明:《合同法研究》(第一卷)(修订版),中国人民大学出版社2011年版,第161页;王泽鉴:《债法原理(第一册):基本理论·债之发生》,中国政法大学出版社2001年版,第116页。

③ 唐晓晴:《论法律行为的形式——罗马法的传统与近现代民法的演变》,载《法学家》2016年第3期。

遍采用的口头契约方式所发生的欺诈情形,规定若干种类契约无书面记录(note)或备忘录(memorandum)证明的,则不具有法律约束力,以此推动当事人采取书面形式缔约,即为著例。① 但与此同时,若法律过分限定合同缔结形式,也会导致交易效率低下,或者发生恶意隐瞒合同形式要件嗣后主张合同不成立的情形。因此,立法选择上应当区别不同类型的合同分别对待,从目前我国《合同法》所显现的立场而言,法律规定采取书面形式的合同类型多是从保护当事人避免其鲁莽作出决定的角度出发的,如借款合同、保证合同应当采取书面形式;也有从合同交易关系复杂、时间较长、合同标的不确定性较大的角度出发的,如融资租赁合同、建设工程合同应当采取书面形式;还有从公法上的管理监督角度出发的,如政府采购合同、因招投标订立的合同、技术转让合同应当采取书面形式。②

(二) 预约形式的立法例

预约和其他合同同样,如果法律明确规定预约应当具备的形式要件,则应当依照法律认定预约为要式行为;如果法律并未明确规定其要式要件,则属于不要式合同。关于法律对预约形式的要求,在立法例上存在三种:

(1) 不要式立法例。我国合同法并未规定预约,按此在我国法上预约为不要式合同,当事人可以通过口头、书面、公证等方式缔结。德国法以及我国台湾地区"民法"基于契约自由原则肯认预约的存在,在立法上并无关于预约之明确规定,因此在该些法域预约也属于不要式行为。

(2) 要式立法例。立法例上也存在限定预约缔结方式的情况。《瑞士债法典》第216条第2项规定:"约定对某土地有买卖或买回权之预约及契约,非经公证不生效力。"《俄罗斯民法典》第429条第2款规定:"预约合同的形式应采取对主合同规定的形式而签订,如果没有规定主合同的形式时,则以书面形式签订。预约合同不按规定形式的,自始无效。"《智利民法典》第1554条规定订立合同的允诺应当"以书面形式作成",否则"不产生任何

---

① 1677年《防止欺诈条例》中规定的备忘录和书面记录,成为后来英美法系的临时协议的滥觞。

② 根据我国法律规定,政府采购合同(《政府采购法》第44条)、建设用地使用权出让合同(《物权法》第138条第1款)、借款合同(《合同法》第197条第1款)、融资租赁合同(《合同法》第238条第2款)、建设工程施工合同(《合同法》第270条)、技术转让合同(《合同法》第342条第2款)等需要采取书面形式,客运合同自交付客票时成立(《合同法》第293条)。

债"。1963年修改后的《法国一般税赋法典》第1840条A款规定涉及不动产权利的出卖单方许诺须以公文书或私文书订立。①

（3）采取与本约相同形式的立法例。该立法例不对预约方式要件作出一般规定,而是规定其应当适用本约的方式要件。如《瑞士债法典》第22条规定:"双方当事人可以通过合同形式约定在将来订立合同。法律为保护当事人而规定将来订立的合同采用特定形式始得生效的,预约合同也应当采用该种形式订立。"此立法例的理由在于防止当事人通过预约迂回规避法律对本约的方式要求,但仅限于该方式要求的法律目的在于保护当事人的情形。

（三）预约应属于不要式行为

因我国在立法上并无关于预约的法律规定,在《商品房买卖合同司法解释》和《买卖合同司法解释》中关于预约合同采取列举方式,似乎均指书面协议,但这不足以得出我国法律是否采取了限定预约方式要件的判断。因此需要对未来关于预约方式的立法例的选择问题进行讨论。

预约的合同效力与本约不同,预约所追求的合同目的在于本约的缔结,而非本约的履行结果,换言之,不同合同类型的本约,他们的预约均属同一类型。因此对于预约的形式要求,应当仅根据预约的合同类型特点进行分析。首先,前述立法例中规定预约应当采取书面形式的,如俄罗斯、瑞士,多因预约制度中存在严格的诉请缔约程序,而缔结本约需要以判决代替当事人的意思表示,作为当事人缔约自由的例外,兹事体大,必须慎重。但是在同样采取诉请缔约程序的德国法中,则并无预约的要式要求,这说明诉请履行制度的存在并不必然导致预约的要式性。其次,预约均是在本约的缔结过程中的某一时点作出,其目的在于迅速获得法律约束的效果、推动缔约程序进展、规范磋商权利义务,此时如果规定预约的要式性,则反而导致预约当事人踌躇不前,难以发挥预约作为缔约的"中途小站"的桥梁功能。而且如果一概规定预约为要式行为,如采取书面形式,则会产生一个"头大尾小"的制度设计样式,即对于那些不要式本约,其预约的形式要求却严于本约,与预约仅属于本约缔约阶段的协议的性质不符。再次,从体系上看,预约与

---

① 《法国一般税赋法典》的规定,转引自唐晓晴:《澳门预约合同法律制度》,中国社会科学院2003年博士学位论文,第12页。

本约之概念区分一定是基于两者的缔结要件有所区别①,在合同要式方面,预约为不要式行为,与本约根据法律规定可为要式或不要式行为,呈现区别,可以较好地维护法学体系性。最后,从交易实务上来看,即使不以预约为要式行为,当事人缔结预约时多半会采取各种形式的书面形式,而且在我国现时的司法诉讼实务中,证人证言的证明效力相对较弱,除非存在录音录像证据或者其他证据佐证,口头合同多数难以在诉讼中被认定。由此也引导了当事人在交易中多数采取书面形式订立预约。换言之,即使立法不采要式说,对于交易的影响不大。综上,本书认为在未来的立法例上,不宜将预约作为要式行为看待。

二、附生效条件或期限的预约的生效

基于契约自由原则,预约与其他合同一样可以附生效条件或期限。于此,在生效条件成就或期限届至时预约生效。

当预约附条件时,附条件的预约与附条件的本约有时较难分辨。② 梁慧星教授认为区分附条件预约和附条件本约,需要对合同文字进行解释,有行权后"订立正式合同"字句的,属于附条件预约;如有行权后"合同生效"字句的,则为附条件本约。③ 本书赞同通过合同解释确定合同性质的做法。并且本书进一步认为,在合同文字约定不明,不足以认定附条件预约或附条件本约的情况下,则应当按照鼓励交易原则解释,如本约条款存在较多不确定性,则认定为附条件预约更为合理,一方面避免本约因不具有确定性而无效,另一方面施加当事人磋商的权利义务,给予当事人充分自治空间。如德国法院 2006 年判决的一个案例,该案中原告房东与被告承租人在租赁合同中约定自 2000 年 12 月 1 日起被告享有以 700 万马克购买承租房屋的选择权,在 2000 年 12 月 8 日被告即通知原告行使选择权,但嗣后反悔。原告诉至法院,要求被告订立买卖合同。法院认为租赁合同中的选择权条款构成"附延缓条件的预约",被告通知原告行权即达成预约,因此被告有义务据此

---

① 〔德〕维尔纳·弗卢梅:《法律行为论》,迟颖译,法律出版社 2013 年版,第 734 页。
② 为行文方便,本段仅讨论附条件生效预约。附期限生效预约可同理视之,特此说明。
③ 梁慧星:《预约合同解释规则——买卖合同解释(法释〔2012〕8 号)第二条解读》,载中国法学网 http://www.iolaw.org.cn/showArticle.aspx?id=3462,2016 年 6 月 24 日访问。

与原告协商其他未定条款,并订立房屋买卖合同。① 法院为何不认定其为附条件买卖合同本约,而认定为附条件买卖合同预约？作者揣度:其一,在该案例中当事人均知悉在行权后需要另外订立正式房屋买卖合同,此时解释为附条件预约,更符合当事人的真意。其二,双方之间对于正式买卖合同的细节多有未达合致之处,故认定为附条件预约有利于约束当事人之间尽力完成未竟条款的磋商。

三、本约所附生效条件对预约的影响

法律或当事人特别规定合同需要经批准后生效的,在未满足批准条件的情况下,合同处于"未生效"的效力状态。② 基于法律规定设定批准条件的,如外商投资企业相关法律规定合资合同须经商务部门审批后生效,矿产资源相关法律规定矿业权转让合同需要经过矿产资源主管行政部分审批后生效③;基于当事人特别约定批准条件的,如上市公司回购股权合同约定须经股东大会批准后生效,或者租赁双方特别约定租赁合同需完成租赁合同备案后生效。

在交易实践中,当事人在未申请审批之前,有可能订立预约合同,安排本约缔结和审批的事项,并可能为合同生效后的履行安排准备工作。问题在于,该等预约是否适用本约的特别生效要件的规定？

（一）当事人约定本约批准条件的情形

对于当事人约定的本约生效条件,自无适用于预约的余地。因为当事人自行约定本约生效条件并不涉及法律对合同的效力评价,完全属于当事人契约自由范围内的事项。既然本约与预约属于两个独立的合同,本约中当事人特约的生效要件当然不适用于预约。

---

① BGH NJW 2006,2843。转引自许德风:《意向书的法律效力问题》,载《法学》2007年第10期。

② 传统合同效力理论中不存在"未生效"这一效力状态。在《最高人民法院关于审理外商投资企业纠纷案件若干问题的规定(一)》公布后,法院和仲裁机构将该类未经审批的合同的效力认定为"未生效"合同。

③ 《最高人民法院关于审理外商投资企业纠纷案件若干问题的规定(一)》第1条规定:"当事人在外商投资企业设立、变更等过程中订立的合同,依法律、行政法规的规定应当经外商投资企业审批机关批准后才生效,自批准之日起生效;未经批准的,人民法院应当认定该合同未生效……"

(二) 法律规定本约批准条件的情形

对于法律规定的本约生效条件,乃带有法律进入当事人私法领域的评价色彩,具有法律规范的目的性。法律通过生效条件的规定限制本约发生法律效力,自然是为了禁止本约发生约定的履行和法律效果,如法律规定合资公司应当经过审批或者备案,意味着法律在合资公司未经审批或备案的情况下,禁止合资公司发生设立的法律效果,又如法律规定矿业权转让合同应当经过审批生效,这意味着法律在矿业权转让合同未经审批的情况下,禁止矿业权的转让的发生。但是上述待批准合同的效力状态与因违法而无效的合同不同,该类合同并未终局受到法律的否定性评价,因而约定缔结该类本约的预约并不存在违法目的,该预约之生效也不需法律提前介入。法律进行效力评价的对象仅有本约,而不应包括本约前的先合同协议,如预约和意向书。按此,法律为本约合同规定的生效要件不适用于预约的生效。如最高人民法院在其提审的"中国宝安集团股份有限公司、深圳恒安房地产开发有限公司等与内蒙古嘉泰投资集团有限公司股权转让纠纷"中认定,外商投资企业股权转让预约不需像股权转让本约一样需批准后生效,因而撤销原审生效判决。①

同时,以上原则应当具有如下例外:(1) 如果法律特别规定预约应当经过批准后生效的,则应当按照法律规定认定预约在被批准前未生效;(2) 如果根据个案情况认定,当事人故意通过预约规避法律规定的本约批准生效要件的,则应当以目的违法为由认定预约无效(而非未生效)。如何认定当事人通过预约存在脱法行为?本书认为,当预约订立后当事人并未订立本约,也未报请审批,而又根据预约中的条款开始履行本约的内容,并且达到了本约的法律效果时,则应认定预约存在脱法行为。如按照《中华人民共和国种子法》的强制性规定,当事人经营种子业务应当取得行政许可,未经许可者如以预约形式实际经营种子业务的,则属于脱法行为,该预约合同也应

---

① 最高人民法院(2015)民提字第21号。判决理由为"涉案协议是本案当事人之间就三家目标公司股权转让问题达成的框架协议,各个企业股权具体转让的问题需要各方当事人按照框架协议的约定进行操作,包括嘉泰公司需要在香港设立公司以受让目标公司的外方股权以及签订具体的转让合同等等。究其实质,涉案协议属于各方当事人就转让相关企业股权达成的预先约定,这样的预约协议并不需要报经外商投资企业审批机构的批准,二审判决认定涉案协议未经审批而应认定未生效属于法律适用错误。"

因为未取得行政许可而认定无效。①

第三节 预约的效力

预约的效力决定预约的本质属性,在预约的法律构造中具有核心地位。预约的效力是指预约成立并生效后发生的法律效果。由于我国立法上并未明确规定预约制度,司法解释语焉不详,故预约的效力成为多方争论的焦点问题。本节试图详细考察我国学说和司法实务上对于预约的效力的认识,最后通过合同义务群理论将各种不同的学说进行梳理和整合。

一、关于预约效力的学说

预约的效力问题一直存在重大理论分歧。预约既然是约定缔结本约的协议,则"应当缔约说"本是自然而然的结论。但是在司法实践中出现的许多案例中,当事人之间并未就本约的详细条款进行约定,即当事人之间在预约的合意中并不包含本约的内容的合意,而我国并不具有配套的强制缔结本约的诉讼程序,导致缔结本约之后果在实际的司法程序中难以实现。国内外均有学者主张,预约之所以与本约不同,就在于其效力上仅发生就本约进行磋商的效力,而非要求缔约的效力,这就是与"应当缔约说"比肩对峙的"应当磋商说"。继而,在"应当缔约说"和"应当磋商说"的两极之间出现其他变奏,即"内容决定说""效力并存说""递进变化说"。如下分别予以讨论:

---

① 赤峰市中级人民法院(2015)赤商终字第 57 号"扎鲁特旗北优种业科技有限公司与赤峰建农种子有限责任公司种植、养殖回收合同纠纷一案"民事判决书。法院认为"关于本案双方签订的预约合同效力问题,本院认为,《中华人民共和国种子法》第二十条规定'主要农作物的商品种子生产实行许可制度',第二十二条第二款规定'禁止任何单位和个人无证或者未按照许可证的规定生产种子',第二十六条规定'种子经营实行许可制度。种子经营者必须先取得种子经营许可证后,方可凭种子经营许可证向工商行政管理机关申请办理或者变更营业执照'"。根据上述规定,主要农作物商品种子的生产和销售,均需提前取得许可,即如需进行主要农作物的商品种子的生产,需取得相应生产资质,而本案中建农公司为种子经营企业,仅具有经营资质,不具有生产资质,其与北优公司签订预约生产合同,承接育种工作,违反了法律的强制性规定,其与北优公司签订的预约生产合同应为无效合同,原审认定合同有效错误,本院予以纠正。"

（一）应当缔约说

应当缔约说是预约的应有之义。王泽鉴认为，预约的义务人负担缔结本约的义务，义务人当然可以诉请履行。义务人拒不缔结本约的，法院可以通过判决确定当事人之间缔结本约。① 我国学者多沿用此理论。② 有学者进一步阐述：(1)预约作为合同应当信守，应当缔约说体现了契约必须严守的原则和诚实信用的原则，符合合同法的精神。(2)当事人既然同意签署预约，则视为其同意对其未来缔结本约的意思表示进行限制，因此应当缔约说也是符合契约自由原则的。③ (3)保护了善意预约人的合理信赖和合理期待，符合信赖保护原则。(4)加大了对违约方的民事制裁力度，强调保护守约方的合法利益。(5)在司法审理过程中，只要当事人之间未缔结本约，即可根据原告诉请追究违约方的责任。这有利于避免司法在违约责任认定上的烦琐工作，提高司法效率。④

中国在司法解释上基本肯认应当缔约说，《商品房买卖合同司法解释》第4条关于"如果因当事人一方原因未能订立商品房买卖合同，应当按照法律关于定金的规定处理"之规定，以未缔结本约作为触发定金罚则的违约要件；《买卖合同司法解释》第2条规定"一方不履行订立买卖合同的义务"，应当承担违约责任，同样以未缔结本约作为违约责任要件。上述司法解释中并未提及磋商义务。但与司法解释大异其趣的是，在司法审判案例中，法官们似乎更愿意按照应当磋商说进行认定。这将在下面予以讨论。

对应当缔约说也存在很多批评。首先，最大的批评在于，本约之缔结属于意思表示行为，强制要求当事人缔结本约，违背意思自治原则。⑤ 其

---

① 王泽鉴：《债法原理（第一册）：基本理论·债之发生》，中国政法大学出版社2001年版，第150页。
② 梁慧星：《预约合同解释规则——买卖合同解释（法释〔2012〕8号）第二条解读》，载中国法学网 http://www.iolaw.org.cn/showArticle.aspx?id=3462，2016年6月24日访问。
③ 陈登宇：《预约合同效力问题之再探讨》，载《法制博览》2016年第6期；陈对：《论预约违约责任中的强制履行》，载《法制博览》2016年第10期。
④ 史浩明、程俊：《论预约的法律效力及强制履行》，载《苏州大学学报（哲学社会科学版）》2013年第5期；焦清扬：《预约合同的法律构造与效力认定》，载《社会科学》2016年第9期。后文从违反预约应当承担实际履行责任的角度论证了应当缔约说的合理性。
⑤ 张艳玲、白帮武：《预约合同相关问题探讨》，载《山东社会科学》2005年第2期，转引自刘承题：《预约合同层次论》，载《法学论坛》2013年第6期。

次,有学者进而阐发,即使当事人对本约的内容达成了一致,但当事人订立预约时多半可能对缔结本约或有犹豫,而希望在本约缔结前对本约内容有所调整,如果强硬采取应当缔约说,则可能违背当事人内心真意。①又次,预约如发生应当缔约的效力并得以强制执行,则预约与本约之间几无区别,抹杀了预约相对于本约的独立意义。② 再次,在主观真意上,当事人之所以不立刻签订本约而是签订预约,原因也在于当事人在主观意愿上存在一定犹豫心理,所以不强制缔结本约方符合当事人的真实意愿。③最后,有学者提出,在预约与本约之间通常存在一段时间,这段时间内可能发生客观情势的变化,导致强制签订本约是不合理的。因而在应当缔约说的基础上,应当考虑到在很多情况下强制缔约不具有可操作性,故主张对应当缔约说有所限制。如立法规定,因不可归责于债务人之原因以致无法签订本约时,预约消灭。④

(二) 应当磋商说

应当磋商说认为预约的效力仅为"赋予双方诚信与继续磋商的义务",无须对本约缔结给予确定的承诺。在双方根据预约进行善意磋商后,最终对本约仍未达成一致的,当事人有权解除预约。瑞士学者 Eugen Bucher 对《瑞士债法典》关于预约具有强制缔结本约效力的立场持改革态度,主张缔结本约是预约的积极功能,而预约的消极功能在于避免对方当事人对第三人缔约,因而该对方当事人实际上负担了继续与权利人磋商的义务(Verhandlungspflicht),按此在对方当事人拒绝磋商时,权利人不能要求实际缔约,而可以要求损害赔偿。⑤ 我国台湾地区学者认为,应当磋商说更为符合

---

① 叶新民:《预约效力的十字路口——简评"最高法院"2011年度台上字第二〇七六号民事判决》,载《月旦裁判时报》2012年第18期。
② 王蓉:《预约合同研究》,山东大学2007年硕士学位论文,第33页。
③ 陆青:《〈买卖合同司法解释〉第2条评析》,载《法学家》2013年第3期。
④ 该学说参考了《奥地利民法典》第936条的规定,以及《澳门民法典》第799条的规定。唐晓晴:《澳门预约合同法律制度》,中国社会科学院2003年博士学位论文,第69页。
⑤ Bucher, die verschiedenen Bedeutungsstufen des Vorvertrages, in: Berner Festgabe zum Schweizerischen Juristentag 1979(hrsg. von Peter v. Saladin und Eugen Bucher), 1979, S. 179ff.; ders,. Fur mehr Aktionendenken, AcP 186(1986), 1,52. 转引自叶新民:《预约效力的十字路口——简评"最高法院"2011年度台上字第二〇七六号民事判决》,载《月旦裁判时报》2012年第18期。

当事人缔结预约时的真实意思,即该种效力仅在当事人之间创建一种临时状态,而非赋予最终的法律约束力。① 持该说的学者认为,实践中一律采取应当缔约说并不符合当事人的缔约目的或者交易实际,在个案中应当审查无法缔约的原因是否是一方或双方当事人的责任造成的,如果当事人已善意磋商,即使本约未缔结,当事人也不承担违约责任。预约的标的是当事人要履行在约定的或合理的期间内继续谈判,以便缔结最后确定性合同的"诚信"义务。②

对应当磋商说的反驳主要来自以下几个方面:首先,预约作为合同应当信守,如果仅仅磋商即履行了预约的义务,则预约中关于未来缔约的规定将流于形式。③ 其次,在诚信环境并不理想的社会,采取应当磋商说,会导致对方当事人只要善意履行了磋商义务即不违约,并且不可以强制履行,将引发佯装签署预约,并假装善意磋商和谈判破裂的道德风险。最后,应当磋商说不能强制履行,守约方仅能要求违约方损害赔偿,而在有些情况下,损害赔偿并不能弥补当事人的损失,存在不公平的情形。④

(三) 内容决定说

内容决定说认为应当缔约说和应当磋商说均是片面的,没有照顾到交易现实中预约的多种形态类型,所以该说主张应当根据预约的内容的确定性程度采取"应当缔约说"还是"应当磋商说"。比如,根据预约条款的完备程度,对于条款简陋、不包含本约主要条款的预约,表明当事人并未形成本约合意,不宜采取"应当缔约说",而应采"应当磋商说";而对于关于本约条款的约定比较完备的预约,则为了避免当事人恶意磋商,应采"应当缔约说",以最大限度维护预约构造上的利益平衡。⑤ 也有学说认为,对于简单预约,即仅具备本约当事人、标的和数量内容的预约,应采"应当磋商说",对于典型预约,即包含当事人、标的、数量和价格内容的预约,仍然带有未决条款,因此仍然应采"应当磋商说",而对于完整预约,即具有本约全部条款的

---

① 叶新民:《预约效力的十字路口——简评"最高法院"2011年度台上字第二〇七六号民事判决》,载《月旦裁判时报》2012年第18期。
② 孙超:《预约条款的性质识别及效力认定》,载《人民司法》2016年第11期。
③ 陈登宇:《预约合同效力问题之再探讨》,载《法制博览》2016年第6期。
④ 陈对:《论预约违约责任中的强制履行》,载《法制博览》2016年第10期。
⑤ 韩强:《论预约的效力与形态》,载《华东政法学院学报》2003年第1期。

预约,则应当采纳"应当缔约说"。① 还有观点认为:首先,考察协议中是否具备效力控制条款,即当事人主观上对于预约的效力是否有明确规定,如果有此条款,则应当按此条款确定预约的效力;其次,在没有效力控制条款的情况下,如果协议具备必要条款,则推定当事人达成本约的交易合意,按照本约进行救济;如果当事人另约定有待协商条款,即使协议约定了大部分条款,也应推定当事人未达成交易,法律救济上赔偿信赖利益损失,一般不包括机会利益损失。② 还有学者主张,对于预约中确定下来的内容应当缔约,但是对于未决内容,则在双方均进行了善意磋商而仍因为客观原因未缔结本约的情况下,应当认为预约的效力已经实现。③

对于内容决定说的观点,批评者认为有骑墙之嫌。④ 也有批评者认为,所谓根据内容决定一说,实际上是根据预约中关于本约条款的确定性进行评定,然而何为内容确定的标准不一,在司法实践中难获可操作性。⑤ 另有评论者支持内容决定说的弹性,但是认为在采纳内容决定说时,不宜仅以条款是否完备为决定因素,而应酌情考虑客观情势、交易惯例等因素,以探求当事人的真意,以多元化立场确定预约效力,承认有发生"应当磋商"效力之预约,也承认有发生"应当缔约"效力之预约。⑥

(四) 效力并存说

效力并存说认为预约既包含缔结本约的义务,也包含善意磋商的义务。有学说认为,预约规范的是磋商过程,对于约定继续磋商的预约,当事人应当承担磋商的义务,对于带有未决条款的预约,则当事人既要承担磋商的义

---

① 刘承韪:《预约合同层次论》,载《法学论坛》2013 年第 6 期。
② 耿利航:《预约合同效力和违约救济的实证考察与应然路径》,载《法学研究》2016 年第 5 期。
③ 薛波、刘浩然:《预约合同法律问题研究——以〈买卖合同司法解释〉第二条解释与适用为中心》,载《新疆社科论坛》2015 年第 5 期。
④ 焦清扬:《预约合同的法律构造与效力认定》,载《社会科学》2016 年第 9 期。
⑤ 陆青:《〈买卖合同司法解释〉第 2 条评析》,载《法学家》2013 年第 3 期;最高人民法院民事审判第二庭著:《最高人民法院关于买卖合同司法解释理解与适用》,人民法院出版社 2016 年版,第 56 页。
⑥ 黄淑丹:《论预约的违约损害赔偿范围——以预约效力的弹性化认定为中心》,载《研究生法学》2015 年第 1 期。

务,也要承担实现交易的义务。① 也有观点认为,应当磋商说和应当缔约说追求的效力是同一的,即预约的效力应当是"使当事人产生诚信磋商以订立本约的义务",仅在于"磋商"侧重描述过程,"缔约"侧重描述结果。②

该学说与内容决定说的区别在于,后者认为预约根据其特征或者具有"应当磋商"效力,或者具有"应当缔约"效力,而前者则认为两个效力同时具备。该种学说内部存在明显不同,一类是在未对应当磋商说和应当缔约说进行充分辨析的基础上罗列上述两说,另一类是在对于上述两说进行辨析后予以统合。显然后者的认识度更深。

(五)递进变化说

递进变化说认为,预约的效力或者为应当缔约,或者为应当磋商,二者并不并存,但是也不是任何一种效力可以概括所有预约的效力,因而主张预约效力的多元化和弹性化。预约所处的阶段不同,其成熟度亦不同。意大利学者 Di Majo 即主张将预约区分为初期的预约、待成熟的预约和无限接近本约的预约。③ 因此,应当根据当事人在不同缔约阶段达成预约时的主观真意确定预约的效力,随着缔约阶段的成熟,预约的效力逐渐由应当磋商效力递进变化为应当缔约效力。④

该说与内容决定说、效力并存说一样建立在对单纯的应当缔约说和应当磋商说的反思基础上,主张预约效力的多元化,同时扩张了预约的概念外延。但是其与内容决定说的不同之处在于,它不主张按照内容确定性来判断预约的效力究属应当缔约还是应当磋商,而是主张根据当事人的真意和相对方的信赖程度来判断。该说不同于效力并存说之处在于,它并不同意一个预约可以同时具有应当磋商和应当缔约的效力,而是仅居其一。本书在承认该说较强的探索价值的同时,认为该说存在司法上的可操作性的问题,不同的缔约阶段的划分是在假定本约已经缔结的情况下回看整个缔约

---

① 吴颂明:《预约合同研究》,载梁慧星主编:《民商法论丛》(第17卷),金桥文化出版(香港)有限公司2000年版,第535页。
② 陆青:《〈买卖合同司法解释〉第2条评析》,载《法学家》2013年第3期。
③ Di Majo, Obbligo a contrarre, in Enc. Giur., XXI, Poma,1990, at 6,转引自同上。
④ 黄淑丹:《论预约的违约损害赔偿范围——以预约效力的弹性化认定为中心》,载《研究生法学》2015年第1期。该文章的上述观点主要借鉴了汤文平在《论预约在法教义学体系中的地位——以类型序列之建构为基础》一文的观点。

过程才能分辨,然而在当事人发生预约争议时,本约并未达成,如果失去本约的参照系,在司法上将难以认定该预约所处的缔约阶段。何况,不同的交易类型根据交易习惯可能具有不同的缔约阶段的划分,对于不同交易分别区分其不同缔约阶段,工作浩繁,并无必要。

二、关于预约效力的司法实践考察

预约的效力不仅是预约理论体系的大关节,更是关于预约的司法实践的中心问题。毋宁说,预约效力的全部理论问题就在于,当一方预约当事人因未能如愿达成本约而诉至法院时,法院应当如何判决的实务问题。如英国政治哲学家 Michael Oakshott 的比喻:正如厨艺教程不可能先于烹饪独立产生,法律理论也不是从空气中发明出来去寻求法律实践的证明,它只是从已经存在的法律实践中抽象出来的一些推论而已。① 因此,面对预约效力的理论争议,应当考察预约在中国司法实践中的适用,并且分析法院如此适用的背后成因,从而反身检验各种理论的成色。

预约效力究属"应当缔约"还是"应当磋商",其疑难之处不在逻辑之内,而在现实之中。下文将分析得见,我国司法实践中并未采纳主流学者主张的应当缔约说,而是以应当磋商说为主流,其原因在于立法上缺少强制缔约制度。②

(一)司法实践以"应当磋商说"为主流意见

1. 主流态度采取"应当磋商说"

与理论上以"应当缔约说"为主流学说相映成趣的是,在我国司法实践

---

① Michael Oahshott, Political Education, in The Voice of Liberal Learning: Micheal Oakshott on Education, Timothy Fuller ed. 1989, at 143.

② 无独有偶,在我国台湾地区,即使存在强制缔约程序规定,法院在具体案例上也会考虑放松预约的强制缔约效力,而改采应当磋商说。在一个土地买卖预约案件中,双方在预约中约定了几乎全部本约的基本内容,但是在磋商本约时双方对于买方提出的意定解除权条款(如果该幅土地不能用于商业开发,则买方有权解除合同)无法达成一致,诉至法院后,法院认为"系争土地买卖之本约已因两造就该契约必要指点不能合意,为不可归责于双方之事由,致不能成立,亦即预约已不能履行",判决互不负缔结本约责任,定金返还。学者认为,该判决意味着台湾在司法实务上淡化预约的强制缔约效力,而倾向于仅赋予预约当事人磋商的效力。叶新民:《预约效力的十字路口——简评"最高法院"2011 年度台上字第二〇七六号民事判决》,载《月旦裁判时报》2012 年第 18 期。

中,法院的主流观点是"应当磋商说"。有学者通过研究预约相关案例发现,"应当磋商说"是"最高人民法院的主导型审判思路"。①

在最高人民法院公报案例"戴雪飞与江苏省苏州工业园区华新国际城市发展有限公司商品房订购协议定金纠纷案"中,法院审理认为双方签订的商品房预售合同属于预约,"双方当事人承担积极磋商的义务",案情中双方已经进行磋商,戴雪飞不同意本约草稿中的不公平条款属于"合理磋商行为",因此即使双方未达成合意,戴雪飞不构成违约。② 根据该案件的案情,原告要求被告按照预约缔结本约,而被告进行了磋商后决定不缔结本约,法院认为被告进行了合理磋商行为,因而不负缔结本约的义务。该案例作为公报案例,一定程度上表达了司法实践对于预约"应当磋商说"的支持态度。

在最高人民法院审结的"武汉泓博集团有限责任公司与中南财经政法大学租赁合同纠纷再审"案件中,涉案协议约定双方未来签订房屋租赁合同,但对租赁面积、租金、租期等内容均未作约定,最高人民法院认为该协议属于预约,当事人依据该预约取得的权利实质是要求对方进行磋商的权利。③

在"朱红卫与宁波万宏置业有限公司商品房预约合同纠纷案"中,原告与被告房地产公司签署房屋订购单,交纳定金 15 万元。被告承诺房屋年底可以交付使用,因此原告低价出卖了自己现有的住房,而后被告告知原告要一次性支付购房款才能签约,而且签约后五年才能交付房屋,双方争执导致无法缔结本约。原告诉至法院。法院判决,民事活动应当遵循诚实信用原则,被告违反预约合同约定的诚信谈判义务,应当承担违约责任。

"邹燕与无锡五洲龙胜商业有限公司商品房预约合同纠纷案"④中,原告与被告签署了名为《商铺认购书》的预约约定原告认购商铺的房号、价款和应交付的定金,同时约定原告应当在被告通知的时间签订《商品房买卖合

---

① 耿利航:《预约合同效力和违约救济的实证考察与应然路径》,载《法学研究》2016 年第 5 期。
② 江苏省苏州市中级人民法院(2005)苏中民一终字第 0068 号民事判决书。
③ 最高人民法院〔2014〕民申字第 1893 号"武汉泓博集团有限责任公司与中南财经政法大学租赁合同纠纷再审"判决书。
④ 无锡市中级人民法院(2013)锡民终字第 1384 号民事判决书。该案二审法院积极介入当事人的磋商内容之中,确定磋商不成的原因是否可归责于买方当事人,对于磋商义务之分析详细得当,甚为难得。

同》。原告与被告就签订买卖合同事宜进行了磋商,但因交房时间、商铺收益率、投资回报期、商家入驻等事项未能达成一致意见,合同未能签订。原告起诉要求退还定金。法院认为,在预约效力期间,当事人有实现交易的义务以及在有未决条款时尽力完成协商和谈判的义务。就未决条款的磋商,当事人应当遵循预约合同确立的原则和计价标准、履约期间等核心条款,全面、诚信、实际地履行磋商义务。①

2. 部分案例明确排除"应当缔约说"

有些案例中,人民法院不仅对于预约采取"应当磋商说",甚至更进一步明确排除了预约具有"应当缔约"的效力。

在"洪龙辉与福建海峡两岸农产品物流城发展有限公司商品房预约合同纠纷二审"中,法院认为当事人依法享有自愿订立合同的权利。从框架协议的内容看,并未约定房屋的面积、付款方式、交房时间等具体交易条件,故双方仅负有磋商的义务,并无必须缔约的义务,如果继续履行,将剥夺当事人的契约自由。由此法院驳回了原告要求按照预约签订商品房买卖合同的要求。②

在最高人民法院关于"王忠诚公司、张玉琪与同江医院纠纷再审案"的判决中,该院认为预约合同"可由人民法院强制缔结本约的法律依据并不充分,否则有违合同意思自治原则,亦不符合强制执行限于物或行为的给付而不包括意志给付的基本原理"③。

在"孙某与同力房产公司商品房预售合同纠纷案"中,原告孙某与被告房地产公司签订了商品房"预订单",约定孙某预定被告开发的橙黄时代小区 7 号楼 1 单元 402 室,面积 144 平米,价格 1977.8 元/平米,孙某按照预订单向被告交纳 3 万元定金,约定在正式合同签订后交付余款。后来被告取得销售许可证后,孙某要求签订正式商品房预售合同被拒,起诉要求被告签订本约并交付房屋。法院判决预订单是预约合同,由于双方并未形成正式的商品房买卖关系,所以孙某无权要求签订本约并交付房屋并赔偿损失。④

---

① 江苏省无锡市中级人民法院(2013)锡民终字第 1384 号民事判决书。
② 福建省漳州市中级人民法院(2016)闽 06 民终 1940 号民事判决书。
③ 最高人民法院(2016)最高法民申 200 号民事判决书。
④ 江苏省徐州市中级人民法院(2011)徐民终字第 1212 号民事判决书。

在"珠海万里路企业有限公司诉珠海海辰泰房地产开发有限公司商品房买卖合同纠纷案"中,法院认为,双方签订商品房预约合同之后,在继续磋商阶段,原告不同意将转让款冲抵购房款,的确违反了预约合同,但是中国法律上并无强制缔约的现行法依据,因此即使一方违反预约合同,也不能要求强制缔结本约。①

上海市高级人民法院"张玮诉上海佘山国际高尔夫俱乐部有限公司别墅认购合同纠纷案"中,法院认为,违反预约合同应当承担缔约过失责任,承担缔约过失责任的方式为损害赔偿,不包括缔结本约,损害赔偿范围包括直接利益的减少和失去与第三人订立合同机会的损失。②

在"唐小红与重庆市名爵实业有限公司商品房预约合同纠纷案"中,法院认为,"预约合同系诺成合同而非实践性合同,不受要物约束,强调当事人主观意志在合同成立中的作用","双方签订的《房屋选定合同》合法有效,但因该合同性质上属于预约合同,不具有实践性",因此,法院驳回原告主张签署正式《房屋买卖合同》的诉请。③

3. 少数案例适用"应当缔约说"

我国法院对于预约在实际案例中的效力问题采取开放性态度,尽管在主流上法院采取应当磋商说,但是也有少量案例采取了应当缔约说的立场。

在《人民法院案例选》选编的"郭志坚诉厦门福达地产投资有限公司车位买卖合同纠纷案"中,法院判决认为,原告买方与被告卖方签署的车位购买意向书系预定合同,本合同则为履行该预定而订立的合同,预定合同亦系一种债务合同,而以订立本合同为其债务内容。本案意向书预定内容系可确定,具备合同成立即有效要件,开发公司作为预定债务人负有订立本合同义务。故法院判决开发公司按 15 万元价格将一个车位销售给原告。④

在温州市中级法院审理的"陈建新、温州世贸房地产开发有限公司因商品房买卖预约合同纠纷案"中,涉案《房屋预订意向书》订立后,原告买方已缴纳了 40% 的购房款,被告卖方也履行了寄送合同文本和通知缴纳余款等义务,并且双方还就房屋精装修事宜进行了磋商,《房屋预订意向书》内容可

---

① 广东省珠海市中级人民法院(2008)珠中法民一终字第 104 号民事判决书。
② 上海市高级人民法院(2005)沪高民一(民)终字第 122 号民事判决书。
③ 重庆市第一中级人民法院(2014)渝一中法民终字第 01700 号民事判决书。
④ 福建省厦门市中级人民法院(2012)厦民终字第 1277 号民事判决书。

以确定,适于实际履行。法院最终判决:"温州世贸房地产开发有限公司于本判决生效后十日内与陈建新签订《商品房买卖合同》。"①

在"陈小红诉浙江福田房地产开发有限公司房屋认购合同纠纷案"中,原告与被告签署房屋"预订单",约定原告购买被告出售的营业房,并详细约定了房号、面积、单价、交房期,双方约定接被告通知后10天内签订合约手续及交付款项,买卖条款以商品房销售合同为准。原告交纳预订金4万元。

---

① 浙江省温州市中级人民法院(2009)浙温民终字第22号二审民事判决书。法院二审判决详细分析了本约应包含的内容,具有可参考性,故将判决摘录如下:本案《房屋预订意向书》订立后,陈建新已缴纳了40%的购房款,世贸房开公司也履行了寄送合同文本和通知缴纳余款等义务,并且双方还就房屋精装修事宜进行了磋商,尽管尚未订立商品房买卖合同,但从双方当事人的实际行为和履行意愿上看,均已按该《房屋预订意向书》的约定实施了事实上的商品房买卖行为,故《房屋预订意向书》的约定条款应当作为双方订立商品房买卖合同的主要内容。此外,本案商品房买卖合同也不存在我国《合同法》第110条规定的除外情形,同时,为稳定市场交易秩序,促进市场交易关系,双方当事人应当按照《房屋预定意向书》约定的房屋楼层、方位、"份额"、面积以及单价订立商品房买卖合同。鉴于《房屋预订意向书》约定的房屋面积是以扩初设计图纸为依据的,且《房屋预订意向书》已明确注明"上述房屋预订意向书面积仅作为参考,最终以温州市房管局房产测绘队预售测绘面积结果为准"。因此,如实际交付使用的房屋面积与《房屋预订意向书》约定面积不符的,可依照最高人民法院《关于审理商品房买卖合同纠纷案件适用法律若干问题的解释》第14条的规定处理。但是,《房屋预订意向书》约定的房屋面积和"份额"相结合才是确定本案房屋买卖标的物的重要内容,而"份额"在房屋楼层平面中现实存在,既指向明确,又符合预约合同目的,并适于实际履行。因此,陈建新主张按预订房屋"份额"订立商品房买卖合同的上诉请求,于法有据,应予支持。原判认为"份额"属商品房买卖合同的一般性条款,是房屋面积补充说明的理由,不符合本案实际,本院予以纠正。至于《房屋预订意向书》中没有约定但又属于《商品房销售管理办法》第16条规定商品房买卖合同的其他必备条款,双方当事人可以按照合同目的、交易习惯以及诚实信用原则在订立商品房买卖合同时予以明确。

关于《房屋预定意向书》约定单价是否包含所谓的"设备款"每平方米1475元的争议。本院认为,按照商品房交易习惯及本案商品房的特殊实际,《房屋预订意向书》约定的交易单价应当包含房屋电气安装入户及电梯轿厢装修工程价款,因此,世贸房开公司主张在房屋交易单价以外另行收取上述两项价款,于法无据,本院不予支持。而中央空调系统和智能化系统工程款,按照建筑业的通常理解和交易习惯,以及我国《合同法》第125条第1款的规定,仍无法在诉讼中予以进一步明确;此外,世贸房开公司主张的该两项目工程款的合理数额尚有待最后确定。因此,对于"中央空调系统、智能化系统"价款负担的争议,双方当事人可以在订立商品房买卖合同时予以明确,或经有关部门核定后另行处理。判决主文为:"一、确认原告陈建新与被告世贸房开公司签订的《房屋预订意向书》合法有效;二、温州世贸房地产开发有限公司于本判决生效后十日内与陈建新签订《商品房买卖合同》,合同标的物为坐落温州市鹿城区解放南路8#地块温州世贸中心大厦公寓式写字楼30层(高度113.9—117.6 m),面积457.25 m²(约1/4西北角),房屋单价为每平方米11917.50元。"

后被告在签署本约时提出涨价,原告拒绝导致本约无法签署,起诉要求签署商品房买卖合同。杭州市中级人民法院一审认为商品房买卖合同之成立需要双方意思表示一致,因被告不同意签署导致合同目的不能实现,预约无法继续履行,故驳回原告诉请。二审浙江省高级人民法院改判认为,本案预订单约定全面,商品房销售合同仅为双方需办理的合约手续,主要条款以预订单中的约定为准,其他条款只需根据商品房销售合同格式文本和交易习惯即可确定。双方当事人的预约有效。本案不存在法律上或事实上无法履行的情形,只要福田公司按约履行则合同目的就能实现,故改判双方预订单继续履行。①

在上述实质上采取了应当缔约说的案件判决中,除"陈建新、温州世贸房地产开发有限公司因商品房买卖预约合同纠纷案"外,法院均未明确要求当事人缔结本约,而是采取了笼统的变通的语言,比如"销售""受让"和"继续履行",可以看作法院对于应当缔约说的有意回避。

4. 少数案例兼容"应当磋商说"和"应当缔约说"

有部分案例并未明确区分"应当磋商说"和"应当缔约说",而是将其作为一体看待。

如在最高人民法院公报案例"张励与被告徐州市同力创展房地产有限公司商品房预售合同纠纷案"中,法院认为:"预约合同的目的在于当事人对将来签订特定合同的相关事项进行规划,其主要意义就在于为当事人设定了按照公平、诚信原则进行磋商以达成本约合同的义务;本约合同则是对双方特定权利义务的明确约定。预约合同既可以是明确本约合同的订约行为,也可以是对本约合同的内容进行预先设定,其中对经协商一致设定的本约内容,将来签订的本约合同应予直接确认,其他事项则留待订立本约合同时继续磋商。"②

最高人民法院公报案例"仲崇清诉上海市金轩大邸房地产项目开发有限公司合同纠纷二审案"中,原告购房人与被告房地产公司签署的《商铺认购意向书》中仅约定了面积,但并未约定具体的房号,法院认为:"涉案意向

---

① 浙江省高级人民法院(2003)浙民一终字第 271 号民事判决书。
② 徐州市泉山区人民法院"张励与被告徐州市同力创展房地产有限公司商品房预售合同纠纷案"判决书。

书是合法有效的预约合同,双方当事人均应依法履行意向书的约定。合同法第六条规定:'当事人行使权利、履行义务应当遵循诚实信用原则。'合同当事人不仅应依照诚实信用的原则行使合同权利,而且在履行合同义务中也应以善意的方式,依照诚实信用的原则履行,不得规避合同约定的义务。金轩大邸公司未按约履行其通知义务,并将商铺销售一空,导致涉案意向书中双方约定将来正式签订商铺买卖合同的根本目的无法实现,甚至在争议发生时主张双方签订的意向书无效,其行为违背了民事活动中应遵循的诚实信用原则,应认定为违约。

上述两则案例均为人民法院公报案例,其判决本应有利于厘清预约的效力究竟何意,但是相反,上述判决均引入了诚信原则作为判决依据,并未明确区分应当缔约还是应当磋商。在张励案中,判决连贯使用"进行磋商以达成本约"作为预约的效力的概括,仲崇清案判决也并未明确区分磋商行为(在该案中是指通知对方磋商)和缔约行为。反映了法院在预约的效力的模糊化态度,已如前述。

(二) 司法实践的原因分析

1. "应当缔约说"缺乏立法支持

法院不愿意判决当事人缔结本约,很大程度上是因为我国立法和司法解释上缺乏强制缔结的配套程序。有些案例在判决中直接指出我国并无强制缔约的法律依据,因而不支持缔约的诉请。① 其实,强制缔结本约并非没有法律依据。我国《合同法》第107条规定将实际履行作为违约责任的一种承担方式。究其实质,法院之所以不肯轻易判决当事人缔结本约,是因为缔结本约并非如支付价款、过户房产等容易实现强制执行。缔结本约是一个复杂的博弈过程,司法的被动性决定法院难以为当事人进行讨价还价。如果要求法院如此做,也必须具有配套的诉讼程序。在上述诉讼程序缺失的情况下,法院一则不愿意代替当事人缔结合同,二则在当事人之间存在条款分歧时,强行通过判决为当事人确定本约条款,易受非议,实际的合同履行情况也不会顺利。

其实,上述司法实践中的问题在没有建立强制缔约法律制度的国家均

---

① 在"珠海万里路企业有限公司诉珠海海辰泰房地产开发有限公司商品房买卖合同纠纷案"中所认为的,原告的确违反了预约合同,但是中国法律上并无强制缔约的现行法依据,因此即使一方违反预约合同,也不能要求强制缔结本约。见广东省珠海市中级人民法院(2008)珠中法民一终字第104号民事判决书。

会存在,法国法也没有预约强制执行的规定,在预约是否可以实际履行方面,法院的主流态度同样是诉诸损害赔偿,而非通过法院判决强制当事人缔结本约。在1942年《意大利民法典》修法之前,并无预约的实际履行制度,因而在实务上法院很少同意强制缔约,而在1942年修法时明文规定了预约"特定执行"制度后,司法实务上才肯认预约的实际履行效力。①

2. "应当缔约说"难以通过强制执行程序解决

由于法定的诉讼程序供给不足,法院不愿意在判决中为当事人缔结合同,所以,有些法院在坚持应当缔约说的前提下,笼统判决当事人"继续履行"预约合同,比如前引浙江省高级人民法院"陈小红诉浙江福田房地产开发有限公司房屋认购合同纠纷案"二审判决。但是,是否赋予合同以实际履行的效力,很大程度上关涉该合同的履行义务是否适合法院强制执行。当法院认可一个合同应当实际履行,就意味着法院必须自己扛起强制执行的法定责任。按照中国现行的"审执分离"的强制执行体制,审判庭负责审理案件作出判决,执行庭负责以审判庭的判决为执行依据进行强制执行。在以往的司法实践中,经常存在审判庭笼统判决"继续履行"合同但执行庭无法执行的问题。②针对该问题,《最高人民法院关于适用〈中华人民共和国民事诉讼法〉的解释》第463条规定:"当事人申请人民法院执行的生效法律文书应当具备下列条件:(一)权利义务主体明确;(二)给付内容明确。法律文书确定继续履行合同的,应当明确继续履行的具体内容。"此即"执行依据确定"原则。该原则意味着,"继续履行合同"的判决应当明确要求人民法院强制执行的具体内容,比如给付金钱、过户财产或作出特定行为。根据该规定,对于预约案件,法院不能简单判决"预约继续履行",而必须指明"缔结本约"作为特定行为,但是这就相当于将审判庭的难以确定本约条款的难题转交给执行庭,不仅不具备实际可操作性,而且难以贯彻审执分离的司法原则。

---

① 唐晓晴:《澳门预约合同法律制度》,中国社会科学院2003年博士学位论文,第9、12页。

② 沈德咏主编:《最高人民法院民事诉讼法司法解释理解与适用(下)》,人民法院出版社2015年版,第1235,1237页。1998年《最高人民法院关于人民法院执行工作若干问题的规定(试行)》第18条规定:人民法院受理执行案件应当负责的条件之一为"申请执行的法律文书有给付内容,且执行标的和被执行人明确"。但是该司法解释颁布后,在司法实践中仍然存在许多仅判决继续履行合同的判决书。

3. "应当磋商说"实为"应当缔约说"的司法代偿

由于应当缔约说遭遇的立法供给不足和强制执行困境,导致法院不愿意判决强制缔结本约,这导致法院不愿意以"应当缔约说"作为预约的效力依据。为确保公正,法院必须寻找一个可靠的预约效力学说进行"代偿"①,这个代偿理论就是"应当磋商说"。"应当磋商说"作为代偿理论有其合理性。缔约必有磋商,两者为一体之两面,"前者描述结果,后者描述过程"。但是磋商与缔约的不同之处在于,在诉讼发生时,多半当事人彼此之间已经丧失信任,各方均明知磋商谈判根本无法顺利进行,所以当事人一般不会要求对方实际履行磋商谈判义务。这就使得法院基本可以不考虑实际履行问题,而可以顺利转入核算损害赔偿的方便路径上来。因此,本书认为,法院采纳应当磋商说在本质上并不是一种理论认同,而是一种司法策略。其实,法院即使按照"应当磋商说"认定违约责任,在计算损害赔偿金额上,也并不止步于"应当磋商说"仅赔偿本约信赖利益损失,而是按照"应当缔约说"的思路计算损害赔偿,通常会考虑本约的履行利益损失。如仲崇清案中,法院参照上海楼市涨势差价计算预约违约的损害赔偿范围,这相当于本约缔结后的履行利益范畴。此可证明,法院实际上是借用"应当磋商说"规避实际履行的诉请,而在计算损害赔偿时则仍然按照"应当缔约说"处理。

三、统一理论的多个路径选择

在预约效力问题上,法学理论与实践之间,以及各自内部均存在冲突和错乱。② 如何解决这种冲突和错乱,实现理论和实践的统一,可能存在多个路径选择:

(一) 立法规定强制缔约程序

我国可以在民法典编撰过程中,效仿德国、奥地利、瑞士、日本、意大利等国规定强制缔结本约的制度。按此,则关于预约的效力将自然统一为"应当缔约说"。通过立法解决预约效力的长久争议,有利于统一法律适用,并且增加当事人在经济活动中的可预期性。但是,中国民法典编撰工作浩繁,

---

① 这里的"代偿"并非法律术语,而是医学术语,即当一个器官功能缺失时,其他可以达到类似生理功能的器官会加大功率代替补偿失效器官的功能。

② 耿利航:《预约合同效力和违约救济的实证考察与应然路径》,载《法学研究》2016年第5期。

时日较长,立法者最后是否采纳"应当缔约说"尚未可知,在民法典立法完成之前,如何统一预约效力的法律适用,仍然是个亟待解决的问题。

而且,我国立法似乎不应当不区分预约类型而一味采纳"应当缔约说"。我国疆域辽阔,法院适用法律的水平参差不一,这要求我国立法需要具有一定程度的抽象性和灵活性,为不同水平的法官提供简便易行的审判指南,而非将大量裁量权留给法官,滋生司法不公。如果在立法上规定所有预约均可诉请强制缔约,则对于那些确定性明显不足的预约,法院需要在审理过程中主持和监督当事人的整个磋商过程,即便法院殚精竭虑地主持公道,在很多商务条款上还是必须依赖于当事人之间的合意,这在现阶段中国的司法运行体制下较难实现效率和公平。

(二) 以"应当磋商说"统一理论和实务

在司法实践中作为主流的应当磋商说,也难以作为统一理论。从法律的规范目的看,应当磋商说并不符合预约的制度本旨。理由有二:其一,预约的制度目的在于使当事人负担缔结本约的义务,否定缔结本约的义务即否定了缔约制度的根基,由此需要在理论上重塑预约制度,这将带来理论上较大的转弯成本。瑞士学者 Bucher 提出了以"应当磋商说"为基础的预约理论,但至今仍未动摇瑞士立法和实务上的"应当缔约说"立场。其二,按照"应当磋商说",即使当事人在预约中明确规定双方当事人未来应当缔结本约,在条件具备时,法院仍然不能认定当事人之间应当缔结本约,这明显违背当事人的意思自治,限缩了当事人的契约自由范围。

(三) 创设预约以外的先合同协议概念

另外一个可能的路径在于保持预约的"血统纯净",将其严格限制在传统预约的概念中,仅发生强制缔约的法律效力,而不发生磋商的法律效力。同时,对于其他未被纳入预约概念的先合同协议,创设一个新的概念,比如曾有学者建议区分"预约"和"预约合同",以预约指代社会交易现实中的各种先合同协议,而将狭义预约称为"预约合同"。[①] 这样可以使预约理论统一化和单纯化。

本书认为,该路径的可取之处在于逻辑清晰,避免同一概念根据条件的不同而发生不同的法律效力,造成法律适用困难。但是该路径的难度在于

---

① 张古哈:《预约合同制度研究——以〈买卖合同司法解释〉第 2 条为中心》,载《社会科学研究》2015 年第 1 期。

创设新法学概念之难度。就上述区分"预约"和"预约合同"的观点来说,该区分方式并不符合现有的学术用法和司法实践中的用法,接受度恐怕不高。即使根据该学者的观点,"预约合同"包含在"预约"之中,那么"预约"中除"预约合同"之外的类型又当如何称谓,仍付阙如。而且,既然该学者建议的"预约"与"先合同协议"之间具有相同含义,那么使用"先合同协议"即可,并无必要设立一个新的"预约"概念。

(四)将缔约和磋商纳入预约的合同义务群

这是本书提出的新的理论尝试,即按照合同义务群理论,将应当缔约的义务视为预约的主合同义务,而将应当磋商作为预约的从合同义务,统一纳入合同义务群,并通过预约确定性和情事变更等制度作为调节阀,引导预约的效力在个案中的走向。该种路径的有利之处在于:(1)可以统一应当缔约说和应当磋商说,防止采纳任何一个学说的片面性;(2)吸收内容决定说、效力并存说、递进变化说的合理内容;(3)兼顾预约在学理体系上的要求,同时呼应司法实践中的现实做法;(4)由于合同义务群理论为学理和司法上普遍接受,因此制度转向成本不高。

第四节 预约合同义务群

一、概述

(一)合同义务群理论

合同义务群的理论是债的有机体理论的延伸。[①] 德国法学家多恩介绍

---

① 债的有机体理论的经典论述来自德国法学家 Siber,他认为债之关系是一种"有机体(Schuldverhaltnis als Organismus)",一方面说明债的元素复杂,包括多种权利、义务以及法律地位,另一方面隐喻债不是静态僵化的,而是根据情况变动不居,变动的目的在于确保债的实现,如有机体一样有其生死。尽管债的关系不断变动,但是其同一性(Silbigkeit)并不改变。拉伦茨称之为有意义的结构组合(Sinnhaftes Gefuge),Herbolz 称之为"恒常的框架关系"(konstante Rahmenbeziehung)。拉德布鲁赫正确地指出:"债权系法律世界中的动态因素,含有死亡基因,目的已达,即归消灭"。然而,王泽鉴将债的关系向"死亡"后推进,认为当债的关系因履行而消灭后,并非消失无踪,仍继续以给付变动的原因而存在。参见〔德〕迪特尔·梅迪库斯:《德国债法总论》,杜景林、卢谌译,法律出版社 2004 年版,第 9 页;王泽鉴:《债法原理(第一册):基本理论·债之发生》,中国政法大学出版社 2001 年版,第 51 页。

说,合同中围绕着当事人的缔约目的的实现隐藏着一个"义务网络"。① 这个义务网络也被称为合同义务群,即各种义务统一于合同之债,协力追求债的实现。申言之,一种合同关系并不仅仅产生作为合同类型特征的主合同义务(也称主给付义务,Hauptleistungspflichten,main duties),还会使双方当事人互负履行忠实、通知、解释、保护对方的权利和法益的义务,后者称为附随义务(Nebenpflichten,ancillary duties)。② 传统德国法按照两分法区分合同义务群为合同义务和附随义务,比如德国学者 Emmerich、史尚宽等。后世逐渐采用三分法,区分为主合同义务、附随义务以及在主合同义务和附随义务中间的义务,该类型义务与给付利益有关,但是和附随义务一样主要产生于诚信原则,该类型义务一说应属于附随义务,故可以命名为非独立之附随义务(Unselbstandige Nebenpflichten);另一说将该中间类型义务归入合同义务,称为从合同义务(也称从给付义务,Nebenleisungspflicht),如拉伦茨、王泽鉴、王利明等教授主张。③ 本书采三分法:

主合同义务,又称主给付义务,是指根据合同的目的所必备的,决定合同关系类型的基本义务。主合同义务通常根据合同约定确立,但是可能通过合同解释进行补充。④

从合同义务,又称从给付义务,是指辅助主合同义务的实现,并不决定合同类型的义务,仅为确保债权人利益能够获得最大满足。从合同义务可能来自合同约定,或者法律强制性规定,或者根据诚信原则由法官进行补充解释。从合同义务可以单独提起诉讼请求履行,根据合同性质,从权利人可能因对方违反从合同义务而解除合同,并要求赔偿损失。⑤ 从合同义务与主

---

① 〔德〕罗伯特·霍恩,海因·科茨,汉斯·G. 莱塞:《德国民商法导论》,楚健译,中国大百科全书出版社 1996 年版,第 115 页。
② 〔德〕莱因哈德·齐默曼:《德国新债法——历史与比较的视角》,韩光明译,法律出版社 2012 年版,第 83 页。
③ 侯国跃:《契约附随义务研究》,西南政法大学博士论文 2006 年版,第 27 页。
④ 王利明:《合同法研究》(第二卷)(修订版),中国人民大学出版社 2011 年版,第 25 页;王泽鉴:《债法原理(第一册):基本理论·债之发生》,中国政法大学出版社 2001 年版,第 36 页。
⑤ 王利明:《合同法研究》(第二卷)(修订版),中国人民大学出版社 2011 年版,第 31 页;王泽鉴:《债法原理(第一册):基本理论·债之发生》,中国政法大学出版社 2001 年版,第 37 页。

合同义务密切联系在一起,表现在:首先,从合同义务从属于主合同义务,无主合同义务,则无从合同义务;其次,从合同义务的履行在于确保主合同义务的目的实现,从合同义务对主合同义务起到"准备、实行和保障的作用"①。同时,从合同义务与主合同义务之间存在区别:首先,主合同义务决定合同类型,而从合同义务不决定合同类型;其次,主合同义务之违反直接导致合同目的不能实现,而从合同义务之违反未必导致合同义务不能实现,但是因为从合同义务之违反导致主合同义务违反的,亦有可能导致合同目的不能实现。

附随义务是指根据诚信原则产生的合同义务,与给付利益没有直接关系,并非契约项下的对待给付,而是基于契约关系的存在而使当事人之间互负诚信原则下的义务,不得独立以合同之诉请求履行,但可以因其违反主张损害赔偿。② 根据王利明教授的研究,附随义务可以包括:通知义务;告知义务;保护义务;照顾义务;保密义务;忠实义务③;协作义务;继续协商义务④。

(二) 预约合同义务群的构成

预约合同义务群是指由预约合同义务人所负担的多个义务,各项义务统一于预约合同,其设定和履行的目的在于实现本约的缔结,包括主合同义务、从合同义务和附随义务(见图 2)。其中,主合同义务为缔结本约,这是预约的应有之义,据以确定预约的本质特征;从合同义务为磋商义务,磋商作为抽象法律概念,视为缔结本约前双方全部准备缔结本约的行为,磋商义务作为从合同义务可以为合同所规定,也可以为法定或者基于诚信原则产生。因为任何合同义务的履行均应遵守诚信原则,所以此处的磋商义务也可以称为诚信磋商义务;附随义务是指围绕磋商和缔约而要求双方当事人负担的通知、保护、忠实等义务。

---

① 卢谌、杜景林:《德国民法典债法总则评注》,中国方正出版社 2007 年版,第 12 页。
② 王利明:《合同法研究》(第二卷)(修订版),中国人民大学出版社 2011 年版,第 32 页;王泽鉴:《债法原理(第一册):基本理论·债之发生》,中国政法大学出版社 2001 年版,第 39 页。
③ 忠实义务由德国 Heinrichs 教授所主张,意指合同当事人应当忠实于所缔结的合同,不得恶意妨碍合同的正常生效和履行。参见侯国跃:《契约附随义务研究》,西南政法大学 2006 年博士学位论文,第 165 页。
④ 王利明:《合同法研究》(第二卷)(修订版),中国人民大学出版社 2011 年版,第 32—36 页。

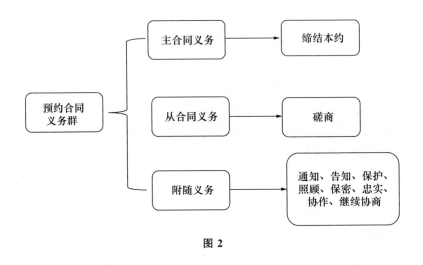

图 2

二、缔结本约作为主合同义务

（一）缔结本约义务的性质

缔结本约是预约的本旨,锚定预约的类型特征。因此,缔结本约属于预约的主合同义务。享有缔约权利的一方有权主张缔结本约,相对方具有缔结本约的义务。

如前文所述,预约不能脱离缔结本约之目的而仅以磋商为预约制度的基石,磋商仅为以缔结本约为目的的给付之准备过程,如同买卖合同项下供货方为供货而生产货物之过程。因此,磋商并非预约的主合同义务。中国法院在一些案例上认定请求磋商是预约的主合同义务,如前引"洪龙辉与福建海峡两岸农产品物流城发展有限公司商品房预约合同纠纷二审"中,法院认为涉案预约"双方仅负有磋商的义务,并无必须缔约的义务,如果继续履行,将剥夺当事人的契约自由"。上述司法认定否定预约的合同类型特征,与预约之基本理论不符。而且,此类判决不利于司法统一。在受诉的预约案例中必然存在一类预约,缔结本约条件充分,损害赔偿不足以保护守约方利益,法院本应当判令当事人之间缔结本约,但如按照前述法院之说,将预约的主合同义务认为仅在于请求磋商,则法院仅能给予当事人损害赔偿救济,而不得实际履行缔约义务,显属不公。

（二）缔结本约义务的内容

缔结本约的法律性质为本约合同成立,即双方关于本约达成意思表示的合意。因此缔结本约非如买卖合同之于交付标的物的给付行为，也非如服务合同之于提供服务之事实行为，而是义务人当为一个法律行为。法律行为以当事人意思自由为核心，因此学说上多有批评预约制度者，即认为预约的履行义务在于强制当事人作出意思表示，违反契约自由原则。本书认为，义务人承担缔约义务亦是基于契约自由原则，当事人并非在缔结本约时被强制违背其自由意志缔约，而是其在预约中已经做出事先同意。如德国学者将预约之缔约义务理解为一种意定的缔约强制，与法定的缔约强制（针对有公益目的的合同）等置，而凸显其意思自治的性质。[①] 日本学者也认为，预约的缔约义务的性质属于当事人有权对自己的缔约自由作出限制。[②]

缔结本约义务的履行标准为本约合同生效。缔结合同在文义上包括合同成立和合同生效两部分，通常来说合同成立时即发生本约的法律效力，不须着意区分成立和生效。但在根据法律或约定原因，合同在成立后需要符合一定条件才能生效的，则合同成立和成效有区分之必要。预约义务人首先应当通过正当履行行为使本约成立，一经本约成立即应受其拘束，不得随意撤销已成立的本约。[③] 进而，如本约合同仍然需要具备一定条件才能生效，如法律规定应当获得行政机关审批，预约义务人应积极完成报批手续；在生效条件为需要等待的客观条件时，预约义务人不得阻碍条件成就；如果法律规定或当事人约定合同生效需要具备形式要件的，比如法律规定应采取书面形式，或者约定加盖公章后生效的，则应当依其规定促使合同生效。究言之，预约之给付在于本约之缔结，而预约之最终目的在于通过本约的履行获得利益。无效合同自始无履行效力，即使可请求信赖利益损害赔偿，终非当事人达成预约时的主观意愿。因此，缔结本约的主合同义务至本约生效方能完成。如果当事人在预约中并无关于缔结本约究属成立还是生效之明确表示，应当通过合同的补充解释加以完善，推断预约当事人的真意在于

---

① 〔德〕迪特尔·梅迪库斯：《德国债法总论》，杜景林、卢谌译，法律出版社2004年版，第67页。

② 〔日〕我妻荣：《我妻荣民法讲义 V1：债权各论》（上卷），徐慧译，中国法制出版社2008年版，第16页。

③ 此为合同成立之拘束力（vertrag als bindung der vertragspartner）。王泽鉴：《债法原理（第一册）：基本理论·债之发生》，中国政法大学出版社2001年版，第193页。

获得一个有效合同,而非仅是一个已成立未生效合同。①

预约区分为单务预约和双务预约。在单务预约,仅一方负有缔结本约之义务。传统预约将预约视为债法上的合同,仅产生缔约的请求权,此种情况下,当缔约权利人向相对方发出缔结本约的要约时,相对方有义务予以承诺。② 按照本书所主张,选择权合同亦属于预约之一种,或准用预约的规范,此时当缔约权利人作出缔约的意思表示,则本约自动成立,一般情况下,义务人仅负有不得否定本约存在的消极义务;但是,当本约生效仍然需要申请行政机关批准,或者缮制书面形式时,则缔约义务人负有债法上的积极促使合同达成生效要件之义务。而在双务预约,双方均负缔结本约的义务。该双方所负义务是否为对待给付义务?本书认为,这里隐藏着预约相对于普通合同的复杂之处。普通合同中的双方负有对待给付义务,如英美法所说"对价"或者"bargain"(可理解为对立的交换),在德国学说上称为"错综的合致"③。法律行为上区分合同行为和协定行为,后者是指具有相同内容的多方意思表示,又称为"平行的合致"。④ 预约的义务则具有合同行为和协定行为的复合性质:预约义务的履行恰恰是本约合同的形成工作,因而具有"错综的合致"的一面,同时,本约之缔结是预约双方同向的目标,因而还具有"平行的合致"的一面。⑤

(三) 缔结本约的请求权

在预约合同履行过程中,守约方对于违约方可以产生请求违约方停止违约行为的请求权,同时履行抗辩权和不安抗辩权等,如违约方违反预约即将与第三方签署本约,则守约方有权要求违约方停止签署行为,并且有权单方中止磋商,或要求对方提供相应的签约担保。为了避免对方发生违约行为,影响本约签订,当事人也可以在预约中约定违约金,如"分手费(break-

---

① 关于合同解释方法,参见王利明:《合同法研究》(第一卷)(修订版),中国人民大学出版社2011年版,第448页以下。关于合同的补充性解释与合同的阐释性解释,参见王泽鉴:《债法原理(第一册):基本理论·债之发生》,中国政法大学出版社2001年版,第218页。

② 〔日〕我妻荣:《我妻荣民法讲义V1:债权各论》(上卷),徐慧译,中国法制出版社2008年版,第16页。

③ 龙卫球:《民法总论》,中国法制出版社2002年版,第435页。

④ 同上书,第435页。

⑤ 德国预约理论的创建者之一Degenkolb即认为,预约的义务就是订立本约的"协力行为"。吴从周:《论预约:探寻德国法之发展并综合分析台湾"最高法院"相关判决》,载《台湾大学法学论丛》第42卷特刊。

up fee)"①,或者设置"皇冠宝石条款(crown jewels option)"②。

违约方违反缔结本约义务,受损方是否有权诉请履行需要根据具体情形而定。缔结本约作为预约的主合同义务不等于权利方可以随时诉请履行。根据本书的观点,对于确定性不足本约程度的预约,或者因为情事变更、不可抗力、未达到本约生效要件等原因不能缔结本约的,当事人不能诉请缔结本约。但是,无论是否可以诉请缔结本约,预约违约行为的受损方均有权按照合同法的规定要求解除合同并要求违约方承担损害赔偿责任。该损害赔偿应为预约之履行利益损失,在具备本约缔结条件而选择不诉请履行时,损害赔偿范围可达到本约之履行利益损失的范围;对于不具备本约缔结条件的,损害赔偿范围为预约的信赖利益损失(大体相当于本约的信赖利益损失,但仍有具体差别③)。

三、磋商作为从合同义务

(一) 磋商的法律概念

磋商,是指具有不同利益立场的当事人自愿寻找他们愿意缔结的合同关系的互动过程。④ 磋商的英语为 negotiation,来自拉丁语 negotium(含义为"交换")⑤和 negotiatus(含义为"做生意")。⑥ 弗洛伊德曾说:"当一个恼

---

① 在英美的并购交易习惯中,并购双方达成并购交易合同,但约定仍需要本方履行内部决策程序获得批准才能签署最终合同,或者申报监管部门(如国家安全部门、反垄断部门)审批后才能生效,此时的并购交易合同仅为一个临时协议。该临时协议是否能够成为最终合同具有不确定性,因此,在该临时协议中往往会约定巨额分手费,以震慑相对方避免其消极对待导致最终合同无法完成。而且,为了约束双方签署最终合同,避免一方与他方达成更为有利的交易,双方也会在并购合同中约定分手费。Edwin L. Miller Jr.,*Mergers and Acquisitions*: *a Step-by-step Legal and Practical Guide*, John Wiley &.Sons,Inc.,2008,at 250.

② "皇冠宝石条款",即赋予当事人一方选择权,可以在对方违约情况下仅凭单方意思即可购买标的资产中最为关键的某一部分,该部分金额不大,但是对于整个标的资产的价值影响巨大,第三方在争夺交易时可能惧怕无法取得该关键部分而不得不放弃争夺。id,at 250.

③ 本书将在后文第六章第三节"违反预约的损害赔偿"部分详述。

④ Ekaterina Pannekakker, *Offer and Acceptance and the Dynamics of Negotiation*: *Arguments for Contract Theory from Negotiation Studies*, ELR November 2013,at 134.

⑤ 乌尔比安曾有一段法言:"该协议并非是裸体的,如人们说的简约并不产生诉,它的确达成了一个 nigotum,其因此可以是市民之诉的基础",此处 nigotum 被认为是简约"穿衣"的原因之一,从而使简约具有可诉性,即法律约束力。见娄爱华:《论罗马法中合同概念的形成》,载徐涤宇、〔意〕桑德罗·斯奇巴尼主编:《罗马法与共同法》(第二辑),法律出版社 2012 年版,第 306 页。

⑥ Richard Luecke, *Negotiation*, Harvard Business School Press2003,at xi.

怒的原始人抛出的不是石头而是一个语词时,文明发生了。"①这是指在人类文明发生史上磋商代替暴力作为解决问题方式的历史意义。哈贝马斯在政治哲学上提出了"商谈伦理(discourse ethics)",并认为"仅当所有利益相关人可以作为参与者进行理性商谈并且达成合意时,规范才是有效的"。② 商业和公共管理学关注磋商策略,认为磋商具有两个有机组成部分:磋商的动态进程(dynamic constituent of negotiations),以及磋商的实质内容(substantive constituent of negotiations)。③ 同时,磋商具有两种基本模式:零和博弈(distributive negotiation)和双赢博弈(integrative negotiation),前者针对的是双方存在利益上的矛盾对立,相互之间信任度较低,磋商结果呈现此消彼长的形态的情况;而后者针对的是双方具有共同利益目标、相互之间存有较高信任度、通过磋商达成未来的协议安排的情况。④ 在此基础上,哈佛法学院教授 Roger Fisher 提出了"原则性磋商(principled negotiation)"理论。⑤ 他认为磋商是一个人从其他人那里获得自己想要的东西的基本方法,因为不同人之间存在共同的想法也存在不同的想法,磋商通过设计一种来来回回的沟通的方式获得人与人之间的合意的过程,如同在不确定和紧张的大海中沉下巨锚。⑥ Fisher 认为"原则性磋商"方法不关注伎俩和策略,而是将磋商各方的立场与要解决的问题分开,应理解对方的利益,寻找各方共同的利益并提供更多的选择方案,磋商应依据客观标准和理性进行。⑦

在法律上,磋商是指合同形成过程中双方讨价还价(bargain)的过程。

---

① "Civilization began the first time an angry person cast a word instead of a rock." cited in Waisanen, D. Toward Robust Public Engagement: The Value of Deliberative Discourse for Civil Communication, at 287,288.

② Habermas, Between Facts and Norms, tr. William Rehg. Cambridge: Polity Press Inassociation with Blackwell 1996, at 107, cited in James Gordon Finlayson, *Habermas, A very Short Introduction*, Oxford University Press 2005,at 79.

③ 磋商的动态进程(dynamic constituent of negotiations)是指磋商中双方当事人运用策略战术进行讨价还价的行为和过程,而磋商的实质内容(substantive constituent of negotiations)是指磋商讨论的未来合同的内容。上述磋商的两方面是有机重叠在一起的。Id. At. 215. cited in Id. at 135.

④ Id. at 135.

⑤ Roger Fisher& William Ury, Getting to Yes, Negotiating An Agreement without Giving in, revised by Bruce Patton, Random House Business Books, 2012, at 13.

⑥ "provide an anchor in an uncertain and pressured situation",Id. at 4.

⑦ Id. at 13.

但是,关于合同形成的经典范式是"要约—承诺",而非磋商。"要约—承诺"理论起源于罗马法的习惯法,但是作为一种合同形成的范式起源于18、19世纪的近代西方法学。① 传统的商事合同交易形式简单,磋商过程可以忽略不计,要约—承诺作为一个法学上的抽象概念基本可以描述各种合同缔结方式,其最大优势在于准确界定合同的成立时间点,从而可以划分合同效力和合同责任的有无("what is and what is not a contract"②)。而这种优势却恰恰不利于分析现代复杂交易的缔约过程。现代大型交易以多轮反复磋商为核心,方式复杂,磋商费用大,合同双方之间达成合意的时间有时会很漫长,在不同的时间段,当事人为了固定已有合意,管理磋商过程,会签署一些临时的中间协议。③ 此时,很难用"要约—承诺"范式分析如此错综复杂的缔约过程。④ S. A. Smith 认为"要约—承诺"理论在通过磋商订立合同的图景下难以判断合同成立时点,法院也只能采取"理由后置"的方式,即首先寻找一个生效合同,然后再去分析其要约和承诺的位置。⑤ 但是无论如何,"要约—承诺"方式仍然是关于合同形成的主流范式。如 Atiyah 认为,磋商缔约方式的确不是按照要约—承诺范式进行的,但是后者仍然可以用来分析磋商缔约的基本过程。⑥ 拉伦茨认为,尽管在通过磋商共同形成并签署合同

---

① 在大陆法系早期,如法国的 Pothier 在 1806 年的《债及契约法》一书中研究"要约—承诺"理论,在英美法系可追溯至 1789 年,在 Payne v. Cave 一案中确立了通过要约—承诺分析合同形成的范式。Ekaterina Pannekakker, at 131.

② S. A. Smith, *Contract Theory*(2004), at 168. Cited in ld. at 136.

③ Farnsworth 认为,传统的"要约—承诺"模式只适合于 19 世纪的交易模式,现代交易多通过长时间、多角色、多轮的谈判磋商完成,而且在整个过程中会产生多个临时协议,因此很难确定要约和承诺。E. Allan Farnsworth, "Precontractual Liability and Preliminary Agreements: Fair Dealing and Failed Negotiations", *Columbia Law Review*, Vol. 87(1987), at 219.

④ Chitty 认为"要约—承诺"模式无法分析一些合同类型,如多方竞价交易,将未决条款同意提交第三方仲裁的协议、已达合致但又约定"以合同为准(subject to contract)"的协议。H. G. Beale, *Chitty on Contracts*, Thirteenth Edition, 商务印书馆 2012 年影印版, at 201; R. E. Scott 和 J. S. Kraus 指出,很多合同不是根据要约—承诺方式缔结的,而是通过一个动态的磋商过程完成的,在这个过程中如果一方当事人信赖另一方当事人在磋商中的承诺而受到损失,按照传统的"要约—承诺"理论不能得到救济,其公平性殊值疑问。R. E. Scott & J. S. Kraus, *Contract Law and Theory*, Matthew Bender & Company, 2007, at 281.

⑤ S. A. Smith, Contract Theory (2004), at 176. Cited in Ekaterina Pannekakker, at 136.

⑥ P. S. Atiyah, *Introduction to the Law of Contract*, Sixth Edition, Oxford University Press 2016, at 36.

的缔约方式下,区分要约和承诺并无实益,但是仍然可以认为该种情况下的双方同时是要约和承诺方。①

尽管磋商尚未成为合同形成理论的新范式,但是绝非法律的空白地带。大陆法系基于"债"的观念,将磋商理解为当事人之间的债的关系,拉伦茨认之为基于磋商而产生的非基于合同义务而发生的法定债的关系(Vorvertrageliches Schuldvehaeltnis)。② 按照耶林对缔约过失责任理论的分析,进入磋商过程的当事人从消极义务范畴进入积极义务范畴,他们之间这种正在形成的合同关系也应受到保护。早期德国帝国法院的判例亦认为,磋商中的当事人之间可以形成类似于合同的信赖关系,互负交易上必要的注意义务。③ 该种注意义务的违反即需承担缔约过失责任。④ 与大陆法系相反,英美法的普通法认为磋商具有射幸性,如英国法官 Lord Ackner 在判决中所指,给磋商施加任何注意义务,都是与磋商的对抗性相矛盾的。⑤ 英国法院在另一个判例中直接将磋商比喻为赌博(gamble)。⑥ 在英国法上,对于磋商的保护仅限于不当得利返还、误述和过失侵权,且仅限于

---

① 〔德〕卡尔·拉伦茨:《德国民法通论》(下册),王晓晔、邵建东、程建英、徐国建、谢怀栻译,法律出版社 2003 年版,第 720 页。

② Karl Larenz, Lehrbuch des Schuldrechts(Band I),14 Auflage Verlag C. H. Beck 1987 S.104ff,转引自王洪亮:《缔约上过失制度研究》,中国政法大学 2001 年博士学位论文,第 21 页。Stoll 直接将其称为"合同磋商之法律关系"(Rechtverhältnis der Vertragsverhandlung),始于磋商之开始,终于合同缔结或磋商中断,其间当事人互负法律义务,参见向明恩:《德国缔约上过失理论之发展》,载《台北大学法学论丛》第 70 期(2009 年 6 月)。

③ 王利明:《合同法研究》(第一卷)(修订版),中国人民大学出版社 2011 年版,第 329 页以下。〔德〕迪特尔·梅迪库斯:《德国债法总论》,杜景林、卢谌译,法律出版社 2004 年版,第 107 页。

④ 根据梅迪库斯的观点,缔约过失责任的范围可以区分为三种:与磋商无关的固有法益损害(与磋商无关),与磋商失败有关的损害(仅有磋商而无合同),以及缔结合同并非当事人所愿的损害(已经存在合同)。其中第二种直接与磋商过程中的权利义务有关,该种缔约过失行为中的典型行为包括对合同生效障碍保持沉默和中断磋商。参见李昊:《德国缔约过失责任的成文化》,载《清华法学》2010 年第 2 期。我国《合同法》第 42 条规定的该类缔约过失行为是"假借订立合同,恶意进行磋商"以及"故意隐瞒与订立合同有关的重要事实或者提供虚假情况"。关于"恶意磋商"行为,有学者认为包括恶意开始磋商、恶意继续磋商和恶意终止磋商三种类型。见韩世远:《我国合同法上的缔约上过失问题研究》,载《法学家》2004 年第 3 期。

⑤ Walford v. Miles[1992]2 AC 128.

⑥ Willian Lacey(Hounslow) Ltd. V. Davis[1957]2 All ER 712.

信赖利益赔偿。① 美国法基本与英国法上述立场相同,但是美国法院在一些判例中适用禁反言原则判决违反诚信原则的中断磋商者承担信赖利益赔偿责任。②

  法律干预磋商过程的目的在于保护当事人的合理信赖。而合理信赖并非在磋商阶段平均分布,而是随磋商阶段的深入而循序渐进的。③ 如《德国新债法》第311条根据上述学说将缔约过程区分为合同接触阶段和磋商阶段,前一阶段仅涉及固有法益之保护,与侵权法上的交易安全保护义务可以发生竞合;后一阶段则不仅有固有法益之保护,尚可能因恶意磋商行为而发生信赖利益损害赔偿责任。④ 法国法在司法判例上将中断磋商的侵权责任限定在磋商阶段已达一定长度和深度(advanced stage of negotiation),同时要求当事人可以合理信赖合同订立时,才能发生。⑤ 荷兰法也类似,荷兰最高法院的经典判例 Plas v. Municipality of Valbung 一案中,将磋商划分为三个阶段,并发生不同的注意义务和法律后果:初始阶段,当事人可以自由

---

  ① R. J. P. Kottenhagen, "Freedom of Contract to Forcing Parties into Agreement: The Consequences of Breaking Negotiatons in Different Legal Systems", 12 *IUS Gentium* 58, 80 (2006), at 68.

  ② Hofmann v. Red Owl Store, 133 N. W. 2d 267 (Wis. 1965).

  ③ 按照耶林的观点,磋商过程的时空范围非常广泛,这对于固有法益的保护义务的施加具有重要意义。然而,上述固有法益的保护其实与磋商—缔约行为本身无关。因此,在考虑梅迪库斯前述第二种缔约过失情形时,耶林的缔约时空应当予以限缩,毕竟在当事人刚刚因缔约而接触之初,合理信赖尚未形成,双方的成本投入不大,契约自由原则优先于信赖保护原则。仅当磋商过程达到了一定的阶段,即双方之间存在具有法律约束力的要约、预约、招投标文件,以及不具有法律约束力而仅具有限定性内容的意向书,但排除协议法律拘束力的君子协议则不在此限。梅迪库斯认为,中断磋商的缔约过失责任需要两个要件:一方唤起了另一方的合同将会订立的信赖;没有充分理由而中断磋商。而信赖的产生则应当从当事人之间的行为中观察,即考察当事人间是否已有临时协议。〔德〕迪特尔·梅迪库斯:《德国债法总论》,杜景林、卢谌译,法律出版社2004年版,第99页。

  ④ 向明恩:《德国缔约上过失理论之发展》,载《台北大学法学论丛》第70期(2009年6月)。

  ⑤ 法国法早期认为磋商过程具有射幸性质,当事人应当自己承担磋商失败的风险,因此对于磋商未予关注。后在学说上有所发展,Saleilles认为,磋商阶段当事人应当承担诚信义务(fair conduct),磋商始进入法国法的视野。1972年法国最高法院在著名的美国经销商案中认定恶意中断磋商应承担侵权责任。R. J. P. Kottenhagen, "Freedom of Contract to Forcing Parties into Agreement: The Consequences of Breaking Negotiatons in Different Legal Systems", 12 *IUS Gentium* 58, 80 (2006).

中断磋商而不负赔偿责任;后续阶段,当事人有权中断磋商,但需要承担赔偿信赖利益损失;最终阶段,不得中断磋商,否则违反诚信原则,违约者应赔偿对方信赖利益损失和期待利益损失。①

法律对于磋商义务可以采取消极的和积极的保护方式。缔约过失责任采取的是对磋商义务的消极保护,即仅对恶意磋商行为进行惩戒和追责,但并不要求当事人必须作出积极的磋商行为。而在其他一些制度中,磋商义务可以被视为一项积极义务。如合同附随义务中在出现履行争议时的"继续协商义务"②,以及情事变更制度中的"再磋商义务"③。

(二)预约中的磋商义务的性质

1. 磋商是预约的合同义务

前文关于磋商的法律理解均是针对一般合同而言的。对于一般合同,通常来说,磋商主要是作为合同形成的过程,而与合同的履行无关,磋商义务主要以消极义务的面目体现,当事人通常并无积极的磋商义务。而在预约中,磋商义务不仅体现为消极的避免恶意磋商的义务,而且体现为积极的进行磋商促成本约缔结的合同义务。从比较法上看,多数国家承认磋商义务作为预约或临时协议的义务内容。法国法认为,条款不完

---

① R. J. P. Kottenhagen, "Freedom of Contract to Forcing Parties into Agreement: The Consequences of Breaking Negotiatons in Different Legal Systems", 12 IUS Gentium 58, 80 (2006), at 78.

② 王利明:《合同法研究》(第二卷)(修订版),中国人民大学出版社 2011 年版,第 32—36 页。

③ 关于情事变更中的再磋商义务,《2010 国际商事合同通则》第 6.2.3(1)条规定了当发生情事变更后,当事人负有再磋商(renegotiation)的义务。原文为"in case of hardship the disadvantaged party is entitled to request renegotiations. The request shall be made without undue delay and shall indicate the grounds on which it is based."《欧洲合同法原则》第 6:111 条第 2 款前段规定:"如果由于情事的变更使合同履行变得格外困难,当事人应当进行磋商以变更合同或者解除合同。"第 3 款后段规定:"在任何一种情形,法院可以对因一方当事人悖于诚实信用与公平交易之拒绝磋商或者终止磋商而遭受的损失判予损害赔偿。"转引自韩世远:《情事变更若干问题研究》,载《中外法学》2014 年第 3 期;韩世远:《合同法总论》(第三版),法律出版社 2011 年版,第 390 页。《合同法司法解释(二)》第 26 条并未明文规定情事变更后的再磋商义务,但是我国学者认为鼓励再磋商有利于维护合同关系的稳定,实现当事人之间的利益平衡。王利明:《合同法研究》(第二卷)(修订版),中国人民大学出版社 2011 年版,第 340 页。也有最高人民法院法官认为,对于前述第 26 条应解释为当事人之间存在"再磋商义务",并应借鉴违反该义务导致损害赔偿的做法。王闯:《当前人民法院审理商事合同案件适用法律若干问题》,载《法律适用》2009 年第 9 期。

备的预约的效力不是缔结本约，而是进行磋商。① 美国法上，法院在有些案例中认为磋商义务是法律规定的默示条款（implied terms），无论临时协议中是否明文规定均有适用。而如果存在一个比较明确的临时协议，则更容易认定当事人之间存在诚信磋商义务。② 一些州的法院则相对有所限缩，如伊利诺伊州法院在1958年的判例Borg-Warner Corp. v. Anchor Coupling Co.案中认为，仅在临时协议中已经就最终协议的主要条款达成一致，而剩余其他非主要条款未达一致的情况下，当事人方才负有诚信磋商达成合意的义务。③

磋商作为预约的义务是由预约的合同性质决定的。预约以缔结本约为主合同义务，而缔结本约则需要事先存在本约内容的合意，这些本约内容不能凭空产生，而只能通过当事人的磋商实现合意。尤其是当预约中关于本约内容的确定性不足时，为了实现缔结本约的目的，磋商是必经之路。如果预约中存在明示的磋商条款，则依预约产生预约当事人的磋商义务；如果预约中不存在明示的磋商条款，则依预约性质默认当事人具有承担磋商义务的合意。

学说上对于磋商义务多有批判，如磋商义务的标准不易界定而可能引发道德风险④，磋商义务可能侵蚀当事人的缔约自由⑤，在司法实践中很难判断磋商行为以及放弃磋商是否善意，而且磋商需要双方积极协作，难以强制履行⑥。上述批判观点均有一定道理。但是，本书认为，尽管磋商义务的个性化较强，而且高度依赖于当事人的主观能动性，但是不等于磋商义务的

---

① Nadia E. Nedzel, "A Comparative Study of Good Faith, Fair Dealing, and Precontractual Liability", *Tulane European & Civil Law Forum* 97 (1997), at 126.

② E. Allan Farnsworth, "Precontractual Liability and Preliminary Agreements: Fair Dealing and Failed Negotiations", *Columbia Law Review*, Vol. 87(1987), at 266.

③ Mark K. Johnson, "Enforceability of Precontractual Agreements in Illinois: the Need for a Middle Ground", *Chicago-Kent Law Review*, Vol. 68(1993), at 950.

④ 最高人民法院民事审判第二庭编著：《最高人民法院关于买卖合同司法解释理解与适用》，人民法院出版社2016年版，第56页；陈登宇：《预约合同效力问题之再探讨》，载《法制博览》2016年第6期。

⑤ E. Allan Farnsworth, "Precontractual Liability and Preliminary Agreements: Fair Dealing and Failed Negotiations", *Columbia Law Review*, Vol. 87(1987), at 221.

⑥〔德〕英格博格·施文策尔：《国际货物销售合同中的不可抗力和艰难情势》，杨娟译，载《清华法学》2010年第3期。

标准无法确定。法院完全可以根据诚信原则,综合合同性质、交易背景以及当事人的行为对于磋商义务方是否履行了磋商义务作出判断。通过查阅我国关于预约的司法案例可见,几乎所有的预约合同案件中法院一般都会主动介入磋商过程,对于各方磋商义务的履行作出分析和判断。如"张励案"的法院在判决理由中分析卖方因当地政府新出政策导致未能积极磋商,并无过错;法院又认为卖方将预约约定的房屋安置给第三人,造成无法磋商,具有过错。另如"戴雪飞"案的法院认为原告在与被告的磋商中提出的磋商观点具有合理性,因该观点导致无法缔约不属于违反预约的行为。另如前引我国台湾地区土地买卖预约案例,"法院"认为双方在磋商意定解除权条款上无法达成一致,"为不可归责于双方之事由",预约已不能履行,双方互不负缔结本约责任。[①] 可见,在个案中基于诚信原则判断当事人是否履行磋商义务,并无障碍。

2. 磋商义务与缔约义务的关系

本书认为,在预约的履行中,缔约属于预约的主合同义务,磋商属于预约的从合同义务。磋商和缔约既有区别又有联系:

(1)区别。在预约的履行上,磋商和缔约具有相对独立性。预约的类型目的在缔结本约,而并非磋商。缔结本约的过程是通过要约和承诺完成,并且由要约—承诺范式来表述。但是,要约和承诺无法描述作为预约履行过程的磋商行为。因而,磋商并不能被涵盖在缔约之内,而应具有独立的法律意义。磋商是缔约的从属性行为,但彼此独立。从磋商的法律研究的历史可以看出,在缔约成功的情况下磋商因目的完结而并无独特的法律意义,恰恰在缔约未完成而发生争议时,磋商才具有法律意义,法院可以通过评价当事人的磋商行为裁判哪一方才应承担无法缔约的风险和责任。

(2)联系。在相对独立性的存在前提下,磋商作为缔约的从属性行为,两者具有牵连关系:其一,没有磋商,即没有本约之缔结,不存在非经磋商之本约缔结行为。磋商行为,存在具体的磋商和抽象的磋商之分:具体的磋商,是指有形的谈判行为,以及唇枪舌剑的讨价还价场景;而抽象的磋商,则包括本约缔结瞬间之前的全部为这一刻之达成而进行的全部动态过程,具

---

① 叶新民:《预约效力的十字路口——简评"最高法院"2011 年度台上字第二〇七六号民事判决》,载《月旦裁判时报》2012 年第 18 期。

有抽象性。即使按照通常说法,当事人之间未经磋商即达成本约,通常来说也需要签署合同,以完成要约和承诺过程,该签署合同行为仍然属于本书所说的磋商行为,其仍然需要当事人之间的积极的作为,以及消极的不阻碍本约签署的不作为。其二,有磋商,必有本约之缔结。从合同义务不会脱离主合同义务而单独存在,否则将违背主合同义务决定合同类型的原则。观察交易实践中的各种先合同协议可知,几乎没有完全不提本约而仅规定磋商的协议,因为磋商行为是具有目的性的行为,其目的即在于为缔结本约创造充分条件。[①]

磋商义务从属于缔约义务。当缔约义务已经具备履行条件,即预约中的本约内容确定性已达本约标准时,当事人有权要求缔结本约。[②] 该种情况下原则上并无要求履行磋商义务的必要。如同受托作画的画家已完成画作,委托人仅需要求其交付画作,不需要求其继续作画一样。但是,当双方当事人尽管对本约主要之点达成合意,但对非主要之点仍然未达合意时,当事人仍然得请求对方履行磋商义务,直至在全部合同内容上达成合意。

3. 磋商是一种从合同义务

磋商是预约的合同给付义务的一部分,但并非主合同义务,已如前述,可以作为从合同义务或附随义务。究竟磋商属于预约的从合同义务还是附随义务? 取决于从合同义务和附随义务的概念。在两分法的合同义务群体系中,预约属于附随义务,区别于主合同义务。在三分法的合同义务群体系中,预约属于与给付有关的附随义务,或者称为从合同义务。

本书认为,将磋商义务作为预约之从合同义务相对妥当。主要理由为:

[①] 在前引"邹燕与无锡五洲龙胜商业有限公司商品房预约合同纠纷案"中,买房人与房地产公司签署商铺认购书(预约)后,开始磋商本约,但是对于"包租收入"条款并未达成一致,无法缔结本约发生诉讼。二审法院认为"本案商铺系包租投资型商铺,包租收入作为投资回报的主要形式理应成为本次交易的主要合同内容之一",因而认定买房人在磋商中坚持将该条款列入本约的行为合理,不应承担本约无法缔结的违约责任。

[②] 参见韩强:《论预约的效力与形态》,载《华东政法学院学报》2003 年第 1 期;刘承韪:《预约合同层次论》,载《法学论坛》2013 年第 6 期;耿利航:《预约合同效力和违约救济的实证考察与应然路径》,载《法学研究》2016 年第 5 期;薛波、刘浩然:《预约合同法律问题研究——以〈买卖合同司法解释〉第二条解释与适用为中心》,载《新疆社科论坛》2015 年第 5 期;黄淑丹:《论预约的违约损害赔偿范围——以预约效力的弹性化认定为中心》,载《研究生法学》2015 年第 1 期。

首先,从理论上讲,当从给付行为与附随义务相互区分时,从合同义务属于与给付相关的履行义务,其所维护的债权人的利益仍然是给付利益,而附随义务则取狭义理解,其所维护的是债权人所固有的利益,比如人身、财产安全,而磋商显然直接与缔约之主合同义务相关,并且不涉及债权人固有法益的保护。其次,附随义务一般来自法律规定,而从合同义务多产生于合同条款,当事人在订立预约时,多会在预约合同中写明双方进行磋商之表述,因而磋商更为符合从合同义务的特征。即使预约合同中并未写明磋商,基于诚信原则,也应解释为当事人负有磋商的从合同义务。复次,从体系上看,在无预约而缔结合同的过程中,当事人之间仍负善意磋商、不得恶意中断磋商的缔约上义务,此为由缔约过失理论所阐发的义务,在学理上被认为是未缔结之合同的附随义务。在存有预约的情况,二者应有区别,似不能再认为诚信磋商行为不仅是本约的附随义务,还是预约的附随义务。而似应认为:在有预约情况下,善意磋商为预约的从合同义务;在无预约情况下,善意磋商为本约(合同)的附随义务。这样在理论上更显条分缕析,井然有序。再次,磋商是预约的从合同义务,而非附随义务,由此与磋商过程中当事人之间互负的通知、协作、保密、对未决条款继续磋商等附随义务相互之间层次分明,为后者发挥作用留有空间。最后,在实际效果上,附随义务不得单独诉请履行,亦不得请求解除合同。而预约情况下,违反善意磋商义务,极可能导致本约无法缔结,即主合同义务无法履行,权利人当然应有权诉请履行,行使同时履行抗辩,或者要求解除合同。因而,将磋商作为从合同义务具有实益。

将磋商作为从合同义务具有理论和实践上的价值。在理论上,将磋商作为一个法律概念引入预约理论体系。磋商作为预约的从合同义务,首先是从预约的"事物本质"(考夫曼语)出发得出的必然结论,预约的标的在于本约,而预约的客体是缔结本约的整个过程,其间必然包含磋商过程。其次,在理论的表象上,可以缓和应当缔约说和应当磋商说之间的争议,而且不需要按照内容决定说和递进变化说引入过于复杂的判断鉴别机制。本书观点与并存说具有一定的相似之处,即认为磋商和缔约可以在预约效力的层面上同时存在,但是在理论设计上,本书采取了合同义务群理论,为两者并存提供了成熟的理论范式,而不是单纯的并存。在实践中,中国司法实务上的主流观念之所以采应当磋商说,如前文分析,原因在于回避应当缔约说带来的强制缔约问题,而巧妙地通过应当磋商说将当事人的诉讼标的引向损害赔偿。但是,将应当磋商说作为统一审判原则,并不符合预约属于缔结本约的协议的基本特征,而且会导致一些完全应当判令强制缔约的案件无法判决实际缔约,损害了预约守约方的合法权益。按照本书观点,将磋商作为从合同义务,而将本约作为主合同义务,则兼备理论妥适性和实践灵活性。对于确定性程度较低的预约,法院可以认定缔约义务(主合同义务)履行条件不具备,因而不考虑强制缔约问题,而按照当事人是否违反磋商义务造成无法缔约予以审查,并施以损害赔偿责任。而对于确定性达到本约标准的预约,则可以认定缔约义务已经具备履行条件,因违约方原因未能缔约的,可以判定实际履行,或者判定损害赔偿,而在损害赔偿的计算上则可根据磋商义务是否履行判断双方的可归责比例。①

(三)磋商义务的内容

学说上关于磋商义务无界定标准以及侵蚀缔约自由的质疑,有其合理性。因而本书需要讨论磋商义务的构成内容。如同其他合同履行一样,缔结本约不能一蹴而就,而是需要经过一个履行准备过程,该履行准备过程即为磋商。如同博物馆聘请画家在展厅中作壁画,整个壁画完成前需要一个过程,直至点睛完工。在点睛完工之前,画家仍然处于履行合同的阶段,包括构思、与博物馆交流、准备材料、起稿、上色、修改直至完成,均为给付义务的履行。磋商也是预约的履行行为,在本约达成之前,为了本约达成而通知磋商、谈判、合理争执、善意妥协、缮制合同文本、签署等,均属于磋商过程。

1. 明示磋商义务和默示磋商义务

磋商义务可以在预约中明示约定,也可以作为预约的默示条款,基于法律和诚信原则填补合同的空白。明示磋商义务是指当事人可以在预约中明确规定一方或双方的磋商义务,如排他性谈判、提供资产评估资料以供磋商定价等,有此规定,则当事人应当根据预约规定履行。默示磋商义务是指当事人并未明确规定,但是根据法律规定或诚信原则产生的磋商义务。其中基于法律规定的磋商义务涉及磋商过程的最低限度义务,包括《合同法》关

---

① 最高人民法院公报案例"张励与被告徐州市同力创展房地产有限公司商品房预售合同纠纷案"和"仲崇清诉上海市金轩大邸房地产项目开发有限公司合同纠纷二审案"中兼容应当磋商和应当缔约两说的判决主文可资参考。

于欺诈、胁迫、乘人之危、显失公平(《合同法》第 54 条)、无权代理(《合同法》第 48 条)、格式条款(《合同法》第 40 条)、免责条款(《合同法》第 53 条)、缔约过失责任(《合同法》第 42 条)的规定。而基于诚信原则发生的磋商义务则相对较广泛和具体,如预约中并无关于磋商的明确条款,但当事人约定"将来签署房屋租赁协议",则法院可以认为,当事人在订立该预约时内心真意中存在一个继续磋商的义务条款,双方应当针对房屋租赁的通常必备内容进行诚信磋商,任何一方拖延磋商、恶意中断磋商均属于违反诚信原则的行为,这在预约的司法实践中应属常见。①

2. 积极磋商义务和消极磋商义务

按照磋商义务属于作为还是不作为,可以将其区分为积极磋商义务和消极磋商义务。积极磋商义务,要求当事人作出积极的行为开展和促进磋商,并在磋商过程中保持诚实、公开和照顾相对方②,如在并购交易磋商过程中,预约约定磋商进程的里程碑(milestone),当事人在磋商阶段开放网上资料室(online data room),约定被并购方支付中介机构费用,为谈判场所提供安全保护措施等。消极磋商义务,要求当事人不得作出有损磋商进程或者损害相对方利益的行为,如预约约定在限定期限内不得与第三方谈判、基于法律规定不得虚假提供或隐瞒与合同订立有关的重要事实,不得假借订立合同恶意磋商,不得突然不当中断磋商等。消极磋商义务比积极磋商义务更为重要,英国学者和律师 Edwin Peel 在评论著名的 Walford v. Miles 案中确定的"英国法不存在诚信磋商义务"原则时提出,如果什么是诚信磋商的标准难以确定,至少可以类比"一方享有合同决定权(contractual discretion)"的判例,确定什么是不诚信的磋商行为,即不能采取武断的(arbitrarily)、恣意的(capriciously)和不合理的(unreasonably)行为。③

(四)磋商义务请求权

权利人可以请求相对方进行诚信磋商,并且请求其遵守预约关于磋商的相关条款。在相对方违反磋商义务时,权利人可以行使同时履行抗辩权、

---

① 最高人民法院〔2014〕民申字第 1893 号"武汉泓博集团有限责任公司与中南财经政法大学租赁合同纠纷再审"判决书。
② Edwin Peel, *Agreement to Negotiate in Good Faith*, *Contract Formation and Parties*, edited by Andrew Burrows & Edwin Peel, Oxford University Press, 2010, at 55.
③ Edwin Peel, Id, at 51,52.

先履行抗辩权等,还可以解除合同请求损害赔偿。但是对于诉请强制履行,需要根据具体发生争议的磋商义务的性质判断。通常说来,磋商义务作为方式性义务,具有人身属性,所以对于积极的磋商义务不能诉请履行,而仅能请求损害赔偿;而对于具体的消极的磋商义务则通常可以在发生违约时诉请履行。如预约中明确规定当事人一方在预约达成后不得与第三方磋商,而当事人一方暗地与第三方磋商谈判,则违反预约的从合同义务,对方当事人得诉请违约方停止与第三方谈判。

违反磋商义务不必然导致违反缔结本约义务,但有时也可能导致违反缔结本约义务。如下分述之:(1)违反磋商义务,缔结本约的义务仍然可能完成,比如预约一方违反锁定条款(lock-out)协议,而擅自与第三方谈判,但是最终通过比较仍然选择与预约相对方达成本约。此时,对于主合同义务的履行修正了对于从合同义务的违约行为,违约相对方并未因此受有损失,因而违约方不需承担违约责任。(2)违反磋商义务,与本约无法达成的后果之间,需要考量因果关系。如预约约定当事人之间应当每周开会磋商本约订立事宜,一方怠于按期参会,违反磋商义务,但是是否是导致本约无法达成的直接原因或者全部原因,需要考量两者之间的因果关系。如果根据客观情事可知,一方怠于参会乃因为其已经预感到本约无法达成,比如预约欲收购的标的公司已经发生破产,或者新出台的法律禁止该类标的公司的股权交易,则违反磋商义务并非本约无法达成的主要原因。(3)违反磋商义务可能导致缔结本约的义务的违反,比如预约一方恶意中断磋商,明确拒绝签署本约,则同时将导致缔结本约的主合同义务的违反。此时,当事人可以产生同时履行抗辩权,拒绝为缔结本约而继续花费成本;也可以基于先期违约的理由中止履行,对方拒不提供满意的担保的可以解除预约;也可以单独或一并诉请对方当事人履行缔结本约义务(需根据确定性程度认定)或者要求损害赔偿。

四、预约的附随义务

(一)预约附随义务的性质

预约如其他合同一样,仍有附随义务,且预约之履行更多需要当事人双方协力,而且履行程度千姿百态,难有统一标准。可以将附随义务大体区分为与固定法益有关的附随义务和与履行利益有关的附随义务。① 对于前者，乃所有合同共有的附随义务，如保护预约相对方在磋商过程中的身体健康和财产安全的义务；对于后者，则与磋商从合同义务有所交叉重叠，比如通知义务既可以作为磋商（从合同义务）的组成部分，也可以作为附随义务的组成部分。

预约的附随义务基于诚信原则而发生，主要调整预约的履行阶段双方之间的诚信义务关系，实际上与本约缔结前基于缔约过失理论而产生的诚信义务（先合同义务）关系有所竞合，但范围上，先合同义务还包括预约之从合同义务（磋商）。此时，因为预约之附随义务为合同履行阶段之附随义务，并且具有有形合同作为支撑，缔结本约并非如缔约过失理论所言属于当事人之间的附随义务的标的，而是预约（正式合同）的主合同义务，对于权利人的保护更强。所以，本书认为，在预约之附随义务与先合同义务存在竞合的情况下，前者应当优先于后者适用，当然根据预约的内容存在对缔约过失责任的限制时，则应当优先解释为当事人仍负缔约过失理论所产生的先合同义务，目的在于最大限度保护缔约阶段各方的固有利益，以及促进缔约完成。

（二）预约附随义务的内容

根据前述王利明教授关于附随义务的分类，预约附随义务的内容如下：

（1）通知义务。即一方当事人在可以缔结本约或进行磋商时，通知对方当事人缔约或磋商的义务。比如在仲崇清案中，双方签署了商品房购买意向书，被告在取得商品房销售许可证后本应当通知原告仲崇清磋商缔结正式购房合同，但是被告商品房市价上涨而故意未通知仲崇清，并向第三方出售全部可售房屋，则属于违反预约的通知附随义务。

（2）告知义务。即一方当事人应当告知预约对方关于缔结本约相关的重大信息，比如商品房订购预约签署后，卖方房地产公司确定无法办理商品房销售许可证，导致本约无法签署，则卖方应当及时告知买方上述信息。

（3）保护义务。即在预约履行过程中，包括磋商过程中，当事人之间互相对对方的人身安全和财产安全等固有法益负担保护义务，比如房屋认购

---

① 李昊：《德国新债法中附随义务的构造》，载《环球法律评论》2009 年第 5 期。

书签订后,买方到现场工地看房,卖方应当为其准备必要的安全措施,如佩戴安全帽。

（4）照顾义务。即在磋商过程中,当事人之间互负照顾义务,不得图自己方便或者恶意不想缔约,而将谈判场所约定在对方难以到达的地方,或者在约定谈判时间时故意造成对方不便,比如在国际并购活动中通知对方到已发生战乱的国家进行谈判。

（5）保密义务。即在磋商过程中,双方当事人互负保护对方商业秘密和其他重要信息的义务。

（6）忠实义务。即双方当事人不得恶意实施妨碍缔约完成的行为,比如阳奉阴违恶意拖延磋商。

（7）协作义务。即双方就缔结本约所需满足的条件应负担通力合作及时促成的义务,比如对赌协议（预约）中股权回购条件成就,但需要召开股东会决议批准后签署股权回购协议（本约）,则双方均应尽力促成股东会召集开会并作出决议,且不得在股东会上投反对票。

（8）继续协商义务。该继续协商义务与作为预约的从合同义务的磋商义务并不完全相同。作为从合同义务的磋商义务是指为了本约缔结而进行的全部履行行为,是相对于本约缔结而言的,具有抽象意义；而作为附随义务的继续协商义务,则是指在具体的磋商过程中出现矛盾、僵局时,双方应当合理诉诸友好解决的方式,而非草率、鲁莽地退出磋商、解除预约或者诉请缔约。

（三）违反预约附随义务的责任

预约附随义务之违反构成预约的违约行为,应当承担违约责任。传统学说认为附随义务不得单独诉请履行,而仅发生损害赔偿请求权。① 随民法学说和司法实务发展,对于附随义务旨在防范的危险可以"具体化"时,则可以诉请不作为义务的履行。② 如对于磋商场所具有安全隐患时,可以诉请提供磋商所必要和合理的具体安保措施。违约方违反附随义务时,受损方也可以请求损害赔偿,该损害赔偿应当按照实际损害范围计算。因违反附随

---

① Lorenz/Riehm, Lehrbuch zum newen Schuldrecht, C. H. Beck,2002, S.176.转引自李昊:《德国新债法中附随义务的构造》,载《环球法律评论》2009 年第 5 期。

② 李昊:《德国新债法中附随义务的构造》,载《环球法律评论》2009 年第 5 期。

义务造成固有法益的损害,即使超过预约的履行利益,也应当赔偿受损方全部损失,唯受损方可以选择根据预约合同提起违约损害赔偿或者根据侵权法提起侵权损害赔偿(《合同法》第 122 条);因违反附随义务导致无法缔约或者无法继续磋商,则受损方可以主张预约的履行利益的赔偿。①

---

① 关于附随义务违反的损害赔偿范围,可参见侯国跃:《契约附随义务研究》,西南政法大学 2006 年博士学位论文,第 211 页。关于预约履行利益的计算,请参考后文第六章第三节"违反预约的损害赔偿"部分。

第三章 预约的类型化

越来越多研究预约的学者认识到，关于预约的大量纷争，无论是预约是否具有法律效力，还是违反预约是否可以强制缔结本约等，似乎均来自对预约概念的理解不同，或者说讨论的对象不同。本书的主要目的是通过对预约的类型化研究，澄清关于预约的各种学术争论所讨论的潜在对象的分歧，并且通过对预约的类型化，区分不同的预约在法律效力、强制执行等问题上的不同结论，并探讨不同的预约子类型之间，以及预约类型与其他缔约过程中的"法的构造类型"之间的关联性。

第一节 类型化的方法论

本书所称的"类型"并非分类，而是来自"类型学"（Typologies），即运用类型的要素去认识和把握某一特定对象的科学研究方法。[①] 从法学方法论的意义上来讨论，"类型"是一种法律家认识和分析社会的生活现象并进行法律适用的法律思维方式。

拉伦茨在其《法学方法论》中曾说："类型不能定义，只能描述。"[②] 其含义在于，"类型"这样一种方法论，不同于"定义"或"概念"所代表的逻辑涵摄的法律思维方式，它通过对经验上同类典型现象的归拢和成型，发现这些典型现象的中心价值，并通过该种类型理解相关联的社会现象，从而进行法律思考和法律适用。

[①] 李可：《类型思维及其法学方法论意义——以传统抽象思维作为参照》，载《金陵法律评论》2003年秋季卷。

[②] 〔德〕卡尔·拉伦茨：《法学方法论》，陈爱娥译，商务印书馆2003年版，第100页。

一、类型化方法论的发展

"类型"化方法论起源于德国法哲学和社会科学传统。自耶利内克以降,德国学者阐述类型思维的文献汗牛充栋,其中最有代表性的学者是马克斯·韦伯、亚图·考夫曼和卡尔·拉伦茨。

马克斯·韦伯在其1904年的论文《社会科学与社会政策中的"客观性"》中最早提出了"理想类型"(Ideal-typus)的研究方法。① 比如韦伯将法律区分为四种"理想类型",即"形式非理性""实质非理性""形式理性"和"实质理性"。② 韦伯认为,"理想类型"是"通过片面突出一个或更多的观点,通过综合许多弥漫的、无联系的、或多或少存在和偶尔又不存在的个别具体现象而形成的,这些现象根据那些被片面强调的观点而被整理到统一的分析结构中"。③ 韦伯认为,如果研究者武断地给某一类社会现象定义一个抽

---

① 但是有学者研究认为,因为韦伯的法律教育背景,上述"理想类型"很可能脱胎于德国的法学传统。韦伯很可能受到了耶林的影响。耶林早期主要采用和延续了萨维尼等法学家建构的概念法学的研究方法,寄希望于通过经验现象提炼出抽象的法律概念和法律原则,与经验现象之间建立涵摄关系,并将概念、原则通过法律技术建构出逻辑自洽的体系,最终通过这样的概念体系映照全部社会现实,法官完全可以凭借该种概念体系进行法律适用,从而得出正确的裁判结果。但是在"耶林转变"发生后,耶林认识到概念体系难以完整地反映活生生的丰富的社会现象,尤其是这种摒弃法的目的性的法律概念体系,难以通过简单的适用去解决具体案件中所体现的多方利益的冲突。因此耶林创建了目的法学理论,即认为法律的根本目的在于解决个案中的利益冲突,法律为了实现这一根本目的,就应该冲破形式主义的法律概念体系,而直面社会现实并对其中的利益冲突进行衡量,通过衡量、妥协、折中获得正确的法律适用结果。参见郑戈:《法律与现代人的命运:马克斯·韦伯法律思想研究导论》,法律出版社2006年版,第49页。

② 〔德〕马克斯·韦伯:《经济与社会》(下册),林荣远译,商务印书馆1997年版,第17页。

③ "理想类型"的分析方法是为了理解现实,而将现实中的最足以代表事物本质与特征的内容构建为一个"理想类型"的理论模式,韦伯清楚这种"理想类型"是"片面的深刻",但是其仍然可以作为标尺来描述和刻画其周边的社会现象,因此"理想类型"首先是一种描述和分析工具,其本身并不像概念一样负担终局的定义的任务。而且,"理想类型"不是像概念一样具有封闭的结构,而是贴近"弥漫的"个别具体现象,通过经验获得解决相关问题的思路,并在其中获得一种"规律性的理解"。韦伯认为,社会现象中不可能都是符合"理想类型"的,那些"非理性的、受感情支配的意向关系"所指导的个体行为,可以被视为一种对"理想类型"的偏离。该种偏离恰恰可以作为社会研究的方向,一方面可维护"理想类型",另一方面也可以检验"理想类型"本身的理想性。胡玉鸿:《"韦伯的'理想类型'及其法学方法论意义——兼论法学中'类型'的建构"》,载《广西师范大学学报(哲学社会科学版)》2003年第4期。

象的"概念",并将该概念与其他概念建立逻辑上的必然因果关系,这只能导致单一形式的决定论,而忽略了社会现象的纷繁复杂性。在韦伯看来,"理想类型"的功能是描述和理解,而非定义,是过程性的,而非终局性的。①

德国法哲学家亚图·考夫曼在其名著《类推与"事物本质"》中明确其"类型"理论的目的在于,在法律发现的过程中解决如何让事实("存在")与法律规范("当为")相对应,并得出正确的法律适用结果,即裁判结果的问题。② 考夫曼认为,在上述法律发现过程中,由法律概念建构的法律规范并非纯粹客观的存在,而仅能表现为类型。法律概念不可能是严密的、客观的、没有主观渗入的,因为法律概念的"可能的文义"范围的界定,明显需要进行意义判断,因而法律概念本质上是类型化的。法官在发现法律

---

① 韦伯的"理想类型"是一种对社会行动者的"解释性的理解"。韦伯认为,"解释性的理解"是人文学科的基本方法,旨在揭示人类主观世界的价值和意义。人类行动具有一定的意义结构,包括知识、道德感、宗教信仰或其他规范,人类行动的上述主观意义结构与他人的主观意义结构一定会发生关联和互动,从而在漫长的社会实践中形成常规性的行动模式,其中就隐藏着该种复杂但又可探寻的意义结构。如果将这种行动模式以及背后的意义结构描述出来,即得出"理想类型",该理想类型因为承载着意义结构,从而可以对社会现象进行解释和理解。韦伯在其著作中写道:"在如下情况下,我们就可以说对某一套内在关联的行为过程的解释是'主观充分的'(或者可以说是'在意义层面上充分的'):从我们的习惯性思维和感觉模式来判断,这种解释使这一过程中各个组成事件之间的相互关联构成了一个'类型化'的意义复合体。人们通常会说这样的解释是'正确的'而不会说它是'类型化'的。"转引自郑戈:《法律与现代人的命运:马克斯·韦伯法律思想研究导论》,法律出版社 2006 年版,第 67 页。根据上述论述可以发现,通过对意义结构的理解,人们会认可某些具有相同意义结构的社会现象归属于同一类型。

② 考夫曼所研究的"类推"是抽象的"类推",是建立在类型化基础上的法律发现和法律适用方式。在这一点上,考夫曼同时站在了法律实证主义和自然法学派的对立面。一方面,在考夫曼之前,当时盛行的法律实证主义认为法律概念的严谨性和普适性是全部法律发现和法律适用过程的基石,"类推"仅仅是一种有限的法律解释技术,仅在法律概念暂时不完全的情况下加以适用。另一方面,自然法学派将主观的道德感注入法律规范之中并认为其中包含着主观的伦理秩序,上述伦理秩序先于现实的法律过程而存在,于此,现实的法律适用技术,包括类推,并不具有可评价之处。与上述不同,考夫曼的类推思想将"类推"提升到法律过程的核心地位,摧毁了存在与应在之间的二元界分,将法律规范命题和事实命题通过"类型"这一中介点纠缠起来,并认为所有的法律发现和法律适用在本质上均是类推的过程。〔德〕亚图·考夫曼:《类推与"事物本质"——兼论类型理论》,吴从周译,台湾学林文化事业有限公司 1999 年版,第 46 页;王晓:《法律类型理论和类推方式研究——以考夫曼类型理论为起点的认识论探究》,载《浙江学刊》2009 年第 5 期。

时的真实过程是将法律概念"开放"为类型,使具体案件可以被归类为上述类型。① 解释者是通过类型化来解释法律规范的构成要件的,同时解释者又是通过类型化来认识待审理的案件事实的。解释者不会无限制地观察案件事实的全部要素,比如对于"法律上的人",在大多数情况下不需要考虑人是由原子构成的这一方面,也不需要考虑其眼睛的大小这样在生活中很重要的特征。解释者通过类型化将案件事实结构化为案情类型。② 法律规范的现实化与案件事实的结构化,同时具备规范和事实的纠缠状态(考夫曼称之为"存在与当为无法解开的结构交错"),从而通过"类型"的方法被"等置",形成"对应",变成可比较和可推论(类推)的。③ 考夫曼最著名的论断是其发现规范和事实之间的中介就是"事物的本质"。法官通过意义与文本对话并将文本开放为类型,同时法官通过意义来观照案件事实,并对案件事实进行结构化,使案件事实与法律规范之间可比较。为何可比较?就是因为上述案件与规范共同具有意义,当我们讨论事实和规范之间的意义是否相符时,就将事实和规范的二元论进行了打通。而这个"意义"就是"事物的本质"。对"事物的本质"的思考、澄清和反思,是通过类型的方法来完成的。因此考夫曼认为,"事物的本质"最终指向一种类型化的法律思维模式。

拉伦茨是现代德国民法学和方法论大师,其对德国民法和法学方法论的传统的继承和梳理,以及稳健、主流的学术风格使其在世界范围内赢得声

---

① 考夫曼认为:"在法律发现的过程中,抽象的普遍概念必须被开放成为类型(扩张),因而案件被'归类'于此种类型中。辩证并非在类型之中发生,相反地,它存在于普遍概念与类型之间。"参见〔德〕亚图·考夫曼:《类推与"事物本质"——兼论类型理论》,吴从周译,台湾学林文化事业有限公司1999年版,第179页。
② 考夫曼认为:"法官的判决不仅必须正确评价法律规范的意义,也必须正确评价生活事实的意义,事物本质的意义,亦即:法官必须在法律规范所意含的类型性中掌握生活事实。"参见同上。
③ 朱良好:《论诠释学视域下的类推理论——兼论考夫曼的〈类推与事物本质〉》,载《昆明理工大学学报(社会科学版)》2008年第9期。

誉,尤其是对中国民法学的发展影响深远。[①] 拉伦茨在其巨著《法学方法论》中多次论述类型理论的法学方法论价值。首先,拉伦茨认为考夫曼的将类型普遍化的观念有失偏颇,认为考夫曼"做得太过火了"。拉伦茨批判考夫曼之处在于,尽管有些社会长期反复实践的生活现象本身包含秩序的意义,以及考夫曼所说的"事物的本质",此时通过形成类型将事实的意义与规范的意义进行等置和比较不仅是可能的,而且是正当的,但是对于社会实践中新发生的事实,比如环境污染(拉伦茨在《法学方法论》中的举例),则由于在历史上并未反复发生,其中也不一定蕴藏着可与既有规范进行对应的"事物的本质"。[②] 其次,拉伦茨认为类型是在法学概念做不到把握弥漫性的生活现象和意义脉络时的"补助思考形式"。[③] 拉伦茨整理了德国法学家关于类型方法的思想脉络,明确揭示了"类型"是相对于"概念"而提出的,前者与后者对立以观。[④] 相比较于概念,类型并不是终局确定的,其更为贴近于具体的社会现象,类型化的过程即"具体化"的过程,而在具体化的过程中需要进行符合规范目的的价值判断,从而使类型比概念更加具有价值导向的特点。拉伦茨强调类型的意义实际上也是在为其倡导的法的"价值导向"理论张目。[⑤] 复次,根据拉伦茨的论述,在法学上应当区分"类型"和"种类"。"种

[①] 拉伦茨的主要方法论思想与同时代的很多大法学家一样,主要在于讨论法的安定性和目的性之间的关系、事实与规范之间的关系,以及概念法学与目的法学、评价法学之间的关系。拉伦茨强调上述关系中对立面之间的平衡,避免偏颇。比如拉伦茨认同传统的概念法学或法教义学已经被现代法学抛弃的结局,但是又认为概念法学所主张的法律概念体系仍然可以具有开放性,并可以被理解为"一种以形成某些内容确定的概念、对原则做进一步的填补以及,指明个别或多数规范与这些基本概念及原则的关系为其主要任务的活动",那么其尽管不再适合"教义学"这样的字眼,但是仍然应当是法律家需要坚持的。〔德〕卡尔·拉伦茨:《法学方法论》,陈爱娥译,商务印书馆 2003 年版,第 107 页。

[②] 同上书,第 17 页。

[③] 同上书,第 337 页。

[④] 拉伦茨梳理了德国法学关于类型理论的脉络,介绍了马克斯·韦伯、耶利内克、H. J. Wolff 和恩吉斯。恩吉斯在《具体化的理念》中明确将类型化的进路称为"法秩序及法学之转向"。参见同上书,第 337 页。

[⑤] 古丽加娜尔·热夏提:《卡尔·拉伦茨关于"类型"的论述——读卡尔·拉伦茨的〈法学方法论〉》,载《延安职业技术学院学报》2013 年第 4 期。

类"因为固化而形成了概念,因而是与类型相对立的。① 再次,拉伦茨特别讨论了"法的构造类型",他认为这是类型理论在法学方法论上最重要的类型,因为"法的构造类型"隐含着法律体系的意义脉络。② 对"法的构造类型"的把握,应当从法律对该类型事件的整体规整为出发点,从而得出该类型所适用的法律规范的"主导形象"。并且,通过上述整体规整推论出类型的其他未包含在法律之中的特征。当然,该种推论必须确保法律对该类型既有的规则具有适当性,即规范对类型事实保持"配合"。

拉伦茨还提出了类型序列的重要思想。③ 类型序列讨论的是类型之间的关系,以及通过类型构建体系的可能性。在拉伦茨之前,德国法学家莱嫩、维尔伯格、恩吉斯等都曾注意到这种思想。综合他们的论述,拉伦茨将类型序列理解为:基于类型中的要素的可变性,借着若干要素的消退,以及新的要素的添加,一个类型可以交错地过渡到另一类型,类型之间具有某种"流动性"。这种流动的类型序列按照某一要素的强弱顺序排列,就组成了类型的"体系"(维尔伯格称之为"可变的体系")。这种类型序列的排序标准可以有多种,比如对于民事主体按照强调个体性还是团体性的标准进行排序,即可得出如下序列:合同——合伙——无权利能力社团——无限公司——法人。而在这个序列上的类型之间还存在着一些混合的中间构造。这种类型序列的法学方法论的价值在于,或者说其与概念的最大区别在于,通过类型序列可以认识不同规整整体内在的"有意义的脉络关系"。因为类

---

① 关于种类和类型的区别,拉伦茨举例说明,比如"物权"的概念,尽管物权包括所有权和他物权,他物权又分为用益物权和担保物权,但是基于物权法定主义,物权的外延严格限定在法律规范之中,此时"物权"因为其明确性而不需要类型化,而物权之下属各种具体物权,同样因其法定性,而成为具体的被限定的概念,所以这样的分类只能叫作"种类",而非"类型"。拉伦茨认为"人格权""期待权"就是一种"类型"而非概念,因为人格权和期待权的外延具有不确定性。〔德〕卡尔·拉伦茨:《法学方法论》,陈爱娥译,商务印书馆2003年版,第341页。

② 拉伦茨认为,法学方法上的类型包括"规范的经常性或平均类型""规范性的真实类型"和"法的构造类型",并特别强调"法的构造类型"。"法的构造类型",类似于逻辑的理念类型或规范的理念类型,是"思想的作品"(韦伯语),而非对事实的归纳。当然,该种类型最初诞生于生活事实之中,但是在类型形成时已经进行了法律的"规整",该种规整是法律主动的取舍,对于该类型的一部分特征予以保留,对其他部分的特征予以排除,从而对这些类型具有决定性意义的是法的规整,而非其真实存在的性质。比如所有的有名契约,均是经过法律规整的类型,即属于"法的构造类型"。参见同上。

③ 陈爱娥女士在翻译《法学方法论》时将该词翻译为"类型系列"。为了表明承递性的特点,本书认为宜使用"类型序列"一词。

型序列之间的流动性和边界模糊,类型序列比概念体系更容易反映不同社会现象的丰盈的个别特征。①

二、类型方法论的要点总结

(一) 类型思维与概念思维的对立

法律概念对于法学的存在是必要的。如德国学者齐特尔曼所说,法学是类比"自然因果律"建立"法律因果律"。②该法律因果律,非经法律概念作为"基石"不得完成。但是,法学家们已经注意到法律概念的过度逻辑化而导致的弊端。法律概念在抽象的过程中会删减生活中许多"丰盈的事实",同时,概念本身不提供价值判断,易造成对现实和价值的双重背离。类型的方法论认为法学概念的主要弊端在于隔离,代表着一种分离思维,即将概念外延以外的思维内涵尽数抛弃,从而"瓦解和败坏了生活现象的整体性"。德国学者拉德布鲁赫认为"生活现象的认识只是一种流动的过渡",法律概念强行插入到这种"流动的过渡"中会导致现象的整体性的瓦解。③运用类型的方法论,可以重新审视现有的法律概念是否存在上述弊端,是否因为概念内部固有的逻辑将一些具有相同本质的生活现象排除在外,从而造成法律适用不当。④

(二) 中心价值与整体形象

莱嫩指出,类型学的思考总是维持其与指导性价值观点间的联系,因为

---

① 预告登记权利人对物权的期待权是一个非常好的例子。单纯从概念上去理解期待权,多少是孤立的,与既有支配权和请求权二元对立的体系不相协调。但是如果将支配权和请求权看作两个类型,并且建立了类型序列,则对于期待权就比较好理解了,因为该期待权恰恰应当置于支配权和请求权中间的流动性之中,其既保持了请求权的特点,又兼具支配权的特征。〔德〕卡尔·拉伦茨:《法学方法论》,陈爱娥译,商务印书馆 2003 年版,第 347 页。

② 〔德〕卡尔·恩吉施:《法律思维导论》(修订版),郑永流译,法律出版社 2014 年版,第 35 页。

③ 胡玉鸿:《韦伯的"理想类型"及其法学方法论意义——兼论法学中"类型"的建构》,载《广西师范大学学报(哲学社会科学版)》2003 年第 4 期。

④ 解决概念思维的弊端也可采取重新理解概念本身的路径:法律概念的抽象不是单纯的形式逻辑的归类,而是带有法律所追求的目的性。为此,法律概念在抽象过程中,基于上述目的性对事实中的特征进行取舍,将同类可以得出同样法律效果的事实的特征进行归纳而成为概念的要素。或者说,法律概念并非作为形式逻辑中的推演符号,而是在其中蕴含着特定的"观念"。〔德〕齐佩利乌斯:《法学方法论》,金振豹译,法律出版社 2018 年版,第 31 页;〔德〕卡尔·拉伦茨:《法学方法论》,陈爱娥译,商务印书馆 2003 年版,第 318—319 页。

所有被考量的特征都取向于这个——促成整体类型的——中心价值。当我们通过类型学的方法将概念"打开",并非无界限地将所有事物都包含在类型里面。确定类型边界(这个边界是一个过渡的过程,而非像概念一样划线,类似于蓝色向绿色的过渡)的方法是确定一类事物的共同特征,通过该共同特征形成一个整体形象,但是在这个整体形象之下,不同具体化的事实现象可能"或多或少"存在部分特征的欠缺,从浓厚到稀薄呈现流动状态。因此,我们需要通过寻找预约所隐含的中心价值与共同特征来定位法律构造的整体形象。

(三)寻找共同特征

一个"法的构造类型"具有法规范的意义,作为法学的"作品",体现法规范的中心价值。我们应该循着该种意义或者中心价值作为指南寻找法律构造的特征。而这种寻找的过程是一个解释的过程,或者更为准确地说,是一个解释学循环的过程,即恩吉斯所说的在规范与事实之间"目光顾盼流转",解释者需要根据已经形成的对规范和事实的理解,形成一个"先前理解",并且通过这个先前理解向规范进行提问,寻求规范对于中心价值的解答,然后通过该种中心价值的获得在事实上寻找一个整体形象的主要特征。上述过程是反复的、非单线的。所以说,类型作为事物的共同特征与类型作为规范的中心价值之间存在互动和纠缠,并且如考夫曼所说"可以相互比较"。

(四)建立类型序列

类型的方法论认为,法律构造之间基于某种意义脉络会形成流动的类型序列。这种类型序列的排列具有重要的法学价值:其一,该种类型序列可以呈现一种新的观察法律构造的视角,从而在类型序列之中把握不同法律构造的特征;其二,该种类型序列为相邻法律构造的中间地带留出了可理解的空间,通过对相邻法律构造的特征的把握,即可以更好地从法学角度理解这些中间地带所存在的多种生活现象。上述类型序列的建立并非是简单的知识游戏,而是对于我们理解法律构造之间的意义脉络具有重要意义,同时对于构造之间的未知的中间地带可以有相对稳健而透彻的理解。进而,通过类型的意义脉络可以在现有概念体系之外,建立以某一事物特征为基础的类型体系,从而使我们对法律构造可以进行高维度的理解。

(五)类型不同于分类

"类型序列"不同于"分类",两者的根本区别在于思维方式的不同。"分类"仍然在传统的概念思维范畴内,即首先通过概念的定义确定概念的外延,并将概念的外延界定的全部对象进行分割划类,以节省思维负担,这种分类本身对于概念的内涵和外延均不发生影响。但是在"类型"的思维模式里,承认概念本身在内涵和外延上的模糊性,避免首先从整体上作出哪些属于这个概念哪些不属于这个概念的判断,而是根据一个模糊的整体形象或者理想类型确定其特征,用边缘类型对这个理想类型进行类比,运用类型的中心价值确定该类比的效果,即是否可以归入同一类型。类型序列具有普遍的方法论意义。分类是在概念的内部根据某一特征上的区别所作的区分,比如将民事权利分类为财产权和人格权,又将财产权分类为物权和债权。这种分类本身不能解释分类之间的交叉情况,这在我们考虑一些特殊权利时就可以看出来。如知识产权既有财产权的特征又有人格权的特征[1],又如商品化权,起源于人格权的公开权(right of publicity),但是具有财产权的性质。[2] 相比较而言,商品化权与知识产权在构造上类似,但是前者更贴近人格本身,如肖像、声音,而后者更贴近财产权,如作品、专利、商标。如果从类型化的视角来看,在不同的类型之间存在中间过渡阶段,在该中间过渡阶段客观存在着一些中间类型,兼具相邻类型的特征。比如在人格权和财产权之间,即可建立人格权——商品化权——知识产权——财产权的类型序列;又如当我们希望理解期待权时,也可以同样建立物权——期待权——债权这样的类型序列。[3] 可见,类型化的视角很容易接纳和解释类型之间的中间类型(交叉类型)问题。

第二节 预约的类型化转向

一、学说上对于预约研究的类型化转向

以德国法为代表的预约概念,具有明显的法律概念思维的特点。德国

---

[1] 〔德〕卡尔·拉伦茨:《德国民法通论》(上册),王晓晔、邵建东、程建英、徐国建、谢怀栻译,法律出版社2003年版,第286页。该书称知识产权为无体财产权。
[2] 王泽鉴:《人格权法》,北京大学出版社2013年版,第264页。
[3] 〔德〕卡尔·拉伦茨:《法学方法论》,陈爱娥译,商务印书馆2003年版,第347页。

法的预约概念由学者 Degenkolb 在 1887 年建立,他通过对拉丁语"Pactum de contrahendo"的字面含义"缔约之约定"进行概念演绎的方法推论预约的构造,将预约"构想"(拉伦茨语)为以缔结本约为义务的债权合同,并推演预约适用合同之债的全部规范,进而按照债法一般原则主张预约可以请求缔结本约并强制履行。① 以英国法为代表的对待临时协议的态度,代表着另一极端,即在最终合同达成之前,任何临时协议均不具有法律效力。

上述传统的对于预约或临时协议的极端态度,促使后世研究者不断采用类型化的方法对预约进行新的研究。

(一) 比较法上的预约类型化学说

在德国,弗卢梅认为预约如果需要从本约进行分离,仅在预约的前提条件、约定内容以及所建立的当事人之间的关系与本约不同的情况下才有意义。② 这一观点支持了在预约和本约之间建立类型序列的观念。Robert Freitag 主张放宽预约的确定性要求,在当事人之间并未就本约必要之点达成合意的情况下,该预约属于特殊类型的预约,此时预约的效力在于约束当事人继续磋商,违反者仅能请求赔偿信赖利益损失;而在对于本约的各项给付义务达成一致的情况下,则应当允许预约当事人主张赔偿本约的履行利益损失。③

在瑞士,Bucher 认为应当打破预约的传统框架限制,不应将所有的预约均导向强制缔约的效力,否则那些当事人有意缔结的一个不具有强制缔约效力的预约类型就将消失,故其主张应当将约定未来缔结本约的合同形式均纳入预约范畴。④

在传统的英美法的"全有全无"原则之下,合同成立之前的所有临时协

---

① 吴从周:《论预约:探寻德国法之发展并综合分析台湾"最高法院"相关判决》,载《台湾大学法学论丛》第 42 卷特刊。

② 〔德〕维尔纳·弗卢梅:《法律行为论》,迟颖译,法律出版社 2013 年版,第 734 页。

③ Freitag, "Specific performance" und "cause-Lehre" über alles im Recht des Vorvertrags,转引自叶新民:《预约效力的十字路口——简评"最高法院"2011 年度台上字第二〇七六号民事判决》,载《月旦裁判时报》2012 年第 18 期。

④ Bucher, die verschiedence Bedeutungsstufen des Vorvertrags, in: Berner Festgabe zum Schweizerischen Juristentag 1979, S. 179ff. 转引自汤文平:《论预约在法教义学体系中的地位——以类型序列之建构为基础》,载《中外法学》2014 年第 4 期;汤文平:《瑞士预约制度研究》,载《西部法学评论》2011 年第 4 期。

议均无法律效力,这使英美法处于与德国法相反的另一极端之上。Atiyah 在批评 Walford v. Miles 一案判决(该判决认为诚信磋商的义务与磋商的本质是矛盾的)时认为,如果当事人在合同成立前的临时协议中约定进行诚信的磋商,法院应当支持这种与最终合同不同的协议。Atiyah 还主张对临时协议进行类型化区分,柔化严格的合同约束力的限制条件,比如尽管英国合同法要求合同必须具有确定性,但是一份约定未来可以通过某种方法确定具体条款的合同,仍然具有法律拘束力;再比如,一份关于磋商过程的独立谈判协议如果具有明确的确定性,则应当获得法律约束力。① Farnsworth 认为,在磋商自由阶段和最终合同之间,当事人可能达成一个仅要求继续磋商的协议(agreement to negotiate),美国一些法院认定该协议无效是错误的,法院没有道理去干涉此种当事人意愿的且不违背公共政策的协议。Farnsworth 认为在临时协议中也存在不同的类型,主要是 agreement with open terms 和 agreement to negotiate,两者具有不同的法律效力和违约责任。②

(二)国内的预约类型化学说

在国内,对于预约的研究存在一体化研究和类型化研究两种思路。

一体化研究是将预约作为一个完备概念,确定预约的构成要件和外延边界,一体化进行研究,强调预约与外部法律构造,如意向书、本约的区分。③ 新近关于预约的研究则开始具有类型化倾向。王利明教授在关于预约是否具有强制缔约效力的问题上主张,法律不能一概要求预约合同当事人必须缔结本约,应依据具体情形而定。④ 国内持有"内容决定说"的学者的基本主张是将预约按照内容确定性的不同程度进行"打开",并许以不同的法律效

---

① P. S. Atiyah, *Introduction to the Law of Contract*, Sixth Edition, Oxford University Press, 2016, at 44.

② E. Allan Farnsworth, "Precontractual Liability and Preliminary Agreements: Fair Dealing and Failed Negotiations", *Columbia Law Review*, Vol. 87(1987), at 217.

③ 陆青:《〈买卖合同司法解释〉第 2 条评析》,载《法学家》2013 年第 3 期;史浩明、程俊:《论预约的法律效力及强制履行》,载《苏州大学学报(哲学社会科学版)》2013 年第 5 期;焦清扬:《预约合同的法律构造与效力认定》,载《社会科学》2016 年第 9 期。

④ 王利明:《预约合同的若干问题研究——我国司法解释相关规定述评》,载《法商研究》2014 年第 1 期。

力,本身即属于类型化的思维方法。① 如有学者认为,对条款充实的预约合同,赋予必须缔约的法律效力;对条款不充实的预约合同,赋予必须磋商的法律效力。② 对此,也有学者提出批评,认为在预约类型化的标准上不应仅考虑内容的确定性程度,而应着重考虑当事人的缔约真意,同时结合内容确定性程度、客观情事和交易惯例因素确定。③ 有学者利用法经济学的思路,提出赋予预约"可执行力的移动区间(slide scale of enforceability)",即根据当事人在预约中的意愿使其逐步渐进地导致责任。④

也有学者明确提出通过类型化的方法对预约进行研究。如刘承韪主张,在预约外部和预约内部均存在法律效力由轻到重依次递进的层次,因而应当在预约外部与意向书以及本约进行层次划分,并在预约内部按照条款的充实程度区分为简单预约、典型预约和完整预约。⑤ 汤文平主张,应当依托预约构造外部的体系,对于预约与缔约过失责任、本约等邻近法律构造构成的"递进式类型序列"进行研究,寻找各种构造之间在契约自由和信赖保护原则之间的阿列克西"权衡法则";同时,在预约构造内部根据预约的利益冲突主题,结合司法案例,建立预约内部的类型序列,继而将预约内外的类型进行沟通,对预约的"刚性"要件和效果予以"柔化"。⑥

二、传统的预约概念的弊病

如前文所述,德国法学上的预约的概念,是指设定一方或双方当事人缔

---

① 参见韩强:《论预约的效力与形态》,载《华东政法学院学报》2003年第1期;刘承韪:《预约合同层次论》,载《法学论坛》2013年第6期;耿利航:《预约合同效力和违约救济的实证考察与应然路径》,载《法学研究》2016年第5期;薛波、刘浩然:《预约合同法律问题研究——以〈买卖合同司法解释〉第二条解释与适用为中心》,载《新疆社科论坛》2015年第5期。

② 韩强:《论预约的效力与形态》,载《华东政法学院学报》2003年第1期;李东:《预约合同制度要义与立法构建》,载《求索》2012年第9期。

③ 黄淑丹:《论预约的违约损害赔偿范围——以预约效力的弹性化认定为中心》,载《研究生法学》2015年第1期。

④ 沈伟、于宝露:《预约合同责任的"诚实信用"进路及法经济学解构》,载《苏州大学学报(法学版)》2015年第1期。

⑤ 刘承韪:《预约合同层次论》,载《法学论坛》2013年第6期。

⑥ 汤文平:《论预约在法教义学体系中的地位——以类型序列之建构为基础》,载《中外法学》2014年第4期。

结另一个合同(本约)的债法上义务的合同。① 概念的构成机构为属加种差：上述预约概念的属是指合同，种差是指设定债法上一方或多方当事人缔结合同的债法上的义务。上述种差包括两个要素：其一为设定债法上的义务，其二为一方或多方当事人缔结本约。上述法律概念精确界定预约的含义和边界，同时在法律体系上可以确定预约的体系位置。这样做的好处在于，即使如德国法并未在立法上肯认预约的一般概念，关于预约的法律适用也并无障碍，因为预约作为一个债之合同可以适用整个合同法体系甚至民法和民事诉讼法的全部规范。这种体系设计的逻辑要求决定，德国法上必须存在一个允许预约被强制执行的程序，即强制缔约程序。而该强制缔约程序又反过来要求预约在本约内容的确定性上必须达到与本约一致的程度。同时，德国法上的预约在从思辨中产生之初即被固定为债法上的合同，故应当严格使用债法合同的规范，即仅产生缔约的请求权，从而使德国法上的预约与选择权合同、优先权合同等予以区分。

而从类型思维方面观之，德国法上的预约概念的这种严谨性也会产生一些弊端：

（一）排除了概念边缘的同类构造

按照概念法学的思维，法律概念秉持了价值中立，因而不带有法的目的性。法的目的在于规范生活，如果法律概念为了体系的严谨性而将大量在法律上值得评价的生活事实排除出去，则可能导致法的目的性的失落。预约在概念以及体系上要求是一个发育成熟的合同，仅缔约时机未到。德国法学上认为，如果当事人还在就未来可能签署的合同的条款进行谈判，或者当事人尽管对一些合同的关键条款达成了合意，但是对一些附属点还在磋商，则这些协议都不属于预约。② 这也就意味着，法律必须将那些在缔约阶段产生的不那么成熟的协议排除于预约之外。而在另一端，对于双方在缔约阶段签署的协议中关于本约的规定已经高度成熟，以至于当事人同意仅凭一方的单方选择即可以缔结本约的情形，此时当事人可以有两种选择：其一，一方有权请求另一方缔约，此时权利人享有的权利性质为请求权，该种

---

① 〔德〕迪特尔·梅迪库斯：《德国债法总论》，杜景林、卢谌译，法律出版社2004年版，第67页；汤文平：《德国预约制度研究》，载《北方法学》2012年第1期。
② 汤文平：《德国预约制度研究》，载《北方法学》2012年第1期。

预约为单务预约;其二,一方有权凭单方意思表示缔结法律关系,这被称为选择权(形成权)预约。两种选择非常接近,除了权利性质不同之外,在法律效果上几无差别。然而,在德国法上的预约概念中,前者为单务预约,属于预约,而后者为选择权契约,被排除在预约之外。①

(二) 难以消除预约概念的内在逻辑矛盾

预约的概念意味着预约具有强制缔结本约的效力,从而要求预约必须具有与本约一样的确定性,这使得预约自身的逻辑性和存在价值受到质疑。梅迪库斯认为预约存在一个"实质性问题":如果预约不明确,那么权利人很难起诉订立本约;如果预约很明确,那么就没有签订预约的必要了。② Schlossmanns 批评预约的概念,认为如果预约所意欲订立的本约已经非常确定,"像孵蛋一样",那么预约就没有独立的语义,而应当直接认定为本约。③ 黄茂荣甚至认为,合同本无预约和本约之分,承认预约的学说"不是一个好榜样"。④ 他认为,从其历史发展来看,预约在很大程度上缓解了法律规定的要物合同的要物性,但是如果法律规定了要物合同的生效必须具备物之交付的要件,则法律自然不会允许当事人通过预约规避上述规定;另外,现代合同法大量削减要物合同的数量,意味着要物合同的预约相当于本约,那么预约的存在价值同样会被削弱。⑤

然而,预约之所以存在,仍然有其实践基础。当事人愿意在缔约阶段使用预约,往往并不是因为预约中已经包含了全部本约的必要条款,而是因为本约的一些关键条款尚未合致。此时当事人一方或双方如果仍然希望受到合同的约束以及法律的保护,方才要求订立预约,而不是本约。此时一方或双方当事人希望受到的法律保护并不在于未来一定缔约成功,而是避免另一方当事人怠于磋商、随意中断磋商,或者与第三方磋商。如瑞士学者 Eugen Bucher 认为的,预约的功能不仅在于积极缔结本约,而且在于消极地限

---

① 参见同上文,第 149 页。该文也认为在德国法上有观点认为选择权契约属于单务预约。但是该观点并非主流观点。
② 〔德〕迪特尔·梅迪库斯:《德国债法总论》,杜景林、卢谌译,法律出版社 2004 年版,第 67 页。
③ 汤文平:《瑞士预约制度研究》,载《西部法学评论》2011 年第 4 期。
④ 黄茂荣:《债法总论》(第一册),中国政法大学出版社 2003 年版,第 105 页。
⑤ 同上书,第 117 页。

制对方不得为妨碍本约订立的行为。① 美国学者 Farnsworth 同样认为,赋予临时协议以诚信磋商的合同效力,有利于促进磋商并加速磋商完成。② 本书认为,将预约的概念通过类型思维解构,打开其固有的逻辑限制,承认预约的效力包含应当缔约与应当磋商两个部分,并在应当缔约条件不成熟时赋予预约应当磋商的效力,在理论上区分了预约与本约的特征,有助于消弭预约前述逻辑困境。

(三)过度体系化造成预约制度的实用价值贬损

法律概念需要在体系的意义脉络中加以理解,并且不得违反体系的同一性,这本有利于减轻法律思维负担,在法律解释和适用上更为清晰准确。但传统的预约概念在思辨中建立,在学说中生存,从而形成了极高的体系化程度。为了保持体系的严整,预约被牢固地安置在一个狭小的空间,从而导致适用余地的减少。以至于在德国、瑞士、西班牙和我国台湾地区,预约的交易模式很少被使用。③

相反,在法国和日本,由于对预约的态度比较宽松,预约在交易实践中相对具有活力。法国法对于预约(法语 avant-contract)的效力比较宽松,对于确定程度较低的预约,法院可以认定其效力不是缔结本约,而是进行磋商。④ 在日本法的预约制度上,预约制度与德国相似,唯一区别在于日本同时设计了预约缔约请求权和缔约完结权(形成权)两种方式,相比较而言,交易实践中普遍选择通过预约完结权作为预约约定的缔约方式,而这极大地提高了预约的制度价值,使日本的预约在抵押代物清偿、让与担保买回等融

---

① 叶新民:《预约效力的十字路口——简评"最高法院"2011年度台上字第二〇七六号民事判决》,载《月旦裁判时报》2012年第18期。

② E. Allan Farnsworth, *Contracts*, Fourth Edition, Aspen Publisher, 2004, at 57-59.

③ 关于在德国预约应用较少的介绍参见汤文平:《德国预约制度研究》,载《北方法学》2012年第1期;关于在瑞士预约应用较少的介绍参见汤文平:《瑞士预约制度研究》,载《西部法学评论》2011年第4期;关于在西班牙预约应用较少的介绍参见唐晓晴:《预约合同法律制度研究》,澳门大学法学院2004年版;关于在我国台湾地区预约应用较少的介绍参见陈自强:《民法讲义Ⅰ:契约之成立与生效》,法律出版社2002年版,第94页。

④ Nadia E. Nedzel, "A Comparative Study of Good Faith, Fair Dealing, and Precontractual Liability", *Tulane European & Civil Law Forum* 97 (1997), at 126.

资担保领域应用广泛。①

可见,在兼顾体系完整性的前提下,宜适当放宽预约的概念束缚,以为民商事活动提供更多的制度资源,避免制度浪费。

三、预约作为一个法的构造类型

(一)预约的类型性质

预约的类型化,首先是预约概念向"预约类型"转变,即不将预约作为一个概念加以定义,不直接确定预约的内涵和外延,尤其是不轻易界定预约的外延,而是将"预约"本身看成一个"类型",是一类具有相同中心价值和共同特征的事物,通过这些事物共同构成预约的"整体形象"。

根据拉伦茨的类型理论,法学上的类型区分为"规范的经常性或平均类型""规范的真实类型"和"法的构造类型"。本书认为,预约类型属于"法的构造类型"。首先,预约不属于"规范的经常性或平均类型"。后者是指社会现象中反复发生的具有一定规范性的标准样态,或典型的事件发展样式,因其典型性而属于经常性或平均类型,又因其具有规范性,而称为"规范的经常性或平均类型"。该种类型类似于"公理性的理念类型",其需要在具体个案解决中进行具体化。预约是从人们的生活经验中总结的事实过程,其本身并不具有公理性,也不需要作为一种规范性"标准"。其次,预约不属于"规范的真实类型"。"规范的真实类型"是在法律规范中为了分析而使用的对于生活事实的提炼和界定,需要一定的确定性。同时,其在法的构造层面的思想价值相对于"法的构造类型"较低。本书认为,预约属于法的构造类型。拉伦茨在讨论法的构造类型时,将有名契约视为法的构造类型,但是经过了法律规范的"规整",即削除了部分特征和要素,使之符合规范的目的,并且更有雄心的是,通过对法定构造类型的规整,逐渐形成类型间的有意义的脉络联系。预约如同其他有名契约一样是法学上的构造,体现为法律规范对它的规整,同时在预约与意向书、本约之间可以构建类型化序列,因此预约应属于一种"法的构造类型"。

本书主张基于类型化的方法论,对预约的讨论采取开放的态度,更大范

---

① 〔日〕我妻荣:《我妻荣民法讲义 V1:债权各论》(上卷),徐慧译,中国法制出版社 2008年版,第 47 页。

围地观察经验事实中的同类事态的整体形象。但是同时,预约本身需要带有一定的规范性,关于预约的规范目的以及背后的法律思想应当是关于预约与本约的关系,以及在何种磋商阶段当事人需要为自己的行为承担责任的限度的比例问题,那么对于预约类型的界定和具体化,必然需要考虑价值导向的因素。

(二)预约的中心价值

当我们寻求预约的中心价值时可以从两个层面探讨:第一个层面,从日常生活和交易现象的经验出发,分析当事人作出预约时的内心动机是什么。第二个层面,从法律秩序的角度,分析如何对预约及其动机进行评价,以决定赋予预约何种价值和意义。

在第一个层面,从前文关于预约在日常语言中的应用,以及使用预约的生活场景中可以看出,"预约"相较于"约定"缺乏笃定,有些缥缈,作出预约的人并未非常确信其实现,但是同时预约会花费成本,并且被预约的人可能为此而做出准备,如果预约无法实现,当事人会感到失落和受挫,背弃预约的人会有惭愧心理,但各方均没有特别的要求对方一定履约的强烈欲望。但是在现代大额交易中,比如跨境并购,双方都会在谈判磋商阶段投入大量成本和费用,这个成本和费用有时候是天文数字,他们订立预约往往是因为本约暂时性不具备签署条件,或者说他们主观上不愿意签署本约,但是他们往往仅是自己一方不愿意受到法律约束,而希望对方受到法律约束。从上述观察可以看出,预约在社会生活中是通过自由意志作出的对自己未来意思自由的约束,违反这种约束会产生道德感的挫败,或者交易费用的损失,但是他们有意为之,他们将最认真和严肃的意愿留给本约,而在预约时暂时并未投入强烈的履约愿望,或者因为没有准备好,或者因为对履约存有疑虑,或者因为内心排斥本约。可以说,这是一种矛盾的中间心态,那么法律应当如何评价这种矛盾心理?① 犹豫并非法律所禁止,但是根据情况不同有

---

① 研究预约不可避免地需要考虑当事人为何不直接签署本约而仅签署预约,同时研究者一般认为当事人在签署预约时,实际上在客观上表现为签署本约的条件尚不具备,在主观内心上反映为当事人的犹疑心态。参见高雅:《预约及其效力研究》,中国政法大学 2009 年硕士学位论文,第 15 页。

所限制。要物合同的要物性、赠与合同的撤销权、消费者的冷静期和反悔权①、诉讼法上的调解书直到送达签收之后才生效的规定，这些制度都是法律对犹疑的容忍。因为犹疑是人类的本性，无论是基于智商还是情商，人类均是有限的存在，有限的存在在面临对未来的承诺时有时会感到恐惧，此时的犹疑恰恰是人做好了履行承诺的心理准备才会具有的，因为一开始不打算履约的人在签约时不会存在任何犹疑。所以法律可以直面这种犹豫，尽管由于其不确定性和变动不居而显得不好把握，但是这是生活的真实本色。至于预约当事人的心理动机可能偏向订约或不订约的这种心态是否会导致法的不安定性？法的不安定性在于法不能提供有效的规范类型工具，而导致法对于社会生活事件的评价时左时右。而如果预约制度能够提供有效的类型化工具，反映社会现实变动不居的状态，则并不会导致法的不安定性，从有法可依的角度来看，可以说反而促进了法的安定性。

在第二个层面上的问题是，作为法律家讨论预约时或者准备规范预约时，应当注入何种中心价值。这里的法律家是价值发现的主体，尽管仍然可能带有先前见解，但是基于法律家的职业素质，在一定程度上他的先前见解可以被净化，并符合法律规范的整体价值。拉伦茨认为，"中心价值"是指法官应当实现并在个案裁判过程中适用的一种法律共同体已经理解并达成共识，从而作为一个时代的集体记忆的"普遍法律意识"，包括正义、契约严守、信赖保护、诚实信用等。预约仍然是在合同领域内的规范类型，因此仍然需要贯彻合同法的中心价值，包括契约自由、诚信原则和信赖保护等。上述价值理念在个案衡量时往往存在冲突，解决这些冲突需要法官对具体个案进行利益评价。本书认为，预约处于流动状态，其可能发生在当事人为了缔结本约而相互交往的多个阶段，当事人所处的缔约交往的阶段越初级，契约自由的价值相对于信赖保护的价值更为重要；相反，当事人所处的缔约交往的阶段越高级，越接近本约，则信赖保护的价值越来越重要，甚至超过契约自由的价值。质言之，在上述滑动的序列之中，法律的价值体现在，在何种情况下，自由的个人需要为自己的言行负责。同时，在契约自由内部，存在着积极自由和消极自由之区别。预约恰恰是合同当事人从毫无合同关系到有

---

① 黄茂荣：《债法通则之一——债之概念与债务契约》，厦门大学出版社2014年版，第211页；尹田：《法国现代合同法：契约自由与社会公正的冲突与平衡》（第二版），法律出版社2009年版，第153页。

合同关系之间的过程,在双方之间无合同关系时,合同当事人保有的是消极自由,而在双方进入磋商阶段并积极促进合同缔结时,合同当事人享有的是积极自由,预约的制度设计应该兼顾积极自由和消极自由之间的界限和平衡。而在契约自由与信赖保护之间、积极自由与消极自由之间,均可以通过诚信原则作为平衡器对不同价值的比重进行调节,以符合法律规范的最高目的。

四、预约在缔约类型序列中的地位

根据前文的讨论,我们可以将预约的整体形象"描述"(而非"定义")为:预约的当事人仍然处于本约的缔约阶段,他们已经达成了缔结本约的合意,并同意为此受到法律约束,但因为种种原因对缔结本约还有所犹豫,也并未将全部合同条款思考明白,将来是否能够订立本约在某种程度上依赖于一个磋商过程的客观进展情况。

类型思维看重现实生活与法律规范之间在特征上的"或多或少"的变化,以此区别于概念思维,后者认为法律规范对于现实生活的适用存在"非此即彼"的决断力。如果用"或多或少"的思维看待预约,可以将预约的内部与外部打通,从而建立一个具有法律意义的类型序列:

(一)缔约阶段的类型序列

缔约阶段呈现流动性的特征,随着时间和当事人磋商的深度而不断前进,通向本约缔结的目的地。无论在理论学说还是司法实践中,法学家和法官们均已意识到缔约阶段之间存在法律意义上的差别。在美国法上,Farnsworth 将缔约阶段区分为自由磋商阶段、临时协议阶段和最终缔约阶段[1],法国法在判例上将缔约阶段区分为低级阶段和高级阶段[2],荷兰法则在判例上将预约划分为初始阶段、继续阶段和最终阶段[3],德国法更在新债法第311条明确区分了缔约接触阶段和缔约磋商阶段。我国学者在学说上也基本采纳相同观点,已如前述。

---

[1] E. Allan Farnsworth, "Precontractual Liability and Preliminary Agreements: Fair Dealing and Failed Negotiations", *Columbia Law Review*, Vol. 87(1987), at 220.

[2] R.J.P. Kottenhagen, "Freedom of Contract to Forcing Parties into Agreement: The Consequences of Breaking Negotiatons in Different Legal Systems", 12 *IUS Gentium* 58, 80 (2006), at 80.

[3] Ibid., at 78.

本书认为,在预约制度的语境下,缔约阶段可以分为如下阶段,不同阶段随时间变化以及当事人的标志性行为向前推移,彼此存在重叠交叉。但从大方向上来看,这些阶段呈现出由远至近向本约发展的方向性,从而导致缔约自由和信赖保护原则相对彼此的优先性的变化,亦导致当事人的义务性质和法律责任的变化(参见表 1)①:

(1) 缔约初步接触阶段。此阶段双方之间仅为磋商而初次接触,合理信赖无由发生,应受完全的缔约自由原则主导,但是当事人之间仍应承担对于对方的固有法益的保护和照顾义务,此为缔约过失责任中的固有法益的保护义务制度的专属领地。当然,在整个磋商过程中当事人均负有保护和照顾对方的固有法益的义务,此受合同法上的诚信原则和侵权法上的交易安全责任的共同保护。应当明确的是,由于此时磋商并未达到一定深度,当事人之间并未产生达到法律关注程度的合理信赖,所以当事人之间的任何损失和费用都是该方应该自担的商业风险。因此,缔约过失责任中关于中断磋商的责任并无适用余地。

(2) 意向书阶段。此阶段以双方当事人达成一定的与磋商有关的限定性内容合意为开端,但是并无关于缔结本约的义务性约定。② 在该阶段,当事人之间的合理信赖已产生,但是缔约自由原则仍然具有优先性。当事人之间开始负担缔约过失责任中的关于诚信磋商的义务的约束,但是这种义务的约束是比较浅层次的,而且是消极的,并非积极的。即仅在一方恶意磋商给对方造成损失时使其承担信赖损害赔偿责任,但是对方不得要求该方积极履行磋商义务。

在意向书阶段和磋商接触阶段之间存在一个中间状态,即"君子协议"。当事人实际上已经超越了初步接触阶段而签署了有形的关于缔约的协议,但是当事人之间明确排除了该协议的法律约束力,亦即当事人明确将磋商关系仍然限制在更为初级的阶段,冀图仅受道德约束,而不受法律约束。原则上,当事人之间不承担磋商失败的缔约上过失责任,但是仍然可能在特别

---

① 有学者主张在磋商过程中呈现以下"递进序列":基础性的缔约自由——缔约过失——预约——最终合同。参见汤文平:《论预约在法教义学体系中的地位——以类型序列之建构为基础》,载《中外法学》2014 年第 4 期。

② 〔德〕迪特尔·梅迪库斯:《德国债法总论》,杜景林、卢谌译,法律出版社 2004 年版,第 96 页。

情形下,因为对方的信赖而承担赔偿责任。① 同时,意向书与预约之间也存在一些中间状态,比如磋商协议(本书称为具有法律效力的意向书),具有法律约束力,但是当事人并不负担缔约义务,因而不属于预约。

(3) 预约阶段。此阶段双方当事人同意缔结指向本约的具有法律约束力的协议,当事人之间存在缔约意图,从而使磋商进入预约保护的阶段。此时当事人开始负担比较全面的诚信磋商义务(从合同义务)以及缔约义务(主合同义务),可以向义务人主张积极履行磋商义务,在具备条件的情况下,主张履行缔约义务。该阶段又可以分为两个子阶段:

其一,本约内容确定性不足的阶段。此时,当事人之间信赖的合理性达到一定程度,故彼此负有诚信磋商义务,违反者应承担信赖利益损害赔偿责任,但缔结本约义务因未达履行条件而不得诉请履行,此时缔约自由原则与信赖保护原则基本持平,司法处理上仅能由法官自由衡量两者间的强弱对比。

其二,本约内容确定性已达本约程度的阶段。此时,当事人之间的磋商进入深化阶段,当事人之间的信赖达到相当程度,以至于信赖保护原则优先于缔约自由原则。当事人之间同时负担缔约的义务和就未达合意之点继续磋商的义务,且均得诉请实际履行,或主张相当于本约的履行利益的损害赔偿责任。作为例外的是,如因情事变更或与有过失导致磋商中断时,当事人不得诉请缔结本约和损害赔偿,在司法处理上,应由法官具体衡量个案中当事人的彼此得失,并善加平衡。预约阶段处于缔约阶段之中间位置,与前后两个阶段衔接,在个别情况下有重叠可能,从而滋生疑难案件。对于这些疑难案件,应当分辨其所处的缔约类型序列中的位置,并可以通过前后类型的特征归拢和勾画该疑难案件的特征以及法律规范的目的,进而从该法律规范目的出发确定疑难案件的具体裁判规则。

(4) 本约缔结阶段。本约缔结意味着预约得到圆满履行,预约合同消灭。但是预约合同在本约缔结时以至于缔结后仍然可能与本约互相影响,如预约无效,则本约也可能被认定无效,或有当事人在预约履行(磋商)中存在欺诈行为的,则可能同时导致预约违约责任之发生和本约之撤销,在本约撤销后,预约合同可能复活并仍使当事人之间继续负担诚信磋商、重新缔结本约的义务。

---

① 〔德〕迪特尔·梅迪库斯:《德国债法总论》,杜景林、卢谌译,法律出版社 2004 年版,第 100 页。

在预约阶段与本约缔约阶段,还存在一种中间情况,其时当事人不需本约订立即开始履行本约内容,则在法律上认为该预约可以作为本约,本书称为"预约拟制本约"。①

表 1

		特征	请求履行	责任形式	损害赔偿	法律原则
(1) 缔约初步接触阶段		初步接触,并无临时协议或预约	不得诉请履行	缔约过失责任:仅保护固有法益,不承担磋商义务	固有法益损失	绝对的缔约自由(消极自由);无信赖保护。
(2) 意向书阶段		存在不具约束力的临时协议	不得诉请履行	缔约过失责任:不承担积极磋商义务,但承担恶意磋商责任	本约信赖利益损失	缔约自由(消极自由)优先;产生信赖保护,但处于次要地位。
(3) 预约阶段	确定性程度较低	存在具有约束力的预约,但是约束力较弱(限于请求磋商)	有权诉请磋商;不得诉请缔约	预约合同责任;请求磋商;请求缔约(未达履行条件)	大体相当于,但一般低于本约信赖利益损失②	缔约自由(包括消极自由、积极自由)和信赖保护基本对等。
	确定性程度较高	存在具有约束力的预约,且约束力较高(有权请求缔结本约)	有权诉请磋商;有权诉请缔约	请求磋商;请求缔约(已达履行条件)	大体相当于,但一般低于本约的履行利益损失	信赖保护优先;缔约自由中的积极自由优先;消极自由次要。

---

① 如我国《商品房买卖合同司法解释》第 5 条规定:"商品房的认购、订购、预订等协议具备《商品房销售管理办法》第十六条规定的商品房买卖合同的主要内容,并且出卖人已经按照约定收受购房款的,该协议应当认定为商品房买卖合同。"我国台湾地区"最高法院"亦有相同观点的"判例",见王泽鉴:《债法原理(第一册):基本理论·债之发生》,中国政法大学出版社 2001 年版,第 147 页。

② 后文将讨论,对于确定性较低的预约的损害赔偿范围,应当按照预约的履行利益计算,在履行利益无法计算时,按照预约的信赖利益计算,此时预约的信赖利益在大体上相当于本约的信赖利益(两者在准备本约履行的费用和缔约机会损失上有所不同)。此处为了比较的需要,暂按照"相当于本约的信赖利益"说明。

(续表)

	特征	请求履行	责任形式	损害赔偿	法律原则
（4）本约缔结阶段	存在生效本约	有权诉请履行本约	本约合同责任	本约的履行利益损失	绝对的信赖保护；缔约自由体现为积极自由,无消极自由。

（二）缔约意图的类型序列

缔约意图是预约的"界碑",决定预约是否存在。① 但是如同任何法律概念一样,缔约意图本身的模糊性决定了预约的模糊性,于此可以"或多或少"的方法来观察预约上缔约意图的存在形态。② 前文已述,真实的缔约意图仅存在于当事人的头脑中,在争议发生后更难判断其原始样态。在比较法上,尤其是美国法,在判断缔约意图时采取了客观特征(factors)的分析方法,包括当事人在预约中的表达(是否受预约的约束)、合同的性质(商事合同还是民事合同)、确定性(对于本约内容的确定性达到何种程度)、交易背景(是否存在长期合作关系,以及是否已经开始履行)。这些客观特征并非缔约意图存在与否的充分条件,也非必要条件,而是法官在个案衡量中的思路和理由,即分别衡量个案在上述各个特征方面的多寡,以类比的方式决断缔约意图之有无。

本书认为,在前述客观特征之外,前述缔约阶段之循序变化可资参考。在距离本约较远一端,预约的缔约意图并不存在或不明显；随着与本约距离的接近,预约的缔约意图不断增强,在距离本约最近一端,当事人已凭预约

---

① 德国学说认为,缔约意图是预约存在的前提。如果当事人之间不具有受约束的意思,则不必追问是否构成预约的问题。See Herzog, Der Vorvertrag im schweizerischen und deutschen Schuldrecht,1999,Rhn. 148. 转引自汤文平:《论预约在法教义学体系中的地位——以类型序列之建构为基础》,载《中外法学》2014 年第 4 期。

② 有主张"应当磋商说"的学者认为,当事人在创设预约时其预期的约束力属于较弱程度,仅为创立一种暂时状态,而不愿意获得终局的约束力。参见叶新民:《预约效力的十字路口——简评"最高法院"2011 年度台上字第二〇七六号民事判决》,载《月旦裁判时报》2012 年第 18 期。

履行本约内容,则不需另订本约,预约可直接拟制为本约。而在预约之内,确定性较低之预约,缔约意图亦较弱,反之亦然。但是,在意向书阶段与确定性较低之预约阶段之间的地带必然存在大量疑难案件,仍需个案衡量。

(三)确定性的类型序列

此处的确定性是指预约中关于本约内容的确定性。通常来说,当事人达成预约时,对于本约全部内容并未达成一致,根据具体情况可能表现为不同的确定性程度。本书认为可以渐次将各种不同程度的确定性大体划分为以下三种:

(1)不具备基本的确定性。此处"基本的确定性"的要求较低,仅需表明缔约人同意达成的本约的基本类型和当事人即可,甚至可以通过"可确定"的方式确定。假如预约无法达到如此基本的确定性,比如在意向书中约定"关于双方项目合作模式另行协商确定",则不成其为预约,合同的补充协议条款(通常在合同的通用条款中存在"本协议未尽事宜另行协商确定,任何对本协议的补充应当签署书面协议"之类条款)也非预约。

(2)具备基本的确定性但不具备本约程度的确定性。此处具备"本约程度的确定性"是指预约中包含本约中的全部必要之点。不具备本约程度的确定性,则在对方违约时难以请求实际缔约,或者赔偿本约的履行利益损失。

(3)达到本约程度的确定性。达成此种确定性的,该预约已经内容完善、效力充足,除非因为情事变更或者与有过失导致无法实际缔约,否则权利人可以要求缔结本约或要求赔偿本约履行利益损失。

(四)法律约束力的类型序列

当事人进入磋商过程是为了缔结本约,在不同的缔约阶段体现为不同强度的对于本约缔结的意志力,基于法律规范而在不同磋商阶段所产生之权利或法律地位,赋予当事人的意志力以法律约束力,从而在不同磋商阶段呈现出对于本约缔结的法律约束力的强弱分布序列:

(1)预约前阶段。在预约产生之前的契约接触阶段并不产生任何指向本约缔结的权利或法律地位,本约缔结力最弱;而在意向书阶段,本约缔结力有所增强。基于缔约过失责任,缔约人承担不阻碍本约缔结的消极义务,从相对方的角度来看即产生了一定的本约缔结力。

(2)请求权预约。在预约阶段,在确定性程度较弱的预约中,主张缔约一方仅能通过请求相对方进行磋商间接指向本约,尚不得直接请求缔结本约;而在确定性程度较高的预约中,主张缔约一方则有权主张相对方缔约并得诉请强制执行。

(3) **形成权预约(选择权合同)**。这里特别需要说明的是,如果肯认选择权合同可以成为预约之一种,则其将在前述序列中位居力量最强的一段,因为凭借选择权的行使,当事人即可以通过单方意思表示缔约,而不需要请求对方履行缔约义务。

(4) **预约拟制本约**。预约拟制本约即指"名为预约,实为本约",是基于法律拟制技术而将原本的预约拟制为本约的情形。如果将拟制本约的预约排入上述序列,则该种情形的预约的本约缔结力甚至强于选择权合同,因为其不需经过任何一方的意思表示或行权行为,即可以直接作为本约。

第四章 预约的内部类型序列

预约的内部类型序列,是指在将预约视为一个类型的前提下,围绕预约的整体形象,以相关规范的中心价值为指导,对于类似的先合同协议进行类比后,发现可以归入预约一体考虑其要件和后果的那些先合同协议,即预约类型的"子类型",并在预约内部根据某一特征的"或多或少"进行排列。该预约的内部类型序列与外部类型序列存在联通关系。

第一节 关于预约的内部类型的观点

一、大陆法系关于预约的类型列举

(一)法国法学者的类型列举

如前文所述,根据法国合同法的合意主义原则(le principe de consensualisme),法国法对预约采最广泛的理解,基本涵盖各种先合同协议。此处暂按照法国学者 Flour et Aubert 列举的预约类型加以说明[①]:

(1)优先性协议(pacte de préférence)。优先权协议是指协议约定一方当事人享有订立未来交易合同的优先权,若相对方决定订立该交易合同,则在其向第三人发出要约之前,应首先向优先权人发出达成交易合同的要约。因为在订立优先权协议时,交易合同的价款等条件并未确定,因此优先权人在收到上述要约时有权选择承诺(与要约方订立交易合同)或者不承诺(放弃订立交易合同的优先权),而并无必须缔约的义务。[②]

[①] Flour et Aubert, Les obligations, at 112. 转引自尹田:《法国现代合同法:契约自由与社会公正的冲突与平衡》(第二版),法律出版社 2009 年版,第 68 页。

[②] 同上。

(2) 原则同意性协议 (accord de principe)。在原则同意性协议中,当事人均对未来交易合同的原则性条款达成合意,但是对具体的合同条款并未达成合意。协议当事人并不承担必须订立最终交易合同的义务,但是负有就该合同的条款善意磋商的义务,违反善意磋商义务的一方应承担违约责任。①

(3) 订立合同的单方面允诺 (promesse unilatérale de contracter)。在法国法上,单方法律行为可以为债的发生原因。订立合同的单方允诺或单方预约,即由允诺人授予相对方选择权,选择权人有权在规定期限内选择与允诺人按照事先约定的合同条款缔结本约。选择权人有权自由选择是否与允诺人缔约。如果选择缔约,则应当在规定期限内作出承诺,否则不发生缔约效力。该种单方预约区别于双方预约。如果允诺人在作出允诺的同时又与选择权人约定,选择权人届时不作承诺的应对其支付违约金。此时,单方预约即变为双方预约 (promesse bilatérale or synallagmatique de contracter)。②

(4) 附停止条件的合同 (condition suspensive)。法国法将附停止条件的合同视为最典型的预约。附停止条件的合同订立时,双方已经达成了协议,只是该合同不发生法律效力。相对于停止条件成就后生效的合同,该设立条件时的协议即为预约。③ 这里需要说明的是,根据《法国民法典》第 1101 条的规定,合同 (contract) 仅为协议 (convention) 的一种,并非所有的协议均为合同。④ 合同引起债的发生,而协议可以产生包括债的发生、转让、消灭以及他们希望得到的法律效果。⑤ 因此法国法上的附停止条件的合同,尽管其基本原则与其他大陆法系国家并无不同⑥,仅在停止条件成就时合同才发生法律效力 (发生债的效力),但并不妨碍在合同订立时双方之间已经存在一个"预约协议" (发生当事人意愿的法律效果)。

---

① Flour et Aubert, Les obligations, at 112. 转引自尹田:《法国现代合同法:契约自由与社会公正的冲突与平衡》(第二版),法律出版社 2009 年版,第 68 页。
② 同上。
③ 同上书,第 69 页。
④ Jean Carbonnier, Droit civil, Les Biens les obligations, puf, p. 1942, 转引自张民安:《法国民法》,清华大学出版社 2015 年版,第 315 页。
⑤ 尹田:《法国现代合同法:契约自由与社会公正的冲突与平衡》(第二版),法律出版社 2009 年版,第 6 页。
⑥ 张民安:《法国民法》,清华大学出版社 2015 年版,第 283 页。

如前所述,学理上认为法国法还存在其他预约,如中间协议(contrats intérimaires)、部分协议(contrats partiels),以及同意磋商的协议(accord de négocier)。

(二) 日本法学者的类型列举

如前所述,我妻荣认为日本法上的预约包含两类法律构造:

(1) 享有承诺请求权的预约。 请求承诺的预约,是指根据预约有权要求缔结本约的一方可以在希望缔结本约时向对方发出成立本约的要约,对方则有义务作出承诺,如果对方不作出承诺,则可以诉请法院强制对方承诺,学理上认为承诺请求权的性质为请求权。①

(2) 享有缔约完结权的预约。 根据《日本民法典》第 556 条的规定,当事人有权约定一方或双方享有缔结本约的完结权,在该方行使完结权时,本约即成立。预约需要具备本约的主要之点。学理上认为缔约完结权的性质为形成权。②

二、英美法系关于预约(临时协议)的类型列举

(一) 英国学者的类型列举

Chitty 在"未完成协议(incomplete agreement)"中讨论预约和其他先合同协议,其含义与临时协议相近。他在书中列举了如下合同类型③:

1. 预约(contract to make a contract)

英国法上不存在预约的抽象概念,而是以 contract to make a contract 进行直观的描述,不宜简单与大陆法的预约画等号,但因为两者讨论的事实相似,因此仍然可以称之为预约。英国法上的预约存在不同情形,在法律约束力方面也存在差异:

(1) 同意按照已经商定的合同条款签署合同的协议(contract to execute a document incorporating terms preciously agreed)。 最典型的是约定一方享

---

① 《日本民法典》第 414 条第二段但书规定:"就以法律行为为标的的债务,可以通过诉讼代替债务人作出意思表示。"《日本民法典》,王爱群译,法律出版社 2014 年版,第 74 页。

② 〔日〕我妻荣:《我妻荣民法讲义 V2:债权各论》(中卷一),徐进、李又又译,中国法制出版社 2008 年版,第 40 页。

③ H. G. Beale, *Chitty on Contracts*, Thirteenth Edition, 商务印书馆 2012 年影印版, at 219.

有将来缔约的选择权(option)的合同。该类合同具有合同约束力。①

(2) 同意磋商的协议(agreement to negotiate)。此类协议是指磋商阶段中的当事人约定就未来缔结合同而进行磋商的协议。英国法认为在磋商阶段当事人之间不存在磋商或者诚信磋商的一般义务,而仅允许通过误述(misrepresentation)②或者按劳取酬(quantum meruit)③的方式要求缔约中的不当行为方承担赔偿责任,但上述赔偿责任低于违约责任。④ 但是,在当事人对合同主要条款已经达成合意,而对于非主要之点未达成协议的情况下,英国法认为当事人有继续磋商的合同义务。⑤

2. 其他类型的先合同协议

除预约之外,在英国法上还有其他一些先合同协议类型:

(1) 原则协议(Agreement in principle only),指当事人在核心问题上达成了一致,但是对于一些合同中的重要问题并未达成一致,可能需要未来在最终合同上约定。该类协议在英国法上不具有法律约束力。⑥ 但是,该协议如果已经具备必要之点而仅仅缺乏细节规定(agreement complete despite lack of detail),则并非不具有法律约束力,法官可以根据法律规定进行补充性解释填补合同漏洞。⑦ 此时的原则协议已经相当于一个最终合同。

---

① Morton v. Morton, [1942]1 All E. R. 273. Id. At 219.
② Walford v Miles,Neil (1992) 108 L. Q. R. 405.
③ Cobbe v. Yeomans Row Management Ltd. [2006]1 W. L. R. 2964
④ H. G. Beale, *Chitty on Contracts*, Thirteenth Edition, 商务印书馆 2012 年影印版, at 221.
⑤ Ibid., at 222.
⑥ Ibid., at 203.
⑦ Ibid., at 204. 在英国法项下,一个买卖合同即使缺失价格条款也不影响其效力,因为根据 Sales of Goods Act 1979 第 8(2)条,如果当事人在买卖合同中没有约定价格,则应当适用合理的价格。按照 Supply of Goods and Services Act 1982 第 15(1)条,如果一个服务合同没有约定服务价格,则应当适用合理的价格。但是,如果当事人约定未来确定交易商品或服务的价格,则上述成文法不适用,因为当事人并未就上述价格或服务达成协议,因而也就不存在任何合同。但是在此类案例中,当事人可以按照不当得利法,就接受服务一方的不当得利要求补偿。在 Perry v. Suffields Ltd 案中,原被告双方达成了一个关于买卖房屋的协议,双方仅约定了房屋价格,其余的合同条件均未约定,比如交割期限、定价交付条件等。但是法院仍然认为合同具有法律效力,因为当事人之间具有达成协议的意图。在类似案例中,法院持有的观点是,如果当事人具有缔结合约的意图,则不管当事人是否就一些重要条款达成一致,或者经过协商未能达成一致,该合约均不会因此而无效,但是如果因为上述条款未达成一致而导致协议不具备可操作性或特别的不确定时,则该协议仍然可能被认定为无效。

（2）规定未来签署正式合同的协议（stipulation for the execution of a formal document），或"以合同为准"（subject to contract）的协议，或规定交换正式合同文本的协议（general requirement of "exchange of contract"）。具有类似条款的协议在英国法上原则上不发生法律约束力，因为其时当事人并无缔约意图。① 但是如果一方使相对方信赖其不可能放弃签署最终合同，并且相对方为签署和履行最终合同进行了准备，则前者应基于禁反言原则（propreitary estoppel）承担责任。另外如果双方已经开始履行该协议，则法院将认为双方已经具有缔约意图而肯定原协议具有法律约束力②。

（3）确保磋商协议（collateral contract），比如排他性谈判协议（lock-out），属于有效的协议，但根据英国法排他性谈判协议以约定明确的期限为必要条件。③

（4）意向书（letter of intent）。在英国法上意向书的法律约束力不明朗。如果当事人否定意向书的法律约束力或者从其含义中可以解释出当事人并无缔约意图，则意向书无约束力④；如果意向书中并未明确否认法律约束力，而一方已经基于信赖采取行动或支出费用的，则意向书可能被认为具有法律约束力⑤。

（5）"待协商一致"条款（to be agreed terms）。英国法认为含有该类条

---

① H. G. Beale, *Chitty on Contracts*, Thirteenth Edition, 商务印书馆 2012 年影印版, at 208.
② Ibid., at 207.
③ Ibid., at 210.
④ Turriff Construction Ltd v. Regalia Knitting Mills(1971) 22 E. G. 169, 在该案中法院认为意向书构成双方之间的一个关于阶段性工作的附属协议。在其他一些案件中，英国法院根据个案的不同情况，有的将意向书认为是对要约的承诺，有的认为是一种要约。
⑤ Ibid., at 212. 比如在 Kleinwort Benson Ltd v. Malaysian Mining Corp [1989]案中，借款人向贷款人出具了一份意向书，写道："It is our policy that[the subsidiary] is at all times in a position to meet its liabilities"，法官认为该条根本不构成一个合同条款，因为这只是关于该公司的政策的一种陈述性语言，并不表明其在本交易中不会做出与其公司政策相反的行为。

款的临时协议不具有法律约束力。① 但是对于一些特殊情形,如果法院认为当事人之间具有缔约意图,则会认定"待协商一致"条款默示双方按照一个合理的方式确定该条款的内容,比如合理的价格。

(6) 未约定价格的选择权合同(options agreement)。选择权合同是指双方约定,一方当事人在行使选择权时即达成交易合同。因选择权人行权具有要约性质,如果未提前约定价格,则该要约因缺乏确定性而不能形成具有约束力的合同。②

(7) 未约定价格的优先购买权合同(agreement of right of pre-emption)。英国法承认其约束力。优先购买权与选择权不同,优先购买权的行使视为承诺,而非要约。当优先购买权人行使权利之时,必然是另一方已经准备以某一特定价格与第三人达成交易之时,所以在行权时价格可以确定。③

(二)美国学者的类型列举

Farnsworth 在其关于临时协议的经典文章《先合同责任和临时协议:诚信原则与磋商失败》中将临时协议区分为以下四种类型。但首先必须说明,Farnsworth 并不认为上述分类是穷尽的分类,他只是对临时协议的主要类型进行了列举:

(1) 空白条款协议(agreements with open terms)。该种合同的当事人已经对合同的大多数条款达成了一致,并且认为这些条款对他们具有约束力,同时他们同意将这些条款合并到未来达成的最终合同中。对于其他未达成一致的条款,当事人同意继续进行磋商直到完成全部合同的合意。对

---

① H. G. Beale, *Chitty on Contracts*, Thirteenth Edition, 商务印书馆 2012 年影印版, at 212. 该种条款多存在于长期供货合同或者长期租赁合同中,因为在未来较长时间内决定价格的因素可能处于剧烈变动之中,当事人不愿意在现在的合同中固定未来的价格,此时当事人往往会选择仅就将来较短一段时间内的价格进行固定,而对以后的价格约定为"将来通过双方协商一致确定"。通常来说,英国法院认为该类条款无效。英国法院着意区分了该类合同与那些没有约定价格,但是也并未约定"to be agreed"条款的情形,后者尽管没有约定价格,但是在英国合同法下,缺失价格条款并不被视为无效合同,而可以由法院根据 Sale of Goods Act 1979 加以补充;但是,就前者而言,因为双方已经明确约定该价格需要将来双方协商一致确定,那么就相当于排除了法院补充价格条款的合法性。因此,如果双方嗣后不能就价格问题达成一致,则法院将判决该条款无效。

② Ibid., at 213.

③ Ibid., at 213.

于该类合同,如果最终双方当事人没有将这些未达成一致的条款通过谈判达成一致,则双方仍然将受其他已经达成一致的条款的约束,其他未达成一致的条款通常由法院在诉讼中加以填补。①

(2) **同意继续谈判的协议**(agreements to negotiate)。这类合同与之前的空白条款协议的相同之处在于当事人都已经对未来最终合同的许多条款达成了一致,但是与空白条款协议的不同之处在于,同意继续谈判的协议中的当事人明确表示不愿意受到这些已经达成一致的条款的约束,他们仍然将就这些条款和其他还未谈判的条款进行谈判直到最终达成正式的合同。通常来说,如果他们通过谈判仍然未达成合同,则他们之间并不存在任何有法律约束力的合同。但是,他们之间仍然存在基于诚信原则产生的信赖利益损害赔偿责任。②

(3) **关于未来进行交易的协议**(agreements to engage in a transaction)。这类合同是指双方当事人约定将来进行某一交易,比如买卖、租赁等。其实该种合同基本上等同于一个最终合同,因为并没有任何条款需要继续谈判。但是相对于未来的交易合同,该类合同仍然属于临时协议。③

(4) **阶段性安排协议**(stop-gap agreements)。此类合同是指双方当事人就合同签署过程中的临时性安排作出约定,这些临时性安排条款并不涉及双方当事人将要磋商的最终交易合同中的条款。就该类型的交易本质而言,双方当事人并不需要就这些阶段性安排的内容进一步磋商,在他们之间

---

① 在美国的不动产交易中,当事人往往在达成最终协议前会签署一种"earnest money agreement"、"deposit receipt"的合同或字据,以此表明他们将在以后签署更为正式和详细的不动产交易合同。另外,在并购交易中,当事人在并购合同达成前往往会签署意向书,该文件通常会将一些他们已经同意的合同条款要点总结出来,但是也会留下一些未达成一致的条款。E. Allan Farnsworth, "Precontractual Liability and Preliminary Agreements: Fair Dealing and Failed Negotiations", *Columbia Law Review*, Vol. 87 (1987), at 250.

② Ibid., at 251.

③ 当事人使用该类合同的原因,一方面是该类合同已经将全部未来的交易合同条款谈判完毕,另一方面,当事人不需签署该交易合同,往往可以节省交易费用,比如律师费、税费等。举例来说,对于一个地产交易的融资合同,融资银行可以先行与借款方就全部条款谈妥,并出具一份承诺书,承诺在未来符合条件的情况下签署该合同。对于该类合同,通常来说,美国法院将其视为一个最终合同看待,适用普通的合同法规则进行处理。Ibid., at 250.

已经形成了一个"最终合同",因此并不是典型意义的临时协议。①

三、国内学者关于预约的类型的划分

根据《商品房买卖合同司法解释》和《买卖合同司法解释》,我们在法律层面存在如下预约类型:"商品房的认购、订购、预订等协议"(《商品房买卖合同司法解释》第 5 条)、"当事人签订认购书、订购书、预订书、意向书、备忘录等预约合同"(《买卖合同司法解释》第 2 条)。显然上述"认购协议(书)""订购协议(书)""预订协议(书)",以及"意向书""备忘录"仅为司法实践中遇到的案例中的预约文件的题名的列举,并无法律上的区分意图。

国内债法著作中对于预约主要采取了分类的概念思维,比如分类为单务预约和双务预约等。② 因我国台湾地区"民法"规定了使用借贷和消费借贷两种要物契约的预约,因此台湾学者一般会专门讨论要物契约的预约,由此产生要物契约与诺成契约的预约的分类。③

在国内大陆学者专门讨论预约时,如前所述,新近具有采取类型化研究方法的趋势,按照不同的内容确定性以及对应的不同效力层级,区分不同的预约形态。有学者将预约区分为:(1) 条款充实的预约合同,或者具备本约主要条款的预约,该类预约产生必须缔约的法律效力;(2) 条款不充实的预约合同,或者不具备本约主要条款的预约,该类预约产生必须磋商的法律效力。④ 有学者将预约区分为:(1) 简单预约:仅具备合同当事人、标的、数量

---

① 比如发包方和承包商拟就建设工程合同进行磋商,双方约定在磋商阶段承包商可以先行开始建设工程,即在建筑业内通常所说的 early work。还比如,在一个并购交易的磋商阶段,并购方与被并购方约定在并购磋商阶段,被并购方应当保持并购标的公司的经营稳定,不能出现重大不利影响的事件。就这些临时性安排而言,从未来交易合同的角度来看,该种临时性安排的约定并不意味着当事人承诺未来一定达成某一交易合同,即使最终交易合同并未达成,当事人之间并不承担违约或其他类型的责任。E. Allan Farnsworth, "Precontractual Liability and Preliminary Agreements: Fair Dealing and Failed Negotiations", *Columbia Law Review* Vol.87(1987), at 252.
② 王泽鉴:《债法原理(第一册):基本理论·债之发生》,中国政法大学出版社 2001 年版,第 147 页;陈自强:《民法讲义 I:契约之成立与生效》,法律出版社 2002 年版,第 87 页;韩世远:《合同法总论》,法律出版社 2011 年版,第 67 页。
③ 陈自强:《民法讲义 I:契约之成立与生效》,法律出版社 2002 年版,第 89 页;黄茂荣:《债法总论》(第一册),中国政法大学出版社 2003 年版,第 105 页。
④ 韩强:《论预约的效力与形态》,载《华东政法学院学报》2003 年第 1 期。

等基本要素,仅产生必须磋商的法律效力;(2)典型预约:除前述要素外,双方在价格上已有合意,但仍有剩余条款未达成全部一致,该类预约产生必须磋商的法律效力;(3)完整预约:全部条款达成一致,仅规定未来签署正式合同,该类预约产生必须缔约的法律效力。①

在预约与类似形态法律构造的关系上,国内主流学说认为在法律效力层面,意向书、备忘录等不属于预约②,而附停止条件合同、选择权合同、优先权协议、固定期限要约等因法律性质不同,亦不属于预约。③

第二节 预约的类型扩张

因我国大陆立法上对于预约并无一般性规定,在学说上也无与某一法系的必然传承关系,因此学说上和司法实践上在面对预约问题时,具有开放态度,如普遍接纳确定性程度较低之预约,但是同时又坚持预约作为债法合同的体系地位,而不接受选择权合同作为预约类型。本书认为,预约应当以预约的典型特征为核心,梳理缔约阶段序列上位于预约两端的相邻法律构造,以类比方式考察其与预约之间的同质性,随着观察的序列的不断延伸而发现预约特征增减的临界面,以此勾勒预约的暂时边界。具体而言,本书认为,除了典型预约(德国法上的预约概念)之外,确定性较低之预约、选择权合同应可属于预约的范畴。这些预约范畴内部的子类型(预约内部类型)与预约外部的同属于缔约阶段的其他类型(预约外部类型)之间存在联通和递进关系。(参见图3)

---

① 刘承韪:《预约合同层次论》,载《法学论坛》2013年第6期。
② 王利明:《预约合同若干问题研究——我国司法解释相关规定述评》,载《法商研究》2014年第1期。
③ 韩强:《论预约的效力与形态》,载《华东政法学院学报》2003年第1期;陆青:《〈买卖合同司法解释〉第2条评析》,载《法学家》2013年第3期。

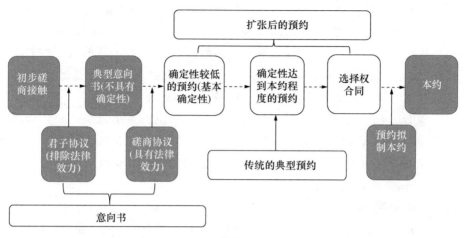

图 3

一、典型预约

典型预约是预约的"理想类型",如模特一样示范出预约的典型形象,同时也是在交易实践、司法实践和法律理论上具有共识的预约"模板"。这样的预约仅为一个"理想类型",在现实生活中不一定普遍存在,但是现实生活中的预约在特征上均紧密围绕着典型预约。最高人民法院《买卖合同司法解释》第2条中的"认购书""订购书""预订书"均属于预约的典型形象,"意向书""备忘录"在现实生活中可能常见,但是在法律性质上并不认为属于预约。"意向书"在现实交易中很多与典型预约相同或类似,将"意向书"与预约对峙,毋宁说在学理上需要一个区别于预约的、位于磋商序列前端的法律概念。

(一)典型预约的特征

在特征上,典型预约具有当事人之间关于未来订立一个确定的本约的合意,并且双方当事人具有受到预约的约束的缔约意图,以上均客观表现为预约中对于本约内容的确定性达到了与本约一致的程度。

典型预约的确定性程度的确认方法,应当是将预约中的与磋商和缔约有关的内容剥离,凸显其中的本约内容,衡量其是否可以作为一个有效的合同,如果可以作为一个有效的合同,则可以认定其具有与本约一致的确定性。关于与本约一致的确定性,具有不同的标准:(1)完整说。有学者认为应当不存在继续磋商的需要。① （2）法定要素说。有学者认为应当具备法律要求的合同必备之点，即《合同法司法解释（二）》第 1 条规定的当事人、标的和数量三个要素。② （3）独立说。有学者认为，与本约一致的确定性并不是指与本约的内容一致，而是在预约的内容确定性上与本约适用相同标准，即只要预约对于缔结本约这件事是确定的，即达到与本约一致的确定性。③

本书认为，上述学说均有不完善之处。完整说的要求只是一种理想状态，在现实中不可能存在无须继续磋商的预约，甚至连最终的本约也不能达到无须继续磋商的程度，采此说无疑将使预约的确定性程度达到比本约还高的标准，并不适当。即便在德国法，学说上也不要求预约达到本约的全部内容的确定性，而仅需就所有重要之点（alle wesentliche Punkte）达成一致即可诉请缔约。④ 法定要素说存在一定的片面性，《合同法司法解释（二）》第 1 条规定的合同应当具备的三个要素并不适用于所有合同，而是以买卖合同为蓝本确定的有偿合同的最低要素清单，但买卖合同的单纯性显然无法涵盖其他全部有名合同，遑论纷繁复杂的无名合同。独立说正确地认识到预约标的与本约标的的不同性质，但如前文所说，预约的确定性包含两个层面，即预约本身的确定性和预约中的本约内容的确定性，两者必须均具备，如果在预约中不对本约内容的确定性作出要求，则将难以判断是否存在预约的缔约意图。

本书认为，对于典型预约的确定性标准，应当是指具备基于合同性质的客观必要之点（Hauptpunkte des Vertrags, essentialia negotii）以及当事人的主观认为必要之点（subjecktiv essentiell）。⑤ 以未约定租期的租赁合同预约为例，就租赁合同的性质而言，租期为客观上必备要素，而且根据《合同法》第 61 条无法填补，预约中如果未对租期进行约定，则属于确定性不达本约程度的情形；即使对于买卖合同，也不尽然以司法解释规定的三要素为合

---

① 刘承韪：《预约合同层次论》，载《法学论坛》2013 年第 6 期。
② 史浩明、程俊：《论预约的法律效力及强制履行》，载《苏州大学学报（哲学社会科学版）》2013 年第 5 期。
③ 陆青：《〈买卖合同司法解释〉第 2 条评析》，载《法学家》2013 年第 3 期。
④ 吴从周：《论预约：探寻德国法之发展并综合分析台湾"最高法院"相关判决》，载《台湾大学法学论丛》第 42 卷特刊。
⑤ Herzog, Der VOrvertrag im schweizerischen und deutschen Schuldrecht，Zurich 1999，S. 150f，转引自同上文。

同必备内容,对于商铺预购合同,关于本约销售合同中的交房日期、投资回报率或入驻商户及租金收益,就当事人主观上作为投资之用而言,属于合同必备要素①;又如合伙合同预约,更不存在标的和数量之问题,因此也不能适用司法解释的规定,而应根据合同性质依据具体案情判断合同要素。

(二) 典型预约的效力

典型预约中关于本约的确定性已达本约可以有效缔结的程度,因此权利人有权请求对方按照预约约定缔结本约。同时,对于本约中未达合意的部分,当事人可以请求义务人继续磋商,并且可以请求义务人承担消极义务,不得与第三方就同一本约内容进行磋商。义务人无论是履行缔结本约的主合同义务,还是履行进行磋商的从合同义务,均应当依照诚信原则。

如果义务人违反缔结本约的主合同义务,拒绝缔结本约,则权利人除有权行使合同法规定的抗辩权以外,还有权诉请法院以判决代替意思表示,强制缔结本约。对于未达成一致的剩余条款,法院得以补充性解释填补。但是是否必然判决强制缔约,则需要综合本约的合同性质、情事变更、与有过失等多方面因素决定。而且,法院应当允许当事人诉请直接履行本约内容。

在权利人不选择实际履行而选择解除合同并请求损害赔偿,或者法院不同意强制缔约的情况下,违约方应当向守约方赔偿预约的履行利益,该赔偿范围可以达到本约的履行利益范围。② 如预约中约定违约金或定金的,则应当按照违约金或定金的相关法律规范处理。

二、确定性较低之预约

确定性较低之预约是相对于典型预约而言的。它在本约的内容的确定性程度上较低,即预约并未约定全部本约内容的必备要素,但是仍然具有作为预约的基本确定性。该种预约原本不属于传统的预约概念(以德国法上的预约为代表)的范畴。但本书认为预约应当扩张至该类型。

---

① 参见前引"邹燕与无锡五洲龙胜商业有限公司商品房预约合同纠纷案"。
② 吴从周:《论预约:探寻德国法之发展并综合分析台湾"最高法院"相关判决》,载《台湾大学法学论丛》第 42 卷特刊;黄淑丹:《论预约的违约损害赔偿范围——以预约效力的弹性化认定为中心》,载《研究生法学》2015 年第 1 期。

(一)确定性较低之预约属于预约的合理性

在比较法上,德国法上的预约必须具备本约程度的确定性,否则预约无效。① 在英美法上,对于临时协议的确定性本来即以最终合同为标准进行判断,因此确定性低于最终合同标准的临时协议,不具有法律约束力。在法国法上则有明显差异,法国法上的广义预约可以为合同或者协议,并无预约确定性之要求,仅根据当事人之合意即可发生相应法律效果,即使毫无确定性可言之意向书,只要当事人同意受其约束,法国法仍然可以通过诚信原则注入履行内容,而要求当事人负担诚信磋商的义务,否则应当承担损害赔偿责任,唯该责任之发生应当以磋商进入较深入阶段为前提。在我国学说上,主流学说承认确定性低于本约之预约的有效性。如王利明教授认为,预约与本约具有不同的内容,预约的标的在于缔结本约,而不需要具有本约的具体权利内容,否则预约即向本约转化。②

传统的预约概念始终面临着一个终极问题,即预约与本约的界限何在? 如弗卢梅所说,预约如果有独立的实益,必须与本约在或要件、或内容、或契约关系上有所不同。③ 如果预约必须具有与本约一样的确定性,两者的意思表示就是同质的,预约即无独立性。如果仅在预约得诉请缔约、而不得诉请实际履行本约上进行区分④,则仅为逻辑上之障眼法,因为在承认诉请缔约的制度下均允许一并请求履行本约,此时在法律效果上,预约之诉与本约之诉并无实益上区分之必要。唯有打破传统预约概念对确定性的限制,而基于生活真实情景,承认更为宽容的确定性条件,一方面体恤预约当事人于订立预约之际的犹豫特点,涵括更为广泛的先合同协议,使预约制度具有交易

---

① 在德国法上,也不是一味否认确定性较低之预约的可诉性,梅迪库斯在《德国债法总论》中提及,有时德国法院允许当事人就确定性较低的预约提起诉讼,请求由被告作出一个具有确定性的要约,由原告进行承诺,以完成缔结本约。见〔德〕迪特尔·梅迪库斯:《德国债法总论》,杜景林、卢谌译,法律出版社2004年版,第67页。

② 王利明:《预约合同若干问题研究——我国司法解释相关规定述评》,载《法商研究》2014年第1期。

③ Flume, Allgemeiner Teil des Burgerlichen Rechts, 3. Aufl., Bd. 2, Berlin 1979, S. 614,转引自吴从周:《论预约:探寻德国法之发展并综合分析台湾"最高法院"相关判决》,载《台湾大学法学论丛》第42卷特刊。

④ 王泽鉴:《债法原理(第一册):基本理论·债之发生》,中国政法大学出版社2001年版,第148页。

上的实益;另一方面解决理论上的预本不分问题,对预约和本约在确定性上差别对待,方具有理论上的实益。

(二)确定性较低之预约的确定性区间

确定性较低之预约,其确定性相较典型预约为低,但是仍然具有预约的本质特征,但不可过分不确定以至于不具备作为合同的基本条件。由此,我们可以为该类预约划定一个确定性程度的区间:尽管达不到本约的确定性程度,但是具有本约内容的基本确定性。分述如下:

(1)达不到本约的确定性程度。本约的确定性程度需要具备基于本约合同性质而必须约定的要素(客观方面),以及当事人共同认为该合同必须约定的要素(主观方面)。如对以上任何一个要素方面未达合意,则该预约应被认为是确定性较低的预约。例如股权转让合同约定部分回购条款,但未约定回购比例和价格,则为确定性不足本约程度。

(2)具有预约中关于本约内容的基本确定性(即具有预约本身的确定性)。本约内容的基本确定性是预约存在的必备要素,包括本约合同类型、当事人、本约标的。相比较于本约程度的确定性,预约对于上述基本要素的约定程度可以较低,甚至只要具备上述要素的确定方法即可。而如果不具备上述基本确定性,则无法确定预约是否指向一个具体的本约,此时应当认定不存在预约本身的确定性[①],也就不存在预约的缔约意图,故预约不成立。比如合同中约定"未尽事宜双方另行签署补充协议",该条款属于有效合同条款,并且在表象上指向未来的协议,但是该条款中无法确定本约的基本内容,故仍不能认为是预约。[②]

(三)确定性较低之预约的效力

如前所述,确定性较低之预约仍为预约,当事人仍承担缔结本约的主合同义务和继续磋商的从合同义务,唯缔约之主合同义务因确定性不足而不具备履行条件,故不得在此诉请履行。但磋商之从合同义务乃贯穿整个预约生命周期,故即使本约内容的确定性较低,仍得请求磋商,甚至此时之磋商为当事人间最为核心的义务。

---

① 参见第二章第一节第三部分"预约的确定性"的讨论。
② 王利明:《预约合同若干问题研究——我国司法解释相关规定述评》,载《法商研究》2014年第1期。

如前所述,磋商可以诉请履行,但不能笼统请求继续磋商。盖因笼统之磋商行为可长可短,司法执行机关无法长期监督,故不具有可执行性。但针对不得与第三方磋商、不得披露磋商中应当知悉的信息和文件等具体要求则可以单独诉请。如违约方违反磋商义务,如中断磋商、恶意不通知磋商机会、擅自向第三方转让标的物的,则可以诉请预约的信赖利益损害赔偿。

(四)确定性较低之预约的跃进

对于确定性较低之预约,一般来说,对其确定性程度的判断以预约订立时为判断时点。但是,基于该类预约明示或默示的磋商义务的履行,磋商逐渐深入,双方之间关于本约内容的确定性的合意逐渐增加以至于达到本约确定性标准时,确定性较低之预约是否因履行(磋商行为)而跃进(变更)为确定性较高之预约,并获得要求缔约的权利?

本书认为,确定性较低之预约是本约缔结过程中的暂时阶段,处于变化之中而不具有永久性,确定性较低之预约的合同目的就在于向确定性更高的程度前进,前进路径即为磋商义务的履行。通过磋商的深入,当事人之间就本约条款达成的合意逐渐增加,属于以意思实现方式变更了原预约中的本约内容条款,当本约内容条款达到本约确定性程度时,则确定性较低的预约变更为确定性较高的预约,当事人获得要求缔约的权利。因此,当预约发生争议,法院判断预约之确定性时应当综合预约之文本条款中的确定性以及后续磋商所达成的新的合意来判断预约之确定性是否已经达到本约程度。

三、选择权合同

(一)选择权合同的性质

选择权合同(optionsvertrag,option contract),又称择定权合同[①],或保留契约[②]。选择权合同的内容主要为一方向另一方授予选择权。选择权,是指以单方意思表示使事先已确定内容的合同关系成立的权利。[③] 广义来说,

---

[①] 〔德〕卡尔·拉伦茨:《德国民法通论》(下册),王晓晔、邵建东、程建英、徐国建、谢怀栻译,法律出版社2003年版,第727页。

[②] 黄立:《民法债编总论》,中国政法大学出版社2002年版,第51页。

[③] 〔德〕卡尔·拉伦茨:《德国民法通论》(下册),王晓晔、邵建东、程建英、徐国建、谢怀栻译,法律出版社2003年版,第727页。

选择权合同包括先买权合同、买回权合同。① 在德国法上,选择权属于形成权,通过选择权合同而产生,此被称为"形成权的契约上授予"(die vertragliche Einraeumung eines Gestalungsrechts)。② 权利人行使选择权时,仅凭单方意思表示即成立所约定的合同。此处并非因单方法律行为而发生债,所发生债的合同仍然来自选择权合同的约定,因此贯彻了意定之债发生的"合同必要性"原则。③

关于选择权合同的性质,有要约说、合同权利说、混合说三种:(1)要约说。德国的施陶丁格等学者认为,选择权合同仅为长期受拘束的要约。④ 另如黄立认为,选择权合同并非要约,但是包含了授予选择权一方关于成立主合同的要约,选择权的行使属于承诺行为。⑤ 日本法上的缔约完结权即采此观点。⑥ (2)合同权利说。拉伦茨认为选择权合同与长期受拘束的要约不同,选择权之行使属于合同上授予的权利,选择权人行使选择权所缔结的主合同的内容通过双方合意由选择权合同确定,而非由选择权人单纯回答同意或不同意来决定,因而选择权行使不是承诺行为。⑦ (3)混合说,主要来自英美法。根据英美法关于要约的传统规则,要约可在承诺前随时撤销,即使约定不可撤销也不具有约束力。为了缓解传统要约规则的任意性,英美法中产生了选择权合同,其本身即构成一个允诺或者合同,通常附属于要约发出,并限制要约的撤回。同时,其在法律性质上被视为受拘束的要约,选择权人在行权时即通过承诺订立主合同。⑧

---

① 〔德〕卡尔·拉伦茨:《德国民法通论》(下册),王晓晔、邵建东、程建英、徐国建、谢怀栻译,法律出版社2003年版,第727页。另参见陈自强:《民法讲义Ⅰ:契约之成立与生效》,法律出版社2002年版,第94页。
② 黄立:《民法债编总论》,中国政法大学出版社2002年版,第53页。
③ 〔德〕卡尔·拉伦茨:《德国民法通论》(下册),王晓晔、邵建东、程建英、徐国建、谢怀栻译,法律出版社2003年版,第728页。关于"合同必要性"原则,参见〔德〕迪特尔·梅迪库斯:《德国债法总论》,杜景林、卢谌译,法律出版社2004年版,第54页。
④ 施陶丁格等学者的观点,参见〔德〕卡尔·拉伦茨:《德国民法通论》(下册),王晓晔、邵建东、程建英、徐国建、谢怀栻译,法律出版社2003年版,第728页,注20。
⑤ 黄立:《民法债编总论》,中国政法大学出版社2002年版,第53页。
⑥ 〔日〕我妻荣:《我妻荣民法讲义Ⅵ:债权各论》(上卷),徐慧译,中国法制出版社2008年版,第47页。
⑦ 〔德〕卡尔·拉伦茨:《德国民法通论》(下册),王晓晔、邵建东、程建英、徐国建、谢怀栻译,法律出版社2003年版,第728页。
⑧ E. Allan Farnsworth, *Contracts*, Fourth Edition, Aspen Publishers, 2004, at 176.

在我国立法上,存在股权优先购买权、承租人优先购买权、共有人优先购买权等法定先买权,但是对于意定先买权并无规定,对于买回权、先卖权、卖回权和其他类型的选择权也无一般规定。

(二)学说和比较法上关于选择权合同不属于预约的观点及评价

选择权合同与传统的预约一样,存在选择权合同和基于选择权行使而订立的交易合同两重合同架构,而且选择权合同的目的亦在于缔结交易合同。传统学说认为选择权合同不属于预约,主要理由包括:(1)权利性质不同:选择权合同的一方当事人行使形成权后即成立交易合同,而预约一方当事人则仅享有请求权,即请求对方缔结本约①;(2)要约作出时间不同:选择权合同中包含选择权授予人的长期保留的要约;而预约中不包含该要约,须未来作出要约和承诺订立本约;(3)是否另订合同不同:选择权合同中,一方当事人凭单方行权行为即成立交易合同,不需另订交易合同;而预约当事人则必须另订本约,否则该预约属于本约而非预约②;(4)内容确定性程度不同:选择权合同对于交易合同的确定性较高,选择权人仅需表达肯定意思即可,而预约对于本约的确定性低于选择权合同③;(5)单方或双方权利不同:选择权合同仅赋予一方订立特定合同的权利,仅为该方固定交易机会,而预约的本旨在于为双方固定交易机会,双方均应有缔约权利④。

本书认为前述关于选择权合同与预约之间的区别的理由殊值疑问,有必要继续讨论:(1)关于权利性质,是为选择权合同与传统预约的最大定性上的差别,需要基于债法性质容后专门讨论。(2)关于要约作出时间。选择权的要约说并非解释选择权的唯一学说,即便按此解释,选择权合同的要约发生在选择权合同订立时,而承诺发生在选择权行使时,这与预约之差别仅在于要约与承诺之时间差距,该时间差距上的区别在法律性质比较的层

---

① 陈自强:《民法讲义 I:契约之成立与生效》,法律出版社 2002 年版,第 91 页;吴从周:《论预约:探寻德国法之发展并综合分析台湾"最高法院"相关判决》,载《台湾大学法学论丛》第 42 卷特刊。

② 黄立:《民法债编总论》,中国政法大学出版社 2002 年版,第 52 页;陆青:《〈买卖合同司法解释〉第 2 条评析》,载《法学家》2013 年第 3 期。

③ 吴从周:《论预约:探寻德国法之发展并综合分析台湾"最高法院"相关判决》,载《台湾大学法学论丛》第 42 卷特刊。

④ 最高人民法院民事审判第二庭编著:《最高人民法院关于买卖合同司法解释理解与适用》,人民法院出版社 2016 年版,第 67 页。

面上基本可以忽略。(3)关于是否另订合同。选择权合同与预约此处并无差别,均需另订新的合同,即使选择权合同仅凭单方意思表示即成立合同,而不需另订一个有形合同,但同样在观念上存在一个与选择权合同独立的交易合同。同样,预约中如果约定本约条款至为清晰,当事人仅表示按照预约约定的条款成立本约,则也不需要另订一个有形合同,但观念上仍然成立了独立的本约。这里应当特别考虑买回权和卖回权合同的法律性质,即买回和卖回所发生的返还标的物的请求权或价金请求权的原因关系,如果将之视为因原买卖合同所附履行条件(买回权人或卖回权人的行权通知)的成就而发生的返还,或者将之视为因原买卖合同的解除所产生的返还标的物或价款的请求权,则买回和卖回不需要通过一个独立的本约完成,此时买回权合同或卖回权合同与先买权、先卖权和一般选择权合同不同,不属于预约的范畴。(4)关于内容确定性。选择权合同与预约一样,都可能存在确定性程度的高低级差,如果选择权合同中约定的交易合同内容达到合同应具备的确定性程度,自然可以通过行权成立交易合同,而如果未达到交易合同应具备的确定性程度,则仍然不能通过行权成立交易合同,此处在选择权合同并无规定,纳入预约后即可按照预约规则处理。(5)关于单方权利还是双方权利。因预约有单务预约和双务预约之别,在单务预约即仅为一方当事人设定缔约权利,由相对方承担缔约义务,且权利人有权行使或不行使缔约请求权,这与选择权合同几无差别。

在比较法上,仅德国通说上区分预约和选择权合同。① 但是该通说并非固定僵化的观念。② 法国法上认为选择权合同为预约之一种。法国法上的买卖预约(promesse de vente)的本质即为单方给予受诺方的缔约允诺,仅允诺一方负有缔约义务,这与选择权合同基本类同。根据法国最高法院的判例,优先购买权应作为一种"附条件的单方的买卖预约"对待。③ 日本法上

---

① 〔德〕迪特尔·梅迪库斯:《德国债法总论》,杜景林、卢谌译,法律出版社2004年版,第67页。

② 拉伦茨在其文章中曾称选择权合同为预约。参见〔德〕卡尔·拉伦茨、曼弗瑞德·沃尔夫:《德国民法中的形成权》,孙宪忠译,载《环球法律评论》2006年第4期。弗卢梅在《法律行为论》中认为Optionsvertrag概念包括:(1)单方有义务缔结本约的约定;(2)以形成权方式缔结合同的选择权合同。前者属于预约,但后者与预约有所不同。参见〔德〕维尔纳·弗卢梅:《法律行为论》,迟颖译,法律出版社2013年版,第736页。

③ 《法国民法典》,罗结珍译,法律出版社2005年版,第1206页。

通过缔约完结权整体翻新了预约体系,从而使缔约完结权预约成为最主要和活跃的预约类型,已如前述。此处的缔约完结权的性质即为选择权。在英美法上,选择权合同的目的指向缔结最终合同,故通常作为一种临时协议或未完成协议对待。但是与其他临时协议不同的是,选择权合同具有法律约束力;与其他临时协议相同的是,选择权合同的内容如未达到最终合同的确定性,仍然不具有法律约束力。① 需要提及的是,处于大陆法系和英美法系交融之地的美国路易斯安那州,在民法典中将选择权合同、买卖合同预约、优先权合同作为买卖预备协议的下位概念,反映了当地法对选择权合同与预约之间的亲密关系的认可,深值玩味。②

(三) 选择权合同属于预约的合理性

将选择权合同纳入预约范畴具有理论上的可行性和实益上的理由:

(1) 从历史上看,预约与选择权合同具有亲密联系。《法国民法典》第 1589 条规定的买卖预约(promesse de vente),其本质在于卖方单方给予买方选择权,即买方有权选择是否缔结买卖合同。而且在法国的学说上,预约不同于本约的一个重要区别就在于其单方性,而双务预约因为完全符合合意要件,故而在法学发展史上一度被视为本约。③ 19 世纪的买卖预约的上述结构特征与现代的选择权合同基本类同,可见它们之间存在历史渊源。

(2) 预约与选择权合同的合同目的相同,均为缔结本约。预约的合同目的在于缔结本约,已如前述。选择权合同可能仅为一个大型合同的一部分条款,选择权的具体形态如优先购买权、买回权、卖回权等相应仅为一个大型交易的一部分内容,但就该条款而言,其目的仅为确保未来缔结指定的交易合同。因此在合同目的上,预约与选择权合同并无差异。

(3) 在实务上殊难有效区分选择权合同和预约。④ 在交易实践中,双方同意未来缔结某一确定的交易合同,究为一方有缔约决定权还是双方均有

---

① H. G. Beale, *Chitty on Contracts*, Thirteenth Edition,商务印书馆 2012 年影印版,at 213.

② Louisiana Civil Code, Available from http://lcco.law.lsu.edu/? uid=99&ver=en#99 [Accessed: 4 Feb. 2017].

③ 我国台湾地区法学家蓝瀛芳关于法国法相关问题的介绍,参见唐晓晴:《澳门预约合同法律制度》,中国社会科学院 2003 年博士学位论文,第 6 页。

④ 黄立认为两者多难分辨,只能依赖法官在个案中进行合同解释。黄立:《民法债编总论》,中国政法大学出版社 2002 年版,第 52 页。

此决定权,全在双方谈判态势优劣,并无法律关系性质上的着意选择;如果决定一方享有缔约决定权,该权利究为请求权还是形成权,对于当事人而言仅为权利"大小"不同,而不是权利"不同"。在我国司法案例上,如"游林与北京嘉俪九鼎投资中心(有限合伙)、武汉猫人服饰股份有限公司股权转让纠纷案",涉案《补充投资协议书》是一份私募股权投资对赌协议,约定如果被投资标的公司猫人公司出现3年中任何一年净利润低于5000万元等情形,则原告投资人嘉俪中心有权要求被告股东受让原告投资人8%的股权,股东承诺予以受让,双方还约定了受让价格计算公式。该对赌协议赋予投资人未来向对方出售股权的权利,但并未明确规定这是一份选择权协议还是一份传统的预约,从合同文字上也很难分辨清晰。法院在处理时并未分析其为选择权合同抑或传统的预约,径依合同约定判定被告按照诉请成立的交易合同履行付款义务。①

(4) 在实益上,选择权合同的应用非常广泛,而传统预约几乎很少被使用②,其原因即在于传统预约一方面对于确定性的要求较为严格,另一方面关于请求缔约之权利过于轻薄,如果当事人已经磋商至极高的本约内容确定性程度,则自然希冀获得强度更高的缔约权利,因此当事人多会选择选择权合同等方式减少未来缔约障碍,而左支右绌的预约(此处指传统的仅产生缔约请求权的预约),则对于缔约权利人来说绝非一个好选择。将选择权合同纳入预约范畴可以激活预约制度,从而为当事人提供更为灵活多样的先合同交易工具。

(5) 在我国司法实务上,选择权合同多被认定为预约并按照预约处理。最高人民法院公报案例"仲崇清诉上海市金轩大邸房地产项目开发有限公司合同纠纷案"中买卖双方所签署的意向书中含有优先购买权(选择权之一种)条款,即:"约定原告向被告支付购房意向金2000元,原告随后取得小区商铺优先认购权,被告负责在小区正式认购时优先通知原告前来选择认购中意商铺"。法院认定该优先认购意向书为预约,且未对该优先认购意向书

---

① 本案法院并未分析该合同的性质,而仅以合同约定的股权回购条件成就,判决投资人将其持有的股权变更至被告股东,同时被告股东支付投资人转让款。实际上本案法院是按照选择权合同的思路直接认定股权转让本约成立并裁判被告履行本约中受让股权和支付价款的义务。

② 陈自强:《民法讲义 I:契约之成立与生效》,法律出版社2002年版,第94页。

是否应当为预约的问题予以特别关注。在实务中还存在其他优先权协议被认定为预约的案例。①

（6）将选择权合同纳入预约调整，可以弥补目前我国法律上并无选择权合同规定的法律漏洞。选择权合同在我国合同法上并无规定，仅有股东优先购买权、承租人优先购买权、共有人优先购买权等特别规定，选择权合同在实践中面临与预约同样的问题，如选择权行使后产生的交易合同确定性不足、依法需要审批或履行相关程序方能成立或生效等问题，在纳入预约范畴后均可作相同考虑和处理。对此将在后文详述。

（7）最后，选择权合同是否能纳入预约的最大理论障碍来自民法的概念体系上的要求。传统预约概念逻辑精严，首先被定位为债法中的合同，因而按此推理出来的预约当事人享有的权利性质为债权。债权的核心权利为请求权，因此预约所生的缔约权利性质即被认为是请求权。而选择权的权利性质为形成权，形成权尽管可以根据合同而发生，但此合同为形成权合同，并非传统上的债法合同。预约与选择权合同在民法体系上不属同编，故从概念体系上相距甚远，难同入彀。对此，本书认为应从债的本质观之。债之本质应谓之债的关系（Schuldverhältnis），是指一种为债之目的而特别结合的关系，区别于一般法律规范调整的权利人与所有权的关系。② 自罗马法以降，债的起点是债务人的"行为的必要性"，即债务人自由地选择承受法律负担，从而反射出债权人的债权。因而债权并非债的本质，或者说不是最原初的本质。③ 那么，我们也就不能因债权的核心是请求权的论断而确定债法上的法律关系都是请求权关系。而且，债权也并不等同于请求权。债权之本质在于有效地受领债务人的给付④，对义务人的请求权仅为债权的权能作

---

① "李昇与无锡星海房地产开发有限公司商品房预约合同纠纷二审"无锡市中级人民法院二审（2015）锡商终字第 0556 号民事判决书。
② 〔德〕迪特尔·梅迪库斯：《德国债法总论》，杜景林、卢谌译，法律出版社 2004 年版，第 4 页。
③ 龙卫球：《债的本质研究：以债务人关系为起点》，载龙卫球：《民法基础与超越》，北京大学出版社 2010 年版，第 311 页。
④ 王泽鉴：《债法原理（第一册）：基本理论·债之发生》，中国政法大学出版社 2001 年版，第 9 页。

用①。除请求权外,债权的权能还包括形成权,如解除权,以及其他权能,如在诉讼时效届满后仍得保有给付。② 由此可认为,债的目的实现是以债务人同意或容忍债权的实现为起点的,请求权和形成权均可以是债权的权能,达到债权实现的目的。相应地,传统的预约(产生缔约请求权)与选择权合同(产生缔约形成权)均可纳入债法调整,无论是通过积极的同意(以作为方式接受对方的缔约请求),还是消极的容忍(以不作为方式容忍基于对方的缔约意思表示而形成本约),均属于预约的缔约之债的实现路径。由此,选择权合同也可以纳入预约的范畴中。

(四)预约制度填补选择权合同的法律漏洞

选择权合同在中国立法上并无一般规定,仅有股东优先购买权、承租人优先购买权、共有人优先购买权等零星的关于法定优先购买权的规定,对于意定优先购买权并无规定。即使对于这些法定优先购买权,立法上均未对其行使程序以及问题处理作出详细安排。在交易实践中,选择权合同可能出现与预约同样的确定性不充分、本约需要履行相应程序等问题,在纳入预约范畴后均可作相同考虑和处理。

1. 确定性不充分的选择权合同

美国《第二次合同法重述》规定选择权合同必须达到本约可以据此订立的确定性程度③,大陆法系学说上也认为选择权合同的确定性应达到本约程度④。选择权合同的目的在于缔结本约,因此选择权合同与典型预约一样,需要具备达到本约程度的确定性,否则无法仅凭选择权人的单方意思表示填补所有未达合意的本约必要之点。这里,选择权合同和预约适用同样的逻辑和规则。

但是,在选择权合同中并未约定全部本约必要之点的情况下,则不能认

---

① 〔日〕我妻荣:《我妻荣民法讲义 IV:新订债权总论》,王燚译,中国法制出版社 2008 年版,第 5 页。

② 王泽鉴:《债法原理(第一册):基本理论·债之发生》,中国政法大学出版社 2001 年版,第 9 页。

③ "§ 25: An option contract is a promise which meets the requirements for the formation of a contract and limits the promisor's power to revoke an offer." see Restatement 2d Contracts. Cited in James E. Byrne, *Contracts Texts*, *Institute of International Banking Law & Practice*, Inc. 2015, at 41.

④ 黄立:《民法债编总论》,中国政法大学出版社 2002 年版,第 54 页。

为仍可缔结本约。此时,选择权合同是否无效?对此,即使规定了选择权合同的国家和地区,其立法也存在法律漏洞。本书认为,如果选择权合同属于预约,则可以认为如选择权合同中缺乏本约成立的必要条款的合意,此时选择权并不消灭,而仅未达行权条件,则基于诚信原则,各方仍有就缔结本约必要之点进行磋商的义务,直到达成全部必要的合意后,权利人得再行使选择权缔结本约。如果一方违反磋商义务,则应当赔偿选择权人信赖利益损失。这样可以最大限度保护选择权人的利益,并挽救可能失败的交易。

2. 要式本约的选择权合同

选择权合同与预约一样,并未一概要求具有法定形式。但是对于本约需要具有法定形式才能成立或生效的情况,当事人即便订立选择权合同,也难以凭单方意思表示即获得有效的本约,仍需相对方的配合,如采矿权转让需要申请行政机关批准、国有股权回购需要履行国有股权转让招拍挂程序等。此时选择权合同相对于预约的优势尽失,必须追求与预约一样的保护。按照前文所论,预约的履行标准应当达到本约生效的程度,则选择权相对方不仅负有容忍本约缔结的不作为义务,而且具有确保本约生效的债务。按此,相对方应当配合办理满足本约要件所需一切审批手续,并且不得无故中断或拖延办理相关手续,否则选择权人可以按照预约的规则主张违约方赔偿相当于本约履行利益的损失。

3. 选择权条款无效

选择权合同规定的有关行权条件的条款可能因模糊而视为没有约定,如选择权合同约定"买方通知行使选择权的,双方应当正式签署买卖合同,双方权利义务以此为准"。该条款在约定选择权的同时,又约定双方应另行作出缔约行为,就选择权通知送达时是否自动缔结买卖合同本约存在歧义,此时选择权条款可能按照无效处理。就此情况,可以通过合同解释认为当事人的真意在于权利人有权要求对方缔结本约,即使选择权条款无效,本约不因选择权行权通知送达而自动缔结,但是权利人仍然可以取得请求对方缔约的请求权,即构成了一个发生缔约请求权的预约。该种合同解释相对来说更为符合当事人的真实意思表示,也彰显了鼓励交易原则。将选择权合同作为预约体系中的一员可以使上述合同解释方法更具有说服力。

(五)选择权合同可以作为"准预约"

根据前文论述,选择权合同与预约的法律构造相似、制度功能基本一致，当事人对于两种制度的可选性相邻，并且在民法体系定位中可同归入债编。更为重要的是，我国法律对于意定选择权合同并无规定，将选择权合同纳入预约领域一体看待具有理论和实践上的实益。当然，本书也认可传统学说将选择权合同与预约分置的充分理由，本书的目的在于揭示两者之间的相似性，以及在缔约的类型序列上的亲密性，并试图在理论上对此给予一定说明，但是对于是否应当将选择权合同纳入预约体系的问题，本书的思考尚不成熟，仍然需要进一步研究和论证。在理论上认可选择权合同属于预约范畴之前，本书建议暂将选择权合同视为"准预约"，则选择权合同在确定性不足、本约待审批、选择权条款无效等情形下可以准用预约制度的规范或学理，以补选择权合同制度之不足。

第五章 预约的外部类型序列

在缔约的过程中呈现一个法律构造的类型序列：缔约接触——意向书——预约——本约，与预约前后相邻的两个构造为意向书和本约。司法实践中常常讨论预约与本约的关系，以及预约与意向书的关系。[①] 学说上也

[①] 珠海市斗门区人民法院(2016)粤 0403 民初 166 号一审民事判决书，对预约、意向书和本约的辨析具有代表性，摘录如下："本院认为：本案的焦点问题是原告与被告签订的《商品房买卖认购书》的性质。具体而言，原告与被告签订的《商品房买卖认购书》究竟是意向书还是预约合同？如果认定《商品房买卖认购书》是预约合同，它与《商品房买卖合同》(本约合同)的关系该如何界定？《商品房买卖认购书》作为预约合同独立存在，抑或《商品房买卖认购书》仅仅是框架性合同，具体合同需待《商品房买卖合同》(本约合同)确定后才能确立。《商品房买卖认购书》的性质。预约合同与意向书有相似之处，但两者性质上有根本区别，意向书仅表示当事人进一步合作的意愿，其本身并不具有合同的约束力。在本案中，原告与被告签订的《商品房买卖认购书》清楚载明拟购买商品房的位置、面积、总价、付款方式，对即将签订的《商品房买卖合同》的内容有足够的规定，形成了对买卖双方意思表示的约束；并约定原告于 2015 年 12 月 22 日前支付首期楼款并签署《商品房买卖合同》，明确了签订《商品房买卖合同》的时间；同时约定原告支付定金 5 万元，对买卖双方形成法律上的拘束力；而且被告已在销售中心现场公示'各栋楼入伙时间公示''商品房买卖合同(预售)'，原告在《商品房买卖认购书》中表示无异议。从内容上可知，原告与被告签订的《商品房买卖认购书》具备预约合同通常所要求的要件，具备当事人、标的以及未来订立本约合同的意思表示等必备要素，远远超出了一般意向书的范畴，应认定其为预约合同。预约合同与本约合同。原告与被告签订后，原告要求就《商品房买卖合同》中交房时间、房屋所有权转移登记时间、装修标准进行协商，协商不成即要求解除《商品房买卖认购书》，是将预约合同(《商品房买卖认购书》)看作本约合同(《商品房买卖合同》)的框架合同，把两者看作一个合同。本院认为，预约合同(《商品房买卖认购书》)与本约合同(《商品房买卖合同》)是两个独立的合同，不能相互混淆。《商品房买卖认购书》只是为了订立《商品房买卖合同》而达成的合意，即使包括《商品房买卖合同》中的主要条款，两者也不能混为一谈；《商品房买卖认购书》产生的是缔约请求权即签订《商品房买卖合同》的请求权，而《商品房买卖合同》则产生履行本约合同的请求权。原、被告双方签订的《商品房买卖认购书》是在平等、自愿的基础上签订的预约合同，没有违反法律、行政法规的强制性规定，是合法有效的。《商品房买卖认购书》约定原告须在 2015 年 12 月 22 日前向被告支付首期楼款，并签署《商品房买卖合同》，但原告拒不履行订立《商品房买卖合同》的义务，根据《最高人民法院关于审理买卖合同纠纷案件适用法律问题的解释》的规定，原告应承担预约合同违约责任，被告有权没收原告交付的定金。"

普遍将预约与本约和意向书分别加以区分,并通过上述区分确定预约的规范特征和体系地位。[1] 因此,本章以预约的外部类型序列为基础,分别讨论预约与本约的关系,以及预约与意向书的关系。

第一节 预约与本约的关系

一、预约与本约的区分

(一) 预约与本约的二元性

预约从诞生开始一直面临独立性的危机。关于预约与本约是否为同一合同,综观预约学说和比较法存在如下两种截然对立的观念:

(1) 同一合同说。该说认为预约与本约属于同一合同。从预约概念诞生之初,"同一合同说"即作为批判预约的独立性的理论存在,反对预约独立性的学者认为预约中所谓"将来"受拘束的意思(本约缔约意图)和"现在"受拘束的意思(预约缔约意图)应属一致,未来剩余的事项不是缔约,而仅为履行。[2] 德国 Schlossmanns 认为,如果预约准备缔结的本约的内容已经在预约中如此确定,"就像孵化鸡蛋里的小鸡一样",则预约即无独立的价值。[3] 教会法学家 Juan Andres 认为预约之后再订立本约是一个"无用的循环"。[4] 同时,该说具有比较法上的支持。英美法中的临时协议即为本约的临时状态,关于临时协议的缔约意图、确定性和法律约束力均是根据本约进行判断的,如果临时协议具有法律约束力,那么就是说本约具有法律约束力。《法国民法典》第 1589 条规定的买卖预约,也与本约属于同一合同。该条规定买卖预约,在双方当事人对物与价金已相互同意、达成合意时,即"等于买卖

---

[1] 叶锋:《论预约合同的出路——以类型系列的构建为分析视角》,载《法律适用》2015年第 9 期;薛波、刘浩然:《预约合同法律问题研究——以〈买卖合同司法解释〉第二条解释与适用为中心》,载《新疆社科论坛》2015 年第 5 期。

[2] 吴从周:《论预约:探寻德国法之发展并综合分析台湾"最高法院"相关判决》,载《台湾大学法学论丛》第 42 卷特刊。

[3] 转引自汤文平:《论预约在法教义学体系中的地位——以类型序列之建构为基础》,载《中外法学》2014 年第 4 期。

[4] 转引自唐晓晴:《预约合同法律制度研究》,澳门大学法学院 2004 年版,第 71 页。

合同"。也表明预约在一定条件具备后应当向本约转化。但是究竟预约与本约同一(预约归于本约),还是本约与预约同一(本约归于预约),又分两说:(1)预约归于本约。如意大利学者 Grasso 认为预约仅为本约的预备性合同,在本约缔结前可以随时反悔,仅本约是具有法律约束力的实质性合同。① 前述英美法关于临时协议的观念即属于此,毋庸赘述。(2)本约归于预约。如西班牙学者 Alguer 认为,当预约完成了意思表示,则本约的意思表示并非独立的自由所为的法律行为,而仅是一个履行行为而已,所以仅有预约是真正的契约。② 前述法国法上的买卖预约的观念即属于此,法国有学者认为当预约在达到第 1589 条规定的本约合意而发生转化时,仅有预约是有效合同,不存在本约。③ 前述萨维尼对于预约概念的质疑即由此出发,其认为当预约中的全部内容就是本约中的全部内容时,就不需存在在后合同(本约),而仅须存在在先合同(预约)。

(2)两个合同说。该说认为预约与本约的意思表示不同、效力不同,属于两个独立的合同。最初创立德国预约理论的学者 Degenkolb 认为,预约概念在逻辑上是可能的,"现在"受拘束的意思与其所承诺的"将来"受拘束的意思,在逻辑上完全可以区分。即使两次缔约无实际意义,法律也不应禁止。④ 而且在一些情况下,预约具有实益。在要物契约或要式契约中,如物未被交付或要式条件不具备,双方需要约定一方或双方促成要物或要式条件达成的义务,此时的要物或要式契约的预约能够解决在契约生效前的有效约定问题;另有预约一方与第三人缔结本约的情况下,预约的独立性非常现实且必要。在比较法上,德国法上的预约以及瑞士、奥地利、意大利和日本的民法典上规定的预约均支持两个合同说。

我国学者通说采两个合同说,应无异议。以王利明教授的观点作为代表,其认为预约合同与本约合同之间的当事人的缔约目的和法律关系不同,预约的缔约目的在于缔结本约,而本约的缔约目的在于本约的履行;预约合

---

① 转引自唐晓晴:《预约合同法律制度研究》,澳门大学法学院 2004 年版,第 72 页。
② 转引自同上书,第 72 页。
③ Henri, Leon, Jean Mazeud, Ldons de Droit Civil, Paris, 1962, at 645-646. 转引自同上书,第 63 页。
④ 吴从周:《论预约:探寻德国法之发展并综合分析台湾"最高法院"相关判决》,载《台湾大学法学论丛》第 42 卷特刊。

同的法律关系的内容为订立本约,而本约的法律关系的内容为本约约定的给付和对待给付。① 由此可以得出一个理解预约的重要观念,即预约和本约并不是在一个逻辑层次上的前后更迭,本约是预约的合同标的,但并不能替代或更新预约。就这一种意义而言,Schlossmanns将预约与本约的关系比喻为"鸡蛋"和"鸡蛋孵出的小鸡"的关系是不准确的②,毋宁说预约与本约的关系是"母鸡"和"小鸡"的关系,两者均有独立的生命(合同效力)。准确地说,预约中约定的本约内容才是那个"鸡蛋",鸡蛋本身并无生命,其孵出小鸡(本约)需要一个获得生命的过程(缔结本约的意思表示)。

(二) 预约与本约的区别和判断

本书认为,预约与本约判然不同,分属于两个合同。前文已经多次述及,此处将预约与本约的区别简要归纳如下:

其一,当事人的缔约目的不同。如王利明教授认为,预约的缔约目的在于缔结本约,而非意欲即时发生本约的缔结或者本约的履行;而本约的缔约目的仅在于本约的履行。两者的缔约目的不同恰恰反映了预约的独特功能和交易实益。如法律规定本约需行政机关审批方能生效,在行政机关审批前该合同不能生效,故而产生申请审批义务由谁执行的问题,此时当事人可以订立预约约定未来订立本约并约定申请审批义务由谁承担,该预约与本约不同,并无审批要件之要求③,故能够有效解决需审批生效的合同的申请审批义务的死循环难题。

其二,缔约意图不同。预约的缔约意图是指双方愿意受到预约的约束,而本约的缔约意图在于双方愿意受到本约的约束。双方在订立预约时恰恰是双方仅具有预约缔约意图,而不具有本约缔约意图,两者互相排斥。如果具备本约缔约意图,则属于"名为预约,实为本约"的情形。

其三,合同标的不同。预约的合同标的乃是因预约而发生的缔结本约的权利和义务,而本约的合同标的乃是本约约定的权利和义务,两者必然不

---

① 王利明:《预约合同若干问题研究——我国司法解释相关规定述评》,载《法商研究》2014年第1期。

② Bucher,in:Basler,2007,Art.22,N.1,29. 转引自汤文平:《论预约在法教义学体系中的地位——以类型序列之建构为基础》,载《中外法学》2014年第4期。

③ 参见最高人民法院(2015)民提字第21号民事判决书。

同。预约当事人在本约缔结前不得直接要求履行本约。①

其四,关于本约内容的确定性不同。前文已述,预约不需达到本约的确定性程度,仅具备关于本约内容的基本的确定性即可,该基本的确定性即为预约本身的确定性。而本约必须达到自身的确定性程度,如果该确定性不足则本约无效,属于未完成合同。未完成合同是否可以降为预约处理?应当根据当事人的真意以及合同内容进行解释,如果当事人的真意在于直接缔结本约而不需经过意向书或预约阶段,则合同不完全并不能视同预约,否则将使该等当事人负担未来磋商和缔约义务,显然违背其真意。但如果通过合同解释可以认为当事人之间具有继续磋商的意图,如合同条款中约定"未尽事宜,双方应当通过友好协商解决",则可以将该不完全合同解释为一个预约合同,该合同包括已达合致的本约内容,以及继续磋商的默示条款。

其五,形式要求不同。法律规定本约应当采取一定形式方成立或生效的,本约必须满足该形式要件后才能生效。而如前文分析,预约不受该本约的法定形式要件的影响,原则上可以自由确定合同形式。

其六,所处缔约阶段不同。在前文所述的缔约过程法律构造的类型序列中,预约处于缔约阶段的中间位置,而本约处于缔约阶段的终点位置,原则上,本约缔结意味着缔约过程的结束。

其七,效力不同。预约发生缔结本约的主合同义务,以及善意磋商的从合同义务,当事人有权请求对方对于本约未达一致的条款继续磋商,如有违反则应负损害赔偿责任。而本约产生本约约定的主合同义务,以及根据法定或约定以及诚信原则产生的从合同义务。

其八,损害赔偿责任不同。预约发生违约,导致本约无法缔结的,应当根据不同情况确定损害赔偿利益,原则上,具备实际缔约条件的,损害赔偿责任为预约的履行利益损失,其范围相当于本约的履行利益损失;未达实际缔约条件的,损害赔偿责任为预约的信赖利益损失,大体相当于本约的信赖

---

① 在"北票市东官营镇海丰村民委员会诉王树财农村土地承包合同纠纷案"中,原告村委会与被告村组农民在 2011 年签署葡萄园承包合同,约定"如达到甲方要求,合同期满在下次承包时可继续承包,承包价格不变",后来在下一个承包期到来时该葡萄园的地块价格已经上涨一倍,双方之间并未就新承包期的承包价格达成合意,原告起诉请求被告支付承包费。法院审理认为,上述约定属于预约合同,按此双方应当签订新的承包合同,在新的承包合同未签订前即起诉索要承包费的,缺乏合同依据,驳回原告诉请。

利益损失。而在本约违约的情况下,则按照本约的履行利益赔偿,一般不包括本约的信赖利益赔偿。

在判断合同究为预约还是本约的问题上,不能仅以当事人在协议文本上的标题作为依据,实践中存在"名为预约,实为本约"的情形①,也存在"明为本约,实为预约"的情形②。因此法院在初步分析待判断合同的标题之后,应当主要基于以下两个方面判断合同性质:(1)协议内容的完整性。如果协议内容完整,主要条款和通常条款均已完备,不需另订合同,则倾向于将其认定为本约;如果协议内容不完整,有较多根据合同客观性质以及当事人主观意图判断应当规定在本约中的条款没有规定,则倾向于认定为预约。③ (2)当事人的主观缔约目的。前述协议内容完整程度的判断仅为一个初步判断,最终判断仍然取决于对当事人的主观缔约目的的判断,即当事人缔约的目的是在于为履行义务提供依据,还是在于锁定交易机会,前者倾向于认定为本约,而后者倾向于认定为预约。对于当事人的主观缔约目的应当采取客观解释,即一个理性人如何看待当事人表示于外的意思。如果合同中规定了关于未来缔约以及未决条款如何处理的条款,则倾向于将其认定为预约,反之,则倾向于认定为本约。④ 也有学者认为还可以观察所订合同中是否存在违反本约的责任后果,如果有所规定,则可认定为本约。⑤ 我国台湾地区"判例"亦采相同判断原则,认为"究为本约抑系预约,应以其情事解释当事人之意思定之,不得谓凡有定金之授受者,即概视为已订立本约"⑥。如果

---

① "商品房的认购、订购、预订等协议具备《商品房销售管理办法》第十六条规定的商品房买卖合同的主要内容,并且出卖人已经按照约定收受购房款的,该协议应当认定为商品房买卖合同。"台湾"最高法院"亦有相同观点的"判例",参见王泽鉴:《债法原理(第一册):基本理论·债之发生》,中国政法大学出版社 2001 年版,第 147 页。
② 如最高人民法院(2013)民提字第 90 号"成都迅捷连锁有限公司与四川蜀都实业有限责任公司等房屋买卖合同纠纷"民事判决书。
③ 刘承韪:《预约合同层次论》,载《法学论坛》2013 年第 6 期;王利明:《预约合同若干问题研究——我国司法解释相关规定述评》,载《法商研究》2014 年第 1 期;梁慧星:《预约合同解释规则——买卖合同解释(法释〔2012〕8 号)第二条解读》,载中国法学网 http://www.iolaw.org.cn/showArticle.aspx?id=3462,2016 年 6 月 24 日访问。
④ 同上。
⑤ 王利明:《预约合同若干问题研究——我国司法解释相关规定述评》,载《法商研究》2014 年第 1 期。
⑥ 台湾"最高法院"1981 年台上字第 1474 号(旧)"判例"。转引自吴从周:《论预约:探寻德国法之发展并综合分析台湾"最高法院"相关判决》,载《台湾大学法学论丛》第 42 卷特刊。

"当事人之意思不明或有争执时,应通观契约全体内容是否包含契约之要素,及得否依所订之契约即可履行而无须另订本约等情形决定之"①。

(三)"疑约从本"还是"疑约从预"

疑约是指穷尽前述合同解释方法仍然难以判断该协议属于预约或本约的合同。从类型方法论来看,疑约处于预约与本约的类型之间,兼具某些预约的特征和某些本约的特征,讨论该问题不仅具有实益,且具有典型的方法论意义。

关于疑约何从,素来存在两种学说:(1)疑约从本说。该学说认为预约具有"例外"性格,即在无法准确判断一个合同是预约还是本约的情况下,从大概率上来看当事人所缔结的多为本约,预约属于交易上之例外。因此在判断有疑问的情况下,宜认定该合同为本约,而非预约。②(2)疑约从预说。该学说认为应当对于当事人的缔约自由给予最大的尊重,即使疑约在内容确定性等方面已经具备本约的要素,只要当事人具有未来订立本约的意思,就应当排除任何客观解释的可能性。③另有学者认为,预约区别于本约的独特功能毋宁说是为了在稳住谈判成果的同时故意阻却本约效力,对于未决事项"给予时间缓冲和决策上的观望",故从价值判断上应采疑约从预。

本书认为,疑约从本还是疑约从预作为疑约处理的兜底条款,其本质是对预约制度的价值判断问题,即在预约中包含了何种具有优先性的法律价值。在缔约类型序列上,缔约自由价值和信赖保护价值是沿序列游动变化的,在缔约靠前阶段,缔约自由价值优先于信赖保护价值,在缔约靠后阶段则相反。在预约之内,也存在上述变化:在确定性较低的预约中,缔约自由价值相对优先,而在确定性较高的预约中,信赖保护价值相对优先。因此,对于确定性较高之预约,应当适用"疑约从本",而对于确定性较低之预约,

---

① 台湾"最高法院"1996年台上字第2396号判例。转引自吴从周:《论预约:探寻德国法之发展并综合分析台湾"最高法院"相关判决》,载《台湾大学法学论丛》第42卷特刊。

② 王泽鉴:《债法原理(第一册):基本理论·债之发生》,中国政法大学出版社2001年版,第148页;吴从周:《论预约:探寻德国法之发展并综合分析台湾"最高法院"相关判决》,载《台湾大学法学论丛》第42卷特刊;林诚二:《预约之认定与不履行之损害赔偿范围——"最高法院"2014年度台上字第一九八一号民事判决评释》,载《月旦裁判时报》2015年第5期;崔建远:《合同法》,北京大学出版社2012年版,第34页。

③ 陆青:《〈买卖合同司法解释〉第2条评析》,载《法学家》2013年第3期。

应当适用"疑约从预"。这是因为,在确定性较高的预约中,当事人已经显露订立本约的决心,法律也赋予该类预约以诉请缔约的效力①,此时当事人仍可心存犹疑,但是该种犹疑与直接缔结本约时的犹疑几无区别,不再是预约所特有的犹疑,如果这种犹疑值得保护,那么所有的合同均可能因为存在该种犹疑而不值得信守。因此,当预约的确定性较高时,应当坚持"疑约从本"。② 而对于确定性较低的预约,用常识判断,当事人往往对于本约的约束有所迟疑,或者是因为客观情势随时变化,或者是因为其尚未思虑周详,这种犹疑在常人面对未来的未知时是正常的,因为其可能为此承担责任,因而此犹疑值得法律尊重。正如罗马法约定不完全定金附约,或者《法国民法典》规定抛弃定金不受预约约束的做法一样,此时应当坚持"疑约从预"。③

但是,通过确定性标准判断疑约必然面临一个问题,即确定性的高与低

---

① 往往坚持疑约从本的理论均植根于预约以与本约相仿之确定性为要件,且得诉请强制缔约的法律体系。比如德国和我国的台湾地区。

② 广东省高级人民法院审结的"广州新原动力动漫形象管理有限公司、天络行(上海)品牌管理有限公司与汕头市澄海区启乐玩具有限公司、原审第三人天冲行(上海)贸易有限公司著作权许可使用合同纠纷一案"中,二审法院以疑约的条款非常详细为由认定其为本约。该案原审法院认定:"根据《意向书》条款特别是第三条、第五条、第七条关于'签署正式授权合同'的约定,实质上各方据此构成预约法律关系,该《意向书》是各方约定将来成立正式授权合同的预约合同,正式授权合同相对于《意向书》而言构成本约合同法律关系。"而二审法院改判认为:"从本案所涉《意向书》标题以及其中第三、五、七项条款内容看,《意向书》具有某种程度上的预约性质。但是,《意向书》第三条又约定:'本意向书签署日后,5个工作日预付25万元,收到款项后开放图库及进行商品审批工作。'第四条约定:'被授权方应当通过代理商把产品样品给版权方审批鉴定,版权方拥有产品的终审权。'根据上述条款的约定,在签署意向书后,启乐公司负有预付25万元许可使用费以及开发产品的权利义务,新原动力负有开放图库的义务。而从《意向书》第一条关于授权时间的约定内容看,各方是将产品的开发期作为著作权许可使用期的组成部分。可见,开发产品是本案著作权许可使用的方式之一。从《意向书》第二条关于授权金收费的约定内容看,双方约定的第一期许可使用费为25万元。由此,《意向书》第三、四项条款实则约定,在意向书签订后双方均有义务履行双方将要订立的正式合同中的义务,亦即启乐公司支付第一期许可使用费,在支付该笔费用后即可实施开发产品、制作样品等使用本案著作权的行为。因此,本院认为,双方签订《意向书》的真实意思表示是新原动力将本案著作权许给启乐公司使用,双方之间成立著作权许可使用法律关系,而非预约法律关系。而且,在签订《意向书》后,双方亦按上述条款的约定进行实际履行。由于预约法律关系中的权利义务是在将来订立本约合同,可见双方上述履行行为亦是基于著作权许可使用法律关系,而非基于预约法律关系实施的。故本院认为,双方签订的《意向书》并非预约合同,而应当为本约合同。原审判决关于《意向书》为预约合同的认定有误,本院予以纠正。"

③ 德国以此为通说。参见叶新民:《预约效力的十字路口——简评"最高法院"2011年度台上字第二〇七六号民事判决》,载《月旦裁判时报》2012年第18期。

毕竟无法用尺子衡量,需要法官在个案情境中根据常识进行判断。如果通过具体情境判断,确定性的高低处于折中位置,难以定位其高或低时,又当如何判断疑约呢?也许古老的决疑术的方法可以给我们一些启发。① 本书认为此时仍有三个决疑方法:(1) 观察当事人是否已经开始**履行本约**。履行行为可以意思实现方式缔结合同,如果当事人双方未等待订立本约已经开始履行本约内容,或者一方开始履行而对方接受履行未提异议,则应当推测当事人已经无意继续磋商,预约即可视为本约。②(2) 基于诚信原则观察诉讼双方的争议成因。疑约之争往往不是名分之争,而是利益之争,而多半有一方当事人以名分之争为名谋求脱离合同约束,此种情况下,基于禁止反言的法律伦理,可以**否定谋求脱离合同约束一方的主张**。(3) 如以上方法尝试后无果,则作出**不利于原告**的选择。因为此时面对疑难案件,法官对合同的任何解释都可能僭越当事人的缔约自由,不如交给当事人自行解决为妙。何况,提起纠纷的原告本人作为订约的参与方,对于所订合同的不确定状态具有可归责性,因其并无"干净的手"(衡平法上称寻求衡平保护之人需有 clean hands),不应获得法院的救济。

(四) 预约拟制本约

学理和司法实务上经常涉及"名为预约,实为本约"的问题。细分之则有两类情形:第一类情形是,仅题目为预约,但该协议中并未约定未来缔结本约,且其条款内容均为本约的履行事项,此种情况应认定为本约。③ 第二类情形是,预约中明定将来缔结本约,但预约中对本约的内容已经约定得比较完备,当事人已经开始履行该本约内容或者有其他认定当事人具有本约

---

① 决疑术(casuistry)自古被用来解决通过一般原理无法解决的案件,它区别于通过一般原理的逻辑涵摄即可获得个案裁判结果的法律推理方式。决疑术相信"案情构成个案"(circumstances make the case),因此其从具体情境出发,根据常识性的生活经验与含有类似情境的范例进行比较,通过明智的德性讨论和观察比较的结果。这种结果以及论证过程是属于修辞学的,而非理论科学的。参见舒国滢:《诀疑术:方法、渊源与盛衰》,载《中国政法大学学报》2012 年第 2 期。

② 比如商品房买卖预约约定的内容齐备,且买方交付房款的(证明有履行行为),应当视为本约,即属于此。另可推论,如果卖方已经交付房屋的,也可以将预约视为本约。

③ 王利明:《预约合同若干问题研究——我国司法解释相关规定述评》,载《法商研究》2014 年第 1 期;黄立:《民法债编总论》,中国政法大学出版社 2002 年版,第 49 页。

缔约意图的情形,尽管符合预约的特征,但是法律可拟制其为本约。[①] 该第二类情形即本书所谓"预约拟制本约"。《商品房买卖合同司法解释》第 5 条规定购房预约关于本约的内容齐备且"出卖人已经按照约定收受购房款"的协议应当认定为本约,即为著例。

关于《商品房买卖合同司法解释》第 5 条的规定,最高人民法院民一庭起草者似乎并不同意拟制说,而采转化说。按其对该条司法解释的评述,实际上受到了《法国民法典》第 1589 条买卖合同预约转化为本约之规定的影响,其认为当事人订立预约系因存在"法律上或事实上的障碍"而无法订立本约,比如商品房买卖合同的法定本约条款尚难确定,预约之履行意味着克服上述障碍,一旦双方确定了法定本约条款,则已经失去了"法律上或事实上的障碍",此时预约即转化为本约。并且其认为该条中增加的支付房款的履行条件本无必要,仅为实务上容易理解和接受而加之。[②]

本书认为应采拟制说。法国法上的买卖合同预约(可转化为买卖合同),系产生于法国法物权变动的意思主义体系,而且在预约的历史长河中已经式微,不再是好的范例。《商品房买卖合同司法解释》第 5 条本来属于非常先进的规定,却引证古老法典的条文作为渊源,殊不可取。预约以未来订立本约为给付标的,本约必须为不同于预约的独立合同,预约产生磋商义务,磋商义务之履行必然导致关于本约的合意程度愈来愈高,如果按照转化说,则任何预约随着磋商加深均可能转化为本约,此将破坏大陆法系关于预约的基本制度逻辑。[③] 确定性较低的预约可以向确定性较高的预约进行转化,但是仍然属于预约性质,而不能转化为本约。但是当预约已经具有高度确定性,当事人在主观上已经不再视其为预约时,如果仍按预约处理,

---

[①] 法律拟制(legal fiction)按照梅因在其《古代法》中的表述,是指法典中的法律条文和概念并不改变,但是法律的真实运作已经悄然变革的情形,是法律与社会现实相协调的手段之一(三个手段分别是拟制、衡平和修法)。See Henry Sumner Maine, *Ancient Law*, NuVision Publications, LLC, 2009, at 20,21.

[②] 最高人民法院民事审判第一庭编著:《最高人民法院关于审理商品房买卖合同纠纷案件司法解释的理解与适用》,人民法院出版社 2015 年版,第 68 页以下。该评述文章特别提及《法国民法典》第 1589 条买卖合同预约转化为本约的规定。

[③] 在英美法上并无预约之概念,其临时协议与最终协议之间具有一元化的关系,临时协议在具有缔约意图时即视为本约,这在以对价为核心的英美法系合同法体系内并无障碍。但在以法律关系为核心的大陆法系合同法体系内将带来致命的逻辑灾难。

则在司法上须先经过本约强制缔结阶段再处理本约履行争议,毫无意义,故在司法实务上有将此种预约认定其为本约的理论需求。此时,履行的意义显露出来,在意思表示上,履行行为具有意思实现的作用,即其尽管不需有缔约的意思表示,但可拟制为已作出了意思表示。履行本约的行为即视为当事人之间已经以意思实现方式缔结了本约。最高人民法院"成都迅捷"案的判决逻辑即是如此:涉案房屋买卖合同预约约定了订立本约条款,因此仍为预约,当事人尽管没有订立本约但是已经履行了本约中的交房和付款义务,则属于以履行行为订立本约。① 本书认为,最高人民法院再审判决正确认识到了涉案合同的预约性质,但是囿于概念曲折解释并无必要,原审根据《商品房买卖合同司法解释》第 5 条径行认定涉案预约为本约,于法有据,在法律效果上与最高人民法院的再审判决几无不同。

综上本书认为,《商品房买卖合同司法解释》第 5 条规定应当采"拟制说",即预约不可能因为磋商之深入而转化为本约,但也不需囿于预约概念,无视当事人主观真意已经转变的事实,故应将该预约拟制为本约并按照本约处理。唯需注意,为了避免动摇预约与本约的二分格局,在拟制时应当以条款齐备和发生本约履行行为为条件。预约拟制为本约,丰富了预约与本约之间的关系样态,且有利于解决司法实践问题,深值琢磨。

二、预约与本约的关系的性质

(一)相关学说及评价

关于预约与本约关系的性质,在理论上存在如下学说:(1)预备合同说。该学说认为本约为唯一有效的合同,预约仅为本约的预备合同或临时状态,其本身并不具备法律约束力。采此说者如意大利学者 Grasso。②

---

① 最高人民法院(2013)民提字第 90 号"成都迅捷通讯连锁有限公司与四川蜀都实业有限责任公司等房屋买卖合同纠纷案"中,法官认为:"判断当事人之间订立的合同系本约还是预约的根本标准应当是当事人的意思表示,也就是说,当事人是否有意在将来订立一个新的合同,以最终明确在双方之间形成某种法律关系的具体内容。如果当事人存在明确的将来订立本约的意思,那么,即使预约的内容与本约已经十分接近,即使通过合同解释,从预约中可以推导出本约的全部内容,也应当尊重当事人的意思表示排除这种客观解释的可能性。"该判例与陆青在《〈买卖合同司法解释〉第 2 条评析》中的观点一致,参见陆青:《〈买卖合同司法解释〉第 2 条评析》,载《法学家》2013 年第 3 期。

② 转引自唐晓晴:《预约合同法律制度研究》,澳门大学法学院 2004 年版,第 72 页。

（2）履行行为说。该学说主张，预约中已经包含本约的意思表示，所以本约中并无意思表示，因为缔结本约的行为是受到预约的束缚的，而非自由缔约的行为。质言之，本约仅为预约"合同"的"履行"，不存在当事人的自由意志。采此说者如德国学者 Schlossmanns、Storch、Roth 等。[①]（3）合同更新说。该学说认为本约相对于预约属于债的更新。采此说者如意大利学者 Raffaele Rascio。[②]（4）担保关系说。该学说认为预约合同的目的在于担保本约订立，预约的法律性质为担保合同。采此说者如葡萄牙学者 Roca Sastre。[③]（5）清偿关系说。该学说认为本约缔结是预约约定的给付内容，本约缔结即使预约约定的债务获得清偿，此为本书所采。

前述学说中，预备合同说的本质是从本约的立场看待预约，与英美法关于临时协议的概念范式一致。该种学说忽视了预约的独特价值和功能，当事人订立预约时可能恰希望在当事人之间建立预约的约束，而延缓本约的约束，此当事人冀图的法律效果是预备合同说无法解释的。履行行为说认可预约与本约属于前后两个行为，但是它对本约在预约—本约结构中的法律地位性质提出了有力的辩驳，它认为根据预约缔结的本约并非通过当事人的意思表示缔结的合同，而是根据预约中的意思表示作出的履行行为，即一个事实行为，而非法律行为。学者对此提出的批评意见在于：其一，合同可以根据法律对自由的限制而强制缔结，如公用事业合同的强制缔结、消费者合同的强制缔结，也可以根据事实行为缔结，比如基于社会典型交易行为而缔结。质言之，本约之缔结受到强制这一点并不能说明本约不应该作为一个合同。其二，当事人在缔结本约时毕竟作出了意思表示，该意思表示属于法律行为，而非事实行为。其三，给付与清偿应当区分，清偿为准法律行为，而预约约定的给付即缔结本约，仍属法律行为。[④] 对于合同更新说，可能存在损害预约权利人利益的危险。按照合同更新的效力，在新债（本约）缔结后，旧债（预约）彻底消灭。即使本约未生效、无效、被撤销或被解除，预约也无从复生。如本书前述，预约的主合同义务为缔结本约，而缔结本约以本约生效为履行标准，假使因预约义务人的原因造成已缔结之本约无效或不

---

① 转引自唐晓晴：《预约合同法律制度研究》，澳门大学法学院 2004 年版，第 73 页。
② 同上书，第 75 页。
③ 同上书，第 66 页。
④ 同上书，第 90 页。

生效,则预约仍然发生效力,并使义务人继续负担达成有效本约的义务。如按照合同更新说,则将无法保障预约权利人继续行使获得一个有效本约的权利。至于担保关系说,在逻辑上无法成立。如果预约属于担保合同,则其必然对应一个主债务,并担保其所对应的主债务的清偿;如果该主债务是指本约的债务,则显然不符合预约的功能;如果该主债务是预约约定的债务,则预约本身不可能作为自己所约定的债务的担保合同。本书主张清偿关系说,将在下面详述。

(二) 预约与本约之间的清偿关系

预约制度中的所有佶屈复杂都源于其所约定的给付是一个内容基本相同但却独立的本约。预约和其他合同的目的一样都在于获得债之清偿,本约缔结是否是对预约的清偿行为取决于预约的效力。按照本书关于预约效力的主张,预约的主合同义务为缔结本约,惟诉请履行该义务需要达到履行条件,即预约中本约内容的确定性达到本约程度;预约的从合同义务为磋商,伴随预约履行过程的始终,直至本约缔结。主合同义务决定合同类型,也为判断清偿与否确立标准,既然预约是以缔结本约为主合同义务的合同,则本约缔结应为预约的最终清偿标准,而非仅以磋商义务之履行为清偿标准。质言之,预约与本约之间的关系的性质属于清偿关系。

关于清偿的法律性质,通说为事实给付履行说(Theorie der realen Leistungsbewirkung)[①],或事实行为说[②]。即清偿乃债之目的的实现方式,不需为法律行为,在通常情况下,并不以清偿意思的存在为必要。[③] 如认定清偿为事实行为,那么本约缔结明显属于法律行为,二者法律性质不同,如何说缔结本约是对预约的清偿呢? 此处应当将清偿与给付进行区分,给付可以为法律行为、准法律行为或事实行为,但通过给付所完成的清偿则为事

---

① 黄立:《民法债编总论》,中国政法大学出版社 2002 年版,第 650 页。
② 王利明:《合同法研究》(第二卷)(修订版),中国人民大学出版社 2011 年版,第 264 页。
③ 但是应当注意,清偿不以清偿意思为必要,但在必要的情况下,仍需要有债务人的目的指定意思,比如意定的债务抵充。而且,如果某一给付系因不同的原因而发生,但恰巧与某一需要清偿的债务约定的给付一致,则当事人可以明示排除给付的清偿性质,这仍然属于清偿意思的作用。

实行为。① 预约所约定之给付为缔结本约,该给付行为为法律行为,但是通过该给付行为所完成的对于本约的清偿仅为事实行为。

(三) 清偿关系成立的限定

预约可在本约任何阶段缔结,预约与本约的内容可能千差万别,是否在任何情况下均存在两者的清偿关系？本书认为,两者的清偿关系意味着两者之间的原因关系,并且通过原因关系可能引发两者在法律效力上的牵连程度。因此对于清偿关系的成立条件应当有所限定。

1. 确定性须达到本约标准

本约之缔结如果作为对预约的清偿,以预约已经产生缔结本约之债为必要。如前文所述,仅当预约中本约内容的确定性达到本约程度时,预约约定的请求缔结本约的主合同义务的履行条件方始具备。此时的预约已经进入较深入的阶段,与本约距离更近,预约之债与本约缔结之间的清偿原因关系也更为明显。该种情况下,预约作为本约的清偿原因关系,为本约缔结提供效力正当性依据。

相反,如果预约中本约内容的确定性未达到本约程度时,预约尚未发生缔结本约之债,而仅能请求磋商,此时如果当事人缔结了本约,则该本约之缔结行为显然不是为了清偿预约,本约之内容必然较预约之约定更为全面完整,所以应当认为本约之缔结另有其他原因的介入。此时成立的本约与预约之间则不存在清偿关系。预约并非本约的原因,前者的效力瑕疵也不会影响后者。

2. 本约须与预约内容有相当的近似度

本约之缔结是否为清偿预约,应当依当事人双方的清偿意思而定。当事人的清偿意思难以判断时,应当考虑客观判断方法。前述缔约的阶段深浅可以作为一个客观判断标准,同时应当比较本约和预约的内容相似度,也可以看出本约之缔结是以清偿预约为目的,还是基于独立的动机订立的。如本约与预约在内容上存在实质矛盾,本约显然不是为了清偿预约,因为预约已经对本约内容进行了基本限定,如果本约并未依照预约限定的内容缔

---

① 王利明:《合同法研究》(第二卷)(修订版),中国人民大学出版社2011年版,第264页;〔德〕迪特尔·梅迪库斯:《德国债法总论》,杜景林、卢谌译,法律出版社2004年版,第191页;黄立:《民法债编总论》,中国政法大学出版社2002年版,第650页。

结,则可以说明本约与预约之间不具有清偿关系,预约并非本约的清偿原因。如果本约与预约在内容上不存在实质矛盾,该种情形下一般应当认为两者具有清偿关系。

不能成立清偿关系的预约和本约之间彼此独立,不发生法律效力上的牵连和影响。但是在本约对某一条款约定不明,而恰恰该内容在预约中存在较为清楚的约定时,在对本约的合同解释上可以参照预约的相应条款进行。① 当然,如果当事人在本约中明确规定本约本身构成完整合同,并且取代了之前的所有预约和其他先合同协议,即存在所谓"合同完整性条款(Entire Agreement Clause)"②,则在合同解释上不得以预约内容解释本约的条款含义。

3. 基于合同类型的限定

有学者认为基于某些合同类型的特殊性,不应承认该类合同的预约的效力,如赠与合同的预约、认领亲子的预约和订立遗嘱的预约。③ 有些学者从法律体系的逻辑性出发,认为不得承认债权行为是物权行为或准物权行为的预约。④ 本书的讨论范围限于财产法上的预约,人身法上的预约显然更注重人身权的价值,难以在本书范围内讨论。针对财产法上的预约,上述学者的论述均是基于与我国大陆不同的法域的"法律体系"为依据的,所以在我国大陆的法律体系内并不是完全可借鉴的。比如我国未采物权行为理论,因此对于债权行为与物权行为是否属于预约与本约的关系,暂无讨论价值。关于赠与合同的预约不成立的观念,主要由意大利学者提出,其观念沿袭罗马法和中世纪法学关于赠与以慷慨的美德为原因的法学思想。因此赠与合同如存在预约,则其即成为必须缔结的义务的拘束结果,而非赠与人的慷慨的美德的体现,与法律规定的赠与合同的规范目的不符。⑤ 这与我国赠与合同的法律观念不符,我国合同法规定的赠与合同为诺成合同,但是赠与

---

① 这种合同解释方法来源于英美法系证据法上的"口头规则"。

② 合同完整性条款,常见于英美法律师起草的合同范本。可以举例说明:"ENTIRE AGREEMENT This Agreement contains the entire understanding of the parties and there are no commitments, agreements, or understandings between the parties other than those expressly set forth herein."

③ 唐晓晴:《预约合同法律制度研究》,澳门大学法学院 2004 年版,第 160 页。

④ 黄立:《民法债编总论》,中国政法大学出版社 2002 年版,第 49 页。

⑤ 唐晓晴:《预约合同法律制度研究》,澳门大学法学院 2004 年版,第 161 页。

人在交付前享有任意撤回权,法律另有限制的除外。根据上述法律制度所借鉴的德国法的原因理论,赠与的原因在于赠与合意本身,而非慷慨的美德,因此在我国法律体系下,承认赠与合同的预约并无法律上和学理上的障碍,故不再作过多讨论。

三、本约的原因

(一)原因的基本理论概述

原因(causa)是指法律行为的目的,为法律行为提供拘束力的正当性。[①] 原因起源于罗马法,开始是指"债因"即债的发生原因,包括契约和私犯。在契约的语境下,原因是指契约的缔结方式,包括以物、语言、文字和合意缔结的方式。[②] 按照中世纪注释法学派的理论,简约之所以不能通过诉权保护,或不能发生契约之债的原因在于不具有原因这个"外衣"。中世纪评注法学派以及教会法将亚里士多德的伦理学注入罗马法中的原因理论,认为契约的原因,在有偿合同为交换正义,在无偿合同则为慷慨的美德。[③]

《法国民法典》继受了罗马法的"原因",在第 1108 条规定合法原因是契约有效成立应具备的根本条件之一,在第 1131 条规定无原因之债、错误原因之债和不法原因之债,其不发生债的效力。这确定了原因在法国合同法中的重要地位。法国法上的原因包括合同类型中的客观原因,以及当事人的决定性动机,又称为原因的"二元论"。在法国法的理论和司法实务中,双务合同中每一缔约当事人的债务的原因在于对方的对待给付义务,赠与行为的原因在于赠与人的动机(动机属于法律行为的主观原因)。如果原因(包括动机)违法,则法律行为无效。[④]

[①] 田士永:《物权行为理论研究——以中国法和德国法中所有权变动的比较为中心》,中国政法大学出版社 2002 年版,第 284 页。

[②] 徐涤宇:《原因理论研究——关于合同(法律行为)效力正当性的一种说明模式》,中国政法大学出版社 2005 年版,第 61 页以下。

[③] 徐涤宇:《合同概念的历史变迁及其解释》,载《法学研究》2004 年第 2 期。

[④] 如法国最高法院 1996 年的一个判例中,涉案借贷合同的"目的是为了回购外科——牙科医生的顾客群体筹措部分资金",而"借贷的原因并不仅仅是资金的交付",由于"这种交付是为了一种非法的(交易)活动,因此本身是非法的"。参见《法国民法典》,罗结珍译,法律出版社 2005 年版,第 825 页。

德国法将整个原因理论建立在法律行为制度之上,一方面以法律行为的私法自治取代了中世纪的伦理因素作为法律约束力的正当性依据①;另一方面,在财产行为的给与行为上建立德国法上的原因理论②。根据《德国民法典》第516条第1款的规定,给与行为是某人以其财产使另一人获得利益的行为。③ 而所有给与行为均有原因,合同中须有原因的合意④,这些原因被划分为取得原因、清偿原因和赠与原因。

德国法上同样区分原因和动机,认为原因是合同的"典型交易目的",而动机则是缔约人的主观目的。但与法国法不同,德国法认为动机原则上在法律行为的评价上"无关宏旨"。传统理论认为,即使动机不合道德或者不合法,或者嗣后不能实现,对于法律行为的效力也不生影响。⑤ 弗卢梅认为原因与动机严格区别,"原因通过法律行为确定,而动机则由行为人决定,不属于法律行为规则的规制标的"⑥。弗卢梅还就买卖合同举例,"买受人之所以要买和出卖人之所以要卖,即动机,不属于买卖这一法律行为协商一致的范围"。德国法上,仅在当事人在合同中对于动机进行特别约定时,法律才考虑动机是否达成的问题,并影响对法律行为的效力评价,在动机错误的情况下缔约人也可以撤销合同。

德国法将给与行为区分为有因行为和无因行为。有因行为包括大多数的负担行为,对于其中的双务合同来说,缔约一方负担债务的原因在于另一方负担的对待债务,而对于赠与合同来说,关于无偿的合意本身即为原因。⑦ 无因行为包括处分行为和少部分负担行为,其无因性在于从实益出发进行的法律拟制。无因性被区分为内在的无因性和外在的无因性,内在的无因

---

① 徐涤宇:《原因理论研究——关于合同(法律行为)效力正当性的一种说明模式》,中国政法大学出版社2005年版,第195页。
② 同上书,第197页。
③ 该条是关于赠与的规定。《德国民法典》上并无关于给与行为的法定定义,但在学说上均通过前述赠与的规定推论给与行为的法律定义。
④ 徐涤宇:《原因理论研究——关于合同(法律行为)效力正当性的一种说明模式》,中国政法大学出版社2005年版,第221页。
⑤ 黄茂荣:《债法总论》(第一册),中国政法大学出版社2003年版,第21—22页。
⑥ 转引自田士永:《物权行为理论研究——以中国法和德国法中所有权变动的比较为中心》,中国政法大学出版社2002年版,第287页。
⑦ 〔德〕拉卡尔·拉伦茨:《德国民法通论》(下册),王晓晔、邵建东、程建英、徐国建、谢怀栻译,法律出版社2003年版,第443—444页。

性是指原因合意从无因行为中抽离,"从该行为中无从窥知其法律上原因"①,外在的无因性是指原因行为的效力变化不影响无因行为的效力,"法律行为法律效果的实现独立于行为目的的达到"②。

(二)负担合同本约的原因

1. 负担合同本约具有双重原因

依预约缔结的负担合同本约,仍然是一个独立的负担合同,而凡是法律行为均具有原因。在预约——本约构造下,本约的原因具有双重性:第一重原因在于合同本身所具有的原因,在有偿合同为对待给付,在无偿合同则为赠与合意本身(德国法的观念),这与其他合同并无差别。第二重原因则是本约所特有的,缔约人同意在本约中负担债务的原因不仅在于合同本身,还在于清偿预约的债务,因此预约构成了本约的清偿原因关系。以预约买卖举例,买卖合同本约中的出卖人负担转移货物所有权的债务的原因有二:第一重原因在买卖合同本身,即取得对买受人的价款的债权,为取得原因;第二重原因在买卖预约中,即清偿买卖预约中关于缔结买卖合同的债务,为清偿原因。

如果按照法国法的原因理论,本约的上述两个原因均为原因,这意味着,根据《法国民法典》第 1108 条、第 1131 条的规定,预约未有效成立,则本约未有效成立;预约不存在、错误或者不法,则本约无效。在赠与合同也一样,因为在法国法上,赠与合同的原因不在赠与本身,而在于赠与的动机③,所以对于赠与合同预约,预约即为赠与本约的原因(近因,或第一层原因)。

如果按照德国法的原因理论,情况要更为复杂。本约的第一重原因作为"典型交易目的"是法律行为的原因,而第二重原因即清偿原因,其性质为何?是原因还是动机?如果该清偿原因是"动机",则德国法上将动机排除

---

① 陈自强:《无因债权契约论》,中国政法大学出版社 2002 年版,第 138—139 页。
② 此为德国法学家君特·雅乐的说法。转引自徐涤宇:《原因理论研究——关于合同(法律行为)效力正当性的一种说明模式》,中国政法大学出版社 2005 年版,第 237 页。
③ 法国最高法院在 1959 年一则关于姘居男女之间赠与的有效性的判例中认为,赠与行为的原因在于"决定赠与人进行赠与的动机"。参见《法国民法典》,罗结珍译,法律出版社 2005 年版,第 825 页。

出法律行为的原则将导致本约的清偿原因不存在于本约之中,从而将彻底建立本约相对于预约的"无因性"。而这似乎与预约——本约关系的本质不符,德国法学关于动机理论的研究也许一开始就没有考虑预约的特殊问题。德国法学之所以将动机排除在法律行为之外,理由在于动机是由当事人主观决定而非由法律行为决定。① 而在因履行预约而缔结本约的情形,清偿预约是本约的"典型交易目的",因此预约尽管在性质上像一个动机,但其并不应当被排除在法律行为之外,因为预约为本约的缔结提供了正当性基础,就如罗马法上的诺成买卖为随后的要式买卖提供正当性基础一样。因此,预约似乎是德国动机理论的例外之一。

德国学者图勒的"复合原因"理论也许可以提供一个解决上述问题的参考。图勒认为,同一给与行为可以包含两个给与原因,不同的原因互相结合构成"复合原因"。② 图勒特别讨论了消费借贷合同中出借人的给付义务的复合原因。如果将消费借贷合同作为要物合同,则图勒讨论的消费借贷合同实质上是消费借贷预约。按照图勒的分析,出借人将金钱交付给借用人(缔结消费借贷本约),一方面是为了履行消费借贷合同(消费借贷预约),另一方面是为了取得对借用人的返还金钱的债权。前者为清偿原因,后者为取得原因。③ 图勒并未研究复合原因在预约中的适用结论。但是我们可以推论,如果按照复合原因理解,则预约是本约的复合原因之一,而非本约的动机。

本书认为"复合原因"理论对于解释预约——本约结构中的本约的原因更为贴切,可以弥补德国动机理论的漏洞。总之,本约存在着双重原因:本约本身的取得原因(或赠与原因)和清偿预约的原因。④ 而基于后一原因,预约是本约的原因关系,或者基础关系。

---

① 田士永:《物权行为理论研究——以中国法和德国法中所有权变动的比较为中心》,中国政法大学出版社 2002 年版,第 287 页。
② 同上书,第 295 页。
③ 同上书,第 296 页。
④ 根据法国法的原因理论,赠与合同并不以本身合意为原因,而是以赠与的目的为原因。所以按照法国法,赠与仅有一层原因,即清偿原因。

2. 预约与"负担合同本约的双重原因"的关系

(1) 预约与本约取得原因

原则上本约的取得原因仅存在于本约合同之内，不假外求。① 合同本身的对待给付之间是否"等价"，仅为当事人自行判断的问题，不需法院过问。即使是明显不等价的合同，除非存在可撤销的事由，也不影响合同的效力。但是，在预约——本约结构中，情况则存在特殊性。有时预约约定的是一个整体交易，而订立本约仅是这个整体交易的一部分，如果不存在预约，当事人可能不愿意缔结这样的本约。此时本约貌似有效成立，然而其取得原因不仅存在于本约之中，而且仍可存在于预约之中。比如明股实债合同，当事人首先签署框架协议约定贷款方向借款方提供资金，同时约定借款方股东需将所持项目公司的股权以较低价格转让给贷款方持有。之后借款方股东与贷款方签署股权转让协议，常常出于保密需要并不提及框架协议。此时，框架协议构成预约，而股权转让协议构成本约。但就股权转让协议而言，股权转让方（框架协议中的借款方股东）之所以愿意负担转让股权的义务，其原因不仅在于股权转让协议本约中约定的对价（较低对价），而且在于贷款方可以履行框架协议中的向借款方提供贷款的义务。质言之，股权转让协议本约中的原因（取得原因）不仅存在于其本身，而且存在于预约之中。但是应该说明，这种情况尽管常见，但是在法律上仍然是偶然的巧合。预约中并不必然存在本约的取得原因，假如在本约中完整描述真实的对价关系，则仅需根据本约自身即可判断其原因。

(2) 预约与本约清偿原因

本约的清偿原因系本约缔结的目的。尽管清偿为事实行为，不以清偿意思为必要条件，但是在发生疑义时，仍应根据清偿意思判断给付行为的清偿目的，当事人可以明示或默示指定某一给付所清偿的数个债务之一，也可

---

① 拉伦茨即论述道，负担契约的原因为所负义务的法律上的目的。"该目的使该契约所追求的经济目的表现出来。因此，为使该契约在经济上可被理解，该契约并不需外求存在于其他法律行为或者法律关系中的目的。"转引自黄茂荣：《债法总论》（第一册），中国政法大学出版社 2003 年版，第 15 页，注 46。

以排除给付的清偿性质。① 因此,在一般情况下,本约在缔结时并不需要具有清偿预约的合意,即使本约缔结时双方并无清偿预约的意思,清偿既已发生,预约自然因清偿而消灭。但是,在特殊情况下,则仍然需要考虑清偿意思。如当事人缔结本约是双方自愿行为,并无清偿预约的意思,此时,就预约而言,由于不存在清偿意思,所以清偿原因并非本约的法律行为的内容,而且因为本约的本身具有原因支撑(本约内在的取得原因),所以本约即使无清偿原因,仍得有效成立。

本约缔结属于双方给付行为,因此在考虑清偿意思的情况下,应要求缔约双方均具有清偿意思。② 仅一方具有清偿意思,而另一方并不具备的,预约之清偿应不发生,此时预约与本约之间不能建立清偿原因关系,预约之效力瑕疵不影响本约。这在第三方预约的情况下至为重要。

3. 负担合同本约的有因性和无因性

(1) 本约以有因性为原则

在预约所约定的本约为负担合同的情况下,对于有偿合同,本约中的负担债务的行为同时具有取得原因和清偿原因。就取得原因而言,本约以有因性为原则,这与普通负担合同并无区别。③ 对待给付债务存在效力瑕疵或无法实现的,则本方给付债务发生相应变化。④ 就清偿原因而言,在本约缔结时即存在清偿原因,如清偿原因不存在,比如预约因违法而无效的,则本约缔结行为因"违法债务不发生清偿"而无效。此为清偿原因上的有因性。

---

① 〔德〕迪特尔·梅迪库斯:《德国债法总论》,杜景林、卢谌译,法律出版社 2004 年版,第 192 页;黄立:《民法债编总论》,中国政法大学出版社 2002 年版,第 652 页。

② 学说上认为,该清偿意思可以不是法律行为所规制的意思表示,而仅需清偿目的的说明,本书仍采用清偿意思的说法。史尚宽坚持清偿的事实行为说,认为当转移所有权并非清偿在先的买卖合同,而是为赠与时,不发生买卖合同债务的清偿,但并不是因为不具备清偿意思,而是因为该赠与具有其他意思表示。同时史尚宽认为清偿作为事实行为为仍然有特殊性,可谓"实现债权目的的行为"。参见史尚宽:《债法总论》,中国政法大学出版社 2000 年版,第 767 页。

③ 图勒论述,在多数负担行为中,确定债务人负担,同时也就确定了该负担的原因。该原因合意是负担行为的必要组成部分。参见田士永:《物权行为理论研究——以中国法和德国法中所有权变动的比较为中心》,中国政法大学出版社 2002 年版,第 227 页。

④ 徐涤宇:《原因理论研究——关于合同(法律行为)效力正当性的一种说明模式》,中国政法大学出版社 2005 年版,第 233 页。

我国司法案例上承认本约对于预约的有因性。在"汕头市澄海区国土资源局与汕头市龙湖区新溪镇十一合村民委员会建设用地使用权纠纷二审案"中,法院认为在涉案出让土地使用权预约合同已经解除的情况下,相应的本约订立基础丧失,故应当解除。①

本约为无偿合同的情形并无不同,如赠与、使用借贷、无利息消费借贷、无偿委托等。无偿合同本约同时具有赠与原因和清偿原因。就赠与原因而言,如无偿合同的合意存在效力瑕疵,无偿合同本身即为无效;就清偿原因而言,如无偿合同的预约存在效力瑕疵,无偿合同本身即便存在充分合意,从保护无偿合同中提供财物劳务一方的法律原则出发,也可以迳认无偿合同本身无效。

(2) 本约以无因性为例外

给与行为在性质上均为有因,所谓"无因行为",非因给与行为的法律性质"先验"决定,而系因实益需要,如维护交易安全、保护第三人信赖利益,基于法律技术进行拟制的产物。② 关于本约相对于预约的无因性,有学者认为本约相对于预约的无因性理论难以建立。③ 本书观点与此不同,尝试讨论在如下情形中,本约行为相对于预约所具有的无因性。

---

① 汕头市中级人民法院(2015)汕中法立民终字第 29 号"汕头市澄海区国土资源局与汕头市龙湖区新溪镇十一合村民委员会建设用地使用权纠纷二审"民事裁定书。法院认为"《预征土地协议书》是上诉人为了履行与汕头市海丽花园有限公司之间签订的《澄海区出让国有土地使用权预约合同》而订立的,该协议书并非正式征地协议书,具有预约合同部分性质特点。《澄海区出让国有土地使用权预约合同》于 2013 年被广东省高级人民法院依法判令解除后,汕头市海丽花园有限公司的'用地要求'不再存在,《预征土地协议书》订立的基础已然丧失。且 2003 年汕头市行政区划调整,新溪镇由澄海区划归龙湖区管辖,汕头市人民政府办公室《市政府工作会议纪要》(2003 年第 61 期)明确:有关债权债务和历史遗留问题,由龙湖区组织进行认真清理,开列清单,由市行政区划调整领导小组办公室牵头协调解决,澄海区做好协助配合工作。因行政区划调整,上诉人也无法继续履行土地征收工作,《预征土地协议书》不具备继续履行条件,处于自然终止状态,应予以解除。因此,被上诉人从上诉人处收取的预征土地款继续持有已无合法理由依据,根据法律规定,合同终止后,被上诉人负有及时返还预征土地款及相应利息的义务,从而达到权利义务的消灭。"

② 此为弗卢梅的观点,转引自田士永:《物权行为理论研究——以中国法和德国法中所有权变动的比较为中心》,中国政法大学出版社 2002 年版,第 345 页。

③ 唐晓晴:《澳门预约合同法律制度》,中国社会科学院 2003 年博士学位论文,第 117 页。唐晓晴在其博士学位论文中详细讨论了本约相对于预约的抽象原则的可能性,但是也许囿于论文主题所限,该论文的结论认为,根据澳门实证法,本约与预约的抽象原则在法理上解释不通。

Ⅰ. 本约依法为无因合同

从一些国家和地区的立法例来看，法律可能规定一些负担行为具有无因性，通常认为票据行为、独立保函、信用证、债务承认、债务承诺为无因行为。① 我国《票据法》规定的票据行为无因性，《最高人民法院关于审理信用证纠纷案件若干问题的规定》规定的信用证的独立性②，《最高人民法院关于审理独立保函纠纷案件若干问题的规定》规定的独立保函的独立性③，即为是例。

上述无因负担行为基于法律实益需要，而抽离负担行为的原因，以使原因基础关系的效力瑕疵对该些无因负担行为不生效力。在上述负担行为为本约的情况下，基于法律技术所抽离的原因，既包括负担行为的取得原因，也包括负担行为的清偿原因。其目的在于贯彻其无因性原则，使其独立性不生怀疑，以发挥其在商业融通方面的独特功能。在这些情况下，约定缔结上述合同的预约存在效力瑕疵的，不影响无因负担行为的效力。

Ⅱ. 当事人明确排除原因关系

根据契约自由原则，当事人可以自行缔结无因之负担合同。④ 当事人特约排除负担行为的影响，可以同时或分别排除取得原因和清偿原因的影响，应无疑义。唯在当事人并未声明债务的原因时，如何认定当事人所默示的意思？学说上认为，当事人未在声明债务中明示原因的，应当认为排除原因的效力影响。⑤ 本书认为，在预约情况下有其特殊性。为清偿预约而订立的本约，清偿原因本就不需体现在本约之中，而是基于本约的性质而决定的。因此，如果当事人未声明债务原因的，可以认为排除了取得原因，但是并不

---

① 我国台湾地区"民法"规定的债务承诺、债务承认，通说认为是无因合同。参见陈自强：《无因债权契约论》，中国政法大学出版社2002年版，第251页。
② 《最高人民法院关于审理信用证纠纷案件若干问题的规定》第5条规定："开证行在作出付款、承兑或者履行信用证项下其他义务的承诺后，只要单据与信用证条款、单据与单据之间在表面上相符，开证行应当履行在信用证规定的期限内付款的义务。当事人以开证申请人与受益人之间的基础交易提出抗辩的，人民法院不予支持。具有本规定第八条的情形除外。"
③ 《最高人民法院关于审理独立保函纠纷案件若干问题的规定》第6条第2款规定："开立人以基础交易关系或独立保函申请关系对付款义务提出抗辩的，人民法院不予支持，但有本规定第十二条情形的除外。"
④ 陈自强：《无因债权契约论》，中国政法大学出版社2002年版，第251页。
⑤ 同上。

能认为排除了清偿原因。此时就预约和本约之间的效力影响关系而言,仍然适用有因原则。如果预约效力存在瑕疵,则本约效力相应变化。此为贯彻预约与本约之间的清偿关系所必要。

Ⅲ. 根据缔约过程性质认定清偿原因的无因性

预约为本约磋商过程中产生的协议,其与本约之距离有远有近,对于缔约过程较早发生之预约,在经过漫长磋商过程后双方缔结本约。尽管本约之缔结仍然属于清偿预约债务的行为,但是该清偿原因已经非常"稀薄",对于本约的影响在法律意义上并不明显。此时如果仍然以本约的清偿原因的有因性处理两者关系,可能存在不公平的情形。比如在一个并购交易中,当事人在磋商早期即订立一份股权收购的预约,又经过一年以上的反复磋商终于达成股权收购本约,本约订立后又发现前述预约因一方或双方签署代表并无合法授权而无效(假设不存在表见代理事由),此时反悔一方是否可以主张股权收购本约无效?从具体情事来看,使本约无效似有不公。在理论解释上具有两种可能的进路:其一可以认为,后续的双方磋商行为(履行行为)"治愈"了原有效力瑕疵,因此原预约仍然有效;其二可以认为,预约订立的时间处于缔约较浅阶段,对于本约的确定性未达本约的程度,在该预约订立时当事人本无缔结本约的义务,之后当事人通过反复磋商方才缔结本约,客观上可以表明当事人的缔约行为并无清偿原预约的意思。此时本约完全可以基于本身的原因(取得原因)获得合同的效力依据,不需凭借清偿原因。该种情况下,清偿原因被抽离于本约之外,不再作为本约的原因。

Ⅳ. 第三人预约的无因性

基于契约自由原则,预约双方可以约定由一方当事人与预约当事人以外的第三人缔结本约,此种预约具有涉他性,也被学者称为"单务利他预约",为大陆法系和英美法系所普遍承认。[①] 在我国,二手房买卖双方在购房合同中约定买方与银行签署二手房抵押贷款合同,又或申请人与银行约定由银行向申请人的债权人开立独立保函,即为第三人预约。第三人并非预约当事人,非经其同意自无订立本约的义务。但如果第三人同意与预约当事人订立本约,则该本约与预约之间并无牵连关系。就预约当事人一方而

---

① 汤文平:《论预约在法教义学体系中的地位——以类型序列之建构为基础》,载《中外法学》2014年第4期。

言,在订立本约时即清偿了预约债务,但是对于第三人而言,其订立本约则并无清偿意思,因此就第三人在本约中所付债务仅以相对方(订立本约的预约当事人一方)的对待给付义务为取得原因,而无清偿原因。此时为保护第三人的利益,其所订立的本约不因预约之效力瑕疵而受影响。在前举二手房买卖贷款案例中,如买房人已经与银行签订贷款合同并获取贷款,嗣后发现所购二手房为小产权房因而购房合同无效,则不得导致贷款合同无效,但是买房人可以通过提前清偿贷款而使贷款合同消灭,或者可以情事变更为由要求解除贷款合同。在前举独立保函案例中,申请人与银行之间委托开立独立保函的预约无效,并不影响银行已经开具的独立保函的效力,此无因性同时存在于两个方面:其一为独立保函本身是法定的无因合同,其二为第三人预约与本约之间不具有原因上的决定关系。

(三) 处分合同本约的原因

预约可以约定缔结处分合同①,如债务承担、债权转让②。处分行为的原因存在于设定处分行为的合同中,该合同一般是指债权合同。该设定处分行为的债权合同即为处分行为的预约。处分行为仅有清偿原因一个原因。处分行为本约与预约之间是否具有无因性,应当根据不同立法例分别分析:(1)在肯定抽象原则立法例的国家和地区,处分行为原因上为无因行为,即处分行为的原因并非其成立的必要条件。此时处分行为的效力正当性需要凭借负担行为(预约)支持。③ 又基于通过法律技术设计的抽象原则,处分行为不因负担行为(预约)存在效力瑕疵而无效。④ 此时本约相对于预约具有无因性。(2)在否定抽象原则立法例的国家和地区,处分行为与负担行为之间在效力上界限并不明显。此时处分行为本约相对于预约不具有无因性,预约存在效力瑕疵的,本约归于无效。特别

---

① 史尚宽认为"预约不问就如何契约,均得订立之,并不以债权契约为限。就物权契约、准物权契约亦得为预约。"参见史尚宽:《债法总论》,中国政法大学出版社2000年版,第13页。

② 我国债权转让的性质的通说为合同说,即认为债权转让是转让方与受让方之间关于债权转让的合同。同时通说认为,债权转让为处分行为。参见王利明:《合同法研究》(第二卷)(修订版),中国人民大学出版社2011年版,第206页。

③ 学者称之为内在的无因性。参见陈自强:《无因债权契约论》,中国政法大学出版社2002年版,第138页。

④ 学者称之为外在的无因性。参见同上。

说明,在不承认物权行为独立性的法域,如我国,约定物权变动、设定担保物权的合同本身即为本约,并无预约存在余地,因此也就不涉及本约和预约的关系问题。

第二节 预约与意向书的关系

本书所指的意向书是指一个不同于预约的法的构造类型,具有与预约书不同的整体形象和主要特征。在缔约阶段序列(缔约接触——意向书——预约——本约)中,意向书位于预约前的阶段,将意向书作为预约前类型并与预约进行比较,一方面可以发现缔约类型序列之间的脉络联系,另一方面可以大体确定预约的边界。

一、意向书的概念和特征

(一) 意向书的概念

意向书(Letter of Intent)是指当事人之间表达合作交易意愿的先合同文件[1],起源于英美法下的交易实践,在英国法院 1925 年的判例 Rose & Frank Co. V. J. R. Crompton & Brothers, Ltd. 案中即认定一份仅表达缔约意向的意向书不具有法律约束力。[2] 意向书在德国法学说上称为草约(Punktation),不具有法律约束力。[3] 在商业交易实践中,当事人经常在缔约阶段使用意向书,在许多法学著述中,意向书被作为缔约阶段的所有先合同协议的统称。[4]

意向书并非规范的法律概念,因此无法通过构成要件和法律效果的法

---

[1] 王利明:《预约合同若干问题研究——我国司法解释相关规定述评》,载《法商研究》2014 年第 1 期。

[2] 〔1925〕A. C. 445.

[3] 〔德〕迪特尔·梅迪库斯:《德国债法总论》,杜景林、卢谌译,法律出版社 2004 年版,第 100 页。

[4] 意向书也可能在公法领域内使用,如国际货币基金组织与成员国之间就备用授信(standby credit arrangement)签署意向书,美国与土耳其两国政府签署的关于在土耳其领土内新建空军基地的意向书。See Michael Furmston, *Letter of Intent*, *Contract Formation and Parties*, edited by Andrew Burrows & Edwin Peel, Oxford University Press 2010, at 17.

律规范结构加以把握。许多先合同协议名为意向书,但既可能是名副其实的典型意向书,也可能并非典型的意向书,端赖其内容而定。① 在交易实践中,有名为意向书实为预约者,如"沈阳碰碰凉连锁企业管理有限公司与潘焕芝特许经营合同纠纷案"中,法院认定涉案《碰碰凉加盟意向书》(约定"在潘焕芝确定加盟店面地址后,双方签订特许经营合同")属于预约合同②;有名为意向书实为本约者,如"广州新原动力动漫形象管理有限公司、天络行(上海)品牌管理有限公司与汕头市澄海区启乐玩具有限公司、原审第三人天冲行(上海)贸易有限公司著作权许可使用合同纠纷案"中,二审法院认为"在《意向书》签订后双方均有义务履行双方将要订立的正式合同中的义务",因此该《意向书》应当为本约合同。③

本书将意向书作为一个在缔约阶段中与预约不同的先合同文件类型看待,其核心特征在于其位于预约之前的缔约阶段,并不以缔结本约作为合同义务。同时,本书将意向书作为一个理想类型看待④,因此在交易实践中存在的各类意向书、意向函、条款大纲、备忘录、会议纪要、原则协议等先合同文件均可能属于本书讨论的意向书。⑤

---

① 郭魏:《意向书的法律性质和效力》,载《人民司法》2015 年第 22 期。
② 又如"仲崇清案"中,法院认定涉案《商铺认购意向书》"明确了双方当事人的基本情况,对拟购商铺的面积、价款计算、认购时间等均作了较为清晰且适于操作的约定",因而属于预约合同。
③ 广东省高级人民法院(2014)三中民终字第 08283 号民事判决书。
④ 在交易实践中,当事人有时在意向书中会约定该意向书不具有法律效力,此时意向书应被视为君子协议;有时意向书会约定部分程序性条款具有法律效力,而其余条款不具有法律效力。对此应当区别看待。关于意向书的法律研究文献,一般均不将意向书作准确界定,而是借其泛指缔约阶段的全部临时协议。如许德风的《意向书的法律效力问题》一文,Michael Furmston 的 *Letter of Intent*, *Contract Formation and Parties* 一文。参见许德风:《意向书的法律效力问题》,载《法学》2007 年第 10 期;Michael Furmston, *Letter of Intent*, *Contract Formation and Parties*, edited by Andrew Burrows & Edwin Peel, Oxford University Press, 2010.
⑤ 杨良宜在《合约的解释》中强调在合同解释时,名称、抬头和标题并不重要,重要的是合同的内容及其语境。这方面的先例 Wilison Smithett & Cape(Sugar)Ltd v. Banglade Sugar and Food Industries Corporation(1986)一案中,法官指出:"应当去看意向书文件本身、背景情况以及在意向书签署当时都发生了什么事实。单凭该文件以意向书为标题的事实,并不能界定该文件本身是否是一个有约束力的合同。"

（二）意向书在缔约序列中的地位

1. 意向书与缔约接触之间的比较

在缔约阶段序列上，距离本约最远端的，应当是准备缔约的双方人员为了准备缔约在社交层面的缔约接触，该种接触隐含着未来签订本约的商机，但是双方并未就此签署意向性协议。在法律评价上，这种缔约接触标志着当事人之间"从消极义务范畴进入积极义务范畴"（耶林语），开启了双方之间的"交易场所"（梅迪库斯语），因而成为合同法律规制的对象。法律上主要通过缔约过失责任中的固有法益保护注意义务，以及侵权法上的安全保障义务等制度加以规制。

然而，在缔约接触阶段双方之间通常并未形成任何意向书或其他先合同文件，质言之，缔约双方并未进入合同磋商阶段。所谓未进入合同磋商阶段，并非指当事人之间未就合同内容进行讨论，而是指双方并未在合同缔结方面，在精神上投入较多的信赖，以及在经济上投入较多成本和费用。因而此时在法律上不需保护当事人对于缔约的信赖，而是应当容忍当事人在缔约接触上的自由行为，比如随意退出缔约接触关系而不负任何责任。

相反，签署意向书或其他先合同协议（不符合预约的构成要件）的行为可以作为划分缔约接触阶段和磋商开始阶段的标志，正是在这个象征意义上，本书将磋商开始阶段直至预约签署前的阶段称为意向书阶段。意向书的签署意味着磋商的开始，也表明当事人之间关于缔约的信赖程度已经达到值得法律保护的程度。①

2. 意向书与预约之间的比较

在缔约阶段序列中，当事人可能在签署意向书之后，不经过预约阶段而直接签署本约，也可能在意向书签署后再签署预约，最后签署本约。在此种情况下，意向书与预约之间的区别并非泾渭分明，但是两者大致上存在一些性质上的区别：意向书并不使当事人负有签订本约的义务。此时意向书可能仍然包括具有法律效力的条款，而且这些条款直接与磋商有关，比如排他性谈判条款、保密条款等，但是这些管理磋商过程的条款并不指向本约的缔

---

① 梅迪库斯认为，如果需要唤起当事人对于缔约的信赖，并且要求对方当事人承担中断磋商的信赖责任，那么起码需要当事人之间存在要约或者协议，后者包括预约、附停止条件的合同、招投标程序、意向书（或草约），但是不包括君子协议。参见〔德〕迪特尔·梅迪库斯：《德国债法总论》，杜景林、卢谌译，法律出版社2004年版，第99页。

结义务,因而仍然与预约存在根本上的差异。如果同时存在意向书和预约,则意向书位于缔约阶段的较浅层次和较低阶段,而预约则位于缔约阶段的较深层次和较高阶段。

(三)意向书的主要特征

当事人在意向书中一般会表达订立交易合同的意向(正是因此得名),但是意向书并不使当事人负有订立交易合同的义务。缔结本约的合同义务产生的前提在于当事人具有受到该合同义务约束的缔约意图,而意向书中并不存在该缔约意图。对于不具备法律效力的意向书,当然不能创设合同义务;对于具有法律效力的意向书,其中也可能包含磋商义务条款并且具有法律约束力,但是其不会规定当事人具有缔结本约的义务,否则其与预约并无分别,即名为意向书,实为预约。

《买卖合同司法解释》第2条规定"当事人签订认购书、订购书、预订书、意向书、备忘录等预约合同,约定在将来一定期限内订立买卖合同……",即认为意向书属于预约之一种。对此学者批评较多。[①] 意向书的确在符合预约特征的情况下可以被视为预约,如"仲崇清案",但是在交易实践中的大部分意向书都不具有预约的特征,即不会规定当事人具有缔结本约的义务,因而在司法解释中将意向书作为预约的一种,容易造成混淆。所以,对于上述司法解释条款中的意向书,应当进行目的性限缩解释,即仅指被视为预约的意向书。而对于不属于预约的意向书,则不适用本条司法解释。换言之,《买卖合同司法解释》第2条仅是关于预约的规定,并非关于意向书的规定。

(四)意向书的效力

意向书是否有效并不决定意向书的特征或性质,意向书中既包含有效的意向书,也包含无效的意向书。学者对于意向书的效力具有多种观点:(1)无效说。该说认为意向书仅具有未来缔结合同的意图,但其本身并无法律约束力。[②] (2)区分说。该说认为意向书中存在无效的意向书,如君子协议;也

[①] 王利明:《预约合同若干问题研究——我国司法解释相关规定述评》,载《法商研究》2014年第1期;陆青:《〈买卖合同司法解释〉第2条评析》,载《法学家》2013年第3期。

[②] 王利明:《预约合同若干问题研究——我国司法解释相关规定述评》,载《法商研究》2014年第1期;叶新民:《预约效力的十字路口——简评"最高法院"2011年度台上字第二〇七六号民事判决》,载《月旦裁判时报》2012年第18期;郭魏:《意向书的法律性质和效力》,载《人民司法》2015年第22期。

存在有效的意向书,如被视为正式合同、预约的意向书;还存在部分有效的意向书,如同时存在交易实体内容和程序内容(指诚信协商、独占协商、费用分担、保密等条款)的意向书,则关于交易实体内容的条款不具有法律约束力,而关于程序内容的条款则具有法律约束力。① 并无学说观点认为意向书属于完全有效的合同。

关于意向书的效力采取何种学说本身并不重要,因为不同学说所针对的意向书的类型并不完全相同,因此对于意向书的效力应当根据具体个案具体分析。本书在讨论意向书的有效性时,需要首先排除符合本约、预约、要约特征的意向书,否则将陷入因"意向书"一词多义而导致的逻辑混淆。本书认为,意向书的效力可能性包括如下情况:

(1) 对于明示约定排除法律效力的意向书(君子协议),因当事人之间明确排除法律效力,则显然该意向书无效。

(2) 如果意向书本身并无明确内容、确定性不足、不能被认定为有效合同的,则该意向书仍为无效。意向书系表达未来缔结交易合同的意向,其本身即属于确定性不足的情形。无论本约内容规定得如何齐备,只凭当事人之间仅表达缔约意向的条款,也可以认定意向书不具有确定性。但是如果在程序性条款方面,意向书中存在关于磋商的一般义务条款或者磋商管理条款的,则该意向书具有确定性。如果不存在上述具有确定性的程序性条款的,则该意向书因不具有确定性而推定为不具有缔约意图,也就不具有法律约束力。

(3) 如果意向书具备合同的确定性,应当认定意向书属于有效合同。有效的意向书通常是指当事人之间存在明确的磋商义务条款和磋商管理条款的情况,此时意向书具有合同必备的确定性,而且上述程序性条款之规定可以反映当事人之间的缔约意图,则该意向书属于有效协议。

二、意向书的类型序列

如果将该意向书看作法的构造类型,则其也将呈现为类型序列:在外

---

① 关于实体条款和程序条款的区分,参见许德风:《意向书的法律效力问题》,载《法学》2007年第10期。关于区分说的代表文章,参见陈进:《意向书的法律效力探析》,载《法学论坛》2013年第1期;杨彪、叶琪:《意向书的法律约束力》,载《中山大学学报(社会科学版)》2016年第6期。

部,其与缔约接触阶段和预约形成类型序列,已如前述;在内部,其也包含若干子类型,沿循整个缔约阶段的类型序列的方向排列为:君子协议——典型意向书——磋商协议(参见本书图3)。在我国法院审理的关于意向书的案例中:(1)有属于君子协议的意向书,如"安徽蓝鼎控股集团有限公司与上海载和实业投资有限公司股权转让纠纷一审案"中,双方之间的《备忘录》因双方当事人特约排除了其法律约束力,因此该《备忘录》属于君子协议,"已无法律意义"[①];(2)有不具有确定性的典型意向书,如"澳华资产管理有限公司与洋浦经济开发区管理委员会建设用地使用权纠纷案",最高人民法院认定涉案《投资意向书》"并不具备合同的基本要素",只是表明双方当事人的意愿,达到意向书的目的还需要再协商,因而属于"磋商性、谈判性文件"[②];(3)有属于磋商协议的具有确定性的意向书,如"山西金盟实业有限公司、太原市锅炉修理安装公司与山西华嘉盛房地产开发有限公司案"中,法院认定《意向书》中的独占协商条款具有法律效力。[③] 如下分别讨论前述三个意向书类型:

(一)君子协议

1. 意定排除法律效力

君子协议(gentleman's agreement)在传统含义上指没有书面文件的、不具有法律约束力的协议,该协议的履行仅依赖当事人的道德和善意。后来也包括即使存在书面文件,但是被特约排除法律约束力的协议。君子协议既可以在缔约阶段使用,也可以在履行阶段使用。因为本书主题所限,这里的君子协议仅指在缔约过程中的君子协议。

在交易实践中,君子协议可能使用"意向书""备忘录",甚至"合作协议"作为标题,但是当事人在上述文件中均明确规定该文件不具备法律约束力。在德国法中,君子协议是指当事人明确表示不愿意使其发生法律效力,而仅受双方道德感约束的协议。[④] 在英美法中,君子协议同样不具有法律效力。在英国 Rose & Frank v. Crompton & Bro. Led 案中,当事人之间约定他

---

① 安徽省高级人民法院审理的(2015)民二终字第143号判决书。
② 最高人民法院(2014)民申字第263号民事判决书。
③ 山西省高级人民法院(2000)晋经二终字第10号民事判决书。
④ 〔德〕迪特尔·梅迪库斯:《德国民法总论》,杜景林、卢谌译,法律出版社2000年版,第153页。

们的供货协议不具有法律约束力,但受道德约束。法院认为该协议中不具有缔约意图,故认定合同不具有强制执行力。在美国法中,美国法院(以纽约州为例)的判例表明,当事人不欲临时协议发生法律效力并受其约束的,临时协议即不得发生法律效力。[1] 这被霍姆斯大法官称为"不成立合同的自由",也是意思自治原则的体现。[2] Hein Kotz 在其欧洲合同法中总结欧洲各国的法律规定,认为无论是英国的法院还是德国、奥地利的法院都接受的一个普遍原则就是,如果没有达成合同,任何当事人都享有退出谈判的自由。[3] 因此,即使君子协议约定双方应当缔约的,当事人仍然可以随时退出谈判。

我国立法上并无关于君子协议的明文规定,但在司法实践中认为君子协议不具有法律效力。如在"安徽蓝鼎控股集团有限公司与上海载和实业投资有限公司股权转让纠纷一审案"中,当事人双方签署了一份《备忘录》,约定双方当事人之间关于转让标的公司全部股权的内容,并且约定价款为16亿元,受让方预先支付1亿元,余款的支付待将来签署正式股权转让协议时予以约定。后来,双方当事人签署了一份《谅解备忘录》,约定前述《备忘录》对双方不具有法律效力,不构成对对方的制约,双方承诺不依据《备忘录》要求对方承担任何法律责任。该案件中的《备忘录》因双方当事人明确排除了其法律约束力,因此属于君子协议。最终法院判决认定该《备忘录》对双方当事人"已无法律意义"。[4]

2. 自然债务的效力

基于意思自由的原则,君子协议在法律上不具有合同约束力。非但其不可以作为本约发生效力,也不能作为预约发生效力。当事人违反君子协议,并不会受到法律的强制,当事人也不得请求损害赔偿,仅凭当事人信守契约的道德感执行。可以说,君子协议实际上在当事人之间形成了自然债务。[5] 自然

---

[1] Pennzoil v. Texaco, 481 U.S. 1 (1987).
[2] 张华平:《君子协定的法律分析》,载《比较法评论》2006年第6期。
[3] Hein Kötz and Axel Flessner, *European Contract Law*, *Volume one*: *Formation*, *Validity*, *and Content of Contracts*; *Contract and Third Parties*, translated by Tony Weir, Oxford University Press, 2002, at 39.
[4] 安徽省高级人民法院(2015)民二终字第143号判决书。
[5] 荷兰学者 Hoge Raad 和 Wessels 均认为君子协议在荷兰法上属于自然债务。转引自张华平:《君子协定的法律分析》,载《比较法评论》2006年第6期。

债务,是指有债务而无责任之不完全债务。① 通说认为,自然债务不得诉请履行,也不得强制执行,但是可以抵销和受领履行,一经受领给付阻却不当得利返还。按此来说,如因君子协议约定,一方当事人向另一方当事人支付一定数额的订约定金,则该定金并不适用合同法或担保法上规定的定金罚则,非因接受定金一方违约而最终本约未订立的,给付定金一方也不得要求返还定金。②

3. 缔约过失责任的适用

君子协议之中当事人排除了合同的法律约束力,但是否意味着排除了合同法上的缔约过失责任?需要加以讨论。

德国法上,根据梅迪库斯的观点,缔约过失责任所要求的缔约阶段的义务主要包括:(1)保护合同当事人的身体和所有权的义务;(2)保护当事人免受不当合同损害的义务;(3)不得以使谈判相对方产生没有根据的信赖的方式损害其利益的义务。③ 对于第三种义务,如果当事人特约排除缔约过程中的义务的,可以表明当事人之间并不会产生对方将确定地订立合同的信赖,因此可以认为该第三种义务得因君子协议而排除。④ 法国法和荷兰法并未接受缔约过失责任制度,而是通过侵权法处理缔约过失问题。如《荷兰民法典》第 6:3 条规定,当事人对他人负有道德义务时,尽管不具有法律强制力,但是当事人仍应根据社会一般观念将该义务视为法律义务一样履行。⑤ 因为侵权法上的注意义务的标准较低,所以侵权法上的义务一般不得基于特约排除。

本书认为,我国合同法规定了缔约过失责任制度,当合同当事人开始进入合同谈判和缔结过程时,即进入了一个特别的不同于社会陌生人之间的特别场景,在该场景中双方具有某种联系,从而使当事人之间产生某种特别

---

① 史尚宽:《债法总论》,中国政法大学出版社 2000 年版,第 3 页;梅仲协:《民法要义》,中国政法大学大学出版社 1998 年版,第 169 页。

② 覃远春:《民法自然债研究》,西南政法大学 2007 年博士学位论文,第 26 页。

③ 〔德〕迪特尔·梅迪库斯:《德国民法总论》,邵建东译,法律出版社 2000 年版,第 342、473 页。

④ 〔德〕迪特尔·梅迪库斯:《德国债法总论》,杜景林、卢谌译,法律出版社 2004 年版,第 100 页。

⑤ 但似乎荷兰法认为在该种情况下,违约方应当承担侵权责任,而非缔约过失责任。张华平:《君子协定的法律分析》,载《比较法评论》2006 年第 6 期。

的义务关系(besonderes Pflichtverhaltnis)。① 上述义务关系脱胎于一种一般性的诚信原则。双方签署君子协议时,表明双方已经进入缔约阶段,因此缔约过失责任所生义务在当事人之间已经发生。当事人之间签署君子协议的目的在于互相不负"缔约义务",而"缔约阶段的义务"来自合同法上关于缔约阶段双方当事人的利益联系而发生的一般性保护义务。该缔约阶段的义务并不是以当事人之间是否存在有效合同为前提,因此君子协议不能当然排除当事人承担缔约过程中的义务。② 我国《合同法》第42、43条规定的不得恶意磋商、故意隐瞒及侵犯商业秘密等义务均为一般性保护义务,君子协议不得排除。但是对于第42条中规定的"其他违背诚实信用原则的行为",则可以根据情况判定是否可以排除,比如中断磋商行为,因双方明知君子协议并不具有法律约束力,因此不应产生关于未来将要缔约的合理信赖,故一方不得主张相对方中断磋商行为构成缔约过失。

(二) 典型意向书(不具有确定性的意向书)

1. 推定不具有缔约意图

不具有确定性的意向书,是指该意向书中并未明确排除法律约束力,但是在实体内容上仅表明交易意向,而无确定性的缔约义务条款,且在磋商程序内容上也无确定性的义务条款,不符合合同成立的确定性要求,因而可以推定当事人之间不具有缔约意图,从而不认定其为有效协议。在现实交易中,该类意向书可能以意向书、谅解备忘录(memorandum of understanding)、会谈纪要(minutes)、原则协议(agreement in principle only)等形式出现。③

此处意向书的确定性,有学者认为应当按照《合同法司法解释(二)》第1条中"当事人、标的、数量"的确定标准认定。④ 本书认为,此处的确定性如此认定的,则意向书的确定性标准将高于预约的确定性标准,不符合意向书在缔约阶段层次上低于预约的实际情况,而且,意向书仅表明订立本约的意

---

① 〔德〕迪特尔·梅迪库斯:《德国民法总论》,邵建东译,法律出版社2000年版,第341页。
② 同上书,第348页。
③ H. G. Beale, *Chitty on Contracts*, Thirteenth Edition, 商务印书馆2012年影印版, at 220-221.
④ 陈进:《意向书的法律效力探析》,载《法学论坛》2013年第1期。

向,无论其对本约的内容约定得是否清楚,均不能产生法律约束力。本书认为,典型意向书所不具有的确定性应当从实体和程序两个方面认定:在实体方面,意向书不具有预约的基本确定性,即无法判断未来本约的基本"模样",包括合同类型、当事人和合同标的,也不存在确定性的缔结本约的意思表示;在程序方面,意向书中不存在确定性的程序性磋商义务条款,如排他性谈判义务、保密义务等。典型的意向书既不具备实体方面的确定性,也不具备程序方面的确定性。

2. 不具有合同约束力

在德国法上,该类典型意向书称为草约(panktation),不具有法律约束力。① 在法国法,因该类意向书中无法确定当事人的义务,因此不具有法律约束力。但是法国法对于协议(而非产生债的合同)的确定性的要求低于德国法和英美法系,因而只要法院可以推论该意向书具有一定的给付内容,则可以认定为有效协议。② 在英美法系,该类意向书被称为 bare agreement to agree 或者 bare agreement to negotiate,法院通常不承认其法律约束力③,此审判原则在英国法上非常明显④。如英国法官 Lord Ackner 认为:"为什么一个 agreement to agree 或者一个 agreement to negotiate 不具有可执行性,原因在于其不具有确定性。"⑤英国法官 Longmore 在 Petromec 一案中解释了为何该类意向书不具有可执行性:"传统司法观点拒绝承认基于诚信进行谈判的义务,是因为:(1) 这个义务是关于同意将来去同意的义务,因而是不确定的;(2) 要判断一个谈判过程终了时是诚信的还是恶意的,就算并非不可能,也是非常困难的;(3) 既然我们永远不知道一个未来基于所谓

---

① 〔德〕迪特尔·梅迪库斯:《德国债法总论》,杜景林、卢谌译,法律出版社2004年版,第100页。

② Nadia E. Nedzel, A Comparative Study of Good Faith, Fair Dealing, and Precontractual Liability, *Tulane European & Civil Law Forum* 97 1997, at 126.

③ Edwin Peel, *Agreement to Negotiate in Good Faith*, Contract Formation and Parties, edited by Andrew Burrows & Edwin Peel, Oxford University Press 2010, at 42.

④ Ralph B. Lake, "Letters of Intent: a Comparative Examination under English, U. S., French, and West German Law", *George Washington Journal of International Law and Economics*, Vol. 18, Issue 2 (1984), at 346.

⑤ Edwin Peel, *Agreement to Negotiate in Good Faith*, Contract Formation and Parties, edited by Andrew Burrows & Edwin Peel, Oxford University Press, 2010, at 37.

诚信进行的谈判会带来一个什么样的合同,那么去判断一方因未得到这个合同而受到的损失就是不可能的。"① 在我国法上,通说认为该类典型意向书不具有法律效力。② 我国司法实践中也基本采相同观点,如在最高人民法院审理的"澳华资产管理有限公司与洋浦经济开发区管理委员会建设用地使用权转让纠纷案"中,最高人民法院认定双方之间的《投资意向书》"对于是否必须置换成功以及置换土地具体位置和面积均未作出明确约定,不具备合同的主要条款",因此其性质为"磋商性、谈判性文件,不具备合同的基本要素,没有为双方设定民事权利义务,双方当事人之间并未形成民事法律关系"。③ 而且,该类意向书因为并未设定义务,所以不发生自然债务。

该类意向书是否存在默示的诚信磋商义务条款? 对此,不同国家的法律对此问题的处理不同。在德国法上,既然该类意向书不具有法律效力,则也不能隐含一个有效的诚信磋商义务条款,因为该诚信磋商义务条款只能作为附随义务存在,如果该协议本身并未设定主合同义务,则附随义务也不应存在。但是在德国法上,诚信磋商的义务基于缔约过失责任而发生,该义务不依赖于意向书的存在。在法国法上,对于意向书的确定性的要求较低,在可以认定此类意向书的效力的情况下,法国法默认当事人之间具有"善意"磋商的义务,在法院不认定意向书的效力时,法国法将按照侵权行为法要求磋商过错方承担侵权赔偿责任。④ 在英美法上,原则上不认可此类不具有法律约束力的意向书包含诚信磋商义务,但是在美国法的有些案例上,即使认定意向书不具有法律约束力,也可以基于禁反言原则给与恶意磋商行为的受害方以救济,如前引 Hofmann v. Red Owl Store 案⑤,而且在一些判

---

① Petromec Inc v. Petroleo Brasileiro SA Petrobas[2005]EWCA Civ 891.
② 王利明:《预约合同若干问题研究——我国司法解释相关规定述评》,载《法商研究》2014 年第 1 期;叶新民:《预约效力的十字路口——简评"最高法院"2011 年度台上字第二〇七六号民事判决》,载《月旦裁判时报》2012 年第 18 期;郭魏:《意向书的法律性质和效力》,载《人民司法》2015 年第 22 期。
③ 最高人民法院(2014)民申字第 263 号民事判决书。
④ Nadia E. Nedzel, "A Comparative Study of Good Faith, Fair Dealing, and Precontractual Liability", *Tulane European & Civil Law Forum* 97 (1997), at 127-137.
⑤ R.J.P. Kottenhagen, "Freedom of Contract to Forcing Parties into Agreement: The Consequences of Breaking Negotiatons in Different Legal Systems", 12 *IUS Gentium* 58, 80 (2006), at 70.

例中,如 American Fyanamid Co. v. Elizabeth Arden Sales Corp. 案,美国法院认为在一个不具有法律约束力的意向书中也可以存在默示的诚信义务。① 从上述比较法可以看出,在承认缔约过失责任的法域,一般不需要承认不具有效力的意向书中含有默示诚信磋商条款;而对于不承认缔约过失责任的法域,则可能倾向于承认该默示诚信磋商条款。但英国法则属于例外。我国法上,有学者认为,意向书不具有法律约束力,但是可以发生诚信磋商的附随义务②,对该种观点本书难以赞同。因合同法上规定了缔约过失责任,本书赞成采纳德国法的做法,即不认定该不具有法律约束力的意向书中包含默示的诚信磋商条款。

3. 缔约过失责任的适用

该类意向书因缔约过失责任制度而发生缔约过程中的义务。我国通说认为意向书的当事人负有依据诚信原则进行磋商的义务。③ 该类意向书的订立,表明当事人之间进入缔约磋商阶段,又因为其并未明示排除法律约束力,因而对于缔约过失责任所保护的固有法益和信赖利益,当事人彼此负担注意义务。进而言之,在磋商过程中当事人可能对未来缔约产生合理信赖,如果一方当事人辜负对方的合理信赖而中断磋商,则属于违反诚信原则的行为,应当承担缔约过失责任。④ 换言之,在中断磋商问题上,该类意向书的缔约过程义务标准要高于君子协议,后者不会产生中断磋商的缔约过失责任,已如前述。

(三)磋商协议(具有确定性的意向书)

1. 确定性意向书的概念和内容

此类意向书是指具有程序方面的确定性的义务条款,且并未排除法律约束力的意向书。该类意向书与前述君子协议和无确定性的意向书的相同之处在于,其仅表达对未来交易的意向,而不承担缔约义务;而区别在于,此类意向书具有程序方面的确定性的义务条款,并且当事人并未排除该意向

---

① 但是 Farnsworth 承认该判例中最终仍然认为该种默示的诚信磋商义务不具有确定性而不能强制执行,而且该种判例在美国其实并不常见。See E. Allan Farnsworth, "Precontractual Liability and Preliminary Agreements: Fair Dealing and Failed Negotiations", *Columbia Law Review*, Vol. 87(1987), at 266.
② 郭魏:《意向书的法律性质和效力》,载《人民司法》2015 年第 22 期。
③ 王利明:《预约合同若干问题研究——我国司法解释相关规定述评》,载《法商研究》2014 年第 1 期。
④ 郭魏:《意向书的法律性质和效力》,载《人民司法》2015 年第 22 期。

书的法律约束力。

　　有学者将意向书的条款区分为实体性条款和程序性条款,实体性条款是指未来进入本约条款的内容,程序性条款是指关于缔约阶段的程序性安排条款,这些程序性安排的条款并不反映在未来的本约之中。① 本书认为,上述区分基本上是正确的:对于实体性条款,由于意向书仅表明了缔约意向,而不存在确定的缔约义务,因而该些实体性条款本身并无法律约束力,也不能作为未来当事人缔约的依据。对于程序性条款,是关于磋商程序的约定,也可以称为"磋商协议"或"磋商条款"。该部分协议或条款才是此类意向书获得法律效力的原因所在。对于此类意向书中的程序条款,可以区分为两类条款讨论:

　　(1) 一般性磋商义务条款。该类条款笼统地规定当事人对于意向书所载的交易意向进行磋商,但并不规定磋商的结果,即是否能够缔约。本书认为,一般性磋商义务条款仅能通过明示方式规定,而不能采取默示方式规定。因为如果允许默示磋商条款,则无论何种意向书均应当具有法律效力,导致交易工具的功能混杂。而且推求当事人的真意,在当事人仅表达单纯的缔约意向时,其并不愿意在磋商义务上给自己设定义务。另外,对于当事人在磋商过程中的违反诚信行为,完全可以通过缔约上过失责任处理,而不需假借合同默示条款。

　　对于一般性磋商义务条款,各国法律规定区别很大。在德国法和法国法,对于一般性磋商义务条款,无疑均支持其有效性,并可以根据诚信原则填补具体的磋商行为标准,对此前文多次述及。在英国法上,一般不承认一般性磋商义务条款,理由在于单纯的约定磋商义务不具有确定性,已如前述。但是法院可以承认具体性磋商程序管理条款的有效性。② 另外,英国法院可以根据返还法、虚假陈述、按劳取酬等制度给予不诚信磋商行为的受害方以一定救济,但是这些救济均不是基于合同义务而发生的,在损害赔偿金额上也远远低于合同救济方式。在美国法上,基于《统一商法典》关于诚信原则存有一般性规定,所以美国法比英国法更容易承认一般性磋商义务条

---

① 许德风:《意向书的法律效力问题》,载《法学》2007年第10期。
② Ralph B. Lake, "Letters of Intent: a Comparative Examination under English, U.S., French, and West German Law", *George Washington Journal of International Law and Economics*, Vol. 18, Issue 2 (1984), at 347.

款的有效性。当然,基于普通法的传统惯例的巨大压力,美国法院可能通过变通方式对一般性磋商义务条款进行解释,如在 Thompson v. Liquichimica of America, Inc. 案中,当事人签署的意向书约定双方应尽最大的努力磋商(to use best efforts to negotiate),法院解释认为,该条款区别于单纯的同意磋商的条款(agreement to agree(negotiate)),因为前者是一个"闭口(closed)"的约定,"该种协议并不要求缔结最终合同,但是要求当事人采取积极和诚信的方式为该目的工作"。① 我国法沿循大陆法系的观念,对于一般性的规定磋商义务的条款,可以适用诚信原则进行合同解释,并根据交易惯例和公平、合理等原则确定当事人在磋商过程中的履行标准。

(2) 具体性磋商程序管理条款。区别于一般性磋商义务条款,该类条款是关于磋商义务的具体规定,比如排他性谈判、保护商业秘密、不得劝诱对方人员离职、谈判费用的承担、一方在磋商中不得采取对未来收购不利的行为等条款。② 具体性磋商程序管理条款具有充分的确定性和缔约意图,因此在比较法上均认可该类协议的效力。即使对于强调缔约阶段的"全有全无"原则的英国法也是如此。③ 我国法律上也承认此种具体磋商程序条款的效力。如"山西金盟实业有限公司、太原市锅炉修理安装公司与山西华嘉盛房地产开发有限公司案"中,法院认定意向书中的独占协商条款("意向书签订后锅炉安装公司不得以任何理由与第三方进行有关兼并或其他形式的洽谈")为有效协议,被告违反协议与第三方签订兼并协议应当承担违约责任,故判决被告向原告支付意向书约定的违约金,但是未认定第三方承担连带

---

① Thompson v. Liquichimica of America, Inc. (S. D. N. Y. 1979), cited in Ralph B. Lake, "Letters of Intent: a Comparative Examination under English, U. S., French, and West German Law", *George Washington Journal of International Law and Economics*, Vol. 18, Issue 2 (1984), at 349. 该法院判决非常有说服力地解释了美国法对于缔约中的一般诚信磋商义务的友好态度,而且本身也是极好的决疑术范例,故本书对判决摘录如下:"Unlike an 'agreement to agree', which does not constitute a 'closed' proposition, and consequently is not an agreement at all, an agreement to use best efforts is a closed proposition, discrete and actionable. Such an agreement does not require that the agreement sought be achieved, but does require that the parties work to achieve it actively and in good faith."

② 许德风:《意向书的法律效力问题》,载《法学》2007 年第 10 期。

③ Ralph B. Lake, "Letters of Intent: a Comparative Examination under English, U. S., French, and West German Law", *George Washington Journal of International Law and Economics*, Vol. 18, Issue 2 (1984), at 129.

责任。①

就上述具体磋商程序条款,法院也可能进行限制或者扩张。就限制方面而言,因意向书属于缔约过程中的临时协议,因此为了避免干涉当事人的磋商自由,有些国家限制该类条款的效力,比如在英国法中,对于排他性磋商条款,要求当事人应当明确规定一定的期限,否则不具有法律约束力。②就扩张方面而言,对于意向书中尽管规定了具体的磋商义务,但是约定并不完整的,法院可以在合同解释上基于诚信原则进行补充。

2. 缔约过失责任的适用

即使当事人在意向书中约定了一般或具体的磋商条款,但是因为当事人处于本约的缔约阶段,因此仍然有缔约过失责任的适用。比较而言,当事人约定的磋商条款与缔约过失责任条款存在如下主要区别:(1)责任性质不同。违反磋商条款的一方承担违约责任,而承担缔约过失责任的一方承担法定责任。(2)内容不同。磋商条款是针对特定合同磋商程序而具体设计的磋商义务,而且可以高于一般性的诚信标准;而缔约过失责任则指向一般合同的共通的诚信磋商义务。(3)保护范围不同。磋商条款的保护范围一般仅限于磋商程序,以及与磋商有关的财产性固定法益(如商业秘密),而缔约过失责任除了保护上述磋商条款保护的权利和法益之外,还保护人身性固定法益和与磋商无关的财产性固定法益。(4)诉请履行方面不同。磋商条款属于合同义务条款,因此当事人可以诉请履行,而对于缔约过失行为,当事人不得诉请履行,仅能请求损害赔偿。(5)损害赔偿范围不同。磋商条款的违约损害赔偿,可以是法定赔偿也可以是约定赔偿,如违约金、定金,而且在法定赔偿情况下,违约方应当赔偿意向书的履行利益;缔约过失责任属于法定责任,当然不适用违约金或定金,而且赔偿损失范围限于信赖利益。(6)举证责任不同。磋商条款作为合同条款,在归责原则上适用严格责任,而缔约过失责任的归责原则为过错责任。因此相对于守约方而言,追究对方磋商条款违约责任的举证责任相对较轻,而追究缔约过失责任的举证责任较重。

磋商条款违约责任与缔约过失责任之间仍然存在一定的联系:(1)磋

---

① 山西省高级人民法院(2000)晋经二终字第 10 号民事判决书。
② 许德风:《意向书的法律效力问题》,载《法学》2007 年第 10 期。

商条款中的义务标准不得明显低于缔约过失责任的义务标准,比如排除一方当事人对于对方的人身财产权利侵害的任何赔偿责任,该磋商条款可能因此而无效;(2)磋商条款与缔约过失责任的保护范围存在重合的,基于契约自由原则,磋商条款应当优先适用;(3)磋商条款违约责任和缔约过失责任存在竞合时,当事人得选择一种责任寻求救济。

三、意向书与预约的关系

(一)关于两者关系的不同观点

关于意向书与预约的关系,存在不同的观点:(1)意向书属于一种预约。如《买卖合同司法解释》第2条规定意向书属于预约之一种。(2)预约属于一种意向书。如有学者认为,实体性条款具有约束力的意向书就是预约,因而预约属于一种意向书。[①] (3)部分意向书视为预约。有学者认为意向书不具有法律约束力,因而不可能属于预约,当意向书根据内容判断具有预约的效力时,则属于错标,应当直接视为预约。[②] (4)意向书与预约存在区别。有学者认为,意向书主要应指那些表明订约意向的意向书,其与预约之间存在本质区别。[③]

本书认为上述关于意向书和本约的关系的不同学说,并不存在本质差异,其区别仅在于意向书的内涵和外延的确定上。如果将意向书作为先合同协议的代名词,则其显然包括预约;如果认为预约中存在意向书这种表现形式,则预约可以包括意向书;如果将意向书限于指代仅具有缔约意向的意向书,则意向书不同于预约。本书认为,对于意向书的法学讨论显然不应将其理解为一种文件形式,而应该作为一种法的构造类型看待。同时,为了节省法律概念资源,既然存在先合同协议这样的概念,则不宜再以意向书重复指代。因此最为有效的定义方式,是将意向书作为区别于预约的另一种先合同协议,即仅表明缔约意向,而不规定缔约义务的先合同协议。故此,本书赞成区别说。

---

① 许德风:《意向书的法律效力问题》,载《法学》2007年第10期;陈进:《意向书的法律效力探析》,载《法学论坛》2013年第1期。
② 郭魏:《意向书的法律性质和效力》,载《人民司法》2015年第22期。
③ 王利明:《预约合同若干问题研究——我国司法解释相关规定述评》,载《法商研究》2014年第1期。

（二）意向书与预约的区分标准

区分意向书和预约不能仅从文件标题确定，而应厘清两者在特征上的区别：

(1) 法律性质不同。 意向书表达缔结本约的意愿，而预约设定缔结本约的义务。当事人选择意向书而不是预约的原因在于其本身不愿意受到过多的法律约束。而预约则属于法律上的有效协议，当事人具有受其约束的缔约意图。这是意向书与预约的最为本质的区别。①

(2) 核心内容不同。 意向书中的实体性内容并非其核心内容，因为该实体性内容对当事人未来的缔约行为并无约束力。意向书的核心内容在于磋商程序的安排，这在磋商协议中体现得尤为明显。预约中的实体性内容则对当事人未来订立本约的行为具有法律约束力，该实体性内容是预约的核心条款。而磋商义务和磋商程序安排在预约中居于相对次要地位。

(3) 是否具有缔约意图和法律效力不同。 大部分意向书（包括君子协议和典型意向书）不具有缔约意图，因而不具有法律效力，而预约中当事人具有缔约意图，因而具有法律效力。但是在意向书中存在例外，对于含有一般性磋商义务的意向书或具有磋商条款的意向书，无疑均应为有效合同。②

---

① 王利明：《预约合同若干问题研究——我国司法解释相关规定述评》，载《法商研究》2014年第1期，第56页。

② 同上文，第57页。

第六章　预约的违约责任

预约之目的在于缔结本约,需要当事人协力完成。本约无法缔结时,可能有多种原因,但是如因当事人一方违反预约义务致此结果,则应当对相对方承担违约责任。《买卖合同司法解释》第 2 条规定了预约的违约责任:"……一方不履行订立买卖合同的义务,对方请求其承担预约合同违约责任或者要求解除预约合同并主张损害赔偿的,人民法院应予支持。"按照该法条,预约违约责任的归责原则采严格责任原则,承担违约责任的方式包括实际履行("承担预约合同违约责任")和损害赔偿("解除预约合同并主张损害赔偿")。① 《最高人民法院关于适用〈中华人民共和国担保法〉若干问题的解释》规定的定金制度,对于预约亦有适用。本部分主要讨论预约的上述归责原则和违约责任承担方式问题,并与同为前合同责任的缔约过失责任进行比较,另附论违反预约的定金责任问题。

第一节　预约违约责任的构成

一、归责原则和构成要件

违约责任的本质是国家法律对私人安排的强制实现②,因而必然存在法

---

① 起草小组表示对是否承认强制缔约并无明确态度。见最高人民法院民事审判第二庭编着:《最高人民法院关于买卖合同司法解释理解与适用》,人民法院出版社 2016 年版,第 61 页。但该司法解释第 2 条中的"承担预约合同违约责任"与"解除预约合同并主张损害赔偿"使用的连接词为"或",可见两者并非同义反复,前者针对的是强制缔约责任,后者针对的是解除合同和损害赔偿责任。

② P. S. Atiyah, *Introduction to the Law of Contract*, Sixth Edition, Oxford University Press, 2016, at 371.

律有意识的"规整",如禁止私力救济、归责原则和构成要件的预设、法定赔偿金额和违约金金额的限制等,以上均体现法律的规范目的。因此本书欲讨论预约的违约责任构成,首先需要厘清我国法律的违约责任的归责原则和构成要件。

(一) 我国合同法上的归责原则

违约责任以构成要件为起点,以违约责任承担方式为途径,以合同之债的目的实现(包括代替实现)为目的。违约责任构成要件(归责事由)的根本问题是归责原则问题。违约责任的归责基于不同的法律规定而有不同的"归责原理",如过错责任、无过错责任、推定过错责任、严格责任,以及绝对责任。而"归责原则"被称为"头号原理"[1],在疑难合同案件中如何判断归责的问题上起到决疑作用。

关于我国合同法的归责原则,有学者认为应采严格责任原则,而反诘者认为应采过错责任原则,有学者认为应以严格责任为原则、以过错责任为例外,又有学者持区分说,认为应按照合同性质区分严格责任和过错责任。(1) 严格责任说。该说认为严格责任为我国合同立法一贯采取的立场,而且是合同法的发展趋势,《国际商事合同通则》及《欧洲合同法原则》均规定了严格责任。从功能上说,严格责任减轻了守约方的举证责任负担,有利于保护合同债权,也有利于方便裁判。从体系上说,违约责任与侵权责任对峙,侵权责任采取过错责任原则,违约责任应当比侵权责任严格,因此违约责任应采取严格责任原则。[2] 在实证法上,我国《合同法》第107条规定中并未提及债务人的过错,因此合同法已经确立了严格责任的归责原则。(2) 过错责任说。该说批评了严格责任原则存在的弊端,如导致违约责任案件上升,缺乏"过错""合同落空"这种控制违约责任落实的"安全阀",导致民事合同与商事合同的混同,忽略了民事合同的特殊性,削弱了违约责任制度的教育功能,在体系上使违约责任与瑕疵担保责任(传统的无过错责任)

---

[1] 韩世远:《合同法总论》,法律出版社2011年版,第590页。
[2] 梁慧星:《从过错责任到严格责任——关于合同法草案征求意见稿第76条第1款》,载《民商法论丛》(第8卷),法律出版社1997年版,第3页以下。

几无差别。① （3）以严格责任为原则,以过错责任为例外。该说认为,就合同法的立法意志而言,我国合同法采严格责任的归责原则,但是严格责任并非排斥过错责任的原理,债务人仍然可以债权人过错、不可抗力等理由抗辩。该说同时认为严格责任不利于认定双方责任、不利于惩罚过错行为和实现合同正义,并且在实证法上,我国合同法分则存在大量关于过错责任的规定,抛弃过错责任制度将导致体系矛盾。② （4）严格责任和过错责任两分。该说认为我国《合同法》第107条并未确认严格责任归责原则,而仅为宣示违约的法律后果,对于方式性义务应当采取过错责任归责原则,对于结果性义务应当采取严格责任归责原则。③

在比较法上,一般认为大陆法系传承罗马法的过错责任传统,"使人负损害赔偿责任的,不在损害,而在过错"(耶林语)。德国法上采过错推定原则,而根据具体合同性质可能例外采取更为严格的无过错责任原则和更为宽松的归责原则(不是对任何过错都承担责任)。④ 在法国法的学说和判例上区分了方式性义务和结果性义务,对于前者采过错推定原则,仅债务人违反合理注意义务时才承担违约责任;而对于结果性义务,则不考虑当事人是否存在过错,但仍可因意外事件而免责。⑤ 在英美法上,采严格责任归责原则,如Lord Edmund法官在Raineri v. Miles一案中指出的"关于违约的损害赔偿请求权,被告为何不履行其债务通常无关紧要,当然其也无理由抗辩说,其已经尽了最大努力"。⑥ 美国《第二次合同法重述》第260条规定"如果合同的履行义务已经到期,任何不履行都构成违约"。但是英国法例外地对

---

① 韩世远:《合同法总论》,法律出版社2011年版,第593页以下。韩世远教授在批评严格责任的弊端之后,在观念上采严格责任和过错责任的二元论。崔建远:《严格责任?过错责任?——中国合同法归责原则的立法论》,载梁慧星主编:《民商法论丛》(第11卷),法律出版社1999年版,第190页以下。

② 王利明:《合同法研究》(第二卷)(修订版),中国人民大学出版社2011年版,第440页以下。王利明教授认为我国合同法上的规则原则是多元的,除严格责任和过错责任之外,还包括特殊情况下的绝对责任(即无过错责任,即使发生事变,也应承担责任),如金钱债务的迟延履行责任、迟延履行期间的责任、对第三人的严格责任、旅客运输合同中人身保护义务的严格责任。

③ 朱广新:《违约责任的归责原则探究》,载《政法论坛》2008年第4期。

④ 同上文,第83页。

⑤ 同上文,第82页;张民安:《法国民法》,清华大学出版社2015年版,第359页。

⑥ Raineri v. Miles(1981)AC1050.

于迟延履行的责任采取过错责任原则①,而且英美法对于方式性义务也采取过错责任立场②。有学者认为,英美法的合同落空制度也在一定程度上缓和了严格责任的严厉性。③

本书赞同二元论的观点,即我国合同法采严格责任归责原则,但是存在不可抗力、情事变更、债权人过错等免责事由的除外,而且严格责任限于结果性债务的违约归责,对于方式性债务的违约归责适用过错责任。并且在损害赔偿上应充分考虑过错责任归责原则,包括损害赔偿的范围、与有过失的认定、减轻损失的认定、责任免除的认定等。④

(二) 我国合同法上的违约责任构成要件

根据以上归责原则的讨论,我国合同法规定的违约责任构成要件(归责事由)为:

1. 一般构成要件

(1)以违约行为为一般构成要件,即违约方无正当理由而不履行或者不适当履行合同义务的,即应承担违约责任。(2)存在法定免责事由(不可抗力)或者约定免责事由的,免除违约责任(即不存在客观过错)。⑤

2. 特殊构成要件

(1)以主观过错为特殊构成要件。基于合同法的规定,对于方式性债务,应当以主观过错(故意或过失)为违约责任的构成要件。(2)以损害和因果关系为特殊构成要件。以损害和因果关系作为特殊构成要件,仅在以损害赔偿作为违约责任的承担方式时适用。而在我国合同法上,除损害赔偿之外还有实际履行等其他违约责任的承担方式,因此损害和违约行为与损害之间的因果关系,应当作为特殊构成要件。⑥

---

① 英国《货物买卖法》第 20 条规定:"因买卖双方中一方的过错导致交货迟延的,因该过错造成的损失风险,由过错方承担。"
② 蓝海:《大陆法系与英美法系违约责任若干问题比较研究》,载《学术论坛》2011 年第 7 期。
③ 韩世远:《合同法总论》,法律出版社 2011 年版,第 594 页。
④ 王利明:《合同法研究》(第二卷)(修订版),中国人民大学出版社 2011 年版,第 441 页以下。
⑤ 同上书,第 451—458 页。
⑥ 同上书,第 458—465 页。

（三）方式性义务和结果性义务的区分

方式性义务（obligation de moyen），又称方式之债，即债务人并不承担一定达到某种确定之结果的义务，但是要运用一切必要的方法、手段与技艺，尽其所能来履行契约。结果性义务（obligation de résultat），又称结果之债，即债务人向债权人承担的是保证债权人获得某种确定的结果的债务。①

方式性义务和结果性义务的区分，始于法国学者 Demogue 在 1928 年对《法国民法典》第 1137 条（保管人负善良家父义务，过错责任）和第 1147 条（严格责任）的法条冲突的解释学说。该学说认为债务应当区分为方式性义务和结果性义务。对于前者，如医生治疗患者的合同义务，义务人应当践履合理的注意义务；而对于后者，如卖方转移所有权的合同义务，不仅需践履合理的注意义务，而且需实现其在合同中承诺的合同目的。因此对于第 1137 条应当扩张解释至包括全部方式性义务，而对于第 1147 条则应限缩解释为仅包括结果性义务。② 该学说被法国司法实践接受，在法国法上形成了巨细靡遗的关于两类义务拆解的判例群。③《国际商事合同通则》和《联合国国际货物销售合同公约》在官方解释中也强调上述两类义务的划分，并指出根据两类义务的不同性质，方式性义务的违约归责适用过错责任，结果性义务的违约归责适用严格责任。④

方式性义务和结果性义务不仅可以根据不同有名合同的性质进行宏观上的区分，而且可以在一个有名合同中进行微观上的区分，比如在旅游合同中，旅行社对于旅客获得有效的票证负结果性义务，而对于旅行全程的组织安排负方式性义务。⑤ 又如在医生治疗病患的合同中，医生对于治疗本身负方式性义务，对于确保患者不会传染医源性疾病负结果性义务。⑥ 因此，在具体违约责任个案中，应当识别原告主张违约的是哪一类型的合同义务，如果是结果性义务则依照严格责任确定违约责任，如果是方式性义务则首先按照过错原则确定违约责任，其次细分该方式性义务所隐含的注意义务标

---

① 《法国民法典》，罗结珍译，法律出版社 2005 年版，第 844 页。
② 朱广新：《违约责任的归责原则探究》，载《政法论坛》2008 年第 4 期。
③ 参见《法国民法典》，罗结珍译，法律出版社 2005 年版，第 850 页以下。
④ 朱广新：《违约责任的归责原则探究》，载《政法论坛》2008 年第 4 期。
⑤ 《法国民法典》，罗结珍译，法律出版社 2005 年版，第 851 页。
⑥ 同上书，第 863 页。

准,究属较轻的注意义务(如餐厅确保食品的营养性的义务[①]),还是善良管理人的注意义务(如保管人对保管物的安全保护义务[②]),抑或处理自己事务一样的注意义务(如合伙人对合伙履行义务[③]),并据此认定当事人是否承担过错责任,除非法律明文规定,否则一般以善良管理人的注意义务(抽象轻过失)为标准,尽到该种程度的注意义务的,当事人即不承担违约责任。

二、预约违约的归责原则和构成要件

(一) 预约给付义务的性质分类

前文已述,预约给付义务分为主合同义务(主给付义务)和从合同义务(从给付义务),主合同义务为缔结本约,而从合同义务为磋商。二者均以诚信原则作为履行标准,故在前者,义务人应尽力保障本约生效;而在后者,义务人应进行诚信磋商。基于确定性对预约进行类型化后,对于确定性较低的预约,因未达到本约的确定性,故未具备主合同义务的履行条件,当事人暂仅负诚信磋商义务;而对于确定性较高的预约,因已达到本约的确定性,故已具备缔结本约的履行条件,因而当事人负缔约义务,且就未达合致的非必要之点继续负诚信磋商义务。

不同的义务具有不同的性质。预约之缔约义务,意指义务人负有确保缔结本约此一确定性结果的义务,故属于结果性义务。而预约之磋商义务,意指义务人负有秉持善意、尽合理的努力进行磋商之义务,磋商义务并不要求义务人必然达到磋商成功之结果,故属于方式性义务。

(二) 违反不同预约义务的归责原则和构成要件

按照结果性义务和方式性义务在归责原则和构成要件上的不同,预约之缔约义务和磋商义务之违反也适用不同的归责原则和不同的构成要件。

1. 缔约义务以严格责任为归责原则

缔约义务因属于结果性义务,故应以严格责任为归责原则。换言之,只要根据预约之确定性判断,当事人应当缔结本约而未缔结本约的,唯此一个

[①] 法国学者普瓦提耶的观点,录于《法国民法典》第1147条注释。参见《法国民法典》,罗结珍译,法律出版社2005年版,第857页。

[②] 参考《法国民法典》第1137条。参见同上书,第844页。

[③] 参考《德国民法典》第708条。参见《德国民法典——全条文注释》(上册),杜景林、卢谌译,中国政法大学出版社2015年版,第618页。

事实即构成预约的违约责任。

违反缔约义务的违约形态可以包括如下数种:(1)拒绝履行,包括明示的拒绝缔约(比如通知对方不再缔约)和默示的拒绝缔约(如与第三方签署本约)。(2)迟延履行,是指在预约中约定了缔结本约期限,或根据法律规定确定了合理期限,在期限届满前未缔约的。(3)预期违约,如当事人一方在磋商未达本约确定性程度时即与第三人签署本约,此时尽管未具备缔结本约义务的履行条件,但因违约方上述毁约行为导致守约方可以预见对方不会履约,因而可以解除合同并要求相当于本约履行利益的损害赔偿。此处应当与违反磋商义务相区分,违约方固然违反了磋商义务,但是单纯违反磋商义务仅能使守约方获得相当于本约信赖利益的损害赔偿,而非相当于本约履行利益的损害赔偿。(4)瑕疵履行,是指义务人尽管履行了缔约行为却未完成使本约成立和生效的全部程序,如未依法申请第三方审批,或者未将已签署的本约文件交付给对方。应当注意,在本约未按照预约中约定的本约内容订立的情况下,因为缔结本约需要双方同意,故此时与预约迥然不同的本约应代表双方当事人的新的真意,在解释上可以认为当事人变更了预约中的合意,或者认为当事人在签署该本约时不具有对预约的清偿合意。(5)加害给付,在预约场合亦有加害给付存在的可能,如违约方在磋商阶段骗得对方当事人为缔约向其赠送财产,或者违约方在其提供的磋商场所中,未尽注意义务致相对方人身伤害。

2. 磋商义务以过错原则为归责原则

如前文所述,在确定性较低之预约,磋商义务是当事人唯一可以现实主张的合同义务。磋商或成或败,其结果殊难预料,此即所谓磋商的"射幸性",只要当事人在磋商过程中尽善良管理人的注意义务,则视为已尽磋商义务。故磋商属于方式性债务,而非结果性债务,是否违反磋商义务应以过错为归责原则,对磋商存在抽象轻过失的即应承担违约责任。该善良管理人的注意义务的判断标准在于诚信原则,具体履行标准视磋商之背景状况,由法院依据个案情事解释并裁量。

因为磋商行为具有极强的不确定性,因此多有学者反诘认为,在司法上难以对违反磋商义务之过错作出准确认定,如磋商未达合意、一方放弃磋的情况下难以判定任何一方存在过错。① 其实不只磋商行为,很多方式性合同义务均难以认定当事人之过错,如委托谈判专家进行谈判,聘请家教补习功课,均难以认定义务人是否已尽善良管理人的注意义务。所谓磋商行为具有"射幸性",仅为一种夸张的比喻,其并非如买彩票一样是否中奖完全不取决于当事人的行为。磋商是否符合诚信原则仍然有迹可循,至少如无正当理由拒绝磋商、设定磋商的时间地点不符合常理、恶意不将磋商机会通知对方、擅自与第三方进行同种交易的磋商,均可能构成违反诚信原则。前述反驳观点的错误在于将磋商义务作为结果性义务,认为只有取得磋商结果才属于适当履行,未取得磋商结果或者放弃磋商即构成不适当履行。磋商义务仅为方式性义务,磋商不成或一方放弃磋商时,只要当事人的磋商行为符合诚信原则,磋商是否成功在所不问。

总而言之,通过诚信原则在司法上认定磋商之过错具有可操作性。如预约中约定本约内容的确定性不足时,法院可以介入磋商行为认定一方或双方在磋商中是否存在过错,此在我国司法案例中并不鲜见。如"仲崇清案"中法院认为卖方故意不通知买方磋商而擅自出售房产给第三人构成违反诚信磋商义务;如"武汉泓博案"中法院认为双方对于内容不确定之租赁合同预约磋商不成,双方均有责任;如"邹燕案"中法院认为买方按照卖方通知前往磋商,对于包租商铺交房期等关键条款不同意卖方意见,属合理磋商行为,不能成为卖方拒绝继续磋商的理由,因而卖方对磋商不成承担不利后果。

第二节 违反预约的强制履行

一、预约强制履行概述

(一) 强制履行及其阻却事由

强制履行,我国《合同法》第107条称为继续履行,是合同法规定的违约

---

① 〔德〕英格博格·施文策尔:《国际货物销售合同中的不可抗力和艰难情势》,杨娟译,载《清华法学》2010年第3期;陈对:《论预约违约责任中的强制履行》,载《法制博览》2016年第10期。

责任方式之一。当事人未能依据合同自愿履行的,法律赋予当事人要求强制履行的权利,方式上包括私力强制和诉请强制履行,因现代民法对私力强制原则上禁止,故债权人仅能诉请法院强制债务人履行。强制履行尽管并未增加债务人之负担,债务人所负义务仍然在于按照合同约定满足债权,但是仍属于"责任法"范畴,即法律对于债务人不得以损害赔偿填补方式代替继续履行的强制。①

在比较法上,大陆法系以强制履行为"优先"的违约责任承担方式,如《德国民法典》第241条、《日本民法典》第414条,以贯彻契约严守原则(pacta sunt servanda)。唯在法国法上强制履行限于给付财产的债务("与"的债务),而不适用于行为债务("为"的债务),以免侵夺当事人的行为自由。② 英美法系普通法以"救济法"而非"责任法"的理念处理违约责任问题,以损害赔偿为违约责任的基本方式,仅在衡平法上例外承认强制履行③,而且条件苛刻,如要求申请人应当具有"干净的手"(clean hands),即其本身无不当行为,而且原告需要证明损害赔偿不足以救济其损失,不得造成被告不合理的艰难处境(undue hardship),执行标的并非个人服务行为,以及强制履行具有监督的可操作性等。④ 我国属于大陆法系,在法律传统上肯认强制履行为最主要的违约责任承担方式,自无疑问。⑤

强制履行作为责任法,由法律全面规制,为确保当事人利益间的平衡,法律规定了阻却强制履行的事由,根据我国《合同法》第110条,金钱债务不得阻却强制履行,对于非金钱债务,当法律上或事实上不能履行、债务的标的不适于强制履行或履行费用过高、债权人在合理期限内未要求履行时,可以阻却强制履行。

---

① 朱广新:《违约责任的归责原则探究》,载《政法论坛》2008年第4期。
② 王利明:《合同法研究》(第二卷)(修订版),中国人民大学出版社2011年版,第581页。
③ 衡平法在英国的兴起正处于欧洲中世纪的教会法时代,教会法强调严守承诺的美德。衡平法院的大法官多由教会僧侣担任,因而受教会法影响,在违约案件的判决中可发出特定履行令,要求被告实际履行,否则判处监禁和罚金。
④ P. S. Atiyah, *Introduction to the Law of Contract*, Sixth Edition, Oxford University Press, 2016, at 378,379,381,382.
⑤ 王利明:《合同法研究》(第二卷)(修订版),中国人民大学出版社2011年版,第585页以下。

（二）强制履行的方式

强制履行作为违约责任，其承担方式有如下三种：(1) 直接强制，指不管债务人的意志直接实现债权的效果。大陆法系传统学说认为直接强制限于给付财产的债务（"与"的债务），而不适用于行为债务（"为"的债务）。[①] 我国法律应作相同解释。(2) 代替执行，指对于裁判文书要求履行的行为债务，债务人自己不愿意接受强制执行履行该行为的，法院可以委托他人作出上述行为，并要求债务人承担费用。大陆法系传统学说认为代替执行适用于行为债务的执行。(3) 间接强制，是指法院通过罚金、限制高消费、限制出入境等方式间接逼迫债务人履行义务，同时适用于给付财产债务和行为债务。

（三）预约强制履行的范围

违反预约义务的形态主要包括违反缔约义务和违反磋商义务，如果债权人诉请要求强制债务人履行义务，则相应存在两种强制履行：强制缔约和强制磋商。强制缔约，是指法院通过强制履行方式实现债权人要求缔结本约的债权效果。缔约义务属于行为债务，但是与其他行为债务最大的不同在于缔约行为属于法律行为，而法律行为的精义在于缔约人的意志自由，基于法律行为的自由原理，在理论上对于缔约行为是否可以强制履行产生了巨大争议。因此，有必要在下文讨论强制缔约的合理性、可操作性和限制情形。强制磋商，按照逻辑推论，即法院强制拒绝磋商或者不适当磋商的当事人进行磋商或者作出适当磋商行为，因为磋商行为其本身对于权利人并无经济价值，只有在双方通过善意积极协作的磋商行为达成本约合意时才具有意义，所以原则上来说，磋商不适宜强制履行，但是对于一些特别的磋商行为（作为和不作为）则可能采取强制履行措施，如以禁令方式禁止磋商义务人与第三方磋商。以下将分别讨论。

二、强制缔约

（一）强制缔约的性质和正当性

1. 我国司法对于强制缔约的迟疑

我国《买卖合同司法解释》第 2 条似乎肯认强制缔约，但是在司法实践

[①] 韩世远：《合同法总论》，法律出版社 2011 年版，第 604 页。

中对于预约之缔约义务可否强制履行存有迟疑,多采明示不得强制履行或暗中引向损害赔偿的做法,很少判决实际缔约。如最高人民法院关于"王忠诚医疗科技有限公司、张玉琪等与广东同江医院有限公司纠纷再审案"的判决中,法院认为预约合同"可由人民法院强制缔结本约的法律依据并不充分,否则有违合同意思自治原则,亦不符合强制执行限于物或行为的给付而不包括意志给付的基本原理"①。在上海市高级人民法院"张玮诉上海佘山国际高尔夫俱乐部有限公司别墅认购合同纠纷案"中,法院认为"中国法律没有赋予预约以强制订立本约的效力,也未规定根据预约强制实际履行本约的义务,故此原告要求缔约的诉讼请求不予支持"②。在唐小红与重庆市名爵实业有限公司商品房预约合同纠纷案中,法院认为,"预约合同系诺成合同而非实践性合同,不受要物约束,强调当事人主观意志在合同成立中的作用","双方签订的《房屋选定合同》合法有效,但因该合同性质上属于预约合同,不具有实践性",因此,法院裁判驳回原告主张签署正式《房屋买卖合同》的诉请。③ 如前所述,在无立法授权的情况下,司法上对于赋予预约债权人强制缔约权利总是感到迟疑。

2. 强制缔约的性质是代替执行

预约是否可以诉请强制缔约的理论争议的本质是一个法律伦理争议——能否强制作出意思表示?在学说上存在否定说和肯定说。(1) 否定说认为意思表示以意思自治为基础,当事人订立合同的自由不受他人和组织强制。如法院强制缔约,将剥夺意思自由,故强制缔约属于《合同法》第110条规定的"法律上不能履行"。④ 同时有学者指出缔约上的同意乃是一个极为具有人身属性(Personalissimo)、不可强制的行为,不得通过判决代替,预约之缔约义务之违反仅能导致损害赔偿。⑤ 当事人选择缔结预约,而

---

① 最高人民法院(2016)最高法民申 200 号民事判决书。
② 上海市高级人民法院(2005)沪高民一(民)终字第 122 号。
③ 重庆市第一中级人民法院二审(2014)渝一中法民终字第 01700 号民事判决书。
④ 梁慧星:《预约合同解释规则——买卖合同解释(法释〔2012〕8 号)第二条解读》,载中国法学网,http://www.iolaw.org.cn/showArticle.aspx?id=3462,2016 年 6 月 24 日访问。
⑤ 此为 De Ruggiero 和 De Castra 的观点。转引自唐晓晴:《澳门预约合同法律制度》,中国社会科学院 2003 年博士学位论文;《预约合同法律制度研究》,澳门大学法学院 2004 年版,第 108 页。

不是缔结本约,即默示地排除了强制缔结本约之可执行性。①(2)肯定说认为尽管意思表示不得被强制作出,但是可以被代替执行,如果通过法院判决代为作出缔约意思表示,则具有正当性。本书赞成肯定说。

在学说和立法例上不乏"判决代替缔约"具有合理性的先例。"法国民法典之父"Pothier确定了《法国民法典》强制履行制度中的"与"的义务和"为"的义务的区分,并认为"为"的义务不得诉诸强制履行,但其理由不是教条的,而在于避免对人身的压迫和暴力。他进一步认为如果对于"为"的义务可以通过代为执行的方式履行,而不需要对人身予以暴力压迫,则仍然是允许的。Pothier还专门论述预约的强制履行,认为买卖合同预约所构成的义务不是纯粹涉及债务人人身的事实,因此可以由法院以一份具有与合同一样价值的判决取代。②Pothier的"判决代替意思表示"理论流传深远,后世在民法或民事程序法中规定预约强制缔约制度的立法例均以判决代替本约缔结的意思表示,并在强制履行的方式上认其为代替执行之一种。③ 如《德国民事诉讼法》第894条,《瑞士民事诉讼法》第78条,《奥地利执行法》第376条,《意大利民法典》第2932条,《日本民法典》第414条(日本学说上称为"判决代用"④),《俄罗斯民法典》第445、446条等。但略显吊诡的是,在《法国民法典》中却没有规定预约强制缔约制度,按照《法国民法典》关于"为"的债务仅能请求损害赔偿的规定,预约之违约责任不得强制履行。⑤

"判决代替意思表示"从法律行为角度来看,是一种意思表示的法律拟制。如租赁期限届满后视为不定期租赁,即是基于对当事人关于租期约定的拟制。弗卢梅认为这种法律拟制的本质在于法律决定对私法自治所造成

---

① 德国学者Freitag的观点,参见汤文平:《论预约在法教义学体系中的地位——以类型序列之建构为基础》,载《中外法学》2014年第4期。

② Pothier, Traité du contrat de vente,III, 第479、480点。转引自唐晓晴:《预约合同法律制度研究》,澳门大学法学院2004年版,第106、107页。

③ 韩世远:《合同法总论》(第三版),法律出版社2011年版,第605条。

④ 参见《日本民法典》第414条第2项但书。参见韩世远:《合同法总论》(第三版),法律出版社2011年版,第606页。

⑤ 法国上诉法院曾于1970年的一个股权出售预约的案例中以阻却缔结本约条件成就作为本约成就的逻辑推论强制缔约的结论,但是并非主流意见。参见唐晓晴:《预约合同法律制度研究》,澳门大学法学院2004年版,第63页。

的法律漏洞的填补。① 本约缔结的行为必须存在一个意思表示,而在当事人并不自愿作出时,法律必须对此违约行为施加强制责任,因此从法律目的出发,法律可以拟制当事人的意思表示,以判决形式拟制当事人作出了意思表示。

3. 我国司法上应当采纳强制缔约

前述我国司法实践中多个明示排除强制缔约的案例,其判决理由多有不通之处。如最高人民法院认为预约合同"可由人民法院强制缔结本约的法律依据并不充分,否则有违合同意思自治原则,亦不符合强制执行限于物或行为的给付而不包括意志给付的基本原理"②。此处"意志给付"的说法在法学作品中较为少见,似乎意为通过法律行为作出给付。但是该"基本原理"似不存在:首先,给付标的并非区分为物、行为和意志,此处所谓意志似乎应当属于行为中的法律行为;其次,按照传统大陆法系学说,强制履行限于"与"的债务,而非限于物和行为;最后,通过法律行为作出给付并非不能强制履行,而可以通过判决代用,已如前述。又如上海市高级人民法院认为"中国法律没有赋予预约以强制订立本约的效力,也未规定根据预约强制实际履行本约的义务,故此原告要求缔约的诉讼请求不予支持"③。《合同法》第107条"继续履行"之规定即为预约的强制缔约规定,不得认为强制订立本约没有立法规定。还如重庆市第一中级人民法院认为"预约合同系诺成合同而非实践性合同,不受要物约束",因此驳回原告的强制缔约请求。④ 该判决所称"要物约束"含义不清,强制缔约制度与预约是否为诺成合同抑或要物合同显无关系,其论证欠缺法学上的逻辑。⑤

本书认为,预约之强制缔约具有实益,舍此则整个预约制度将失其砥柱,法律约束力将减弱大半。然而涉及强制作出意思表示的法律伦理问题,必须在修辞上给予法律家之法感情足够的安慰。"判决代用"学说尽管迂

---

① 〔德〕维尔纳·弗卢梅:《法律行为论》,迟颖译,法律出版社2013年版,第138页。
② 最高人民法院(2016)最高法民申200号民事判决书。
③ 上海市高级人民法院(2005)沪高民一(民)终字第122号。
④ 重庆市第一中级人民法院(2014)渝一中法民终字第01700号民事判决书。
⑤ 该判决的分析理由摘自最高人民法院民事审判第一庭关于《商品房买卖合同司法解释》第5条的评述。参见最高人民法院民事审判第一庭编著:《最高人民法院关于审理商品房买卖合同纠纷案件司法解释的理解与适用》,人民法院出版社2015年版,第68页。

回,但仍然是迄今最有说服力的理论。① 究其本质,预约之强制缔约并非强制债务人作出缔结本约的意思表示,而是由法院以判决形式代替债务人作出缔约的意思表示。在司法上判决代用不乏先例,比如可撤销合同(《合同法》第 54 条)、情事变更案件[《合同法司法解释(二)》第 26 条]中法院有权通过裁判变更合同条款,破产重整案件中尽管债权人会议并未通过重整方案,法院亦有权强裁(《企业破产法》第 87 条),甚至法院通过法律规定和诚信原则对合同进行解释并加入默示条款,其本质也是通过司法行为为当事人订立合同条款。总之,本书认为,即使我国关于预约强制履行的立法资源尚待充足,从合理性、必要性和可操作性等方面考虑,在司法实务上也应该且完全可以接受强制缔约制度。

(二)强制缔约的程序

强制缔约的正当性首先是一个法律伦理问题,同时也是一个法律技术问题。强制缔约制度如要落地,必须解决的问题在于:若一方当事人拒绝为缔结本约作出任何要约或承诺,而预约中关于本约内容的约定尚不完全确定,此时法院判决本约缔结的程序正当性问题。

1. 强制缔约程序的性质

强制履行(无论是直接强制还是代替执行)一般均在法院生效判决作出后,在强制执行程序中进行。但是强制缔约程序则具有特殊性,因为在缔约完成之前,法院无法作出可以作为执行依据的具有确定性的裁判文书,含糊判决"继续履行"将违反民事诉讼法的"执行依据确定"原则。因而,强制缔约程序仅能发生在审判阶段,而非执行阶段。审判庭的法官在审理期间主持各方按照既定程序磋商和决断,在作出判决书时即已经对当事人缔约内容予以明定,并完成强制缔约。

前文述及,强制缔约的性质在于以判决代替当事人作出意思表示,因而当事人实际并未对未决本约作出意思表示,也未就预约债务作出清偿给付。

---

① 附带论及,另有学者主张预约之强制缔约的合理性,乃在于本约的意思表示的特殊性。因为本约的意思内容全数在预约中实现约定,所以缔结本约并非完全取决于当事人的自由意志,而是取决于预约的约束力,故缔结本约行为类似于按照预约而进行的"与"的债务,或者属于具有可代替性的"为"的债务。参见唐晓晴:《预约合同法律制度研究》,澳门大学法学院 2004 年版,第 109 条。但本书认为,该种论证方法具有导致"本约非约"推论的危险,从而减损本约作为独立合同的性质和意义,有待商榷。

本约成立的正当性依据其实不在"合意",而在"判决之既判力"。因而强制缔约诉讼的性质并非给付之诉,也非确认之诉,而是形成之诉,故不再需要强制执行程序。①

2. 强制缔约程序的机制

综合各国关于强制缔约程序的立法例,总结其解决同种问题的经验,可以归纳出如下要点内容:

(1) 双方同意缔约但个别条款上有分歧的情形②

如果双方基本上同意缔结本约,而仅对某些条款存在分歧,对此情况,法院并无代替当事人作出意思表示的法律伦理压力,在法律上可以规定当事人双方在法院主导下的磋商回合机制。可以有"原告要约"和"被告要约"两种程序:

其一,"原告要约"程序。首先,原告可以向被告提出一份要约,包含预约中已经约定的本约内容,以及其他重要条款。其次,被告应当在法院指定的期限内对该要约作出承诺(本约缔结),或者在不承诺时提出反要约。再次,原告如果对反要约作出承诺即告本约缔结;如果不同意反要约的内容,则应在法院指定的期限内将双方不同意见提交给法院。最后,对于双方尚存不同意见的条款,由法院确定该条款的内容。

其二,"被告要约"程序。首先,法院可以根据原告请求,要求被告在指定期限内作出一份要约,不得与预约中的本约条款有实质性背离。其次,原告如果同意该要约即可作出承诺,缔结本约;如果不同意要约,则应在法院指定的期限内将双方不同意见提交给法院。最后,对于双方尚存不同意见的条款,由法院确定该条款的内容。

对于最终由法院确定的合同条款,如果双方接受,可以通过调解程序结案,如果一方或双方不接受,则法院可以以判决形式宣告本约成立。

---

① 德国 Henrich 即采此观点,认为强制缔约系法院对当事人意思表示的拟制,效力来自判决的既判力,故强制缔约性质上属于"形成判决"。转引自吴从周:《论预约:探寻德国法之发展并综合分析台湾"最高法院"相关判决》,载《台湾大学法学论丛》第 42 卷特刊。

② 本部分参考《俄罗斯民法典》第 445 条规定之程序。该条仅规定双方同意缔约情形下法院的裁断程序,而按照第 445 条第 4 款,如果一方拒绝缔约,则债权人仅能获得损害赔偿请求权,而不能通过法院判决缔约。

(2) 一方完全不同意缔约的情形①

在一方完全不同意缔约的情况下,法院可先行请不同意缔约的一方(被告)自愿作出缔约的意思表示,如其坚持不缔约或者沉默,原告可以在法院主持下向被告发出一份要约,如被告继续不同意缔约或者沉默,则除非该要约条款违法、违背公序良俗或者显失公平,否则法院可以直接按照该要约判决合同成立。该程序设计的目的在于对被告施加压力,促使其进入磋商,否则其可能必须接受对其最大不利的合同条款。

在被告始终不同意缔约的情况下,法院需要判断其是否有能力为双方当事人合理地订立全部本约合同条款,(1) 如果法院有能力订立合理的条款,则法院通过判决宣告本约合同成立;(2) 如果在一方不配合的情况下,法院因为缺乏专业知识或者交易特别复杂,无法合理确定全部本约条款,或其履行牵涉重大公共利益或人身安全保护,不宜在一方不参与的情况下由法院订立合同,则法院不宜草率宣判缔结本约,而应以法律上不能为理由向原告释明,要求其变更诉讼请求,主张损害赔偿。

(三) 排除强制缔约的"调节阀"

缔结本约作为主合同义务,不能形同虚设,这是预约制度的本旨所在。但是鉴于目前中国强制缔约并无法律明确规定,且以法官判决代替本约缔结,难以保障个案公正,也不利于合同顺利履行,再生争议可能性较大,所以从司法政策上不宜将预约违约责任悉数导向强制缔约。而且,从预约的法制史来看,预约与悔约息息相通,预约之制度设计总会给悔约留有一定出口,因此对于预约的强制履行并不是法律意志的绝对目的。因而,在法律政策上应当考虑对预约的强制缔约的空间进行合理限制,在一定的合理范围内向损害赔偿导流。

在理论上,"应当缔约"是指预约的效力,即预约的法律效果,或者说是当事人得请求对方完成缔约行为。承认"应当缔约"的效力并不必然导致"实际履行"(强制缔约),因为后者是预约的违约责任范畴,而非效力范畴。基于效力和违约责任之间的区分而产生的制度空间,我们需要在理论上可靠妥帖地设置调节阀,将大量不宜判令缔约的案件引入损害赔偿,而非实际履行,同时又不至于导致理论体系上的冲突。

---

① 该部分参考《德国民事诉讼法》第894条的规定,以及德国司法上的做法。

这些"调节阀"通过《合同法》第110条关于当事人不得请求实际履行的例外情形的规定而起作用,包括"法律上或者事实上不能履行""债务的标的不适于强制履行或者履行费用过高""债权人在合理期限内未要求履行"三种情形。有其中之一情形的,当事人不得要求强制履行。以下列举一些调节阀制度:

1. 预约的确定性

如前文所述,预约应当具有双重确定性,其一为预约本身的确定性,其二为本约内容的确定性。预约的内容一般不需要具有相当于本约的确定性,但是如果需要诉诸实际履行,则需要达到相当于本约自身的确定性程度。该确定性程度需要具备客观上基于合同性质的必要之点,以及主观上当事人共同认为需要约定的必要之点,而非依《合同法司法解释(二)》第1条仅具备当事人、标的和数量即可,已如前述。而对于确定性较低之预约,法院难以通过简单判决或通过补充少量非必要条款即可缔结本约的,则法院可以认为其符合《合同法》第110条"债务的标的不适于强制履行"的规定,认定当事人不得诉请强制缔约。但是因为无法强制缔约的原因在于对方违反磋商之从合同义务,故当事人仍然可以主张违约方承担损害赔偿责任。

2. 本约为要物合同

如预约所规定的本约属于要物合同,如保管合同(《合同法》第367条)、自然人间借款合同(《合同法》第210条),则本约的缔结不仅需要当事人作出本约合意,而且需要交付标的物才能成立或生效。但如果预约的违约方恰为需要交付标的物的一方当事人,违约方拒不交付标的物的,本约依法不能成立。因为欠缺法律规定的成立要件或生效要件的,法院不得通过判决代替本约缔结。且法院也不得以判决强制违约方交付标的物,盖因法律规定要物合同的意旨在于刻意延缓合同生效,并给予交付标的物一方最后的思忖机会①,强制预约违约方交付标的物以缔结要物合同,将会剥夺法律特别给予交付标的物一方的优待地位,因此属于"法律上不能履行"的情形。故当本约为要物合同时,非交付标的物一方诉请履行预约的,一般不得强制

---

① 黄茂荣:《债法总论》(第一册),中国政法大学出版社2003年版,第116页。

缔约。①

3. 附待审批生效条件

预约约定的本约附待审批生效条件的,缔结本约除当事人达成合意之外,尚需第三方行政机关或其他有权第三方(如上市公司股东)审批才能生效,法院享有司法权,但不享有行政管理机关的行政职权,不得代替行政机关作出审批,也不得代替未进入诉讼的第三方作出审批。因此,当一方拒绝履行本约审批手续时,法院强制缔结本约属于"法律上不能履行"的情形。

4. 情事变更

情事变更或者合同落空,均是指在因不可归责于当事人双方的客观情况变化,导致合同目的无法实现时,双方之间可以免于承担责任,并得诉请变更或解除合同。当预约双方均无可归责之处而本约无法缔结时,比如双方订立了关于买卖某房屋的预约,在磋商本约过程中,房屋建设项目因规划变更而被取消或被拆迁征收,则当事人有权请求变更预约或解除预约,法院不得以判决形式强制缔结本约。②

5. 与有原因

预约订立后,双方均有磋商义务以完善本约内容,但是在双方均有可归于自身的原因(但双方均无过错)导致本约无法缔结的情况,比如双方对某合同条款各执己见,不可调和,非依本方观点不同意缔约,而对此争议从磋商情势观之又不能认为任何一方存在过错,此时一方起诉至法院要求缔结本约时,是否可以强制缔约值得讨论。英美法系的衡平法上有 clean hands 规则,即申请实际履行的一方应当在合同履行上无可指摘。该规则背后的机理在于实际履行过于严厉,并非必要且绝对正当不得采取。大陆法系违约责任制度以实际履行为优先原则,并无对申请方必须毫无可指摘之处的要求。但是,在预约的强制履行上似可以借鉴英美法的做法,盖因为预约的强制履行本就不具有绝对的正当性,而且预约订立于踟蹰犹豫之间,对此本就需要双方协力磋商完成本约缔结,如果双方均有可归责原因导致无法缔

---

① 在我国台湾地区"民法"上,要物契约基本为无偿契约,其预约可以在交付标的物(缔结本约)前撤销之,仅以附利息的消费借贷为例外。参见台湾"民法"第 465 条之一、第 475 条之一。

② 吴从周:《论预约:探寻德国法之发展并综合分析台湾"最高法院"相关判决》,载《台湾大学法学论丛》第 42 卷特刊。

约的,则双方均应分担无法缔约的风险,似不必许以强制缔约权利,不如通过损害赔偿制度,根据双方与有原因的比例酌定损害赔偿金额,更显公允。

6. 本约给付不能

借鉴《德国民法典》第 275 条第 1、2 款的规定,给付不能(包括经济上不能)者可以阻却实际履行。① 预约之给付义务为缔结本约,该行为仅需当事人作出意思表示即可,除非当事人一方出现行为能力的缺陷,否则不存在给付不能问题。但是,在本约约定的特定标的物已经被卖方出售给第三人的情况下(在我国商品房预约案例上多发,如"仲崇清案"),尽管签订本约在法律和事实上仍为可能,但因为债务人从第三方手中回购标的物在经济上难以实现,即使签订本约也无法履行,此时本约存在经济上给付不能情形,按照我国关于预约案例的司法审判惯例,对于标的房屋已经转卖给第三方的预约,一般不支持缔结本约的诉请。

三、强制磋商

(一) 磋商义务的强制履行的性质

预约当事人负有诚信磋商义务,已如前述。但是对于预约当事人违反磋商义务可否强制履行争议较大,存在如下学说:(1) 否定说。该说认为磋商的性质决定了其不可能强制履行。如德国学者施文策尔在评论情事变更的"再磋商义务(renegotiation)"时批评这种磋商义务并无实际意义,磋商取决于当事人的意愿和信任,不能强制实现;且在司法实践中很难判断磋商行为以及放弃磋商是否善意,强制当事人谈判只能是"一场闹剧"。② (2) 有限肯定说。该说认为磋商义务可以诉请强制履行,但是限于一定的范围。如国际统一私法协会《国际商事合同通则 2010》将磋商义务的诉请履行限于当事人明确约定诚信磋商义务的情况。③ 美国学者 Knapp 也认为磋商义务

---

① 〔德〕莱因哈德·齐默曼:《德国新债法——历史与比较的视角》,韩光明译,法律出版社 2012 年版,第 70 页。

② 〔德〕英格博格·施文策尔:《国际货物销售合同中的不可抗力和艰难情势》,杨娟译,载《清华法学》2010 年第 3 期。

③ 张玉卿主编审校:《国际统一私法协会国际商事合同通则 2010》(英汉对照),中国商事出版社 2012 年版,第 168、169 页。英文原文为:"Only if the parties have expressly agreed on a duty to negotiate in good faith, will all the remedies for breach of contract be available to them, including the remedy of the right to performance"。

通常不能实际履行,但是在关于磋商义务的合同属于一个最终协议时,则在特别情况下法院可以判决实际履行。①

本书认为上述学说均有一定的道理,但倾向于采有限肯定说,并主张对于磋商的强制履行的范围加以限制。批评观点对磋商的性质的评价基本正确,磋商属于"为"的债务,具有极强的人身专属性,是当事人有意思参与的行为,而且需要调动其主观积极性,因此"强制的磋商"(forced negotiation)难以成功缔约。② 质言之,磋商义务一般为具有人身性的方式性义务,不具有可替代性。所以,磋商义务原则上因"法律上不能"以及"标的不适合强制履行"而不得强制履行。但是,如果当事人明文约定具体磋商义务,具备确定性而适合强制履行的,则例外可以强制履行。

(二) 磋商义务的强制履行的限定范围

磋商义务不得强制履行是一个原则,当然也存在例外,并非所有的磋商义务均不能强制履行。对于当事人在预约中明文约定的具体磋商义务,因具有确定性,完全可以强制履行。对于预约明确约定的一部分积极的磋商义务,法院可以判决当事人作出一定的行为,如提供文件资料、支付磋商费用;对于预约明确约定的一部分消极的磋商义务,法院可以禁令方式(《民事诉讼法》第 100 条)要求当事人在诉讼期间不得作出违反磋商义务的行为,如不得与第三方磋商。禁令具有临时性等特点,仅在诉讼期间适用。但是应当明确的是,对于磋商中的消极义务,一般不能通过判决实际履行的方式强制履行,其原因在于法院执行部门难以监督执行效果。③

从实际案例统计来看,原告在预约案件中提出强制磋商的诉请的情况非常少见,按照我国的交易文化和诉讼文化,原告提起诉讼的行为已经表明

---

① Charles L. Knapp, "Enforcing the Contract to Bargain", 11 *N.Y.U. L. Rev.* 673, 679 (1969), cited in Mark K. Johnson, "Enforceability of Precontractual Agreements in Illinois: the Need for a Middle Ground", *Chicago-Kent Law Review*, Vol. 68(1993), at 949, note 97.

② Nadia 介绍法国法上不承认对于磋商的强制履行。Nadia E. Nedzel, "A Comparative Study of Good Faith, Fair Dealing, and Precontractual Liability", *Tulane European & Civil Law Forum* 97 (1997), at 147.

③ 在英国法上,Lord Hoffmann 在 Co-op Insurance Society Ltd. v. Argyll Stores(Holdings) Ltd. 一案中表达了英国法不允许对需要长期监督执行的权利提供强制履行救济的理由,即法院必须不断对执行过程中的一个个具体行为作出命令。P. S. Atiyah, *Introduction to the Law of Contract*, Sixth Edition, Oxford University Press, 2016, at 382.

双方之间的磋商关系破裂,难以弥补,所以在绝大多数情况下,原告会采取损害赔偿方式寻求救济,而非请求强制磋商。

第三节 违反预约的损害赔偿

违反预约的损害赔偿比强制缔约在实务上更为重要。瑞士学者 Bucher 指出:"预约,在其古老的传统上,……长久以来恐怕不是被设置作为真正落实订立本约而来,而是预先被构想作为不订约时损害赔偿请求权之基础。"[1]德国学者 Henrich 认为:"一个真实的现象是:实务上本于预约主张给付请求权的情形,几乎完全不重要……原告大多请求损害赔偿。"[2]尽管上述论述可能不符合我国关于预约的司法实践(我国司法实践上商品房买卖预约的原告起诉缔结本约者不在少数),但足以说明预约违约损害赔偿的重要性。

预约的损害赔偿包括意定损害赔偿(违约金)和法定损害赔偿。关于违约金,两大法系均承认违约金条款的有效性。但英美法系一般不承认违约金的惩罚性质,超过实际损失部分的违约金无效。[3] 大陆法系主要国家,如法国法规定,违约金过分高于和低于实际损失的,可以请求法院相应增减以符合实际损失。[4] 我国合同法的违约金制度兼采两大法系,以赔偿主义为原则,以惩罚主义为例外。预约中可以设定违约金,作为当事人对于预约违约责任的损害赔偿金额的约定。当违约方拒绝磋商或者拒绝订立本约,守约方执行违约金条款以后,不得再请求磋商或缔结本约,或者要求损害赔偿。通常来说,当事人订立预约的目的在于缔结本约,而非获得违约金的金钱价值,因而在预约中使用违约金一般是一种压力手段(Druchmittel),以鞭策债

---

[1] Bucher, Für Mehr Aktionnendenken, Acp 186(1986),S. 52. 转引自吴从周:《论预约:探寻德国法之发展并综合分析台湾"最高法院"相关判决》,载《台湾大学法学论丛》第 42 卷特刊。

[2] Henrich, Vprvertrag, Optionsvertrag, Vorrchtsvertrag, Berlin 1965,S. 192 f. 转引自同上文。

[3] Atiyah 称"禁止惩罚性赔偿是英国普通法上的一个古老的平衡法原则。"see P. S. Atiyah, *Introduction to the Law of Contract*, Sixth Edition, Oxford University Press, 2016, at 392.

[4] 《法国民法典》第 1152 条以及 1975 年、1985 年对该条的修改。

务人积极履行债务,避免出现违约。

本节主要讨论预约违约责任中的法定损害赔偿,暂不讨论违约金问题。

一、违约损害赔偿理论概述

违约损害赔偿的目的在于补偿受损方因违约行为而遭受的利益损失,故有谓"损害赔偿实为契约债务之化身"。[①] 大陆法系各国立法,包括我国合同法,采全部赔偿原则,意味着在损害赔偿完成后当事人相当于获得了履约效果。在大陆法系,主要是德国法,通常来说违约损害赔偿所赔偿的有三种利益:履行利益、信赖利益和维持利益。履行利益和信赖利益是因合同而产生的利益,而维持利益是指当事人的固有法益,是基于合同附随义务中的保护义务而产生的合同上利益。对于维持利益的保护多通过加害给付制度予以规范,在任何合同中均有存在,在预约违约损害赔偿中也莫能外,但因为预约上的维持利益与其他合同的维持利益并无不同,所以本书暂不涉及。在英美法系,违约损害赔偿责任所保护的利益也是三分法:期待利益、信赖利益和返还利益。按照富勒的观点,信赖利益理论已经涵盖了返还利益[②],因此本书不准备单独讨论返还利益问题。

综上,本书此处仅讨论预约的履行利益[③]和信赖利益。

(一)履行利益

关于法定损害赔偿,两大法系关于违约损害赔偿的理解原则上一致,在合同有效的情况下,其目的在于使受损方回复到合同已经完全履行的状态。[④] 在大陆法系,在合同债务不履行的情况下,违约方应当赔偿当事人的履行利益损失(Erfüllungsinteresse),在计算上采取差额计算方式,即假设合同得到完全履行的情况下受损方的法益价值与对方违约时受损方的法益

[①] 曾世雄:《损害赔偿法原理》,中国政法大学出版社 2001 年版,第 114 页。

[②] L. L. Fuller & William R. Perdue, "The Reliance Interest in Contract Damages(I)", 46 *Yale Law Journal* (1936), at 51.

[③] 大陆法的履行利益的范围与英美法的期待利益不同。履行利益包括消极利益(利润)和积极利益,而消极利益基本相当于英美法的期待利益。

[④] 王利明:《合同法研究》(第二卷)(修订版),中国人民大学出版社 2011 年版,第 602 页。

价值之间的差额。① 履行利益包括两类损失之和:积极利益损失和消极利益损失(可得利益损失)。② 其中积极利益损失包括为履行合同而支出的成本费用,以及其他损失(如处置、转运、重新订约而花费的费用),消极利益损失指应得利润。

英美法系传统上仅支持赔偿期待利益损失(expectation damages),该期待利益损失是指当不存在违约行为时受损方可以期待获得的利益。③ 尽管受到了信赖利益思潮的冲击,但是仍有很多学者认为赔偿期待利益损失是首选的损害赔偿计算方法,这主要是因为信赖利益赔偿中的机会丧失(loss of opportunity)具有不确定性,在司法实践中非常难以证明,而按照期待利益损失计算所失利润要比按照机会丧失计算相对容易得多。④

(二) 信赖利益

在大陆法系传统上,信赖利益(Vertrauensinteresse)与合同生效后的违约损害赔偿无关,信赖利益由耶林在1891年创设缔约过失理论时加以总结并完善,是指在合同无效、缔约过失责任的情况下,可归责一方应赔偿受损方因信赖合同有效或履行而受到的损失,包括支出的成本费用以及机会损失。但是随着两大法系的交融和相互借鉴,大陆法系也认可在合同有效的

---

① 在德国法上,《德国民法典》第249条第1款确立了损害赔偿计算的差额说(Differenzhypothese)。差额理论是由Friedrich Mommsen创设的,其以受害人的整体财产状况作为确定依据,以假想的履行后的财产状况与现实的财产状况相比较的差额作为损害赔偿金额。但该理论因为不太考虑具体合同标的物的个别价值计算,而受到批评。参见〔德〕迪特尔·梅迪库斯:《德国债法总论》,杜景林、卢谌译,法律出版社2004年版,第437页;《德国民法典——全条文注释》(上册),杜景林、卢谌译,中国政法大学出版社2015年版,第166页;许德风:《论合同法上信赖利益的概念及对成本费用的损害赔偿》,载《北大法律评论》2005年第6卷第2辑。

② 史尚宽:《债法总论》,中国政法大学出版社2000年版,第288页;王利明:《合同法研究》(第二卷)(修订版),中国人民大学出版社2011年版,第622页。《法国民法典》第1149条将损害赔偿范围区分为"债权人发生的损失"和"丧失的可得利益"。法国学者将"债权人发生的损失"解释为"直接损失",将"丧失的可得利益"解释为"间接损失"。而"间接损失"在我国法上主要是指代基于直接损失而发生的结果性的损失,如因违约行为受损方不仅自己受到财产损失(直接损失),还将因为不能向第三方履行合同而承担对第三方的违约损害赔偿(间接损失)。这里的间接损失与上述法国学者所称的间接损失所指不同,仅为概念选择的差异而已。为避免歧义,本书不采直接损失和间接损失的对称概念,而称为积极利益损失和消极利益损失。

③ E. Allan Farnsworth, "Precontractual Liability and Preliminary Agreements: Fair Dealing and Failed Negotiations", *Columbia Law Review*, Vol. 87(1987), Contract, at 758.

④ Randy E. Barnett, *Contracts*, Oxford University Press, 2010, at 19.

情况下赔偿信赖利益损失,以弥补履行利益损害赔偿责任在特殊情况下产生的不公平问题,如在非营利性目的合同违约案件中,承租人因重要政治集会而租赁礼堂,他所希望获得的合同目的并非经济性的,而是精神性的,因此当事人难以证明其履行利益的实际价值,此时就连成本和费用均无法获得赔偿,此种情况下,可以按照信赖利益损失赔偿受损方的成本和费用。[1]德国新债法为此增加了第284条"偿还落空费用请求权"的规定[2],即允许当事人在任何合同有效情况下的违约损害赔偿计算上按照信赖利益计算,但是并不包括信赖利益中丧失的机会损失。原则上,信赖利益损害赔偿不得高于履行利益损害赔偿。

在英美法系,富勒和帕迪尤在1936年发表经典文献《合同损害赔偿中的信赖利益》,信赖利益因此被提升到与期待利益对峙的高度。[3]因美国《第二次合同法重述》的引入,英美法基本接受以信赖利益损失(reliance damages)作为与期待利益损失可相互替代的赔偿方式。在理论基础上,信赖利益损失的赔偿基础是信赖,而期待利益损失的赔偿基础是允诺。信赖利益损失包括成本费用的损失和机会的丧失,这使得信赖利益损失的计算在通常案件中与期待利益损失的计算结果相同,因而在英美法系,信赖利益损失赔偿计算标准在合同有效的违约责任上可以普遍适用。甚至有学者认为期待利益损害赔偿只是信赖利益损害赔偿的简化版(easy-to-play method)。[4]但是,无论是当事人还是法院均承认,受损方在诉讼中很难证明机会损失的

---

[1] 许德风:《论合同法上信赖利益的概念及对成本费用的损害赔偿》,载《北大法律评论》2005年第6卷第2辑。

[2] 《德国新债法》第284条规定:"代之替代给付的损害赔偿,债权人可以请求偿还自己因信赖可以获得给付所支出的、并且从正当角度看为可以支出的费用,但即使债务人不违反义务,仍然不会达到支出费用之目的的,不在此限。"相关解释参见《德国民法典——全条文注释》(上册),杜景林、卢谌译,中国政法大学出版社2015年版,第187—188页。

[3] L. L. Fuller & William R. Perdue, "The Reliance Interest in Contract Damages(I)", 46 *Yale Law Journal* (1936).

[4] P. S. Atiyah, *Introduction to the Law of Contract*, Sixth Edition, Oxford University Press, 2016, at 405.

存在及其经济价值。① 因此,信赖利益损失仍然局限在一些特定案型之中,受损方通过信赖利益的方法计算损害赔偿的目的仍然是为了索赔成本费用,而非机会损失。上述特定案型是指期待利益损失难以计算的案型,或者按期待利益计算明显不公平的案型,此时受损方一般会诉请赔偿信赖利益损失,而非期待利益损失。② 当然,在合同不成立、无效或被撤销的情况下,受损方也可以主张信赖利益损失赔偿,这与大陆法系传统的信赖利益损失基本一致。

我国合同法一般以大陆法系的传统方式理解损害赔偿方式,即在针对有效合同主张违约责任时,也即具备履行依据的情况下,当事人请求的是履行利益损害赔偿;而在合同不成立、无效或被撤销的场合,即缺乏履行依据的情况下,当事人请求的是信赖利益损害赔偿。

(三) 违约损害赔偿的限制

两大法系对于违约损害赔偿范围均有限制,如英国法官在 Hawkins v. McGee 一案中所指出的,没有限制的损害赔偿是不存在的,即使是那些必然导致的损害也一样。③ 在大陆法系的立法例上一般坚持全部赔偿原则,但通过相当性因果关系理论和不真正义务理论限制赔偿范围。④ 在美国法上,损害赔偿的限制包括:(1) 无法合理预见限制(unforeseeability),即违约方不赔偿其在合同订立时不能合理预见的损失;(2) 合理避免限制(avoidability),即受损方应采取合理措施避免和减少己方的损失,否则对损害结果存在与有过失,就该过失的比例免除违约方的损害赔偿责任;(3) 不确定限制(reasonable certainty),即损害赔偿责任仅限于可以合理、清晰证明的具有确定性的损失,而非推测(speculation or conjecture)的损失。⑤ 在英国法

---

① 按照富勒和帕迪尤在《合同损害赔偿中的信赖利益》中的观点,信赖利益损失包括成本和费用损失(现实成本),以及缔约机会损失(机会成本)。但是 Farnsworth 认为机会损失难以计量,所以美国法院还没有做好接受的准备。在美国法上,根据《第二次合同法重述》,信赖利益损失仅限于成本和费用(expenditures),而不包括机会损失(opportunity)。参见徐咏松:《信赖利益损失之机会损失分析》,载《华东政法大学学报》2009 年第 4 期。

② P.S. Atiyah, *Introduction to the Law of Contract*, Sixth Edition, Oxford University Press, 2016, at 406,407.

③ Hawkins v. McGee,84 N.H. 114,146 Atl. 641(1929), cited in Barnett, at 15.

④ 〔德〕迪特尔·梅迪库斯:《德国债法总论》,杜景林、卢谌译,法律出版社 2004 年版,第 440,514 页。

⑤ E. Allan Farnsworth, *Contracts*, Fourth Edition, Aspen Publisher, 2004, at 778–804.

上,则有远因性(remoteness)、因果关系(causation)、减轻损失(mitigation)、与有过失(contributory negligence)等限制规则。①

我国《合同法》明确规定了可预见性限制规则(《合同法》第113条第1款)、减轻损失限制规则(不真正义务)(《合同法》第119条)和与有过失限制规则(《合同法》第120条),学说上还认可损益相抵作为限制损害赔偿范围的事由。②

二、违反预约的损害赔偿

(一) 比较法

在比较法上,德国法的预约概念限于确定性相当于本约的预约,而且搭配强制缔约制度,又因《德国民法典》第249条规定的"全面赔偿"原则③,对于因果关系的远近并无严格要求,因而对于预约的违约损害赔偿,可以不经缔结本约之诉而直接诉请赔偿本约履行利益。④ 学说上认为,此时预约的履行利益(缔结本约)请求权为第一次请求权,基于应当缔结的本约而起诉要求本约履行利益损害赔偿为第二次请求权,如果在个案中肯认本约可以强制缔结,则该预约的履行利益请求权与本约的履行利益请求权价值相同,此时缔结本约之诉毫无意义,故应允许债权人直接诉请本约履行利益损害赔偿。⑤ 在瑞士法上,基本观点与德国法相同。⑥ 在英美法上,临时协议如果被认定为最终协议,则当事人可以按照最终协议(本约)请求本约履行利益赔偿,自无疑义;如果未被认定为最终协议,则该临时协议因不具有缔约意图而没有法律约束力,当事人之间的权利义务相当于最终协议磋商阶段发生的权利义

---

① 韩世远:《合同法总论》,法律出版社2011年版,第630页;许德风:《论合同法上信赖利益的概念及对成本费用的损害赔偿》,载《北大法律评论》2005年第6卷第2辑。

② 韩世远:《合同法总论》,法律出版社2011年版,第648页。

③ 德国损害赔偿法的基础学说由学者Mommsen所创,其理论否定损害赔偿范围与责任原因的联系,不认可可预见性与过错程度的关联,故称为"全面赔偿原则"。因此《德国民法典》第249条对于赔偿范围基本没有可预见性等限定条款。参见韩世远:《合同法总论》,法律出版社2011年版,第630页。

④ 参见汤文平:《论预约在法教义学体系中的地位——以类型序列之建构为基础》,载《中外法学》2014年第4期。

⑤ 吴从周:《论预约:探寻德国法之发展并综合分析台湾"最高法院"相关判决》,载《台湾大学法学论丛》第42卷特刊。

⑥ 汤文平:《瑞士预约制度研究》,载《西部法学评论》2011年第4期。

务,法院将根据个案情况通过误述(misrepresentation)①、按劳取酬(quantum meruit)②、禁反言(Promisory Estoppel),以及信赖原则或一般诚信原则要求可归责方赔偿受损方的损失,该损失一般限于受损方支出的成本和费用,相当于本约的信赖利益损失。③

(二)学说

在学说上,关于预约的损害赔偿存在如下不同理论:

(1)**本约履行利益说**。德国学者Henrich的观点与上述介绍德国法关于预约损害赔偿范围的制度一致,即守约方可以主张本约的履行利益,此为德国通说。④

(2)**本约信赖利益说**。最高人民法院民二庭在解释《买卖合同司法解释》第2条时认为,预约处于缔约阶段之内,违反预约的损失在总体上相当于本约的缔约过失责任范围。因此,预约损害赔偿应为本约的信赖利益损失。该信赖利益损失仅限于为缔结和履行本约而支出的成本费用,而不包括订约机会损失。预约与本约的最大区别在于预约违约行为的受损方并无可得利益损失,而仅有直接损失。该学说支持者众多,可暂视为我国通说。⑤

(3)**非本约履行利益说**。在我国台湾地区,王泽鉴认为预约的损害赔偿范围不应涉及本约的履行利益,其依据在于台湾地区的"司法判例"。⑥ 王利明教授持有相同观点,认为预约的损害赔偿"不能完全等同于违反本约合同的赔偿",理由在于预约发生违约时,"本约尚未成立,未产生可得利益"。

---

① Walford v Miles, Neil (1992) 108 L. Q. R. 405.

② Cobbe v. Yeomans Row Management Ltd. [2006]1 W. L. R. 2964.

③ E. Allan Farnsworth,"Precontractual Liability and Preliminary Agreements: Fair Dealing and Failed Negotiations", *Columbia Law Review*, Vol. 87(1987), at 269.

④ 国内也有持该观点的论述。参见叶锋:《论预约合同的出路——以类型系列的构建为分析视角》,载《法律适用》2015年第9期;薛波、刘浩然:《预约合同法律问题研究——以〈买卖合同司法解释〉第二条解释与适用为中心》,载《新疆社论坛》2015年第5期。

⑤ 最高人民法院民事审判第二庭编著:《最高人民法院关于买卖合同司法解释理解与适用》,人民法院出版社2016年版,第61页。其他持有该观点的论述,参见刘承韪:《预约合同层次论》,载《法学论坛》2013年第6期;焦清扬:《预约合同的法律构造与效力认定》,载《社会科学》2016年第9期;王瑞玲:《预约、本约区分和衔接的主观解释论——兼对客观解释论商榷》,载《政治与法律》2016年第10期;张古哈:《预约合同制度研究——以〈买卖合同司法解释〉第2条为中心》,载《社会科学研究》2015年第1期。

⑥ 王泽鉴:《债法原理(第一册):基本理论·债之发生》,中国政法大学出版社2001年版,第150页。

同时王利明教授认为,预约损害赔偿的性质为违约责任,采取完全赔偿原则,不局限于类同缔约过失责任的信赖利益赔偿。[1]

(4) **区分情形赔偿本约信赖利益或履行利益**。德国学者 Freitag 主张预约的类型化,即区分本约必要之点不具备的预约和本约必要之点已经具备的预约,对于前者的违约行为赔偿本约的信赖利益,盖因其时并无本约缔结之可能,而对于后者在特别合适的情况下,可以赔偿本约的履行利益。[2] 我国学者陆青认为,应当借鉴缔约过失责任的"渐进渐出"理论[3],区分初期的预约、待成熟的预约和无限接近本约的预约[4]。基于成熟度的不同,越成熟越倾向于本约履行利益赔偿,越不成熟则越倾向于本约信赖利益赔偿,甚至不赔偿。[5]

(5) **预约履行利益说**。林诚二主张在预约有效的情况下,损害赔偿应为预约的履行利益,盖因预约的履行利益在于缔结本约,如果不宜计算履行利益的金额,则应按照预约的信赖利益计算损失,包括为缔结本约和履行本约准备的成本和费用。同时林诚二认为,如果当事人请求本约的缔约过失责任,即赔偿本约的信赖利益,则视为放弃预约的履行利益(按照预约的信赖利益计算)损害赔偿请求权。此外,在强制缔约条件充分时,预约的损害赔偿范围可按照本约的履行利益计算。[6]

(三) 司法实务

我国《商品房买卖合同司法解释》并未涉及预约损害赔偿问题,《买卖合同司法解释》第 2 条规定违反预约可以诉请"解除预约合同并主张损害赔偿",但是对于损害赔偿的范围和性质并未规定。[7] 与学说上的各执一端类

---

[1] 王利明:《预约合同若干问题研究——我国司法解释相关规定述评》,载《法商研究》2014 年第 1 期。

[2] 叶新民:《预约效力的十字路口——简评"最高法院"2011 年度台上字第二○七六号民事判决》,载《月旦裁判时报》2012 年第 18 期。

[3] 苏永钦:《寻找新民法》,北京大学出版社 2012 年版,第 395 页。

[4] Di Majo, Obbligo a contrarre, in Enc,giur, XXI, Roma, 1990, at 6. 转引自陆青:《〈买卖合同司法解释〉第 2 条评析》,载《法学家》2013 年第 3 期。

[5] 同上。

[6] 林诚二:《预约之认定与不履行之损害赔偿范围——"最高法院"2014 年度台上字第一九八一号民事判决评释》,载《月旦裁判时报》2015 年第 5 期。

[7] 《买卖合同司法解释》起草小组认为该损害赔偿为本约的信赖利益损失,参见前文关于信赖利益说的介绍。

似,在司法案例中对于预约违约损害赔偿也无统一原则。① 我国司法案例上对于预约损害赔偿的处理方法可以归纳为如下几种:

(1) 按照缔约过失责任认定本约信赖利益损失。如"张励案",法院适用《合同法》第 42 条缔约过失责任判决被告承担信赖利益损失,返还原告已付费用 5 万元,以及赔偿订约机会损失,该损失应根据预约时房价与判决时房价的差额确定,并按照情事变更规则予以酌减,酌定为 15 万元。又如"江再根与重庆市尧舜房地产开发有限公司缔约过失责任纠纷案",重庆市第四中级人民法院明确认为:"因违反预约和缔约过失,违约方承担的是守约方信赖利益的损失,因此预约的违约责任范围大致相当于本约的缔约过失责任范围。"②

(2) 按照违约责任认定本约履行利益损失。如"北京优高雅装饰工程有限公司诉北京亨利戴艺术家居有限公司违反预约合同案",涉案预约约定原告可在同等条件下优先承揽被告商场装修施工,但是被告私下与第三人签订装修施工合同,法院认定被告违反合同义务,应当赔偿原告本应签订的

---

① 黄淑丹:《论预约的违约损害赔偿范围——以预约效力的弹性化认定为中心》,载《研究生法学》2015 年第 1 期。

② 重庆市第四中级人民法院(2016)渝 04 民终 1556 号民事判决书。此外,在甘肃省高级人民法院(2012)甘民二终字第 61 号"嘉峪关置业阳光房地产开发有限责任公司与李妍霞商品房预约合同纠纷案"民事判决书中,法官适用缔约过失责任条款判决,但是明确按照房价差价认定赔偿责任。还有,上海市高级人民法院审判的"张玮诉上海佘山国际高尔夫俱乐部有限公司别墅认购合同纠纷案"中,法院认为,违反预约合同应当承担缔约过失责任,承担缔约过失责任的方式为损害赔偿,不包括缔结本约,损害赔偿范围包括直接利益的减少和失去与第三人订立合同机会的损失。另有,江西省宜春市中级人民法院(2015)宜中民四终字第 76 号"袁发兴、万载县宏达房地产开发有限公司与被郭蓉房屋买卖合同纠纷案"。江苏省高级人民法院(2015)苏商终字第 00047 号"上海涌冠物流设备有限公司与南通贝思特机械工程有限公司合伙协议纠纷"中,法院判决认为:"预约本身而言是缔结本约的过程,违反预约的行为应视为本约的缔约过失责任,因此违反预约的赔偿范围应和本约的缔约过失责任相当,也就是说不应超过涌冠公司的信赖利益损失,而不包括其履行利益,故原审法院对涌冠公司主张的可得利益未予支持并无不当。其次,涌冠公司主张贝思特公司赔偿其差旅费、技术人员奖金、购买钢材的跌价数额等损失,除了差旅费有相关票据为证具有合理性之外,在本约合同尚未成立的情况下,涌冠公司认为其向技术人员支付的巨额奖励和为履行合同采购钢材的跌价损失应由贝思特公司承担,该主张缺乏法律依据。因涌冠公司为预约的成立和履行付出了相应的人力成本、差旅费等费用,对其该项损失应由贝思特公司予以赔偿,原审判决综合考虑本案的具体情节酌定贝思特公司赔偿 80 万元损失。"

商场装修施工合同的利润。①

(3) 按照违约责任认定本约信赖利益损失。 如"仲崇清案",法院依据《合同法》第107条违约责任认定被告承担违约责任,应当按照第113条全部赔偿原则赔偿原告损失,综合考虑上海房价发展趋势,酌定原告的订约机会损失为15万元赔偿。② 如"朱红卫与宁波万宏置业有限公司商品房预约合同纠纷案"中,法院判决,民事活动应当遵循诚实信用原则,被告违反预约合同约定的诚信谈判义务,应当承担违约责任,赔偿原告因签订预约而发生的信赖利益损失。③ 广州市中级人民法院在审理"上海缘波调味食品有限公司与广州奥桑味精食品有限公司买卖合同纠纷案"判决中指出:"从法理而言,预约合同的履行仅限于发生签订本约合同的行为,预约合同的履行本身并不发生交易行为,没有生成任何经济利益,若未签订本约合同,也只是丧失订立本约合同的机会而已,并无可得利益损失,预约合同的违约赔偿应以信赖利益为限,因此,即便发生预约合同违约的情况,缘波公司所主张的利润损失和返利损失等均不应获得支持。"④

(4) 按照违约方违法获利赔偿。 如上海市青浦区人民法院在"沈某诉被告上海某房地产有限公司房屋买卖合同纠纷案"中判决按照预约违约方

---

① 北京市第二中级人民法院(2007)二中民终字第01756号民事判决书。
② 仲崇清案判决理由中并未明示损害赔偿范围以信赖利益还是履行利益为准,但是该案法官撰文认为:"预约合同履行利益的损失实为订约机会的损失。因此,从实质上看,预约合同的履行利益损害更接近本约的信赖利益损害,因为信赖利益损害既包括为签订合同而合理支出的实际费用,也包括丧失与第三人另订合同的机会所产生的损失。"
③ 宁波市鄞州区人民法院(2013)甬鄞民初字第1920号民事判决书。
④ 广东省广州市中级人民法院(2014)穗中法民二终字第402号民事判决书。另有,南充市中级人民法院审理的(2015)南中法民初字第46号"四川南充宇诚实业有限公司与南充市嘉陵区人民政府确认合同有效纠纷案",法院认为:"现2011年《合同书》为预约合同,预约合同的履行只是发生签订本约合同的行为,而其本身并无交易发生,不生成任何经济利益,故宇诚公司主张本约合同有效的履行利益损失显然不能获得支持。"南通市中级人民法院审理的(2014)通中商终字第0291号"启东市飞鹤公交有限公司与陈小雷、启东市汽车运输集团有限公司承包经营合同纠纷案"亦采相同理由。

的违法获益确定受损方的损失。①

(四)本书的评价

上述学说各有合理之处,本约履行利益说紧扣预约的制度目的,与预约的强制缔约在逻辑上妥适协调,但其不足在于预约与本约彼此独立,以本约之履行利益作为预约的赔偿范围,在理论上存在隔断。本约信赖利益说以预约作为本约缔约阶段中的环节,预约之违反类同于缔约上过失,该学说与现实上交易现象吻合,但是如果简单将预约损害赔偿范围等同于缔约过失责任,则将抹杀两者区别,甚至让人怀疑预约存在的必要性。非本约履行利益说提示预约与本约以及缔约过失的区别,指出预约的损害赔偿范围处于本约履行利益和本约信赖利益之间,符合类型化的方法论(预约外部类型化),但是处于本约履行利益和信赖利益之间的"中间空地"的法律性质需要在法学上进一步讨论和描述。区分说同样符合类型化的方法论(预约内部类型化),其正确地认识到不同的预约应当指向不同的损害赔偿范围,而不能一概而论,但是其分析范畴仍然在本约的利益框架之内,并未使预约脱离本约而独立确定其损害赔偿范围。

前述我国司法案例上所呈现的理由相对实际操作性强,但体系合理性不足。预约之违约显然不同于缔约过失责任,此类司法案例恐是受到最高人民法院《买卖合同司法解释》起草小组所撰著述的引导,并未厘清合同之债(预约)与法定之债(缔约过失)之间的区别。另部分司法案例尽管采缔约过失责任理论,但是实际上已经参照本约履行利益(房价差价)确定损害赔偿,其说理存在内在矛盾。部分司法案例按照预约之违约责任处理,但是认

---

① 上海市青浦区人民法院(2008)青民三(民)初字第378号。该院判决:"原、被告签订《临时预订意向书》后不久,系争房屋由于市场房价波动因素发生了较大幅度的涨价,因此本案中不能排除被告由于价格上涨因素而不积极履行义务的可能性。由于房价上涨,被告如果故意违反《临时预订意向书》的约定而拒绝与原告签订房屋买卖合同,可能会使被告从中获得额外的利益,该利益不属于被告的合法应得利益。根据任何人不得从其自身的不法行为中获得利益的法理,本案中原告的损失问题应当考虑系争房屋价格上涨的差价问题。这样的处理某式,更有利于鼓励诚信交易秩序的建立。但对于本案具体的赔偿标准,应当从制裁违约和平衡利益角度出发,综合考虑守约方的履约情况、违约方的过错、合理的成本支出等综合因素考虑酌情作出判定。"另有法官撰文认为预约的可得利益可以通过违约方因违约所获不法利益来计算,因此应当以违约方的不法利益作为预约违约责任的赔偿范围。参见刘翼洲:《最高院预约合同无可得利益观点之批判》,载于微信公众号"法徒",访问时间:2017年2月28日。

为预约不存在可得利益(消极损失),故而仅按照实际损失认定损害赔偿金额,似嫌对守约方保护不足。如其他案例所示,违反预约导致的损害范围中除直接成本费用损失(积极损失)之外,显然尚有所失去的订约机会,即可得利益损失(消极损失)。无论如何应该看到,上述司法案例中或判决本约履行利益,或判决本约信赖利益,基本都体现了个案具体利益衡量上的公正性,但在结论假定后如何进行证明则需更为妥适。

本书倾向于采预约履行利益说。该说以预约本身独立性为逻辑起点,符合预约违约责任(而非本约违约责任或缔约过失责任)的认知范畴,同时以预约信赖利益作为预约履行利益的补充计算方法,相对比较合理,与本约履行利益暗合。此外,该理论认为,在预约之确定性较高使得本约缔结呈水到渠成之势时,则例外认可本约履行利益赔偿,贴合预约指向本约缔结的制度目的,相对比较合理。

三、预约的履行利益和信赖利益

如果讨论预约的违约损害赔偿范围,需要首先分析预约的合同上利益的范围,这里主要讨论预约的履行利益和信赖利益。

(一) 预约的履行利益

预约为区别于本约的独立合同,预约违约损害赔偿应当按照一般的合同法规则推论,即赔偿预约的履行利益损失。按照差额理论,即假设违约行为并未发生,债务人同意缔结本约时债权人可以获得的利益与违约行为发生时债权人未能缔约的利益之间的差额。应该明确的是,如果违约行为没有发生,预约债权人可以取得本约缔结的效果,而非本约履行后的效果。此为预约与本约的区别所在,所以**预约的履行利益在性质上不同于本约的履行利益**,仅在预约满足可强制缔结本约条件的情况下,两者具有相当性。

至于预约的履行利益究竟为何,需要区分不同情况:

(1) 在一些情况下,本约缔结的本身具有独立的经济价值,比如预约受损方如果缔结某些特定的本约,如施工企业预约订立某地标性建筑的施工合同,则该施工企业可以获得银行提高授信额度的利益,或者获得政府给予的政策性奖励和补助资金。此时债权人可以获得的经济利益不因本约合同是否已经履行而受到影响。此时的预约履行利益为预约受损方可以通过本约缔结获得的经济上的可得利益,这些可得利益可以评估得出数值,但是应当受到《合同法》第113条可合理预见范围的限制。

（2）大多数情况下，本约缔结本身不具有独立的可量化的经济价值。参考英美法关于可得利益无法计算的案型可适用信赖利益计算方法的理论，此时可以按照预约的信赖利益计算损害赔偿范围。

（3）在确定性较高的预约，本约呈箭在弦上之势，即学者所谓"无限接近本约的预约"，则学说上普遍支持按照本约的履行利益赔偿。其逻辑在于既然受损方有权先请求缔结本约再请求损害赔偿，而上述两个先后的诉请基本毫无悬念，则可以如合并请求缔约之诉和请求履行之诉一样，将请求缔结本约之诉和请求本约损害赔偿之诉合并，其结果即为以本约履行利益作为预约违约责任的损害赔偿范围，也是对于预约受损方最大限度的赔偿。①

（二）预约的信赖利益

预约的信赖利益是指预约债权人因信赖预约有效而受到的损失，该损失包括债权人因信赖预约有效而支出的成本和费用，以及丧失的订立其他预约的机会。对于预约的信赖利益应当区分不同情况讨论：

1. 预约未成立、无效、被撤销

此时，可归责一方应当赔偿信赖预约可以成立、生效所支出的成本和费用损失，包括预约缔约费用，但不包括本约准备履行费用（此属于预约生效后的信赖损失）。②

2. 预约已经生效

此时，当预约的履行利益难以计算，受损方可以要求违约方赔偿其信赖预约有效履行而支出的成本和费用（包括本约磋商费用、为准备履行本约而支出的费用等），以及丧失的订约机会损失。③

应当讨论的是，在预约有效情况下的信赖利益与本约未缔结时的信赖利益是否一致？我国司法实务上的通说认为，预约有效时的损害赔偿与本

---

① 有学者认为不宜合并预约之诉和本约之诉，而应坚守预约的特定空间和立场，其理论逻辑上堪称正确，但于司法实务并无益处，徒增当事人和法院的程序负担。

② 林诚二：《预约之认定与不履行之损害赔偿范围——"最高法院"2014年度台上字第一九八一号民事判决评释》，载《月旦裁判时报》2015年第5期。

③ 同上。

约的信赖利益相当。① 本书认为,两者在其法律性质上不同,前者产生于信赖**预约**有效而发生的损失,后者产生于信赖**本约**有效而发生的损失。两者在利益范围上也有不同:

(1)预约信赖利益包括预约的缔约费用,而本约信赖利益,从性质上看,严格来说仅限于本约的缔约费用,不包括预约的缔约费用,但如果从广义上来说,预约的缔约属于本约缔约的阶段之内,也可以认为包括预约的缔约费用。

(2)预约信赖利益中原则上不包括准备本约履行的费用,尤其对于确定性较低的预约,当事人不应产生对本约缔结的合理信赖,因而原则上不应发生准备本约履行的费用,但是根据预约约定或者违约方指示进行履约准备的除外②;而本约信赖利益中,一般均包括准备本约履行的费用③。

(3)预约信赖利益损失中的机会损失,是指丧失另订预约的机会,而本约信赖利益损失中的机会损失,是指丧失另订本约的机会。按照比例因果关系理论,机会损失的计算公式为:

本约机会损失的价值＝目的利益价值×目的利益实现的可能性概率%

对于等式右侧的两个参数应由法院根据经验常识综合市场趋势和个案情事等因素判断。④ 预约的目的在于缔结本约,因此预约的目的价值与本约的目的价值一致,但是在实现目的利益的可能性上,预约与本约之间毕竟相

---

① 最高人民法院民二庭在解释《买卖合同司法解释》第 2 条时认为,预约处于缔约阶段之内,违反预约的损失在总体上相当于本约的缔约过失责任范围。因此,预约损害赔偿应为本约的信赖利益损失。该信赖利益损失仅限于为缔结和履行本约而支出的成本费用,而不包括订约机会损失。"仲崇清案"主审法官撰文认为"预约合同的履行利益损害更接近于本约的信赖利益损失",包括订约费用和机会损失。参见沈志先、韩峰:《房产商违反预约合同的民事责任》,载《人民司法》2008 年第 6 期。

② 林诚二:《预约之认定与不履行之损害赔偿范围——"最高法院"2014 年度台上字第一九八一号民事判决评释》,载《月旦裁判时报》2015 年第 5 期。

③ 王泽鉴:《债法原理(第一册):基本理论·债之发生》,中国政法大学出版社 2001 年版,第 247 页。

④ 该公式也可以根据案情变化为:机会损失价值＝最终损害×原因力比例。朱晓平、雷震文:《机会损失赔偿问题研究》,载《人民司法》2014 年第 3 期。

隔一段时间和磋商阶段,所以预约相对于本约而言其实现目的利益的机会必然较低,计算公式为:

$$预约机会损失的价值 = 目的利益价值 \times (目的利益实现的可能性概率\%)2$$

质言之,预约的信赖利益中的机会损失一般低于本约的信赖利益中的机会损失。当然,预约的信赖利益受到可预见规则的限制,以及不超过预约的履行利益的限制。

四、预约的类型化视角下的损害赔偿

前文对于预约进行类型化解析,即在预约内部与外部建立预约的类型序列,并在类型序列上呈现不同的法律构造,相应的,不同的预约类型的违约行为,损害赔偿范围也将不同。

(一)典型预约的损害赔偿

典型预约是指传统概念上的预约,即确定性达到本约程度,法院完全可以根据债权人的诉请强制当事人缔结本约的预约。典型预约的违约损害赔偿范围原则上应为预约的履行利益,当预约的履行利益无法计算时则按照预约的信赖利益赔偿。如下分情况说明:

1. 可以强制缔约

典型预约不存在阻却强制缔约的事由时,意味着受损方有权获得本约并取得本约的履行利益,进而言之,受损方因违约行为所失利益(预约的履行利益)即无限接近于本约的履行利益,盖因为当本约缔结不可阻挡时,本约的履行利益即为预约受损方依通常情形可以期待的利益。① 在本约的履行利益损失与违约行为(拒绝缔约)之间的因果关系上,依据法规目的说②,当事人订立预约的意旨非仅在于缔结本约之一纸文书,而在于获得本约的履行利益,而当事人此种期待应为合同法所保护,违约行为恰恰导致该种对于本约履行利益的期待落空,两者之间具有法律认可的因果关系;此外,违

---

① 关于依通常情形可期待的所失利益和依特别清醒可期待的所失利益,参见曾世雄:《损害赔偿法原理》,中国政法大学出版社 2001 年版,第 158 页。

② 关于因果关系的法规目的说,参见同上书,第 112 页以下。

约方拒绝缔约多因可以通过与第三人缔约获得超过预约所载对价的不当收益,而合同法的目的也在于阻吓违约方擅自与他人缔约,故而基于法律目的,应当认为本约的履行利益的丧失与预约之违约行为具有因果关系,故应将本约的履行利益包含在预约的履行利益范围之内。①

典型预约如可以通过缔约本身获得本约履行利益之外的收益,如政府奖励、银行提升信用评级或信用额度,则该收益也应属于预约的履行利益范畴,根据全部赔偿原则,应当与本约的履行利益一并赔偿。

2. 不能强制缔约

如果典型预约存在阻却强制缔约的事由时,应视受损方无法缔结本约是否因违约方的过错所致而确定损害赔偿范围。

(1) 如果因双方经过诚信谈判而仍无法对全部本约之点达成合致且不能妥协,或因情事变更导致一方或双方要求解除预约,或因特别待审批生效要件由于第三方未批准而无法达成有效本约,或因不可抗力原因导致本约给付不能的,则典型预约不能强制缔约不可归责于任何一方,此时拒绝缔约一方可免除损害赔偿责任。

(2) 如果不能强制缔约是因违约方过错造成的,包括恶意磋商不同意缔约、故意导致本约的要式要件无法达成、对于待审批生效合同不予报批等,则从合同法的惩戒违约方的规范目的而言,应当以本约的履行利益为限要求违约方承担损害赔偿责任。

(3) 有一个特殊情况,即本约为要物合同,违约方拒绝交付标的物导致本约无法缔结的。基于要物合同的特殊制度目的,在于保护交付标的物的一方,让其有权在最后一刻拒绝缔约,因此违约方此时拒绝缔约并非法律所禁止,不具有可非议之处。但是此时受损方因信赖要物合同本约将会缔结而支出的成本和费用,以及机会损失,可以要求违约方赔偿,即违约方此时例外地承担本约的信赖利益损害赔偿。

3. 少于本约的履行利益多于本约的信赖利益的中间地带

如前分析,在受损方可以获得赔偿的情况下,受损方取得本约的履行利

---

① 黄淑丹:《论预约的违约损害赔偿范围——以预约效力的弹性化认定为中心》,载《研究生法学》2015 年第 1 期;耿利航:《预约合同效力和违约救济的实证考察与应然路径》,载《法学研究》2016 年第 5 期。

益,或者取得本约的信赖利益。从类型化的方法论分析,预约指向本约缔结,但是不能等同于本约缔结,预约当事人理应清楚无论他们如何笃定,本约之缔结毕竟存有变数。本约无法缔结的原因千姿百态,当事人双方之间对于本约无法缔结的结果的参与度(可归责性)形态各异,违约责任不是非黑即白的,而是呈现模糊的序列化的特征,而预约的违约责任不能等同于本约的违约责任,即其不可能居于类型序列的最高端,而仅在最高端以下排列。如王利明教授正确地指出,预约的损害赔偿应当低于本约的履行利益、高于本约的信赖利益。① 有学者指出,即使具有强制缔约效力的预约,其损害赔偿也需要根据情事变更的客观事实、本约缔结的可能性、受损方基于预约支出的费用(一种"信赖投资"),以及公平原则向低处调整。②

本书赞同上述观点,在承认具有强制缔约效力的典型预约的履行利益包括本约履行利益的原则基础上,法院在判定具体的损害赔偿金额时,应当利用损害赔偿的数量化特征迎合预约违约责任的序列化,使之作为结合个案情事平衡双方利益的"调音钮",在本约的履行利益和本约的信赖利益中间为个案调适出一个妥帖的赔偿金额。

(二) 确定性较低之预约的损害赔偿

确定性较低之预约仍然是有效预约,故而违约方应当赔偿预约受损方的履行利益损失。但确定性较低之预约,其特点在于当事人尚不能获得缔结本约的权利,而仅有请求对方磋商的权利。故在其确定性程度仍然未达到本约程度时,如果发生违约纠纷,则当事人的履行利益较难计算。此时预约的履行利益中包含直接损失和所失利益。对于直接损失,如磋商费用等可以计算,但是对于所失利益则难以确定。应该承认,此时预约的履行利益中的"所失利益"并非缔结本约本身,因为受损方尚无权请求缔结本约,因此

---

① 王利明:《预约合同若干问题研究——我国司法解释相关规定述评》,载《法商研究》2014年第1期。
② 黄淑丹:《论预约的违约损害赔偿范围——以预约效力的弹性化认定为中心》,载《研究生法学》2015年第1期。黄淑丹考察和统计我国司法案例中关于预约违约损害赔偿标准的司法认定结果后发现,我国法院常常以预约受损方基于预约支付了多少比例的预付款等对价作为判决损害赔偿金额的参照标准。

缔约本身并非其可以期待的可得利益。① 在观点上,《买卖合同司法解释》起草小组认为"预约受损方不存在可得利益损失",赔偿范围应为本约的信赖利益损失减去机会损失。② 另有观点认为,预约的履行利益的直接损失即为为预约履行支出的成本和费用,可得利益的损失在于丧失本约缔约机会。③ 上述观点的主要纷争在于本约缔约机会是否作为本约的履行利益的"所失利益",观点完全相反,可见关于预约的履行利益的计算之难。

本书认为,此时应当以预约的信赖利益方法计算损害赔偿金额。如前所述,传统的大陆法系认为信赖利益损害赔偿仅适用于合同无效的情况,即因履行根据不存在导致无履行利益的情况。但是在英美法,信赖利益损失赔偿可以适用于合同有效的场合,尤其是无法计算或确定合同的履行利益(期待利益)中的可得利益的案件。④ 如澳大利亚的 McRae v. Commonwealth Disposals Commission 一案,被告向原告出售一艘太平洋底的沉船,原告花费巨资打捞发现该艘沉船并不存在,故起诉被告要求赔偿。因为沉船是什么样子并不确定,因而无法计算原告的可得利润,故原告可以按照信赖利益损害赔偿起诉要求赔偿。⑤ 在预约确定性不足的情形下,当事人所期待的本约形象模糊而不确定,如同上述案件中的沉船一样,故确定性较低之预约的损害赔偿可以使用信赖利益损失方法计算。⑥

预约的信赖利益损害赔偿包括成本费用支出,以及机会损失两个部分,

---

① 黄淑丹:《论预约的违约损害赔偿范围——以预约效力的弹性化认定为中心》,载《研究生法学》2015 年第 1 期;耿利航:《预约合同效力和违约救济的实证考察与应然路径》,载《法学研究》2016 年第 5 期。

② 最高人民法院民事审判第二庭编著:《最高人民法院关于买卖合同司法解释理解与适用》,人民法院出版社 2016 年版,第 61 页。有学者持支持观点认为,此时的法律救济为酌情赔偿信赖利益损失,一般不应包括机会利益损失赔偿。但是并未说明是预约的还是本约的信赖利益及机会利益损失。参见耿利航:《预约合同效力和违约救济的实证考察与应然路径》,载《法学研究》2016 年第 5 期。

③ 黄淑丹:《论预约的违约损害赔偿范围——以预约效力的弹性化认定为中心》,载《研究生法学》2015 年第 1 期。"仲崇清案"二审法官的观点也相同。参见沈志先、韩峰:《房产商违反预约合同的民事责任》,载《人民司法》2008 年第 6 期。

④ 参见前文关于信赖利益的理论介绍。

⑤ P. S. Atiyah, *Introduction to the Law of Contract*, Sixth Edition, Oxford University Press 2016, at 406.

⑥ 关于该转化方法也有不同意见,有学者认为按照预约的信赖利益损失赔偿方法计算的必要性极为有限。

具体如下:

1. 成本和费用

(1) 缔结预约的费用。如果当事人为缔结预约而支出费用,如中介机构费用的,则属于预约的信赖利益损失。

(2) 本约的磋商费用。如果当事人在预约履行过程中,为本约磋商支出成本和费用的,或者说进行"信赖投资"的,则该部分属于预约的信赖利益损失。

(3) 准备履行本约的费用。准备履行本约的费用,则需要根据因果关系判断是否属于此处的成本和费用。因为本约缔结尚无可能,因而受损方无理由为履行本约而支出成本,故原则上准备履行本约的费用不应赔偿。但是例外的,如果该准备履行费用是根据预约条款,或者由违约方指示而发生的,则该费用之发生属于受损方因信赖而支出的成本,故应属于预约的信赖利益损失。①

2. 机会损失

机会损失是信赖利益赔偿的特有概念,属于信赖利益损失中的消极损失部分。② 在履行利益赔偿中,一般不存在机会损失,所谓机会损失均已被履行利益中的所失利益(利润)所吸收。因此本书不赞同学者关于预约的履行利益中的可得利益即为缔结本约的机会损失的观点。③

预约信赖利益损失中的机会损失是指受损方放弃了订立类似**预约**的机会。特别需要说明的是,信赖利益损失中的机会损失通常在诉讼中很难证明其存在及其价值,也就很难被法院支持。同样,预约信赖利益损失中的机会损失的价值也具有不确定性,随着缔约信赖程度的深入其价值可能提高至本约的履行利益,在相反情况下其价值也可能减小至零。因而该预约信

---

① 林诚二:《预约之认定与不履行之损害赔偿范围——"最高法院"2014年度台上字第一九八一号民事判决评释》,载《月旦裁判时报》2015年第5期。

② Street 认为,如果受损方基于信赖这个合同而丧失了可以获利的机会(forgoes an opportunity to gain),则因此原因应获赔偿。参见 Street, Principles of the Damage, at 241,转引自林诚二:《信赖利益赔偿之研究》,收录于林诚二:《民法理论与问题研究》,中国政法大学出版社2000年版,第286页,注105。关于信赖利益损失中的机会损失,参见徐咏松:《信赖利益损失之机会损失分析》,载《华东政法大学学报》2009年第4期。

③ 该观点由黄淑丹在其文中主张。参见黄淑丹:《论预约的违约损害赔偿范围——以预约效力的弹性化认定为中心》,载《研究生法学》2015年第1期。

赖利益损失中的"机会损失"可以作为损害赔偿的"平衡器",用来平衡具体个案中各方的利益。事实上,我国司法案例上,很多法院恰恰是通过该"机会损失"的"平衡器"将本约履行利益的成分导入预约信赖利益损失的赔偿之中,按照一定比例(过错比例、原因比例)确定具体个案的损害赔偿范围。

第四节　预约违约责任与缔约过失责任

最高人民法院民二庭在解释《买卖合同司法解释》第 2 条时认为,违反预约的损失在总体上相当于本约的缔约过失责任范围。① 上海市高级人民法院在一预约案件判决中认为"违反预约合同应当承担缔约过失责任"。② 可见预约违约责任与缔约过失责任相互纠缠,易生混淆。如果细辨,可知两者基础不同、差异甚大,唯在特定案型中存在竞合之可能。

一、缔约过失责任概述

近代的缔约过失理论由耶林于 1861 年创建。③ 耶林认为,双方当事人为了缔结合同的目的而接触直到合同订立的整个过程即磋商过程,进入磋商过程的当事人从消极义务范畴进入积极义务范畴,他们之间这种正在形成的合同关系也应受到保护,当事人在磋商过程中相互负有注意义务。早期德国帝国法院判例亦认为,磋商中的当事人之间可以形成类似合同的信

---

① 最高人民法院民事审判第二庭编著:《最高人民法院关于买卖合同司法解释理解与适用》,人民法院出版社 2016 年版,第 61 页。其他持有该观点的论述,参见刘承韪:《预约合同层次论》,载《法学论坛》2013 年第 6 期;焦清扬:《预约合同的法律构造与效力认定》,载《社会科学》2016 年第 9 期;王瑞玲:《预约、本约区分和衔接的主观解释论——兼对客观解释论商榷》,载《政治与法律》2016 年第 10 期;张古哈:《预约合同制度研究——以〈买卖合同司法解释〉第 2 条为中心》,载《社会科学研究》2015 年第 1 期。

② 上海市高级人民法院(2005)沪高民一(民)终字第 122 号"张玮诉上海佘山国际高尔夫俱乐部有限公司别墅认购合同纠纷案"民事判决书。

③ 在学说上通常会将缔约过失责任制度的起源追溯至罗马法时代盖尤斯讨论的"大风吹倒将要出售的树"的案例,该案例涉及的是在缔约之前卖方了解关于合同标的的重要信息,是否有义务向买方披露的问题。

赖关系,互负交易上必要的注意义务。后来缔约过失责任脱离合同范式而发展为一种法定之债。① 通说上认为在合同磋商阶段当事人之间具有一种债的关系,可称为"先合同法定债务关系"(Vorvertragliches Schuldverhaeltnis),拉伦茨认之为基于磋商而产生的非基于合同给付义务的法定债的关系。② 弗卢梅认为在合同生效之前的权利义务不能产生于当事人的合意,而仅能产生于法律规定,因而缔约过失责任是法定责任。③ 根据梅迪库斯的观点,缔约过失责任的范围可以区分为三种:固有法益损害(与磋商无关),与磋商失败有关的损害(仅有磋商而无合同),以及缔结合同并非当事人所愿的损害(已经存在合同)。④ 其中第二种直接与磋商过程中的权利义务有关,该种缔约过失行为中的典型行为包括对合同生效障碍保持沉默和中断磋商。⑤

按照耶林的观点,磋商过程的时空范围非常广泛,这对于保护固有法益具有重要意义。然而,上述固有法益的保护其实与缔约行为本身无关。因此,在考虑梅迪库斯前述第二种缔约过失情形时,耶林的缔约时空应当予以限缩,毕竟在当事人刚刚因缔约而接触之初,合理信赖尚未形成,双方的成本投入不大,契约自由原则优先于信赖保护原则。仅当磋商过程达到了一定的阶段,即双方之间存在具有法律约束力的要约、预约、招投标文件,以及不具有法律约束力而仅具有限定性内容的意向书时,在当事人之间才发生与

---

① 王利明:《合同法研究》(第一卷)(修订版),中国人民大学出版社 2011 年版,第 329 页以下。〔德〕迪特尔·梅迪库斯:《德国债法总论》,杜景林、卢谌译,法律出版社 2004 年版,第 107 页。

② Karl Larenz, Lehrbuch des Schuldrechts(Band I),14 Auflage Verlag C. H. Beck 1987 S. 104ff,转引自王洪亮:《缔约上过失制度研究》,中国政法大学 2001 年博士论文,第 21 页。Stoll 直接将其称为"合同磋商之法律关系"(Rechtverhältnis der Vertragsverhandlung),始于磋商之开始,终于合同缔结或磋商中断,其间当事人互负法律义务,参见向明恩:《德国缔约上过失理论之发展》,载《台北大学法学论丛》第 70 期(2009 年 6 月)。

③ 〔德〕维尔纳·弗卢梅:《法律行为论》,迟颖译,法律出版社 2013 年版,第 737 页。

④ 〔德〕迪特尔·梅迪库斯:《德国债法总论》,杜景林、卢谌译,法律出版社 2004 年版,第 96 页。

⑤ 李昊:《德国缔约过失责任的成文化》,载《清华法学》2010 年第 2 期。我国《合同法》第 42 条规定的该类缔约过失行为为"假借订立合同,恶意进行磋商"以及"故意隐瞒与订立合同有关的重要事实或者提供虚假情况"。关于"恶意磋商"行为,有学者认为包括恶意开始磋商、恶意继续磋商和恶意终止磋商三种类型。见韩世远:《我国合同法上的缔约上过失问题研究》,载《法学家》2004 年第 3 期。

磋商有关的缔约过失责任,但排除协议法律拘束力的君子协议则不在此限。①

我国《合同法》第 42、43 条规定了缔约过失责任制度,即恶意磋商、虚假陈述、侵害商业秘密和其他违反诚信的磋商行为,行为人需向受损方承担损害赔偿责任。

二、预约违约责任与缔约过失责任的区分

预约违约责任与缔约过失责任均属于缔约阶段产生的法律责任,容易混淆。如我国有司法案例认为,"违反预约合同应当承担缔约过失责任,承担缔约过失责任的方式为损害赔偿,不包括缔结本约"。② 有学者正确指出两者之间的差异。王利明教授认为,缔约过失责任的损害赔偿范围主要局限于信赖利益,不能超过合同有效时的履行利益,而违反预约适用合同法的完全赔偿原则,并不限于信赖利益。③ 本书认为,预约违约责任与缔约过失责任的区别在于:

(一)法律性质不同

预约违约责任的法律性质为合同责任,是基于当事人约定而发生的合同履行义务之违反而产生的二次合同义务。因而预约违约责任具有一定程度上的意定性。

而缔约过失责任为法定责任,是基于法律规定和诚信原则而产生的规范缔约阶段当事人之间的权利义务关系的法律规范,具有强制性,一般来说不能通过特约排除。在不违反公序良俗的前提下,当事人可以通过特约限制某些保护磋商上的法益的缔约过失责任,如对于不良债权转让合同,卖方可与买方提前约定豁免卖方在缔约过程中的说明义务,或约定当事人对等地享有

---

① 〔德〕迪特尔·梅迪库斯:《德国债法总论》,杜景林、卢谌译,法律出版社 2004 年版,第 99 页。梅迪库斯认为,中断磋商的缔约过失责任需要两个要件:一方唤起了另一方的合同将会订立的信赖;没有充分理由而中断磋商。而信赖的产生则应当从当事人之间的行为中观察,即考察当事人间是否已有临时协议。
② 上海市高级人民法院(2005)沪高民一(民)终字第 122 号"张玮诉上海佘山国际高尔夫俱乐部有限公司别墅认购合同纠纷案"民事判决书。
③ 王利明:《预约合同若干问题研究——我国司法解释相关规定述评》,载《法商研究》2014 年第 1 期。有作者讨论了预约合同责任与缔约过失责任之间的区别在于请求权基础、归责原则、证明责任和赔偿范围。参见昌元燕:《缔约过失责任与预约合同违约责任的竞合问题之探析》,载《法制博览》2016 年第 11 期。

随时退出谈判的权利。在缔约过程中,当事人如不签署预约,自然无预约之约束,但是在整个缔约过程中,当事人无时无刻不受到缔约过失责任的约束。

(二) 义务内容不同

预约是当事人之间通过合同而设定的磋商和缔结本约路线图,因此,围绕该路线而产生的双方权利义务关系,具有个性,即专为特定本约而设计,合同义务的履行标准为特定的、具体的标准,判断违约责任也需要根据预约的特定的、具体的条款进行判断。

缔约过失责任所发生的义务是维持缔约阶段诚信和善意的最基本的、最底线的义务,该义务的履行标准具有抽象性,适用于各式各样的合同缔约阶段,缔约过失责任是否构成主要是根据法律规定和诚信原则进行判断。

(三) 构成要件(举证责任)不同

预约违约责任的构成要件区分为两类:缔约义务采取严格责任的归责原则,只要根据预约应当缔约而未能缔约,除非存在法定免责事由(不可抗力)或者约定的免责事由,否则即构成违约责任,对于免责事由的存在由违约方负责举证证明;而对于磋商义务,则以过错责任为归责原则,但是仍然推定违约方存在过错,违约方需要就自己履行义务的事实承担举证责任。而且在约定了违约金的情况下,守约方并不需要证明自己存在损失,而是由违约方反证损失并不存在,或者违约金不成比例地高于实际损失。

缔约过失责任采取过错责任的归责原则,而且不适用合同履行的举证责任倒置的举证负担原则,因此,受损方应当举证证明责任方的行为存在过错。同时受损方需要证明自身存在损失,包括固有法益的损失以及相对方违反诚信的磋商行为给受损方造成的纯经济损失。相对来说,缔约过失责任的举证责任较重,其原因在于缔约过失责任在性质上属于法定责任,尽管存在于当事人缔约关系这一特殊信赖关系之中,但是仍然并非像预约一样属于当事人之间意思自治管辖的领地。

(四) 保护范围不同

预约约定的合同义务肯定发生在预约成立之后。而从缔约阶段上来说,在预约订立之前当事人已经开始因为缔约而接触,从缔约接触开始就已经进入缔约过失责任的保护范围,唯在缔约接触阶段缔约过失责任主要保护当事人的固有法益,而非磋商上的法益。在当事人之间进入磋商阶段(往往以签署意向书、保密协议等文件为里程碑)之后,缔约过失责任开始同时保护固有法益和磋商上的法益,此时预约可能尚未成立。

在本约缔结后,预约因清偿而终止。但是缔约过失责任仍然可能存续,如在缔约阶段发生的侵害商业秘密行为,即使在缔约完成后仍然可以适用缔约过失责任处理。

(五)责任承担方式不同

预约违约责任的承担方式包括继续履行和损害赔偿,此处的继续履行是指守约方可以诉请法院强制缔结本约,或者对于明确规定的磋商义务,强制违约方遵守并履行。

缔约过失责任所规范的先合同义务可以认为是合同附随义务向合同缔结前的推进,附随义务不得诉请实际履行,所以缔约过失责任项下的先合同义务亦不应诉请实际履行,因此缔约过失责任受损方仅能主张责任方承担损害赔偿责任。如果针对缔约过失责任中的义务类型,当事人希望诉请实际履行的,可以将其规定在预约之中。

(六)损害赔偿范围不同

预约的损害赔偿范围包括法定损失赔偿和约定损害赔偿(违约金),即预约损害赔偿可以通过违约金预先约定,如果违约金略高于实际损失但未超过合理限度(按我国《合同法司法解释(二)》规定为实际损失的130%),则该违约金即使具有惩罚性因素,法律也不禁止。对于预约的法定赔偿,赔偿的范围是多元化的,既可能是预约的履行利益也可能是预约有效时的信赖利益,甚至达到本约的履行利益,已如前述。

缔约过失的损害赔偿范围在当事人之间不可能预先约定,而仅能采取法定计算方法,而且限于信赖利益损失。按照通说见解,对于缔约过失责任,不应赔偿机会损失,否则将导致缔约过失责任的范围过分扩张,不利于责任确定。[1]

在确定性较低之预约,如果采取预约的信赖利益损失赔偿计算方法,则可与缔约过失责任认定的信赖利益损害赔偿相互比较,但是两者仍有区别:首先,在履行本约的准备费用上,预约违约责任不赔偿准备履行本约的费用,而缔约过失责任原则上均会赔偿准备履行本约的费用。[2] 其次,在机会

---

[1] 王利明:《合同法研究》(第一卷)(修订版),中国人民大学出版社2011年版,第367页。

[2] 王泽鉴:《债法原理(第一册):基本理论·债之发生》,中国政法大学出版社2001年版,第247页。

损失赔偿上,预约信赖利益损害赔偿可以赔偿预约缔约机会损失,而缔约过失责任则一般不赔偿缔约机会损失。

三、缔约阶段法益保护上的关联

(一)法益保护上的作用方式

根据梅迪库斯的观点,缔约过失责任的范围可以区分为三种:固有法益损害(与磋商无关),与磋商失败有关的损害(有磋商而无合同),以及缔结合同并非当事人所愿的损害(已经存在合同品相),已如前述。如下分别讨论上述不同法益在预约违约责任和缔约过失责任中的不同作用方式和相互作用。

1. 固有法益保护

固有法益保护是指缔约阶段当事人之间互负保护对方的固有人身、财产权益不受损害的义务。预约对固有法益保护的作用方式为附随义务的违约责任,对此,当事人可以立足于有效合同而诉请违约方对附随义务的违反承担赔偿责任。而缔约过失责任则立足于本约缔约阶段的信赖关系,基于法定义务的角度对固有法益予以保护,该保护的时间范围在预约订立之前即已存在。因此,缔约过失责任上对于固有法益的保护的时间早于预约的保护。

预约中的当事人可以约定对于固有法益的特殊保护方式,如约定磋商人员的饮食营养标准和安保级别,而这在缔约过失责任中并不受到保护。因此,预约对于固有法益的保护程度可以高于缔约过失责任的保护程度。此时,预约相对于缔约过失责任的适用具有优先性。

缔约过失责任对于固有法益的保护是法律允许的最低限度的保护,因此,预约对于固有法益保护的特别约定不能低于缔约过失责任的保护标准,比如预约约定一方对磋商过程中的对方人员的伤亡概不负责,则该预约条款无效。此时,预约相对于缔约过失责任的适用,不具有优先性。

2. 磋商失败相关法益的保护

磋商失败本属经济交易中的正常现象,双方当事人应该对此风险有所预见。但是根据缔约过失责任,如果客观磋商的情事使得一方当事人对于磋商成功产生合理的信赖时,则另一方当事人负有信赖保护义务,不得采取不诚信行为导致信赖方的信赖落空并受到损失。可见缔约过失责任关于磋商失败相关法益的保护基础在于法律对合理信赖的保护,如果该信赖不会发生,则该类法益不值得法律保护。预约可以约定高于缔约过失责任确定的诚信标准的磋商义务,比如约定各方实时汇报磋商进展,并约定排他性磋商安排,当事人应当遵照预约约定界定双方权利义务;预约也可以在一定限度上排除缔约过失责任对于磋商失败相关法益的保护,比如预约约定双方当事人可以随时解除预约而不承担责任,此时应当认为当事人之间不可能产生对方必将缔约的合理信赖,因而缔约过失责任上的信赖保护无从发生。应当说,在与磋商有关的利益保护方面,预约相对于缔约过失责任的适用具有优先性,但预约条款违反法律强制性规定或者公序良俗的除外。

3. 合同非所愿的相关法益保护

根据缔约过失责任的规定,当事人一方违反缔约阶段的说明义务(隐瞒或虚假说明)、拒绝履行审批义务和缮制要式文件义务致使合同不能生效以及因过失导致错误等情形,有过错一方应当就合同无效或被撤销而对相对方承担损害赔偿责任。但是在现实中,说明义务的多寡、审批义务由哪一方完成经常难以判断。此时,预约可以通过当事人约定的方式使说明义务、审批义务和缮制要式文件义务明确化,并责任到人。同时,预约可以排除一部分说明义务上的要求,以使缔约过失责任在该限度内不能发挥作用,比如对于古董买卖的预约,以及不良债权资产的转让,卖方均可以预约排除说明义务,只要不违反法律和损害公序良俗均应允许,当然,任何一方不得通过预约排除欺诈、胁迫和乘人之危的法律责任。

(二)请求权竞合

因为缔约过失责任贯穿缔约阶段的始终,因此存在有效预约的情况下,可能同时发生预约损害赔偿责任与缔约过失责任,比如一方当事人突然恶意拒绝缔结本约时,可同时构成预约的违约责任和缔约过失责任,即产生了预约违约损害赔偿请求权和缔约过失损害赔偿请求权的竞合。

预约违约责任和缔约过失责任的功能和作用方式不同,但是所保护的法益相同,因此当事人仅能获得一重保护,此时两者的竞合属于请求权规范竞合(Anspruchsnormenkonkirrenz)。① 根据请求权规范竞合的"一重效果原则",权利人只能请求一次给付,故当事人可以在预约违约责任和缔约过失责任之间择一行使,但一旦选择一种责任方式请求损害赔偿,如果权利得

---

① 〔德〕迪特尔·梅迪库斯:《德国民法总论》,邵建东译,法律出版社2000年版,第69页;龙卫球:《民法总论》,中国法制出版社2002年版,第135页。

到满足、损失得到填补,则视为放弃了另一种责任方式。① 如下分别说明:(1)如当事人基于预约违约责任请求强制缔约或请求赔偿本约履行利益的,则其判决效果相当于本约缔结,自无发生缔约过失责任的余地。(2)如当事人基于预约违约责任请求对方赔偿预约信赖利益损失,则相当于已经恢复到预约未发生的状态,自无缔约过失责任补充之必要。(3)如当事人基于预约违约责任请求对方赔偿固有法益的损害(不完全履行),则其固有法益的损害一旦经此填补,再按照缔约过失责任主张损害赔偿将使当事人双重获赔,不应允许。(4)如当事人选择适用缔约过失责任请求赔偿信赖利益损失,则相当于恢复到当事人未缔约时的状态,可以视为当事人在该缔约过失责任赔偿范围内,不再要求该部分预约条款的履行(当然不改变预约约定的其他合同义务的履行及相应损害赔偿责任),于此方符合损害赔偿法上的"禁止不当得利原则"。②

第五节 预约与定金

预约与定金渊源密切,在《法国民法典》第 1590 条特别规定买卖预约定金之后,定金成为体现预约的"中途小站"特质的特色机制。应当说明,定金并不单纯属于预约的违约责任范畴,但此处为了篇章结构安排,暂放在违约责任部分讨论。

一、定金概述

(一)定金与定金罚则

定金是指当事人在合同订立时或履行期限以前,由一方向相对方交付的金钱或其他有价物。③ 关于定金的性质,传统民法认为定金是一种"合同确保"即压迫债务人履约的方式,与违约金并列。④ 我国将定金作为"合同担

---

① 林诚二:《预约之认定与不履行之损害赔偿范围——"最高法院"2014 年度台上字第一九八一号民事判决评释》,载《月旦裁判时报》2015 年第 5 期。
② 同上。
③ 史尚宽:《债法总论》,中国政法大学出版社 2000 年版,第 511 页。
④ 同上。

保"方式,担保合同的履行(违约定金①)或合同的缔结(立约定金②),与保证、抵押、质押、留置等并列。

定金适用定金罚则,在违约定金、成约定金的情形下,合同未如愿成立或履行,可归责于给付定金一方的,则其丧失定金;可归责于收取定金一方的,则其应双方返还定金(Alterum tantum)。不可归责于双方时,则定金返还,不适用定金罚则[《最高人民法院关于适用〈中华人民共和国担保法〉若干问题的解释》(以下简称《担保法司法解释》第122条)]③。如果当事人不愿受定金罚则的约束或者双方同意仅约束一方(通常为交付方),则在交易上称为担保金、订约金、押金、保证金等,而不称为定金(《担保法司法解释》第118条)。证约定金、成约定金和解约定金均不适用定金罚则,但解约定金可以通过类似定金罚则的机制达到解除合同的目的。

当事人关于定金的约定为定金合同,应以书面形式订立(《担保法》第90条),定金合同为要物合同,在学说和立法上一般均认为自定金交付之日起生效(《担保法》第90条)。④ 定金合同为其担保的合同的从合同,具有从属性。

(二) 定金的种类

交易实践中被法律所肯认的定金种类包括如下。但是从其性质分析,这些定金类型仅为学理上讨论之方便,并非交易实践中的平行类型,相互多有交叉:

(1)证约定金,指为证明合同成立而交付的定金。罗马法上的完全定金附约具有证约作用,近现代民法也均肯认。

(2)成约定金,指双方约定以定金交付为合同成立要件,未交付定金则

---

① 《合同法》第115条、《担保法》第89条。
② 《担保法司法解释》第115条。
③ 《担保法司法解释》第122条规定的不适用定金罚则的情形为不可抗力和意外事件两种,而合同法规定的免责事由仅为不可抗力,不包括意外事件。
④ 定金合同为要物合同是自罗马法以来的传统,《德国民法典》和《瑞士民法典》并未采定金的要物性,而是承认定金合同的诺成性。《法国民法典》并无定金合同是诺成还是要物合同的规定,《日本民法典》也无规定,但在学说上认为定金具有要物性质。参见黎乃忠:《定金契约要物性的批判和重塑》,载《现代法学》2015年第6期。关于日本学说上的要物契约说,参见〔日〕我妻荣:《我妻荣民法讲义 V2:债权各论》(中卷一),徐进、李又又译,中国法制出版社2008年版,第41页。

合同并不成立，也不具有法律约束力。学说上认为此与要物合同具有同一效果。但如果当事人未交付定金即已完全履行或已履行主要部分的，则根据履行治愈原则合同成立，不以定金交付为成立要件（《担保法司法解释》第116条）。

（3）违约定金，指双方约定交付定金一方如不履行合同，则丧失定金。相应的，接受定金一方不履行合同的，则双倍返还定金。违约定金的功能与违约金相同。学说上认为违约定金分为两种：其一，惩罚性违约定金，在损害赔偿之外单独执行定金罚则，此时定金与违约损害赔偿（违约金）可以并行，两者发生单纯的请求权竞合；其二，补偿性违约定金，此时定金为损害赔偿金额之预定，与违约损害赔偿（违约金）适用"一重保护原则"，权利人仅能择一行使，两者发生请求权规范竞合，但给付利益同一。《合同法》第115条、《担保法》第89条规定的"定金"属于补偿性违约定金，而非惩罚性违约定金，在法条解释上应当限缩。[1]

（4）解约定金，拉丁语为 Arrha poenitentialis，其中 penitentialis 为悔约之意。作为一方当事人保留解除权的代价，交付定金一方可以丧失定金为代价解除合同，接受定金一方可以双倍返还为代价而解除合同。此时的解除合同被形象地称为"反悔权"（Reurecht）。[2] 解约定金为《法国民法典》第1590条买卖预约定金所规定，《日本民法典》亦随之规定。在日本法上，解约定金之实现须在履行开始之前，一旦开始履行不得以定金为代价解约。解约定金就其本质而言并非债的担保，因其实际上削弱了债的效力，但同时也反向起到保障债的履行的作用。[3] 解约定金是最古老的定金类型，甚至是其他定金类型的起源之一，与预约具有很深的历史渊源。

（5）立约定金，拉丁语为 Arrha pacto imperfecto data，指作为订立合同保证的定金。如交付一方拒绝缔约，则丧失定金；如接受一方拒绝缔约，则根据法律规定或者当事人的特别约定双倍返还定金，或者单倍返还定金。[4] 我国《担保法司法解释》第115条规定了立约定金。立约定金通常在预约中

---

[1] 韩世远：《合同法总论》，法律出版社2011年版，第670页。
[2] 史尚宽：《债法总论》，中国政法大学出版社2000年版，第512页。
[3] 〔日〕我妻荣：《我妻荣民法讲义V2：债权各论》（中卷一），徐进、李又又译，中国法制出版社2008年版，第42页。韩世远：《合同法总论》，法律出版社2011年版，第671页。
[4] 史尚宽：《债法总论》，中国政法大学出版社2000年版，第512页。

约定,并在立约前交付。①

上述类型中仅有违约定金和立约定金具有担保功能,而证约定金、成约定金和解约定金均不具有担保功能。《担保法司法解释》将后三种定金作为担保方式诚可商榷。

二、定金在预约的法制史上的特殊地位

(一)定金起源与预约

定金从起源上即与预约如影随形。如本书第一章第二节介绍罗马法的预约雏形部分所述,罗马法上的定金多用于诺成买卖和婚约的附约,而上述两者均在各自的法律关系结构上处于预约的地位(诺成买卖对应要式买卖,婚约对应结婚),包括完全定金附约和不完全定金附约。完全定金附约具有证约性质,其所证之约应为诺成买卖和婚约(视为预约),而非要式买卖和结婚(视为本约),因为后者在罗马法上属于严法合同或者必须具备法定形式,无须定金证明。相反,早期的诺成买卖和婚约均不需具有罗马法上的严格形式,因而需要以定金交付作为契约成立的证明。② 不完全定金附约则具有解约定金性质,其所解之约也是诺成买卖和婚约(视为预约),而非要式买卖和结婚(视为本约),因为罗马法上的债的解除必须遵循债的缔结的相同方式③,不可能因为定金罚则而发生"解约",而对于结婚而言则需要按照离婚的程式"解约"。由上可见,定金从起源上即为预约而存在。惟随着经济生活发展而迁移至预约以外的其他合同类型,则是后话。

罗马法的完全定金附约属于证约定金,不完全定金附约属于解约定金。至于后世出现的其他定金类型,有可能均从上述两种定金演变而来,成约定金和违约定金应是从证约定金演变而来,立约定金则从解约定金演变而来。因为从罗马法的不完全定金附约可以看出,在存在预约和本约双重交易结

---

① 曹士兵:《中国担保制度与担保方法》(第三版),中国法制出版社 2015 年版,第 404 页;王鸿晓:《定金合同效力的从属性原则及其例外情形》,载《人民司法》2011 年第 5 期。

② 完全定金附约具有证明诺成买卖或婚约的约束力的作用,因为罗马法上缔结债的形式并不包括定金,因此定金的证约作用可能是根据自然法确定的。此种定金在古代又被称为 God's silver(拉丁语 Argentum Dei),据说交付定金的合同视为经过了上帝的见证。

③ 〔意〕朱塞佩·格罗索:《罗马法史》(2009 年校订本),黄风译,中国政法大学出版社 2009 年版,第 117 页;郝磊:《合同解除权制度研究》,中国政法大学 2005 年博士学位论文,第 30 页。

构的情况下,当事人可以定金为代价不订立本约,则相对于预约来说,即为解约定金;而相对于本约而言,该定金即成为缔约的担保,如果缔约不成则以该定金承担担保责任,此为立约定金的应有之义。

(二)解约定金与悔约权

不完全定金附约上存在预约解约权保留的设计,即当事人可以定金罚则为代价不再订立契约。① 另外,罗马法的诺成买卖可附"择优解除简约"(in diem addictio)和"退货简约"(pactum displicentiae)。② 上述解约附约与定金附约共同构成了罗马法下的预约可反悔的品相,对后世影响深远。

不完全定金附约制度被全盘纳入《法国民法典》第1590条的买卖预约定金之中,学说上认为,买卖预约定金的悔约功能是预约与本约之间的重大区别,即预约不需遵守"契约严守"原则。法国最高法院在1965年的一则判例中还明示"准许当事人对其作出的预约有反悔的权利"。④《日本民法典》第557条继受法国法的买卖预约定金制度,但特别将解约权利的行使期限限制在"一方着手履行"之前。学说上认为是预约解除权的保留。因此,当合同双方约定了定金,则可以推定双方保留了预约的悔约权。⑤

之所以后世民法不再肯认预约定金所具有的悔约功能,系因《德国民法典》中断了定金的预约悔约权的传统。《德国民法典》原则上不承认定金具有解约功能,特别在《德国民法典》第336条第2项规定:"定金,有疑义时不

---

① 周枏:《罗马法原论》(下册),商务印书馆2014年版,第886页。

② 〔意〕彼德罗·彭梵得:《罗马法教科书》(修订版),黄风译,中国政法大学出版社2005年版,第287页。

③ 唐晓晴:《预约合同法律制度研究》,澳门大学法学院2004年版,第47页。

④ 罗结珍翻译的《法国民法典》条文所引判例中的原文为"准许当事人对其作出的预约有反悔的权利,这与买卖合同的完全成立是一致的"。后半句译文的含义不明,暂未引用。参见罗结珍译:《法国民法典》,法律出版社2005年版,第1208页。另外,法国最高法院1976年判例认为,预约人恶意行使反悔权利的,该反悔不发生任何效力。参见《法国民法典》,罗结珍译,法律出版社2005年版,第1208页。

⑤ 〔日〕我妻荣:《我妻荣民法讲义 V2:债权各论》(中卷一),徐进、李又又译,中国法制出版社2008年版,第41页。史尚宽:《债法总论》,中国政法大学出版社2000年版,第512页。

得视为解约金。"①根据同法第338条,定金不足弥补债务不履行的实际损失的,定金仅为一部分抵偿,剩余部分仍然可以请求损害赔偿②,此时定金无法作为解约损害赔偿的预定。《奥地利民法典》、《瑞士民法典》均采《德国民法典》相同立法例,从而预约的悔约功能逐渐式微,不再被视为当然之理。

三、定金对预约的保护功能

在预约的交易实践中,很难想象存在单一的定金类型,因预约而交付的定金同时具有证约定金(无预约要式约定)、成约定金(有预约要式约定)、立约定金、违约定金、解约定金的综合功能。为了方便研究,如下仍然分不同定金类型分析:

(一) 证约定金和成约定金对预约的确认作用

证约定金是指为证明合同成立而交付的定金,但是交易实践中实际很少专门为了证约而支付定金。因此毋宁说,定金的支付本身对预约起到了确认其成立的作用,故称其名为证约定金。从这个意义上说,证约定金并非因其名而论其实,而是因其实而赋其名。这也就可以解释为什么很少存在单纯的证约定金,或者其同时为违约定金或解约定金(即约定在债务不履行或者解除合同时,以定金为赔偿或代价),或者其同时为立约定金(作为预约的证约定金,同时为本约的立约定金)。证约定金如果由当事人约定其功能,明确约定其作为合同成立要件的,则即为成约定金。预约也可以约定以定金交付作为成立条件。

证约定金和成约定金对预约起到了确认其成立的作用,尤其是在先合同协议纷繁复杂的群落中,意向书与预约经常难以辨认,因为意向书订立时多数没有缔约意图,通常并不发生定金的交付,所以定金之交付(证约定金或成约定金)可以作为判断预约成立及其性质的法律事实。③

(二) 立约定金对预约的担保作用

立约定金指作为保证订立合同的定金。学说上认为立约定金是预约的

---

① 黄立:《民法债编总论》,中国政法大学出版社2002年版,第505页。
② 同上书,第507页。
③ 王利明:《预约合同若干问题研究——我国司法解释相关规定述评》,载《法商研究》2014年第1期。

担保(Draufgabe als sicherung eines Vorvertrags)。① 立约定金所担保的主合同为预约,而非本约。《担保法司法解释》第 115 条关于"当事人约定以交付定金作为订立主合同担保"的规定称立约定金担保的主合同为所欲订立的合同,是不正确的。因为立约定金担保的主债务在于订立合同,该主债务仅能存在于关于订立本约的预约中,因此该第 115 条所称"主合同"应当改为"合同"。可以说,《担保法司法解释》第 115 条隐含了一个预约的存在,在立约定金交付时,当事人之间必然有关于本约订立的约定,即预约。该预约可能为确定性达到本约程度的预约,也可能为确定性较低的预约。

(1) 对于确定性达到本约程度的预约,则在本约不缔结的情况下适用定金罚则,但是因不可抗力、意外事件、情事变更原因导致本约无法缔结的,则不适用定金罚则。这也是《商品房买卖合同司法解释》第 4 条关于"因不可归责于当事人双方的事由,导致商品房买卖合同未能订立的,出卖人应当将定金返还买受人"的规定意旨。

(2) 对于确定性较低的预约,在当事人通过磋商达到可以缔结本约的确定性程度之前,并无缔结本约的义务,但是彼此负有诚信磋商的义务。如因一方违反磋商义务导致将来无法缔结本约的,则仍有定金罚则适用的余地。

(三) 违约定金对预约的确保作用

预约中可以约定违约定金。在交易实践中难以想象存在单纯的预约的违约定金,此时的违约定金多半是立约定金、解约定金的综合体。当然不妨碍当事人自由约定该预约的定金为违约定金,而非立约定金或解约定金。违约定金存在惩罚性和补偿性两类:

(1) 如为惩罚性违约定金,则在预约违约行为的强制缔约责任和损害赔偿责任之外仍然需要适用定金罚则;

(2) 如为补偿性违约定金,则该定金与违约金具有相同功能和效果,如果定金不足以补偿全部受损方的损失,则受损方仍然有权就差额部分继续请求损害赔偿。如果同时存在定金和违约金,则根据请求权规范竞合规则,仅能择一行使。受损方一旦寻求一种责任救济,则视为放弃以另一种责任方式寻求救济的权利。

---

① 黄立:《民法债编总论》,中国政法大学出版社 2002 年版,第 505 页。

我国《担保法》第 91 条、《担保法司法解释》第 121 条规定,定金金额不得超过合同标的额的 20%,超过部分无效。学说上认为该规定并非适用于全部定金,而仅适用于违约定金。① 但其在预约场合则很难适用。预约的给付标的为本约,本约本身一般并无独立的经济价值,不能以本约的标的金额代替本约本身的价值,因此该定金上限的规定,严格来说,并不适用于预约的违约定金。但是因为定金上限为法律明确规定,因此在法律解释上,可将本约的标的金额准用于预约的标的金额,并以本约的标的金额的 20%确定为违约定金的上限。

(四) 解约定金对预约制度的补充作用

根据前文对预约的法制史的研究发现,解约定金是最古老的定金类型之一。大陆法系在对罗马法的继受过程中,分为法国法族和德国法族两个分支,法国法在立法、判例和学说上承认解约定金,而德国法对于解约定金则采"疑义不推定"原则。但是,解约定金仍然常见于现代的交易实践当中,可谓贴合人类本性,以至于我国有学者认为解约定金是唯一应当保留的定金类型。②

1. 解约定金的制度价值

解约定金应用于预约最为妥帖,盖因其在法制史的发源上即为预约之附约。预约是本约缔结的"中途小站",当事人在未达目的地前多少会有"中途下车"(中断磋商)的想法,在没有预约存在的情况下,缔约过失责任制度要求当事人在中断磋商时应赔偿相对方的信赖利益。而在有预约的情况下,因为契约严守原则而必然导向本约缔结,否则将使当事人承担违约责任(包括强制缔约),其制度略显僵化。解约定金则为预约制度注入了灵活性,即当事人可以牺牲定金为代价解除预约,从而在不承担违约责任的前提下免除缔结本约的预约义务。

解约定金可以看作在单方合法解除预约情况下对相对方信赖利益的预定补偿金额。但是上述预定补偿金额无法弥补相对方全部经济损失的,是否仍然可以要求填补?《担保法司法解释》第 117 条后句规定"对解除主合同后责任的处理,适用《中华人民共和国合同法》的规定"。按此,预约当事

---

① 韩世远:《合同法总论》,法律出版社 2011 年版,第 672 页。
② 黎乃忠:《定金契约要物性的批判和重塑》,载《现代法学》2015 年第 6 期。

人基于解约定金而解除合同后,仍然需要适用《合同法》关于解除合同后恢复原状、采取补救措施、损害赔偿等责任处理安排。可见,预约解约定金的执行仅发生解除合同的效力,即免于强制缔约,而仍然不能免于损害赔偿。①本书认为,上开制度设计较为保守,如欲发挥解约定金制度的灵活性功能,提供当事人更为广泛的交易工具选择,尤其为当事人在缔约过程中合理的犹豫和反悔留有"制度出口",则应当在解释上认为,解约定金可以作为解除合同后对相对方全部损失的补偿金额的预先约定,而不需额外弥补,以增加当事人对于交易上多种可能结果的可预见程度。② 如《日本民法典》第557条明确规定,基于解约定金而解除买卖预约的,不再适用合同解除后仍需进行损害赔偿的规定。

2. 解约定金的适用限制

我国《担保法》和《合同法》及相关司法解释对于解约定金的适用限制并无规定。法国判例上认为,买卖预约的定金解约权不得恶意行使,否则无效;③《日本民法典》第557条规定,定金解约权仅能在相对方着手履行合同前行使。④ 可见,定金解约权仍然受到诚信原则和信赖原则的约束,当随着缔约阶段的加深,相对方足以信赖有权解约一方不会解约(即愿意缔结本约)时,则有解约权一方将因"失权"而不得解约,而且当预约的确定性程度达到本约程度后,既然一方当事人已经获得请求缔约的权利,且该种合意程度已经表明相对方对于将来缔约已经形成相当程度的信赖,此时不应再允许当事人解约。

---

① 李国光、奚晓明、金剑锋、曹士兵:《最高人民法院〈关于适用《中华人民共和国担保法》若干问题的解释〉理解与适用》,吉林人民出版社2000年版,第400页;曹士兵:《中国担保制度与担保方法》(第三版),中国法制出版社2015年版,第407页。

② 韩世远:《合同法总论》,法律出版社2011年版,第672页。同时韩世远教授认为,担保法关于定金不得超过合同金额的20%的规定在解释上仅限于违约定金,对于解约定金并不适用。因此解约定金的金额并无上限规定,当事人可以自由约定,进而可以作为解约后相对方损失的全额预定。

③ 《法国民法典》,罗结珍译,法律出版社2005年版,第1208页。

④ 〔日〕我妻荣:《我妻荣民法讲义 V2:债权各论》(中卷一),徐进、李又又译,中国法制出版社2008年版,第43—44页。

结语　我国预约合同的法典化

一、我国《民法典》中关于预约合同的规定

（一）《民法典》最终将"预约合同"概念法典化

我国《民法典》在第三编"合同"的第一分编"通则"的第二章"合同的订立"中规定了预约合同。《民法典》第495条规定："当事人约定在将来一定期限内订立合同的认购书、订购书、预订书等，构成预约合同。当事人一方不履行预约合同约定的订立合同义务的，对方可以请求其承担预约合同的违约责任。"除此之外，《民法典》并无其他关于预约的规定。

我国《民法典》的条文来源主要是对既有法律、司法解释的编纂。上述《民法典》关于预约的规定，来源于《买卖合同司法解释》第2条的规定，两者几无差别。因此，对《民法典》该条预约合同规定的理解和适用也应与后者一致。无论如何，《民法典》将"预约合同"作为一个成文法上的概念进行规定，其在法律渊源上的效力大于司法解释的上述规定。

在既往立法中，我国《合同法》中并未规定预约制度，预约仅存在于司法解释和司法判决之中。关于《民法典》是否应当规定预约合同制度，在法学研究方面存在一定分歧，由梁慧星教授主持的2013年《中国民法典草案建议稿》中并未规定预约制度。[①] 相反，王利明教授在关于民法典起草的论文中则提出，由于预约在交易实践中运用广泛，《买卖合同司法解释》关于预约的规定尚有不足，因而建议在未来民法典合同编中规定预约制度。[②] 最终，根据正式颁布的《民法典》，预约合同获得了"法典化"的身份，成为法律明文规定的法律概念，而非仅是一个学理概念。

---

① 梁慧星主编：《中国民法典草案建议稿附理由·合同编》，法律出版社2013年版。
② 王利明：《民法分则合同编立法研究》，载《中国法学》2017年第2期。

同时,《民法典》采取了"预约合同"的概念,而非"预约"。"预约合同"意味着《民法典》将预约视为一个独立的"合同",而非仅仅是合同订立过程中的一个"临时协议"。这意味着,预约合同的成立和生效应当适用《民法典》总则和合同编关于合同的相关规定,应当具备意思表示一致、真实、确定等法律要件。基于合同"确定性"的法律要求,那些不具有确定性的"临时协议"将被排除在"预约合同"之外,不能发生合同的法律效力。这与本书的基本观点是一致的。

(二)《民法典》采纳了"预约合同"抽象化的立法模式

预约合同在世界范围内的民法典立法例上,存在三种情况:

(1) 不明文规定预约合同制度。《德国民法典》并未规定预约制度,在2002年修改债编时也没有规定预约制度。分析其原因,德国法上认为,根据契约自由原则足可应对预约的法律适用问题。且德国法上的预约概念要件严格,在实务中甚少使用,要物契约类型减少,原为缓解要物契约的要物性而存在的预约更显价值不高,所以入法的必要性不足。另外,学者对于预约之存在价值仍有疑义。故《德国民法典》上至今并无预约的相关规定。我国台湾地区"民法"尽管规定了消费借贷预约和使用借贷预约,但又规定无偿要物契约的预约均可在标的物交付前撤销①,实际在立法上已使预约处于逼仄地位。

(2) 具体主义立法模式,即在民法典中仅规定具体有名合同的预约合同制度。《法国民法典》《日本民法典》《西班牙民法典》等均仅规定买卖合同预约,而不设一般性的预约规定。买卖合同预约对于法国、日本等采意思主义物权变动模式的立法例具有特殊意义,即在于满足当事人转移标的物所有权之前形成契约约束的目的。之所以不设一般性预约规定,可能在于立法者当初并未考虑一般性的预约制度,而法典修改非一日之功,非特别必要难以启动修法工程。

(3) 抽象主义立法模式,即在民法典中规定抽象的预约合同制度。《瑞士民法典》《奥地利民法典》《埃及民法典》等均在合同总则层面规定抽象的

---

① 台湾地区"民法"第465条"立法理由书"说明:"预约为约定负担订立本约之义务的契约。通常在要式或要物契约始有其存在价值。使用借贷为要物契约,常先有契约之订立,惟其亦为无偿契约,故于预约成立后,预约贷与人如不欲受预约之约束,法律应许其撤销预约,始为合理。"

预约制度,并对预约的内容确定性、期限、要式、强制缔约等作一般性规定。

显然,《民法典》最终采取了第三种立法例,即规定了抽象性、一般性的预约合同制度。分析其原因在于:

第一,抽象预约制度是立法例上的趋势。1911年瑞士民法典(包含债法典)被认为是创造了现代民法典的新范式①,而其在预约立法上区别于《法国民法典》《德国民法典》之处即在于其第22条规定了一般性的预约制度。而且,1852年《秘鲁民法典》依照《法国民法典》仅规定了买卖合同预约,但是在1965修法时改为规定抽象预约立法模式。无独有偶,1867年《葡萄牙民法典》同样依照《法国民法典》仅规定了买卖合同预约,而在1966年修法时转变为抽象预约立法模式。而且,之后的大国民法典,如1994年《俄罗斯民法典》②、2002年《巴西民法典》③均采抽象预约立法例。因此,抽象预约立法例是预约制度立法的趋势,并无疑问。

第二,设立一般预约制度具有必要性。一则,以契约自由原则统摄预约制度固然正确,但是忽视了预约与其他合同之间的区别。预约以订立本约为债之目的,具有临时性和变动性的特点,在预约履行过程中以磋商为核心义务,且在本约为要物、要式合同或存在待审批生效要件时,预约与本约之间存在纠缠,且解约权亦为预约制度所必要的机制,上述问题需要对应法律规范的引导和规制,并非契约自由原则所能简单推演出来。二则,我国在物权变动模式上采取债权合同+公示要件模式,并不存在法国、日本意思主义模式导致的预约必要性,但是预约并非仅为买卖合同、要物合同之订立而订立,"预约不问就如何契约,均得订立。"④ 因而对于预约设一般性规定可以涵摄全部合同之预约,提高立法精炼度。三则,前文已经论证,预约合同

---

① 于海涌:《译者序:世界上第一部民商合一的优秀民法典》,载《瑞士民法典》,于海涌、赵希璇译,〔瑞士〕唐伟玲校,法律出版社2016年版,第2页。茨威格特、克茨在《比较法总论》中赞誉:"若欧洲民法典未来真能制定,当非瑞式立法风格莫属。"转引自金可可:《比较私法译丛·瑞士私法系列·序》,载《瑞士债务法》,戴永盛译,中国政法大学出版社2016年版,第11页。

② 1994年《俄罗斯民法典》在"合同的概念与条件"一节规定预约的一般概念和要件,第445条第4款、第446条规定了通过诉讼强制缔约的制度。

③ 均按照抽象立法例规定了预约制度。在"合同总论"的"一般规定"第462条到第466条规定了预约的一般概念和要件,以及强制缔约等违约责任。

④ 史尚宽:《债法总论》,中国政法大学出版社2000年版,第13页。

制度必然包含实际履行(强制缔约)制度,而强制缔约的本质在于法律拟制,即以判决代替当事人为意思表示,以公权限制私权,因而从法治精神上着眼,也必须以立法作出规定。

第三,我国现有司法解释尚有不足,需要在《民法典》上规定一般性的预约合同制度。我国以《买卖合同司法解释》第2条为中心的预约合同制度尽管在当时司法实务群龙无首的局面下起到了锚定作用,对于司法实践和市场交易起到了必要的指引和规范作用,但是其本身也存在不足之处。其一,在预约的范围上,司法解释将意向书纳入预约范畴可能会误导司法实践和市场交易,意向书(备忘录)本身具有多重性质的可能性,不能简单归入预约,君子协议、具有缔约意图的意向书以及不约定缔结本约义务的意向书,均非预约。① 其二,在预约的效力上,司法解释并未明确预约产生应当缔约的效力,还是应当磋商的效力,仍然未解决司法实务中最为关心的问题。其三,在违约责任上,强制履行缔约程序的制度涉及以判决代替当事人为意思表示,司法解释并不具有创设公权限制私权制度的权限。其四,对于定金制度,《商品房买卖合同司法解释》第4条仅规定立约定金,并未规定解约定金。而解约定金对于预约制度具有重要制度价值。《担保法司法解释》第117条规定解约定金按照定金罚则处理后仍然需要赔偿损失,抹杀了解约定金的制度优势,应作调整。

基于上述原因,本书认为,《民法典》采纳抽象主义的预约合同立法例是可取的。

(三)《民法典》将预约合同纳入"合同订立"体系。

法律条文的顺序和位置体现了其在法律体系中的地位,《民法典》中的条文尤其如此。我国《民法典》中的预约合同,规定在第三编"合同"的第一分编"通则"的第二章"合同的订立"中。这体现了立法者主要将预约合同视为在合同订立过程中形成的合同,预约合同的目的在于"合同的订立"。这样在某种程度上可以看出,在法律规范对象上,预约合同是以"意向书""框架协议""认购书"这些在合同谈判过程中形成的合同性文件为典型形象的。相比而言,那些已经订立的约定未来某种情形发生时形成新交易的合同,比

---

① 王利明:《预约合同若干问题研究——我国司法解释相关规定述评》,载《法商研究》2014年第1期;王利明:《民法分则合同编立法研究》,载《中国法学》2017年第2期。

如股权回购协议、优先购买权协议等，则并不是预约合同制度规范的典型对象。

同时应该看到，《民法典》将预约合同规定于要约与承诺之后，且位于缔约过失责任之前，甚为可取。此因预约合同为合同订立的一种特殊交易方式，多存在于缔约过程之中。之所以位于要约与承诺之后，是因为预约之成立也需要有要约与承诺过程，故要约与承诺应该在预约合同之前加以规定。而且，通过履行预约合同而订立本约显然是要约承诺规则的例外情况，因而附于要约承诺的原则性规定之后为宜。此外，《民法典》之所以将预约合同安放在缔约过失责任之前，是因为在有预约时，预约关于缔约上之义务的规定应当优先于缔约过失责任相关法律规定适用，仅在预约条款不足或违法时，方能适用缔约过失责任。因此，缔约过失责任的规定后于预约合同的规定，更显合理。

二、《民法典》还可以如何规定预约合同？

我们在欣喜于《民法典》将预约合同法典化的同时，也应该看到，《民法典》中的预约合同条文内容较少，对于本书提出的诸多预约合同的疑难问题并无明确规定，在未来司法实践中仍然会继续产生争议。因此，本书作者模拟一个立法者的角色，以制定法条的形式呈现预约合同在法典中的另外一种可能的模样，并在这些假想的条文中尽量体现本书的主要学术观点，以此为本书结语：

第1条[预约的概念和效力] 如合同双方同意或一方承诺在将来订立本约合同，且所有本约合同成立所必备的条款均已在同意或承诺时具备的，债权人有权请求对方订立本约合同。缺失必备条款的，双方应当遵循诚实信用原则，根据合同的性质、目的和交易习惯对未获同意的必备条款进行磋商。

条文说明：预约的法定概念为双方或一方同意于将来订立本约合同的合同。同时，条文明确预约属于具有法律约束力的独立合同，而非临时协议或者不具有法律约束力的意向书。"所有本约合同成立所必备的条款均已在同意或承诺时具备的，债权人有权请求对方订立本约合同"是指预约的确定性已达本约程度，此时债权人有权要求实际履行。"缺失必备条款的，双方应当遵循诚实信用原则,根据合同的性质、目的和交易习惯对未获同意的必备条款进行磋商"是指预约的确定性不足本约程度,此时预约仍然具有合同效力,在当事人之间发生基于诚信进行磋商的合同义务。

  第2条[预约的期限] 当事人可以约定将来订立本约合同的期限,该期限视为双方依据前条完成磋商的期限。期限届满仍未完成磋商且未订立本约合同,如双方在磋商上均无过错的,预约合同失效。如当事人之间对订立本约合同的期限没有约定或约定不明的,双方应当在合理期限内完成磋商并订立本约合同。

  条文说明:"当事人可以约定将来订立本约合同的期限"属于授权性规范,而非强制性规范。"该期限视为双方依据前条完成磋商的期限"是指当事人约定期限的含义。"期限届满仍未完成磋商且未订立本约合同,如双方在磋商上均无过错的,预约合同失效"是指当事人约定期限的效力。本条采期限合理确定主义的立法例。"如当事人之间对订立本约合同的期限没有约定或约定不明的,双方应当在合理期限内完成磋商并订立本约合同"是补充当事人意思表示漏洞的条文,当事人如果未约定期限或者约定不明,则视为双方同意在合理的期限内完成磋商。法院可以根据个案情事,基于诚信原则解释该合理期限的具体期间,避免在一方信赖预约已经失效的情况下,另一方却突然主张履行预约。同时约定期限或合理期限的规定也有助于判断违约责任,避免在无期限限制的情况下无法判断当事人在磋商上是否存在过错。

  第3条[预约的形式及脱法行为禁止] 法律规定本约合同须满足一定的条件才能成立或生效,当事人以订立预约合同的形式规避上述法律规定的,预约合同无效。

  条文说明:本条文并未规定预约为要式行为,即采不要式立法例。但是为了防遏脱法行为,本条特别规定:"当事人以订立预约合同的形式规避上述法律规定的,预约合同无效。"

  第4条[预约的违约责任] 预约中已经达成合意的内容包含本约合同成立所必备的全部条款,而债务人不同意在第2条规定的期限内签订本约合同的,债权人有权请求法院强制订立本约合同或者解除预约并要求债务人承担赔偿责任。预约中已经达成合意的内容未包含本约合同成立所必备的全部条款,而债务人在第 2 条规定的期限内拒绝或者以其行为表明其拒绝磋商,或者在磋商中存在其他违反诚信原则的行为的,债权人有权请求法院解除预约并要求债务人承担赔偿责任。

债权人起诉前双方通过磋商已经达成合意的全部内容均视为前款规定的预约中已经达成合意的内容。

条文说明:本条规定不同确定性程度的预约在违约责任上的不同。对于确定性已达本约程度的预约,当事人可以主张强制缔约或解除预约并要求损害赔偿;而对于确定性不足本约程度的预约,当事人仅可以请求解除预约并要求损害赔偿,而不得主张强制缔约。因为在预约签订后至一方起诉前,当事人双方可能存在磋商活动并已经达成了一部分合意内容,但并未记载于预约中,该部分合意内容属于根据预约进行磋商的成果,因而视为预约中的约定内容。人民法院在判断预约的确定性程度时应当同时考虑原预约的内容,以及后续磋商达成的合意内容。

第 5 条[强制缔约程序] 债权人有权要求订立本约合同的,如本约合同存在部分未同意的条款,债权人在起诉时应当提交对该部分条款的具体确定的意见,债务人在一审法庭辩论终结前未能对于该意见作出承诺的,该部分条款由法院决定,本约合同自判决文书生效时订立。

条文说明:本条规定了在诉讼中强制缔约的程序和效力。债权人的诉讼请求中应当包括缔结本约的条款内容,相当于在诉讼中提出了要约,而本着意思自治的原则,法院应当给予债务人一方以承诺和反要约的机会,仅在双方无法达成一致时才由法院居中裁判,确定合同条款内容。法院判决可以代替当事人的意思表示,故规定"本约合同自判决文书生效时订立"。

第 6 条[解约定金及解约权的行使] 当事人可以在预约合同中约定解约定金,交付解约定金的一方可以按照合同的约定以丧失解约定金为代价而解除预约合同,收受定金的一方可以双倍返还定金为代价而解除预约合同。预约合同解除后,不再适用法律关于合同解除后损害赔偿的规定。

依据预约的规定以及依据预约所进行的磋商,双方达成合意的内容已经包含本约合同成立所必备的全部条款的,不得依据前款规定解除预约合同。

条文说明:本条规定了解约定金和预约合同悔约权及其限制。解约定金是对预约制度的补充和完善,在约定解约定金的情况下,当事人有权仅以承担定金罚则为代价解除预约。这样一方面给当事人留下了退出预约交易的合法后路,另一方面通过定金罚则对信赖方给予了损害赔偿救济。为了凸显解约定金的制度功能,本书建议效仿《日本民法典》的相关制度,规定在按照定金罚则处理后,不再发生合同解除后的损害赔偿问题。此外,根据《法国民法典》和《日本民法典》的立法例,解约权的行使应受到诚信原则和信赖保护原则的限制,故本条在第 2 款规定,对于已经达到本约确定性程度的预约,不得解除。

参考文献

一、中文著作(含译著)

(一)民法学著作

1. 王利明:《民商法研究》(第一至九辑),法律出版社2014年版。
2. 王利明:《法学方法论》,中国人民大学出版社2011年版。
3. 王利明:《民法总则研究》,中国人民大学出版社2003年版。
4. 王利明:《合同法研究》(第一至三卷)(修订版),中国人民大学出版社2011年版。
5. 王利明、崔建远:《合同法新论·总则》,中国政法大学出版社2000年版。
6. 史尚宽:《民法总论》,中国政法大学出版社2000年版。
7. 史尚宽:《债法总论》,中国政法大学出版社2000年版。
8. 史尚宽:《债法分论》,中国政法大学出版社2000年版。
9. 郑玉波:《民法债编总论》,台湾三民书局1999年版。
10. 王泽鉴:《债法原理(第一册):基本理论·债之发生》,中国政法大学出版社2001年版。
11. 黄立:《民法债编总论》,中国政法大学出版社2002年版。
12. 黄茂荣:《债法总论》(第一、二册),中国政法大学出版社2003年版。
13. 黄茂荣:《债法通则之一:债之概念与债务契约》,厦门大学出版社2014年版。
14. 黄茂荣:《债法通则之二:债务不履行与损害赔偿》,厦门大学出版社2014年版。
15. 黄茂荣:《债法通则之三:债之保全、移转与消灭》,厦门大学出版社2014年版。
16. 陈自强:《民法讲义Ⅰ:契约之成立与生效》,法律出版社2002年版。
17. 陈自强:《民法讲义Ⅱ:契约之内容与消灭》,法律出版社2004年版。
18. 陈自强:《整合中之契约法》,北京大学出版社2012年版。
19. 陈自强:《无因债权契约论》,中国政法大学出版社2002年版。
20. 曾世雄:《损害赔偿法原理》,中国政法大学出版社2001年版。
21. 〔德〕卡尔·拉伦茨:《德国民法通论》(上、下册),王晓晔、邵建东、程建英、徐国建、谢怀栻译,法律出版社2003年版。

22. 〔德〕迪特尔·梅迪库斯:《德国民法总论》,邵建东译,法律出版社 2000 年版。
23. 〔德〕迪特尔·梅迪库斯:《德国债法总论》,杜景林、卢谌译,法律出版社 2004 年版。
24. 〔德〕迪特尔·梅迪库斯:《德国债法分论》,杜景林、卢谌译,法律出版社 2007 年版。
25. 〔德〕维尔纳·弗卢梅:《法律行为论》,迟颖译,法律出版社 2013 年版。
26. 〔德〕莱因哈德·齐默曼:《德国新债法——历史与比较的视角》,韩光明译,法律出版社 2012 年版。
27. 〔德〕哈里·韦斯特曼:《德国民法基本概念》,张定军、葛平亮、唐晓琳译,中国人民大学出版社 2014 年版。
28. 〔英〕冈特·特雷特尔:《二十世纪合同法的几个里程碑》,杨帆译,易继明校,北京大学出版社 2009 年版。
29. 〔英〕梅特兰:《普通法的诉讼形式》,王云霞、马海峰、彭蕾译,姜栋、徐国栋校,商务印书馆 2009 年版。
30. 〔美〕A. L. 柯宾:《柯宾论合同》(一卷版)(上册),王卫国、徐国栋、夏登峻译,中国大百科全书出版社 1997 年版。
31. 〔美〕詹姆斯·戈德雷:《现代合同理论的哲学起源》,张家勇译,法律出版社 2006 年版。
32. 〔日〕我妻荣:《我妻荣民法讲义 I:新订民法总则》,于敏译,中国法制出版社 2008 年版。
33. 〔日〕我妻荣:《我妻荣民法讲义 IV:新订债权总论》,王燚译,中国法制出版社 2008 年版。
34. 〔日〕我妻荣:《我妻荣民法讲义 V1:债权各论》(上卷),徐慧译,中国法制出版社 2008 年版。
35. 〔日〕我妻荣:《我妻荣民法讲义 V2:债权各论》(中卷一),徐进、李又又译,中国法制出版社 2008 年版。
36. 赵立新:《日本民法导论》,中国政法大学出版社 2014 年版。
37. 顾祝轩:《民法概念史·债权》,法律出版社 2016 年版。
38. 张民安:《法国民法》,清华大学出版社 2015 年版。
39. 尹田:《法国现代合同法:契约自由与社会公正的冲突与平衡》(第二版),法律出版社 2009 年版。
40. 〔意〕彼德罗·彭梵得:《罗马法教科书》(修订版),黄风译,中国政法大学出版社 2005 年版。
41. 〔意〕朱塞佩·格罗索:《罗马法史》(2009 年校订本),黄风译,中国政法大学出版社 2009 年版。
42. 〔古罗马〕盖尤斯:《盖尤斯法学阶梯》,黄风译,中国政法大学出版社 2008 年版。

43. 周枏:《罗马法原论》(上、下册),商务印书馆2014年版。
44. 徐涤宇、〔意〕桑德罗·斯奇巴尼:《罗马法与共同法》(第一辑),法律出版社2011年版。
45. 费安玲等:《从罗马法走来:桑德罗·斯奇巴尼教授七十寿辰贺文》,中国政法大学出版社2010年版。
46. 〔德〕莱因哈德·齐默曼:《罗马法、当代法与欧洲法:现今的民法传统》,常鹏翱译,北京大学出版社2009年版。
47. 〔美〕亨利·马瑟:《合同法与道德》,戴孟勇、贾林娟译,中国政法大学出版社2005年版。
48. 杨桢:《英美契约法论》,北京大学出版社2000年版。
49. 王泽鉴主编:《英美法导论》,北京大学出版社2012年版。
50. 张利宾:《美国合同法:判例、规则和价值规范》,法律出版社2007年版。
51. 吴兴光:《美国〈统一商法典〉研究》,社会科学文献出版社2015年版。
52. 吴一鸣:《英美物权法:一个体系的发现》,上海人民出版社2011年版。
53. 刘承韪:《英美契约法的变迁与发展》,北京大学出版社2014年版。
54. 李宜琛:《日耳曼法概说》,中国政法大学出版社2003年版。
55. 谢鸿飞:《合同法学的新发展》,中国社会科学出版社2014年版。
56. 龙卫球:《民法总论》,中国法制出版社2002年版。
57. 龙卫球:《民法基础与超越》,北京大学出版社2010年版。
58. 徐国栋:《民法哲学》(增订本),中国法制出版社2015年版。
59. 林诚二:《民法理论与问题研究》,中国政法大学出版社2000年版。
60. 韩世远:《合同法总论》(第三版),法律出版社2011年版。
61. 刘贵祥:《合同效力研究》,人民法院出版社2012年版。
62. 徐涤宇:《原因理论研究——关于合同(法律行为)效力正当性的一种说明模式》,中国政法大学出版社2005年版。
63. 杨良宜:《合约的解释》,法律出版社2007年版。
64. 汤文平:《民法、判例与学说》,暨南大学出版社2015年版。
65. 孙宪忠:《论物权法》(修订版),法律出版社2008年版。
66. 田士永:《物权行为理论研究——以中国法和德国法中所有权变动的比较为中心》,中国政法大学出版社2002年版。
67. 唐晓晴:《预约合同法律制度研究》,澳门大学法学院2004年版。
68. 王焜:《积极的信赖保护——权利外观责任研究》,法律出版社2010年版。
69. 刘晓华:《私法上的信赖保护原则研究》,法律出版社2015年版。
70. 王华胜:《契约形成中的道德约束:以要物契约为线索》,法律出版社2015年版。
71. 张铣:《先合同信息披露法律制度研究》,法律出版社2015年版。

72. 全先银:《商法上的外观主义》,人民法院出版社 2007 年版。
73. 龙俊:《民法中的意思自治与信赖保护》,中国政法大学出版社 2016 年版。
74. 杨与龄主编:《民法总则争议问题研究》,清华大学出版社 2004 年版。
75. 梁慧星主编:《民商法论丛》(第 7、8 卷),法律出版社 1997 年版。
76. 王家福主编:《中国民法学·民法债权》,法律出版社 1991 年版。
77. 张广兴:《债法总论》,法律出版社 1997 年版。

(二) 法学理论著作

78. 〔德〕卡尔·拉伦茨:《法学方法论》,陈爱娥译,商务印书馆 2003 年版。
79. 〔德〕阿图尔·考夫曼:《法律哲学》(第二版),刘辛义译,法律出版社 2011 年版。
80. 〔德〕阿图尔·考夫曼:《法律获取的程序——一种理性分析》,雷磊译,中国政法大学出版社 2015 年版。
81. 〔德〕莱因荷德·齐佩利乌斯:《法哲学》(修订版),金振豹译,北京大学出版社 2013 年版。
82. 〔德〕卡尔·恩吉施:《法律思维导论》(修订版),郑永流译,法律出版社 2014 年版。
83. 〔德〕罗伯特·阿列克西:《法:作为理性的制度化》,雷磊编译,中国法制出版社 2012 年版。
84. 〔德〕卢曼:《社会的法律》,郑伊倩译,人民出版社 2009 年版。
85. 〔英〕詹姆斯·戈登·芬利森:《哈贝马斯》,邵志军译,译林出版社 2015 年版。
86. 〔美〕麦克尼尔:《新社会契约论》,雷喜宁、潘勤译,中国政法大学出版社 1994 年版。
87. 〔美〕本杰明·N.卡多佐:《法律科学的悖论》,劳东燕译,北京大学出版社 2016 年版。
88. 〔英〕哈特:《法律的概念》,张文显、郑成良、杜景义、宋金娜译,中国大百科全书出版社 1996 年版。
89. 〔奥〕凯尔森:《法与国家的一般理论》,沈宗灵译,商务印书馆 2013 年版。
90. 〔英〕S.F.C.密尔松:《普通法的历史基础》,李显东、高翔、刘智慧、马呈元译,中国大百科全书出版社 1999 年版。
91. 〔英〕以赛亚·柏林:《自由及其背叛》(新编版),赵国新译,译林出版社 2011 年版。
92. 〔英〕以赛亚·柏林:《自由论》(修订版),胡传胜译,译林出版社 2011 年版。
93. 〔德〕迪尔克·克斯勒:《马克斯·韦伯的生平、著述及影响》,郭锋译,法律出版社 2000 年版。
94. 王利明:《法治:良法与善治》,北京大学出版社 2015 年版。
95. 黄茂荣:《法学方法与现代民法》,中国政法大学出版社 2001 年版。
96. 郑戈:《法律与现代人的命运:马克斯·韦伯法律思想研究导论》,法律出版社 2006 年版。

97. 吴从周:《概念法学、利益法学与价值法学:探索一部民法方法论的演变史》,中国法制出版社 2011 年版。
98. 杨仁寿:《法学方法论》,中国政法大学出版社 1999 年版。
99. 梁上上:《利益衡量论》(第二版),法律出版社 2016 年版。
100. 杨振山、〔意〕桑德罗·斯奇巴尼主编:《罗马法·中国法与民法法典化——物权和债权之研究》,中国政法大学出版社 2001 年版。

(三) 司法实务书籍

101. 最高人民法院民事审判第二庭编著:《最高人民法院关于买卖合同司法解释理解与适用》,人民法院出版社 2016 年版。
102. 最高人民法院民事审判第一庭编著:《最高人民法院关于审理商品房买卖合同纠纷案件司法解释的理解与适用》,人民法院出版社 2015 年版。
103. 全国人大常委会法制工作委员会民法室编著:《〈中华人民共和国民事诉讼法〉释解与适用》,人民法院出版社 2012 年版。
104. 最高人民法院研究室编著:《最高人民法院关于合同法司法解释(二)理解与适用》,人民法院出版社 2009 年版。
105. 李国光、奚晓明、金剑锋、曹士兵:《最高人民法院〈关于适用《中华人民共和国担保法》若干问题的解释〉理解与适用》,吉林人民出版社 2000 年版。

二、中文论文

(一) 预约制度

1. 王利明:《预约合同若干问题研究——我国司法解释相关规定述评》,载《法商研究》2014 年第 1 期。
2. 梁慧星:《预约合同解释规则——买卖合同解释(法释〔2012〕8 号)第二条解读》,见中国法学网 http://www.iolaw.org.cn/showArticle.aspx? id=3462,2016 年 6 月 24 日访问。
3. 吴从周:《论预约:探寻德国法之发展并综合分析台湾"最高法院"相关判决》,载《台湾大学法学论丛》第 42 卷特刊。
4. 陆青:《〈买卖合同司法解释〉第 2 条评析》,载《法学家》2013 年第 3 期。
5. 林诚二:《预约之认定与不履行之损害赔偿范围——"最高法院"2014 年度台上字第一九八一号民事判决评释》,载《月旦裁判时报》2015 年第 35 期。
6. 叶新民:《预约效力的十字路口——简评"最高法院"2011 年度台上字第二〇七六号民事判决》,载《月旦裁判时报》2012 年第 18 期。
7. 汤文平:《论预约在法教义学体系中的地位——以类型序列之建构为基础》,载《中外法学》2014 年第 4 期。

8. 汤文平:《德国预约制度研究》,载《北方法学》2012年第1期。
9. 汤文平:《瑞士预约制度研究》,载《西部法学评论》2011年第4期。
10. 黄淑丹:《论预约的违约损害赔偿范围——以预约效力的弹性化认定为中心》,载《研究生法学》2015年第1期。
11. 耿利航:《预约合同效力和违约救济的实证考察与应然路径》,载《法学研究》2016年第5期。
12. 许德风:《意向书的法律效力问题》,载《法学》2007年第10期。
13. 刘承韪:《预约合同层次论》,载《法学论坛》2013年第6期。
14. 叶锋:《论预约合同的出路——以类型系列的构建为分析视角》,载《法律适用》2015年第9期。
15. 薛波、刘浩然:《预约合同法律问题研究——以〈买卖合同司法解释〉第二条解释与适用为中心》,载《新疆社科论坛》2015年第5期。
16. 王瑞玲:《预约、本约区分和衔接的主观解释论——兼对客观解释论商榷》,载《政治与法律》2016年第10期。
17. 张古哈:《预约合同制度研究——以〈买卖合同司法解释〉第2条为中心》,载《社会科学研究》2015年第1期。
18. 史浩明、程俊:《论预约的法律效力及强制履行》,载《苏州大学学报(哲学社会科学版)》2013年第5期。
19. 焦清扬:《预约合同的法律构造与效力认定》,载《社会科学》2016年第9期。
20. 韩强:《论预约的效力与形态》,载《华东政法学院学报》2003年第1期。
21. 王颖洁:《论意向书的法律效力及其法律责任》,载《法律与社会》2013第7期。
22. 杨彪、叶琪:《意向书的法律约束力》,载《中山大学学报(社会科学版)》2016年第6期。
23. 陈进:《意向书的法律效力探析》,载《法学论坛》2013年第1期。
24. 郭魏:《意向书的法律性质和效力》,载《人民司法》2015年第22期。
25. 沈伟、于宝露:《预约合同责任的"诚实信用"进路及法经济学解构》,载《苏州大学学报(法学版)》2015年第1期。
26. 刘俊臣:《合同预约若干法律问题初探》,载《法律适用》2002年第4期。
27. 陈对:《论预约违约责任中的强制履行》,载《法制博览》2016年第10期。
28. 陈登宇:《预约合同效力问题之再探讨》,载《法制博览》2016年第6期。
29. 李磊:《预约的法律效力刍议》,载《法制与社会》2015年第10期。
30. 李尚谊:《预约合同的效力及违约责任研究》,载《当代经济》2015年第30期。
31. 孙超:《预约条款的性质识别及效力认定》,载《人民司法》2016年第11期。
32. 汤文平:《德国法上的批准生效合同研究》,载《清华法学》2010年第6期。

33. 齐飞云:《违反预约合同的民事赔偿范围研究》,载《洛阳理工学院学报(社会科学版)》2016年第1期。

34. 李冬:《预约合同制度要义与立法构建》,载《求索》2012年第9期。

(二)民法基础理论

35. 隋彭生:《合同法律关系成立新探——从"法律事实"出发的理论分析》,载《政治与法律》2012年第7期。

36. 马新彦:《信赖与信赖利益考》,载《法律科学》2000年第3期。

37. 蓝海:《大陆法系与英美法系违约责任若干问题比较研究》,载《学术论坛》2011年第7期。

38. 唐晓晴:《原因理论在葡萄牙(澳门)民法中的应用》,载《苏州大学学报(法学版)》2016年第1期。

39. 朱广新:《违约责任的归责原则探究》,载《政法论坛》2008年第4期。

40. 张家勇:《论前合同责任的归责标准》,载《法学家》2014年第1期。

41. 孙鹏:《民法上信赖保护制度及其法的构成——在静的安全与交易安全之间》,载《西南民族大学学报(人文社科版)》2005年第7期。

42. 黄锡生、段小兵:《富勒合同法理论探析》,载《社会科学辑刊》2010年第5期。

43. 许德风:《论合同法上信赖利益的概念及对成本费用的损害赔偿》,载《北大法律评论》2005年第2辑。

44. 王琨:《民法上的虚像——一个类型化分析视角》,载《学术研究》2006年第4期。

45. 王琨:《权利表见责任研究——以物权法善意取得为视角》,载《政治与法律》2007年第3期。

46. 丁南:《民法上的信赖保护与诚实信用关系辩》,载《法学杂志》2013年第7期。

47. 朱广新:《信赖保护理论及其研究论评》,载《法商研究》2007年第6期。

48. 刘晓华:《论信赖保护原则在私法中的地位》,载《山东审判》2013年第4期。

49. 唐晓晴:《论法律行为的形式——罗马法的传统与近现代民法的演变》,载《法学家》2016年第3期。

50. 徐涤宇:《合同概念的历史变迁及其解释》,载《法学研究》2004年第2期。

51. 黄美玲:《允诺原则之历史解释》,载《环球法律评论》2014年第5期。

52. 赵毅:《"意思"的诞生——基于罗马法教义学的考察》,载《北方法学》2016年第6期。

53. 刘家安:《交付的法律性质——兼论原因理论的发展》,载《法学研究》2004年第1期。

54. 常鹏翱:《论优先购买权的法律效力》,载《中外法学》2014年第2期。

55. 汤文平:《法典编纂视野下的请求权体系研究》,载《兰州学刊》2016年第3期。

56. 石鲁夫:《先买权法律效力研究——兼论对先买权人的法律救济》,载《社会科学研究》2011 年第 2 期。
57. 翟云岭:《论买回权》,载《法学论坛》2002 年第 1 期。
58. 刘家安:《"要物合同"概念之探究》,载《比较法研究》2011 年第 4 期。
59. 叶金强:《论中断磋商的赔偿责任》,载《法学》2010 年第 3 期。
60. 许中缘:《论民法中单方法律行为的体系化调整》,载《法学》2014 年第 7 期。
61. 蒋军洲:《要物合同的类型演进与其界定:罗马法的经验与启示》,载《东方法学》2015 年第 6 期。
62. 蒋军洲:《罗马法上要物合同的成立结构及其现代启示》,载《河北法学》2013 年第 6 期。
63. 汤文平:《批准(登记)生效合同、"申请义务"与"缔约过失"——〈合同法解释(二)〉第 8 条评注》,载《中外法学》2011 年第 2 期。
64. 冉克平:《论私法上的合意及其判定》,载《现代法学》2014 年第 5 期。
65. 徐忠明:《与〈罗马法与中国古代契约法〉一文作者商榷》,载《法律科学》1996 年第 3 期。
66. 王洪:《罗马法契约制度:历史话语的重述》,载《南昌大学学报(人文社会科学版)》2005 年第 4 期。
67. 胡留元、冯卓慧:《罗马法与中国古代契约法》,载《法律科学》1995 年第 5 期。
68. 王华胜:《罗马契约的构成分析及其意义》,载《华北电力大学学报(社会科学版)》2014 年第 3 期。
69. 李世刚:《法国合同责任与侵权责任立法动向及意义——以〈卡特拉草案〉为出发点》,载《北京理工大学学报(社会科学版)》2012 年第 5 期。
70. 杜景林:《德国新债法法律行为基础障碍制度的法典化及其借鉴》,载《比较法研究》2005 年第 3 期。
71. 赵志娟:《浅析单方允诺的法律性质》,载《华北水利水电学院学报(社科版)》2011 年第 5 期。
72. 向逢春:《让与担保与买回制度之比较研究》,载《武汉大学学报(哲学社会科学版)》2014 年第 1 期。
73. 〔德〕卡尔·拉伦茨、曼弗瑞德·沃尔夫:《德国民法中的形成权》,孙宪忠译,载《环球法律评论》2006 年第 4 期。
74. 徐涤宇、黄美玲:《单方允诺的效力根据》,载《中国社会科学》2013 年第 4 期。
75. 胡波:《请求权、形成权、抗辩权——对几个基本概念的研究》,载《西南政法大学学报》2002 年第 1 期。
76. 李和平:《论民法对单方法律行为的控制》,载《法学杂志》2012 年第 8 期。
77. 徐涤宇:《合同概念的历史变迁及其解释》,载《法学研究》2004 年第 2 期。

(三)法理及方法论

78. 舒国滢:《决疑术:方法、渊源与盛衰》,载《中国政法大学学报》2012年第2期。
79. 吕玉赞:《论"把法律作为修辞"理论的合理性》,载《法学论坛》2015年第2期。
80. 孙海波:《走向不确定法律状态下的司法裁判——论疑难案件裁判的经验与方法》,载《西部法学评论》2013年第4期。
81. 高乐鑫:《法学类型化研究方法的基础问题研究》,载《玉林师范学院学报(哲学社会学科)》2013年第6期。
82. 王晓:《法律类型理论和类推方式研究——以考夫曼类型理论为起点的认识论探究》,载《浙江学刊》2009年第5期。
83. 郭新梅:《论法认识论中不确定法律概念与类型》,载《温州大学学报》2006年第5期。
84. 闫军:《概念与类型法律思维之比较》,载《福建法学》2009年第1期。
85. 刘星:《"法律"概念是怎样被使用的——在中西近代日常话语实践的交流中比较考察》,载《政法论坛》2006年第3期。
86. 谢鸿飞:《中国民法典的生活世界、价值体系与立法表达》,载《清华法学》2014年第6期。
87. 汤文平:《我国当前民法发展战略探索——法学实证主义的当代使命》,载《法制与社会发展》2015年第4期。
88. 王琳琳:《法学体系构建方法评析——以拉伦茨法学方法论为线索》,载《净月学刊》2012年创刊号。
89. 陈灵海:《诗与真:拉德布鲁赫法哲学转向的当代诠释》,载《浙江社会科学》2008年第2期。
90. 李可:《类型思维及其法学方法论意义——以传统抽象思维作为参照》,载《金陵法律评论》2003年秋季卷。
91. 刘士国:《类型化与民法解释》,载《法学研究》2006年第6期。
92. 朱良好:《论诠释学视域下的类推理论——兼论考夫曼〈类推与事物本质〉》,载《昆明理工大学学报(社会科学版)》2008年第9期。
93. 王卿:《类型思维在法律发现当中的地位——以考夫曼的类型思维思想为中心的考察》,载《贵州警官职业学院学报》2012年第5期。
94. 古丽加娜尔·热夏提:《卡尔·拉伦茨关于"类型"的论述——读卡尔·拉伦茨的〈法学方法论〉》,载《延安职业技术学院学报》2013年第4期。
95. 雷秋玉:《评法律解释的本体论转向——以"类型"为中心》,载《嘉应学院学报》2012年第4期。
96. 梁迎修:《类型思维及其在法学中的应用——法学方法论的视角》,载《学习与探索》

2008年第1期。
97. 周光权:《类型思考与中国法学研究》,载《中国社会科学评价》2015年第4期。
98. 单人俊:《哈特语言分析方法的开放性与局限性》,载《江西社会科学》2011年第7期。
99. 吴真文:《哈特的法律语言观探析》,载《法学评论》2014年第4期。
100. 周占生:《概念与类型法律思维比较研究——基于规范结构的讨论》,载《河南社会科学》2010年第2期。
101. 谌洪果:《通过语言体察法律现象:哈特与日常语言分析哲学》,载《比较法研究》2006年第5期。
102. 谢鸿飞:《论创设法律关系的意图:法律介入社会生活的限度》,载《环球法律评论》2012年第3期。
103. 汤文平:《我国当前民法发展战略探索——法学实证主义的当代使命》,载《法制与社会发展》2015年第4期。
104. 胡玉鸿:《韦伯的"理想类型"及其法学方法论意义——兼论法学中"类型"的建构》,载《广西师范大学学报(哲学社会科学版)》2003年第2期。

三、中文博士学位论文

1. 王洪亮:《缔约上过失制度研究》,中国政法大学2001年博士学位论文。
2. 申卫星:《期待权理论研究》,中国政法大学2001年博士学位论文。
3. 郝磊:《合同解除权制度研究》,中国政法大学2005年博士学位论文。
4. 侯国跃:《契约附随义务研究》,西南政法大学2006年博士学位论文。
5. 涂咏松:《信赖损害赔偿责任研究》,西南政法大学2009年博士学位论文。
6. 覃远春:《民法自然债研究》,西南政法大学2007年博士学位论文。
7. 王海燕:《论合同的拘束力基础》,西南政法大学2014年博士学位论文。
8. 唐晓晴:《澳门预约合同法律制度》,中国社会科学院2003年博士学位论文。
9. 刘晓华:《私法上的信赖保护原则研究》,山东大学2013年博士学位论文。

四、英文著作

1. Stephen A. Smith, *Atiyah's Introduction to the Law of Contract*, Six Edition, Clarendon Press, 2005.
2. H. G. Beale, *Chitty on Contract*, Thirteenth Edition, Thomson Reuters(legal) Limited.
3. E. Allan Farnsworth, *Contracts*, Fourth Edition, Aspen Publisher, 2004.
4. Stone, *Uniform Commercial Code in a Nutshell*, St. Paul, Thamson/West, 2005.
5. David Campbell, Linda Mulcahy and Sally Wheeler, *Changing Concepts of Contract*:

Essays in Honour of Ian Macneil, Palgrave Macmillan Socio-Legal Studies 2016.
6. Randy E. Barnett, *Contract*, Oxford University Press, Inc., 2010.
7. Andrew Burrows and Edwin Peel, *Contract Formation and Parties*, Oxford University Press, 2010.
8. Paula Giliker, *Pre-contractual Liability in English and French Law*, Kluwer Law International, 2002.
9. Hein Kotz and Axel Flessner, *European Contract Law*, *Volume one: Formation, Validity, and Content of Contracts; Contract and Third Parties*, translated by Tony Weir, Oxford University Press, 2002.
10. P. S. Atiyah, *Essays on Contract*, Oxford University Press, 1986.
11. Max Young, *Understanding Contract Law*, Routledge-Cavendish, 2010.
12. James E. Byrne(Editor), *Contracts Texts: Restatement 2d Contracts. US UCC Article 2 & The CISG*, Institute of International Banking Law & Practice, Inc. 2015.
13. John Cartwright & Martijn Hesselink, *Precontractual Liability in European Private Law*, Cambridge University Press, 2008.
14. Richard Craswell and Alan Schwartz, *Foundations of Contract Law*, Foundation Press, 1994.
15. Peter Benson(Editor), *The Theory of Contract Law New Essays*, Cambridge University Press, 2001.
16. Roger Fisher & William Ury, *Getting to Yes, Negotiating an Agreement without Giving in*, revised by Bruce Patton, Random House Business Books 2012.
17. Edwin L. Miller Jr., *Mergers and Acquisitions: a Step-by-step Legal and Practical Guide*, John Wiley & Sons, Inc., 2008.
18. Henry Sumner Maine, *Ancient Law*, NuVision Publications, LLC, 2009.
19. Dale A. Oesterle, *Mergers and Acquisitions*, West Group, 2001.
20. Patricia Ewich & Susan S. Silbey, *The Common Place of Law*, the University of Chicago Press, 1998.

五、英文论文

1. E. Allan Farnsworth, "Precontractual Liability and Preliminary Agreements: Fair Dealing and Failed Negotiations", *Columbia Law Review* Vol. 87(1987).
2. Alan Schwartz, Robert E. Scott, "Precontractual Liability and Preliminary Agreement", *Harvard Law Review*, (2007).
3. L. L. Fuller, William R. Perdue, "The Reliance Interest in Contract Damages", 46 *Yale Law Journal* (1936).

4. Aarti Arunachalam, "An Analysis of the Duty to Negotiation in Good Faith: Precontractual Liability and Preliminary Agreement", *LLM Theses and Essays* (2002).
5. Gregory Klass, "Intent to Contract", *Georgetown Law Faculty Publications* (2009).
6. Nadia E. Nedzel, "A Comparative Study of Good Faith, Fair Dealing, and Precontractual Liability", *Tulane European & Civil Law Forum*, Vol. 12(1997).
7. Jules L. Coleman et al., "A Bargaining Theory Approach to Default Provisions and Disclosure Rules in Contract Law", 12 *Harv. J. L. , & Pub. Pol'y* 639(1989).
8. Gergen, "The Use of Open Terms in Contract", 92 *Colum. Rev.* 997(1992).
9. Ekaterina Pannebakker, "Offer and Acceptance and the Dynamics of Negotiation: Arguments for Contract Theory from Negotiation Studies", 6 *Erasmus L. Rev.* 131 (2013).
10. Ralph B. Lake, "Letters of Intent: a Comparative Examination under English, U. S. ,French, and West German Law", *George Washington Journal of International Law and Economics*, Vol. 18, Issue 2 (1984).
11. Mark K. Johnson, "Enforceability of Precontractual Agreements in Illinois: the Need for a Middle Ground", *Chicago-Kent Law Review*, Vol. 68:939(1993).
12. Harvy L. Temkin, "When does the 'Fat Lady' Sing?: an Analysis of 'Agreement in Principle' in Corporate Acquisitions", *Fordham Law Review*, Vol. 55(1986).
13. Andrew R. Klein,"Devil's Advocate: Salvaging the Letter of Intent", *Emory Law Journal*, Vol. 37.
14. R. J. P. Kottenhagen, "Freedom of Contract to Forcing Parties into Agreement:The Consequences of Breaking Negotiatons in Different Legal Systems",12 *IUS Gentium* 58,80(2006).
15. Herbert Bernstein & Joachim Zekoll, "The Gentoleman's Agreement in Legal theory and in Modern Practice: United States", *The American Journal of Comparative Law*, Vol. 46(1998).
16. Ugo Draetta, "Precontractual Documents in Merger and Acquisition Negotiations: An Overview of the International Practice", *N. C. J. Int'l L. &Com. Reg.* (1991).
17. Michael Ansaldi, "Texaco, Pennzoil and the Revolt of the Masses: a Contracts Postmortem", *Houston Law Review*, Vol. 27(1990).
18. Gianfranco A. Pietrafesa, "The Law Governing Letters of Intent and other Preliminary Agreements", *New Jersey Lawyer* (2003).

六、辞书类

1. Bryan A. Garner, *Black's Law Dictionary*, Eighth Edition, West, a Thomson Busi-

ness.

2. 薛波主编,潘汉典总审订:《元照英美法词典》(缩印版),北京大学出版社 2013 年版。

七、法典类

1. 《法国民法典》,罗结珍译,法律出版社 2005 年版。
2. 《德国民法典——全条文注释(上下册)》,杜景林、卢谌译,中国政法大学出版社 2015 年版。
3. 《路易斯安那州民法典》,娄爱华译,厦门大学出版社 2010 年版。
4. 《日本民法典》,王爱群译,法律出版社 2014 年版。
5. 《泰王国民商法典》,周喜梅译,中国法制出版社 2013 年版。
6. 《菲律宾民法典》,蒋军州译,厦门大学出版社 2011 年版。
7. 《韩国最新民法典》,崔吉子译,北京大学出版社 2010 年版。
8. 《奥地利普通民法典》,周友军、杨垠红译,清华大学出版社 2013 年版。
9. 《智利民法典》,徐涤宇译,北京大学出版社 2014 年版。
10. 《瑞士债务法》,戴永盛译,中国政法大学出版社 2016 年版。
11. 《意大利民法典》,陈国柱译,中国人民大学出版社 2010 年版。
12. 《埃及民法典》,黄文煌译,蒋军洲校,厦门大学出版社 2008 年版。
13. 《埃塞俄比亚民法典》,薛军译,厦门大学出版社 2013 年版。
14. 《葡萄牙民法典》,唐晓晴译,北京大学出版社 2009 年版。
15. 《阿尔及利亚民法典》,尹田译,厦门大学出版社 2013 年版。
16. 《俄罗斯联邦民法典》,黄道秀译,北京大学出版社 2007 年版。
17. 《土库曼斯坦民法典》,魏磊杰、朱淼、杨秋颜译,厦门大学出版社 2016 年版。
18. 《巴西新民法典》,齐云译,徐国栋审校,中国法制出版社 2009 年版。
19. 《西班牙民法典》,潘登、马琴译,中国政法大学出版社 2013 年版。
20. 欧洲民法典研究组、欧盟现行私法研究组编著,〔德〕克里斯蒂安·冯·巴尔、埃里克·克莱夫主编:《欧洲私法的原则、定义与示范规则:欧洲示范民法典草案(全译本)》,朱文龙等译,法律出版社 2014 年版。
21. 张玉卿主编/审校:《国际统一私法协会国际商事合同通则 2010》(英汉对照),中国商务出版社 2012 年版。
22. Hans Warendorf, Richard Thomas Ian Curry-Sumner, *The Civil Code of the Netherlands*, Second Edition, Wolters Kluwer(2013).